本書爲國家社科基金重大項目「戰國文字詁林及數據庫建設」（17ZDA300）、國家社科基金重大項目「戰國文字研究大數據雲平臺建設」（21&ZD307）階段性研究成果。

金文編稿本

容庚 撰集

中華書局

圖書在版編目(CIP)數據

《金文編》稿本/容庚撰集. —北京:中華書局,2022.7
ISBN 978-7-101-15750-5

Ⅰ.金… Ⅱ.容… Ⅲ.金文-匯編-中國
Ⅳ.K877.33

中國版本圖書館CIP數據核字(2022)第091952號

責任編輯:張　可
責任印製:管　斌

《金文編》稿本
容　庚 撰集
*
中華書局出版發行
(北京市豐臺區太平橋西里38號　100073)
http://www.zhbc.com.cn
E-mail:zhbc@zhbc.com.cn
北京盛通印刷股份有限公司印刷
*
880×1230毫米 1/16・46½印張・555千字
2022年7月第1版　2022年7月第1次印刷
印數:1-1000冊　定價:530.00元

ISBN 978-7-101-15750-5

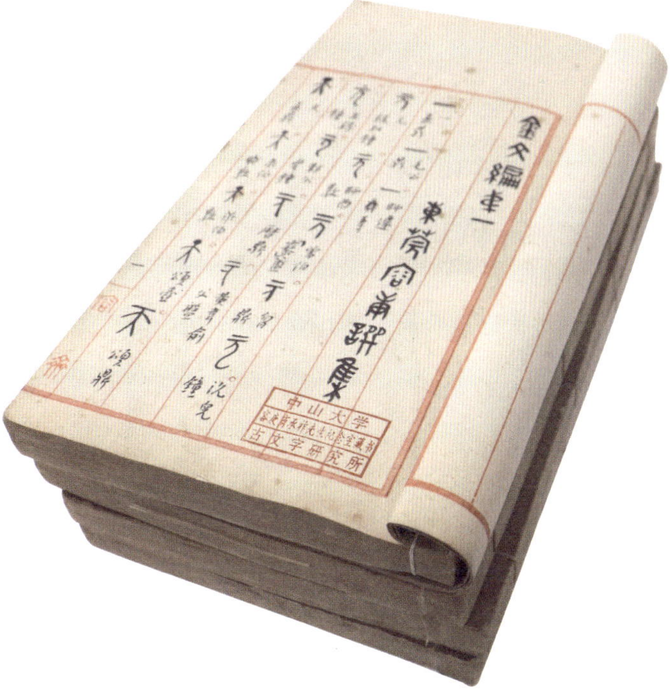

《金文編》稿本書影

《金文編》各版本書影

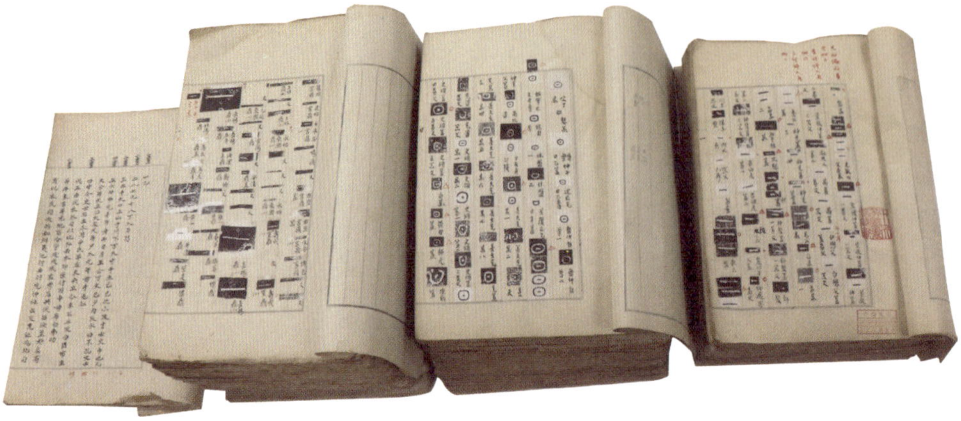

剪貼本書影

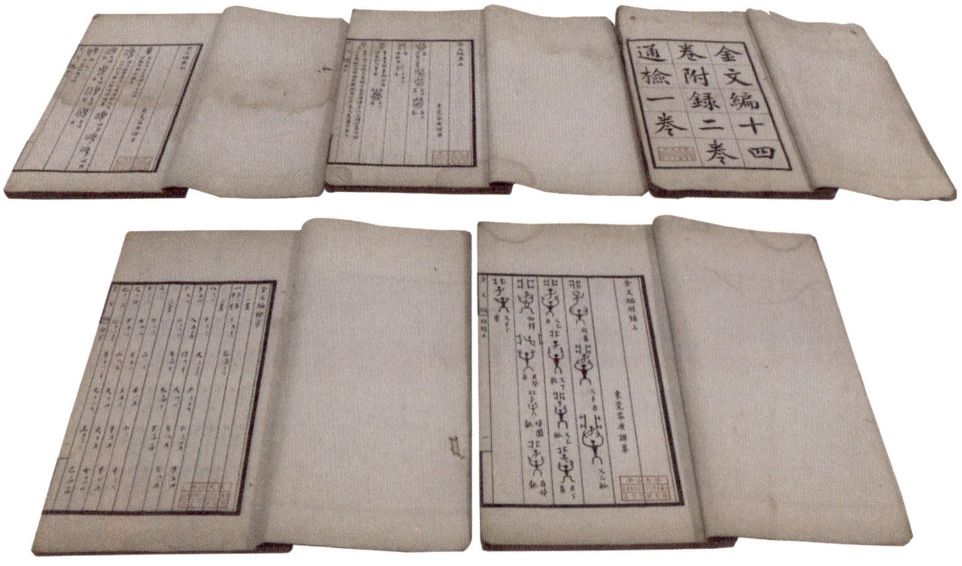

第一版書影
貽安堂一九二五年出版

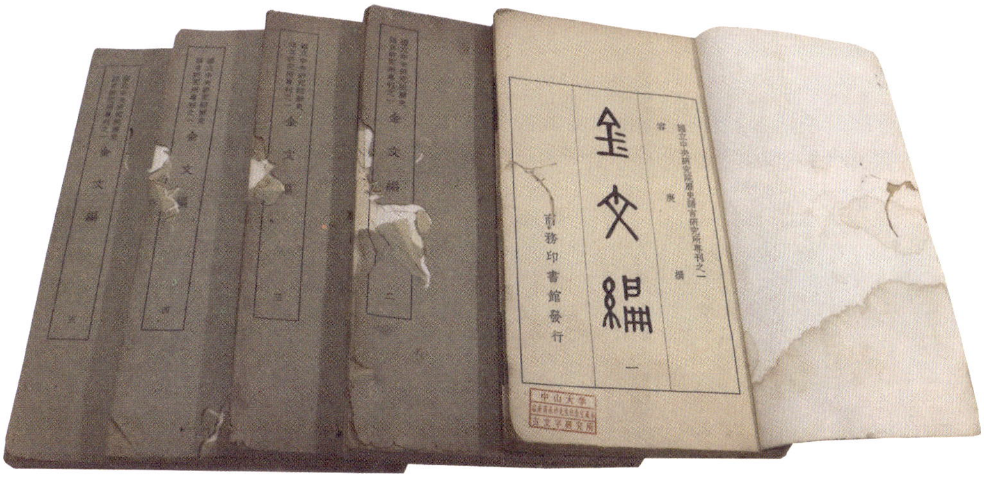

第二版書影

商務印書館一九三九年出版

第三版書影

科學出版社一九五九年出版

右爲容庚先生贈商承祚先生本　左爲容庚先生批校本

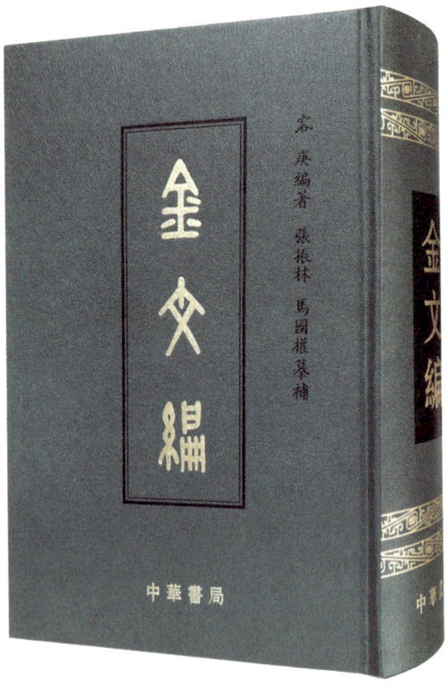

第四版書影

中華書局一九八五年出版

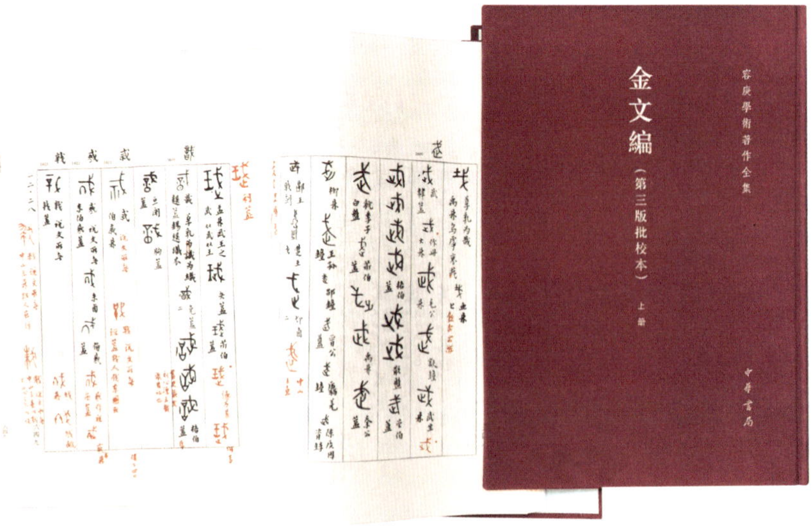

影印第三版批校本書影

中華書局二〇一一年出版

出版説明

金文編稿本綫裝四册，各册長二十五點一釐米，寬十三點二釐米。内文每半葉六行，行十六字，小字雙行，行約二十四字。第一册至第三册收録殷周金文，其中前兩册爲正編，第三册爲附録；第四册收録秦漢金文。具體編次如下：

第一册：扉葉一葉；凡例三葉；卷一七葉；卷二十七葉；卷三二十一葉；卷四十一葉；卷五十七葉；卷六十二葉；卷七十六葉。

第二册：扉葉一葉；卷八十二葉；卷九九葉；卷十九葉；卷十一六葉；卷十二十七葉；卷十三九葉；卷十四二十三葉；拾遺三葉，含一白葉。

第三册：扉葉一葉；附録卷一二葉；附録卷二六葉；附録卷三七葉；附録卷四四葉；附録卷五六葉；附録卷六五葉；附録卷七八葉；附録卷八三葉；附録卷九三葉；附録卷十四葉；附録卷十一二葉；附録卷十二五葉；附録卷十三二葉；附録卷十四五葉；附録卷十五二十八葉。

第四册：白葉一葉；卷一四葉；卷二五葉；卷三五葉；卷四五葉，含一白葉；卷五七葉，含一白葉；卷六四葉；卷七七葉，含一白葉；卷八六葉，含一白葉；卷九三葉；卷十四葉，含一白葉；卷十一四葉，含一白葉；卷十二四葉；卷十三三葉，含一白葉；卷十四十葉，含一白葉；附録五葉，含二白葉。

容庚先生曾在金文續編自序中提到，編寫金文編時原擬以殷周金文爲上編，秦漢金文爲下編，印行時因下編采摭未富，故未印行。本次影印出版，我們據此以前三册爲上編，第四册爲下編。各册封面、封底及各卷白葉删去，内葉原大彩色影印，最大程度保留稿本原貌；各葉浮籤内容附於當葉旁，一葉中有多條浮籤的分别編號；金文字形下所釋字及眉批所補字頭列於葉眉；墨筆改釋字以尖括號括注，少數不常見異體字的通行字形以圓括號括注，收録於書末索引中，以便查閲。

今年恰逢容庚先生攜金文編稿本北上求學一百週年，感謝容庚先生家屬慨允，使這部珍貴稿本得以影印出版。中山大學中國語言文學系陳偉武教授、范常喜教授，中山大學容庚商承祚先生紀念室黄光武先生，在讀博士生賀張凡、袁琳、李三梅爲本書的出版提供了極大的幫助，並致謝忱。

中華書局編輯部

二〇二二年五月

金文編稿本影印前言

陳偉武

金文編是容庚先生的成名作，也是其一生念兹在兹的學術代表作，從一九二五年貽安堂初版、一九三九年商務印書館二版、一九五九年科學出版社三版至一九八五年中華書局四版，二〇一一年又出了第三版批校本，可謂久享盛名，風靡宇内。金文編稿本在二〇〇一年由容先生親屬捐贈公家，現藏於中山大學古文字研究所容庚商承祚先生紀念室。一九二二年，容先生攜此稿本赴北平求學，往天津謁見羅振玉先生，得到羅氏賞識獎掖，並獲推薦給馬衡先生，從而入讀北京大學研究所國學門。自此步入學術通途，大放異彩。今年適逢容先生北上百年，承蒙其親屬首肯，金文編稿本將由中華書局影印出版。稿本綫裝凡四册，用印有「容齋」邊款的專用宣紙書寫，朱墨爛然，其内容結構和形制的情況，編輯朋友在「出版説明」已有精要的介紹，我祇想借此稿本重光之機，略述與容先生及稿本相關的一些問題。

一、金文編從稿本到初版的過程簡述

金文編從稿本到初版正式刊行，經歷了一個艱辛的過程，在容庚先生和其三弟肇祖（字元胎）先生後來各種撰述中均有或詳或略的記敘。

容庚自傳：「容庚字希白，廣東東莞人……一九一六年畢業於東莞中學，從從叔祖椿學畫半年，不竟學，復從母舅鄧爾雅學篆刻，編金文編，欲補吴大澂説文古籀補之缺失。一九二二年，與弟肇祖，同游京師，入北京大學研究所國學門，爲研究生。四年，金文編成。」（翰墨軒出版有限公司名家翰墨資訊第二期，一九九四年九月）金文編的修改定稿，從北上的一九二二年夏天算起，前後又歷經四年。

頌齋自訂年譜：「原名肇庚，字希白，號頌齋。　一九二〇年（庚申）　作雕蟲小言載於小説月報，是爲文字刊行之始。
一九二二年（壬戌）　六月二十三日與容肇祖同往北京學習。七月三日至天津謁羅振玉，以所著金文編稿就正，頗蒙獎飾，並與商承祚定交。七月入注音字母傳習所國語講習班畢業。投考入朝陽大學。經羅振玉介紹識馬衡先生並介紹入北京大學研究所國學門爲研究生。
一九二三年（癸亥）　……校金文編稿。　一九二五年（乙丑）　金文編付印，至六月四日告成，七月出版。」（容庚容肇祖學記第二二二—二二三頁，廣東人民出版社二〇〇四年）容先生兄弟同上北京的時間，當以此爲準，他處或簡言「民國十一年夏」「十一年夏」，或稱農曆「民國十一年五月」「十一年五月」「一九二二年五月」。到天津謁見羅振玉先生，是容先生人生中的一件大事，年譜有赴津的準確日期，容先生應是由鄧爾雅先生的朋友寫信介紹赴津拜訪羅氏。元胎先生寫道：「一九二二年（民國十一年壬戌），我二十五歲。夏，我與大哥北上到北京，住上斜街東莞會館，準備投考。我們經過天津時，由四舅之友寫信介紹大哥去見羅振玉，以金文編向羅振玉請教。羅振玉極爲稱賞，並認識羅振玉之子羅福成、羅福頤（時十七歲，拖一辮子）、唐蘭（時在天津羅家教讀）、商承祚（羅的戚屬）。……到了八月，北大招生，我考入北大文學院哲學系，大哥考入朝陽大學法律系。不久，羅振玉介紹大哥與北京大學教授馬衡，言『容庚新從廣東來，可造就也』。因入北大研究院國學門，即由北大通知大哥作研究生。」（我的家世和幼年，容肇祖全集第一册第三四頁，齊魯書社二〇一三年）從元胎先生的話推斷，希白先生到天津謁見羅振玉先生，極有可能是兄弟二人連袂前往，元胎先生才記住羅福頤先生十七歲拖一辮子的情景。

商錫永先生説：「那是一九二二年的夏天，我在天津，有一天，羅振玉老師告訴我：『你有位廣東同鄉剛才來過，名叫容庚，字希白，東莞人，做過中學教師。他愛好銅器文字，編了一部金文編，是擴大吳清卿（大澂）的説文古籀補之作，很好，現住泰安棧。』」（我與容希白，廣州日報一九八三年三月十三日）從這段話可知，容先生謁見羅氏時，商先生並不在場。

早在一九一三年左右，容先生已有編纂金文編的創意。在初版金文編自序中有詳細的敘述：「余少孤，與家弟（肇新、肇祖）從舅氏鄧爾雅治説文。開國元二年間，舅氏來寓余家，與余兄弟據方案而坐，或習篆，或刻印，金石書籍，擁置四側，心竊樂之。讀説文古籀補、繆篆分韻諸書，頗有補輯之志。」

金文編爲踵武説文古籀補之作，在取材、結構、撰述體例諸方面都頗見吳大澂影響。容先生因習篆刻而時常使用説文古籀補，深刻感受到此書的不足而早在中學時期就萌發補輯吳書之志。若從民國二年算起，到稿本成書攜以北上，金文編的孕育，也有十年時光。

金文編自序又説：「三（頌齋文稿第二頁作「四」，「中研院」中國文哲研究所籌備處一九九四年）年春，舅氏挈家游桂林。是冬家弟（肇新）以瘍瘵死，此事遂廢。六年，舅氏歸自桂林（頌齋文稿第二頁於此下有「余不復升學」一句），擬共采集篆籀之見存者爲殷周秦漢文字一書：一甲骨文編，二金文編，三石文編，四璽印封泥文編，五泉文編，六專文編，七瓦文編，八匋文編。因其大小，分類摹寫，草創未就，舅氏復游幕韶關。九年秋，羊石兵火，舅氏藏書，付之一炬，金石拓本、書籍、印譜之屬，蕩然無存。家弟（肇祖）以習不列顛文，莫能相助。兹事體大，非一手一足之烈所能成，而書籍拓本，尤非寒家之力所能備，雖積稿盈尺，未克有成。」一九一七年容先生與其四舅鄧爾雅擘劃編寫殷周秦漢文字一書共八編，可稱一個龐大的工程。後來調整縮小爲衹撰金文編，包括纂集殷周金文的金文編和後來獨立成書、專收秦漢金文的金文續編。可謂屢遭波折。

容先生歷代名畫著録目序：「再説我研究金文，開始於民國初年。當時關於宋代銅器書籍有十一種，其中有銘文的銅器計六百多種；

清代銅器書籍有十五種，其中有銘文的銅器計三千多種。我的記憶力不强，加以在鄉間得書不易，對研究工作是没有什麼信心的。引起我的研究興趣，還是王國維先生的宋代金文著録表和國朝金文著録表。這兩書印在雪堂叢刻中，我從同學盧瑞處借來，和妹妹容媛合抄了一部。按圖索驥，陸續添購書籍，加以新出版的殷文存和周金文存兩書，於是著手編起金文編來。」（曾憲通師編選容庚選集第四○八頁，天津人民出版社一九九四年）

金文編自序還説：「十一年夏，與家弟北游京師，謁羅先生於津沽，以所著金文編（頌齋文稿第三頁於此補「初稿」二字）請正，辱承獎借，勖以印行，未敢自信也。……旋讀書於北京大學研究所國學門，並假觀羅先生集古遺文及所藏盛氏鬱華閣金文、陳承修先生所藏方氏綴遺齋彝器款識。兩年以來，畢力於此，每字皆從腦海中盤旋而出，苦心焦思，幾忘寢食；復經羅、王兩先生（頌齋文稿第四頁將「先生」改爲「導師」）及沈（兼士）、馬（衡）兩教授訂其謬誤，始克寫定，蓋稿凡五易矣。」

容先生北上之後，就讀北大研究生，藉助京津地區公私收藏的豐富資料（包括銅器實物和圖書），又在羅、王、馬、沈等先生指導下增删修訂金文編初稿，不斷精益求精，「稿凡五易」，可見來之不易。沈、馬是北大研究所國學門專任教授，沈又是研究所國學門主任。論學術領域，沈之所長在訓詁學和音韻學，馬之所長在考古學；一九二三年三月，羅、王被北京大學聘爲研究所國學門校外函授導師（國立北京大學研究所國學門重要紀事第五項，國學季刊第一卷第一號第一九六頁，一九二三年），二人當時研究的主攻方向都是古文字學，而容先生被研究所國學門破格招收爲第二期研究生，羅、王對金文編指導更多，故容先生後來在自序中將「先生」改稱爲「導師」。

元胎先生容庚傳：「……北大的録取，無異伯樂識良馬，對自學成才的容庚來説是意外的機遇，成爲他畢生事業的新起點……他學習很是勤奮。由於經濟需要，他半工半讀，當臨時書記，月薪八元，漸升爲五十元。他一面爲研究所整理古物，一面增訂修改他自己的金文編。爲修正和充實金文編，他努力閲讀研究所内有關的文史參考書籍，有時到北京圖書館找研究所没有的書，每讀一書，他都作了綜述和書評。他編寫金文編的目的，是爲了使大家研究第一手商周彝器銘文的史料，便於閲讀，因此編寫時十分謹慎。在體例上，以爲收字太濫，辨别不清，必貽誤無窮，所費的精力是驚人的，付出的勞力是巨大的。金文編的完成，爲研究商周文字開闢了一條方便的道路，書完成後，由天津貽安堂出版。」（容肇祖全集第八册第四四五七頁）元胎先生對希白先生編著金文編的目的、原則和過程的講述至爲允當。

容先生初到北平時，勤工儉學，曾經兼任著名記者林萬里（號白水）的家庭教師，輔導其女兒和侄女學習文字學。一九二六年林氏因抨擊軍閥而被殺害。林氏富金石收藏，著有生春紅室金石述記。一九三五年容先生爲此書作跋，曾回憶初進京城時的困境：「民國十一年夏，余來北京。冬，君詒書定交。……人生苦境，莫如强撑場面。余始交君時，與弟僦居中老胡同，屋小如漁舟，每當嚴冬栗烈，熾一煤爐，火光熊熊，御袷衣，怡然自樂。比往君家，書房陰森如鬼室。僕見客至，提一小白爐出。室久冷，一時未能遽温。余瑟縮其間，授二女讀。」（生春紅室金石述記跋，頌齋述林第五四三頁，翰墨軒出版有限公司一九九四年）頌齋自訂年譜説：「一九二四年（甲子）一月任北京大學研究所國學門事務員。」容先生半工半讀，所謂事務員當是負責研究所的日常事務，類似如今的行政秘書之類，元胎先生稱爲「臨時書記」。容先生的這一工作，不僅增加了經濟收入，還爲金文編修改定稿創造了良好的工作環境。從容庚著、夏和順整理的容庚北平日記（中華書局二〇一九年，下簡稱日記）可知，金文編初版的繕寫工作通常是在研究所完成，而不是在家裏進行。

北大研究所優越的學術環境，爲金文編定稿起了重要的作用。一些疑難問題的解決，還曾經得到羅振玉、王國維等先生的指導。例如，王國維致容先生書討論「盨」「簋」「簠」「敦」諸字的關係（頌齋珍叢第二三八頁，廣東人民出版社二〇〇九年），討論金文「迺」與「乃」的關係（頌齋珍叢第二三九頁）。容先生致王國維書請教云：「金文中圖象文字寓意至繇……庚欲將拙著金文編中之圖象文字皆改入坿录，略著其義，先生於意云何？」落款是「一月四日」（日記彩版第四），當是一九二四年一月四日。

容先生在王國維先生考古學上之貢獻一文中説：「十年前，余始治彝器文字，欲補吴大澂説文古籀補，乃讀各家著録金文之書，同器異名，同名異器，苦於檢索。讀先生宋代金文著録表、國朝金文著録表二書，大喜，家貧不能得，乃假友人盧貫藏本手録之。並得讀其他關於金石之作，未嘗不愜於心。民國十二年夏，先生來京師。北京大學研究所國學門開歡迎會，余得趨謁焉。冬，金文編寫定，就正於先生，先生爲舉正四五十事，自是過從日密。」（燕京學報第二期第三二六頁，一九二七年）容先生早年編纂金文編就大大受益於王國維先生的著作，一九二三年才見到王氏本尊。後以稿本呈教，竟被指正數十處，因此交往漸多。如後來王國維先生曾介紹容先生去見藏書家王雪澄，欲一覽方濬益綴遺齋彝器款識考釋稿本，在信中説：「東莞容君希白（名庚），少年績學，於古金文用力尤深，其所撰金文編一書，足繼吴清卿中丞而能正其違失，補其缺遺，想吾丈已知其人。」（頌齋珍叢第二五二頁）

日記始於一九二五年，止於一九四六年，第一條即與金文編有關，其後半年内記述編寫及出版事宜的内容頗不少，例如：

一九二五年一月一日：「余之金文編由羅君美代爲印行，取回百六十部作爲板税，由余寫膠紙付印，自去年十二月十一日起到三十一日止，共寫寄五十三葉（弟二、弟三）。　寫金文編稿三葉（弟十四）。」一九二三年容先生初次謁見羅振玉先生，羅先生即「勖以印行」。原來容先生想在商務印書館印金文編，未果，詳見考古學社之成立及願望（考古學社社刊第一期第四頁，一九三四年）。最後還是羅先生施以援手。天津貽安堂書店係羅先生所開辦，由其長子福成（字君美）主持，羅君美後來成了著名的民族文字學家，是西夏文、契丹文、女真文等少數民族文字研究的先驅。這個階段的貽安堂印行了許多重要書籍，金文編即是其中一種。從日記可知，一九二四年底容先生即與羅君美先生商議好，書由貽安堂印行，並由容先生自己用膠紙抄寫。抄寫費神費時，每天衹能抄兩三張，抄寫的先後次序也可靈活調整。如一月八日記「早往研究所寫金文編稿三葉（弟十四完）」。所謂「寫」是指繕寫、抄寫，並非撰寫。

一月二十日記：「晚補寫金文編弟二二葉，因印得不好須重印也。又寫弟五一葉。」二月五日：「寫金文編一葉，弟五卷完。再寫弟一卷一葉。」所謂「再寫」，當即屬於印得不好須補抄者。四月六日：「補寫金文編弟八兩葉、弟十二一葉。」五月十一日：「補寫金文編三葉。」

須要補寫的幾率還是不小。

四月二十日：「寫金文編八葉，金文編寫成。」其實，正編和附録抄完之後，檢字、采用彝器目録和自序諸項，又要編，又要抄，又要校，收尾工作不絶如縷，委實不少。四月二十一日：「校金文編采用彝器目録。」四月二十四日：「計算金文編字數。」五月五日：「編金文編檢字。」（六日、七日同）五月十日：「編檢字完。」五月十三日：「寫金文編檢字四葉。」（十四日同）五月十五日：「寫檢字四葉，完。」五月十九日：「寫金文編采用彝器目録三葉。」五月二十一日：「寫器目三葉。」（二十二日同）五月二十八日：「寫檢字二葉。」見到新材料，如獲至寶，及時補録，五月二十六日：「拓工譚榮九示余一師兑敦銘，爲余所未見者，摹十餘字，補入金文編。」五月三十一日慨歎：「寫自序二葉，每葉費時二小時以上，殊苦。」六月一日：「寫自序一頁、凡例一頁。」六月二日：「寫自序二頁、凡例一頁、器目一頁。」六月三日：「寫器目三葉。」六月四日：「寫器目三葉。寫金文編畢，刻硯記之。」至此大功告成，容先生心緒大佳，如石卸地，於是刻硯紀念。六月五日：「到富晉書社，商代售金文編事。」接下來衹是賣書和贈書之事了。

這段時間，容先生與羅福成先生交往頗頻密，見於日記的書信往來有：一月十八日；二月十九日；三月十五、十七、二十九日；四月二十八日；五月十八、二十五、二十九、三十日；六月一日等。如三月十五日：「寄君美信，君美寄稿紙來。」六月一日：「接君美信，云金文編擬先交三册，其餘一册續交。」六月十九日容先生赴天津，邀請羅君美等親友餐敘。六月二十一日，「到君美處。君美請往館子晚飯。唐立厂（引者按：唐蘭）及祖弟亦在座，談笑甚歡」。羅家對容先生的知遇之恩，容先生一直念念不忘。

金文編初版有羅振玉序、王國維序、馬衡序、鄧爾雅序、沈兼士序和自序。諸版金文編序言屢有變化，每版無一相同，黄光武先生曾經就其意涵作過專門的研討（容庚金文編諸版序言漫議，中山大學學報一九九九年第四期）。初版羅序落款是「癸亥十二月」，當即一九二四年一月間寫就。初版王序落款是「甲子夏五」，此爲謄清定稿的日期，陽曆六月。王國維致容先生書説：「前屬撰金文編序，已草就附上。尊著亦乞於暇時來取。」落款是「廿二日」，缺年月（頌齋珍叢第二三八頁）。王氏寫完金文編序言，讓容先生得暇取回書稿，容先生卻送來貽安堂專門備印的膠紙，請求謄寫一過。王氏另一信説：「前奉　手教並紙，屬書金文編序，頃已書就。覆視中間奪去六字，悉已補入。將來印時如嫌不好看，改用鉛字排之，則不致有誤也。序文附上。此詢　希白仁兄近祺　弟維頓首　端節。」（頌齋珍叢第二四一頁）此信寫於一九二四年六月六日端午節，前信殆爲五月二十二日所寫。

從日記可知，一九二五年一月十二日：「寫金文編稿三葉。……送金文編序例與馬叔平。」大概爲了方便馬衡先生寫序時參考，專門送凡例到馬先生處。初版馬序落款時間是「乙丑三月下旬」，二版作「十四年三月廿一日」。

容先生自幼跟隨其四舅鄧爾雅先生學習書法篆刻和文字學，金文編稿本之成，與鄧先生有莫大的關係。希白先生頌齋吉金圖録序説：「余性鈍而嗜多：年十一二，喜讀説部……又于架上搜得小石山房印譜四册，于是磨刀與石學刻印。……既從鄧爾雅四舅游，復嗜篆刻。在東莞中學畢業後，不復升學，而專習乎此，于説文丹黄殆徧。時窓齋集古録印行，節衣食之資購得之。然讀王國維金文著録表，如攗古録金文、奇觚室吉金文述皆未備，則又望洋向若而歎也。爾雅舅刻『有飯蔬衣練窮遐方絶域盡天下古文奇字之志』印以贈，蓋李清照金石録後序語，志之不敢忘。……十一年五月，與弟肇祖同游京師，讀書于北京大學研究所國學門……十四年春，金文編成。」（頌齋述林第五〇七頁）

元胎先生在容庚傳中説：「在母親殷切希望教導下、鄧爾雅的鼓勵指導下，他專心致志向鄧爾雅學文字學……編寫了金文編。集録的字，以商周彝器款識爲主，由於諸家著録真僞雜出，鑒定不易，以王國維國朝金文著録表爲據。摹寫之字，先剪貼影印本羅振玉殷文存、鄒安周金文存，然後再摹，以求逼真——暫時不識的字，附録於後。一九二一年在編寫進程中，他在東莞中學教『文字源流』課。」（容肇祖全集第八册第四四五六頁）中山大學古文字研究所容庚商承祚先生紀念室藏有容先生的剪貼本，這可視爲金文編稿本的稿本。

容肇祖自傳還説：「我父親曾在廣雅書院學習，藏書不少，舅家書籍也十分豐富……我一有機會，就到書房泛覽各種書籍……幸值四舅父鄧爾雅自廣州辭去小學教席回東莞閒住，他對我兄弟們教益極大，影響也是深遠的。」（容肇祖全集第一册第三頁）鄧爾雅先生家學淵源，又留學日本，「是民初以來的文學大家、考據家、書法家、篆刻家、畫家、詩人，繼承了東塾先生以來嶺南學派的治學風氣」（黄苗子先生之風——記鄧爾雅先生，許禮平編鄧爾雅印集附録第七頁，翰墨軒出版有限公司二〇一〇年）。鄧先生既是成就卓著的藝術家，又是一位造詣精湛的文字學家，其遺稿文字源流四十餘萬字，由香港藝術館珍藏，此書窮其畢生心血撰著，論述漢字發展歷史，引證甲骨金文及其他古文字材料至爲詳贍，系統周延，據説即將整理出版。鄧先生和希白先生都在東莞中學開過文字學的課程，稿本金文編的撰寫，從一開始就是在科學的文字學理論指導下進行的。鄧爾雅與希白先生誼屬舅甥，而兼有師生之分，鄧氏堪稱希白先生學術和書法篆刻藝術的真正導師。

元胎先生還説：「一九一三年……大哥以後不久，即隨四舅草創金文編。」（我的家世和幼年，容肇祖全集第一册第二八—二九頁）又：「一九一七年……大哥前一年在中學畢業後没有升學，在家學畫畫，並著述金文編，曾題門外楹聯云：『擇鄰師孟母；問字遲揚雄。』」（容肇祖全集第一册第三〇頁）

希白先生深受其四舅父鄧爾雅先生的影響，在前引希白先生和元胎先生昆仲的憶述中已屢次見到，黄光武先生也曾經有過詳述（容庚金文編諸版序言漫議）。商錫永先生的尊人商衍鎏先生爲頌齋著書圖題詩云：「少耽圖史老書叢，宅相淵源溯鄧公（謂爾雅先生）。金石沉酣彝鼎富，銀鉤點畫籀斯工。名山二酉傳專業，汲古千秋抱素衷。才調高華齋館静，蕭森花木映簾櫳。」（頌齋珍叢第一七九頁）鄧爾雅先生爲金文編作序也是情理中事，日記和書簡往來都有一些記述。

鄧爾雅先生致希白先生書云：「金文序大意已定，惟字句之間尚待斟酌。正月内亦可寄上也。」落款是「甲子元旦」（頌齋珍叢第三〇七頁）、「甲子」即一九二四年。大概是希白先生來信催索金文編題端和序言，鄧先生又一信説：「今日已四月十九矣，茲擬此十日内將署首及序文寄上，無論如何必在端節前發寄郵局，吾甥幸稍稍待之。」（頌齋珍叢第三二六頁）又一信説：「端節前寄上序文，因忘記有閏四月耳。茲將序文寄上，惜心緒太惡劣，未能佳也。……署題篆看可用否，似不至甚惡也……」落款是「閏月初七」（頌齋珍叢第二九八頁），也就是一九二五年五月二十八日。容先生日記六月七日：「四舅寄署首及序文來。飯後即寫寄君美。」鄧序由容先生抄寫付印，而署首初版未見采用，用的是藏書家章鈺所題。鄧序提及，自己曾纂輯殷周秦漢金石文字，「分别部居，互考詳證」，書稿不幸被大火燒去，於是追憶舊稿精確者十分之一二交給希白先生，似亦可視爲金文編稿本的一部分基礎。

容先生原來還請鄒安寫序，日記一九二五年三月二十五日：「寄鄒適廬，索作金文編序文。」鄒安，字景叔，號適廬，光緒間進士，曾撰有周金文存。容先生其時出道不久，想多請前輩學者品鑒引薦也屬自然之事，衹是不知何故，最後未能如願。

從容先生日記及其他文獻資料可知，金文編之成，備嘗艱辛。

二、金文編稿本的價值

金文編作爲名人名著，其稿本首先具有文物價值，自不待言。二〇〇八年十二月在廣州銀河公墓落成的容庚夫婦墓園，背景即是漢白玉雕成的金文編稿本首葉。二〇二〇年十月至二〇二一年一月在北京中國美術館舉行大型展覽「有容乃大——容庚捐贈展」，稿本原件曾經借展，算是百年後再度進京。金文編初版從内容到形式比稿本精善，是理所當然之事。但是，稿本也有它不容輕忽的學術價值，主要體現在如下數端：

（一）可訂初版之失

稿本正編弟三葉九b—葉十a「鬲」字下：

，盂鼎：人鬲千又五十夫。吴大澂曰：人鬲當讀如民獻，賢也。周書作雒：俘殷獻民。酒誥：汝劼毖殷獻臣。皆别於殷頑民而言。

初版正編弟三葉十b「鬲」字下：

，鬲。盂鼎：鬲千又五十夫。

比較之下，初版引盂鼎文例奪去「人」字，且删去稿本所引吴大澂有關「人鬲」的考證。大盂鼎「人鬲」一詞兩見，除了金文編所引這一例，另一句稱：「易（賜）女（汝）邦𤔲（司）三（四）白（伯），人鬲自馭至于庶人六百又五十又九夫。」二版金文編雖不引吴大澂之説，但認爲「人鬲即書大誥『民獻有十夫』之民獻」（弟三葉十五b，商務印書館一九三九年）。有學者指出：「人鬲的確切内涵不詳，當是一種包括馭、

庶人等地位不高的軍事人員的集合名詞。……自郭沫若以來許多人把人鬲釋爲奴隸或俘虜，當尚有未妥。」（劉翔、陳抗、陳初生、董琨編著，李學勤審訂商周古文字讀本第八四頁，語文出版社一九八九年）吴氏對「人鬲」的理解不甚準確，但與「民獻」「獻民」「獻臣」比照尚可取。

（二）可補初版之缺

稿本正編第十四葉五b：

，釿。古量名。从金从斤。古幣文有半釿一釿二釿。周禮考工記：戈重三鋝，矢刃重三垸。垸疑即釿之譌字。吴大澂説。平安君鼎。

初版無「釿」字。

稿本正編第四葉一b浮籤：

吴大澂曰：説文：睗，目疾視也。疾視者，一過目而不留，有輕易之意。疑古文易睗爲一字。不睗承上文敬念王畏而言。猶詩言不易惟王，帝命不易也。王國維曰：古文以爲賜字，古錫賜一字，本但作易。文選西征賦：若循環之無賜。注引方言：賜，盡也。古語謂盡爲賜，不賜猶言不盡矣。　接賜。

稿本正編第六葉八b：

，睗。借爲錫。虢季子白盤：賜用弓彤（當作彤——引者按）矢其央。……，毛公鼎：夙夕敬念王畏不睗。借爲賜。文選西征賦：若循環之無賜。注引方言：賜，盡也。

眉批云「入睗」。

初版正編第四葉一b：

，睗與賜爲一字。又通錫。虢季子白盤：賜用弓彤（當作彤——引者按）矢其央。……，毛公鼎：夙夕敬念王畏不睗。方言：賜，盡也。

初版不標吴、王二氏之説。

稿本正編第七葉二a：

，游。象子執㫃形。不从水。中游鼎。

初版正編第七葉二b：

，游。不从水。魚匕。

稿本有釋中（仲）游鼎構形，與初版引魚鼎匕之形可互補。即與四版釋爲「像人執旂形」相比（第四六三頁，中華書局一九八五年），也可互補。

稿本正編弟九葉六a：

，魃方戈。魃方蠻。今經典通作鬼方。鬼方，國名。

初版正編弟九葉六b：

，梁伯戈。魃方蠻。从攴。

初版除了改訂器名，還刪簡吴大澂説。

稿本正編弟九葉六a：

，敬。象人共手致敬也。吴大澂説。盂鼎。

初版删去吴氏説釋，吴説見於説文古籀補。

稿本正編弟十二葉二a：

，閂。或釋閉，或釋閘。才、甲二字金文皆作十，其形相似，未審孰是。然説文：閉，闔門也。閘，開閉門也。義亦相同，疑是一字。豆閉敦。

初版正編弟十二葉三a：

，閉。或釋閘。豆閉敦。

釋閘之説出於吴大澂，容先生在初版已傾向於釋閉，衹是將釋閘作爲或説保留。不過，稿本對閉與閘二字形義的辨析依然有參考價値。

稿本正編弟十二葉十七b：

，繇。劉心源曰：繇即謡即繇即譌，亦即猷。韓勑碑：復顔氏开官氏邑中繇發。謂繇役也。謡言即譌言。譌一作訛。説文囮或字作圝，故繇譌同字。猷者發語辭，大誥：王若曰：猷。馬本作繇。爾雅釋詁：猷，言也。注：猷者，道。道亦言也。幽通賦：漠先聖之大繇兮。注：猷或作繇。是也。录伯敦：王若曰：录伯戒，繇自乒且考有□于周邦。案，繇，説文所無。説文通訓定聲據偏旁及韻會補爲繇之重文。

初版正編弟十二葉二十一b：

，繇。發語辭。大誥：王若曰：猷。馬本作繇。繇，説文所無。説文通訓定聲據偏旁及韻會補爲繇之重文。录伯敦：王若曰：录伯戒，繇自乒祖考有□于周邦。

初版删節劉説。

稿本正編弟十三葉六b：

，增。增鼎。方濬益曰：从二臣，臣本象人臣屈伏之形，重文所以示增益之意，以土地言之則从土爲增，以人事言之則从臣爲𦣞，其義一也。

初版删去「增」字。四版「增」字見第八八六頁，第二〇六頁𦣞字謂説文所無。

稿本正編弟十三葉一b浮籤：

，毛公鼎：今余唯𤕌先王命。又云：𤕌大命。孫詒讓釋緟。王國維曰：𤕌疑古𡍮字，古从土之字亦或从田，則𡍮亦可作𤕌。𤕌从𠕋从𡍮，殆即説文緟字。陳侯因𪒠敦卲練（二字原有鉤乙號，反誤——引者按）高且，已从糸作。蓋由𤕌變練，由練變緟，説文糸部：緟，增益也。增益之誼正與諸彝器𤕌字誼合。

初版正編弟十三葉二a僅作：

，孫詒讓釋緟。

四版第八六一頁亦釋「緟」，不標孫釋。裘錫圭和李家浩兩位先生認爲此字是「紳束」之「紳」的初文（談曾侯乙墓鐘磬銘文中的幾個字，裘錫圭著古文字論集第四二一—四二八頁，中華書局一九九二年）。

此類内容，或由容先生有意刊落，或爲偶爾遺漏，後出諸版，一經與稿本比照，即可明瞭端倪。删去通人之説，固然可省篇幅，減疑惑，但從學術史的角度出發，知一字考釋的變化，未嘗不是好事。再如「家」爲常見字，稿本正編弟七葉九b「家」字下：

，家。从宀从豕。凡祭，士以羊豕，古者庶士庶人無廟，祭於寢，陳於屋下而祭也。父庚卣。吴大澂説。

詳引吴大澂述上古禮俗以證造字理據，饒有趣味，初版删去，頗覺可惜。稿本弟十二葉十二a浮籤「或」下援引説文段注詳釋「或」「國」「域」「惑」諸字關係，初版亦删去。讀過稿本，知金文编在存異説、明訓詁方面多有其價值。初版或增或删，損益之間，得失相參，不宜輕下斷語。

（三）可明編纂改易遞嬗之跡

稿本正編弟六葉八a：

，貣。从弋，从貝。郘大叔貣車之斧。　，同上。　貳車之文常見于經典，如周官道僕：掌貳車之政。少儀：乘貳車則式。是此當是貳字。

上有眉批：「入貳。」

稿本正編弟六葉九a：

，貳。召伯虎敦。　　，接上。

初版正編弟六葉九b：

，貳。召伯虎敦。　，　。郘太叔貣車之斧。貳車之文常見于經典，如周官道僕：掌貳車之政。少儀：乘貳車則式。此殆是貳字。

周禮夏官道僕原作「掌貳車之政令」，「令」字漏引。「當」易爲「殆」，一字之改，益呈矜慎。容先生初始依說文列字原則，按金文形體將貣、貳分立，後來據文例用法悉歸於「貳」字。四版金文編又將貣、貳分立，如此處理甚是，但無法顯示貣與貳的字際關係。

稿本附録弟五葉五a：

，孫詒讓釋市，兮甲盤：毋敢不即餗即市。

眉批：「入市。」又於稿本正編弟五葉十四眉批補上「市」字。

初版正編弟五葉十七a作：

，孫詒讓釋市，兮甲盤：毋敢不即餗即市。

此例說明容先生原將兮甲盤此字入附録，雖引孫詒讓說，初尚存疑慮，繼而確信孫說而移入正編。初版即徑入正編。

稿本附録弟六葉一b：

，禽彝。疑某字。

初版附録下葉二十二b：

，禽敦。舊釋某。

二版始將此字收於正編弟六葉二a。稿本正編弟十四葉十五a「辥」字下原引吴大澂說，浮籤補引王國維之說。初版即祇引王說。稿本附録弟五葉二a　字下引吴大澂和鄒安二家之說，初版附録下葉十九a祇注「舊釋羲」。

稿本時常見到引用傳抄古文印證金文的情形，引用說文古文最多，如「追」（弟二葉十二a）、「誨」（弟三葉四a）、「友」（弟三葉十四b）、「箕」（弟五葉二b）、「盅」（弟五葉十三a浮籤）、「覃」（弟五葉十四b）、「稽」（弟六葉六b浮籤）、「宿」（弟七葉十三b浮籤）、「人」（弟八葉一a浮籤）、「弼」（弟十二葉十六b）等字；引用三體石經古文如「覃」（弟五葉十四b）、「朝」（弟七葉一b）、「旅」（弟七葉二b浮籤）、「佃」（弟八葉四a）、「非」（弟十一葉六b）等字；引用汗簡古文如「夷」（弟十葉五a）、「⿺辶食（饋）」（附録弟二葉三b）等字；引用敦煌本隸古定尚書如「㞢」（弟十二葉十一a浮籤）等等。容先生曾被王國維先生批評爲對傳抄古文看法不正確（參吴澤主編，劉寅生、袁英光編王國維全集 書信第四三五頁，中華書局一九八四年），看來在金文編稿本的具體編纂過程中，對傳抄古文則是持肯定的態度。

稿本第四册爲金文編下編，專收秦漢金文，後因「采摭未富」而在初版時不付印，在秦漢金文録出版後，繼續增訂而成金文續編，於一九三五年正式出版。此次影印的稿本，其實包含了後來金文編和金文續編二書的雛形。

三、容庚先生的名、字、號及雕蟲小言

曾經法師曾經確證希白先生早年使用「容齋」别號的問題，證據有三點：（一）先生早年用過印有「容齋用箋」邊款的信函，朋友在通信中或徑稱爲「容齋先生」；（二）容肇祖所作容庚傳云：「容庚，原名肇庚，字希白，號容齋，又號頌齋（原注：頌，古容字）。」（三）鄧爾雅在「頌齋」題匾中注云：「希白外甥初號容齋，近更爲頌，即容本字，傳世鼎、敦、盤、壺之屬爲頌所作者甚多，希白喜藏吉金，庶幾遇之。壬申九月。」曾師推斷希白先生之號「容齋」改爲「頌齋」約在一九三二年（曾憲通師編容庚雜著集前言第一四—一五頁，中西書局二〇一四年）。

二〇二〇年歲杪，有友人詢及多位先生，欲知容庚先生何以字「希白」，希白先生之女容璞女士答云，大概是因爲仰慕李白的緣故。我答以長庚星又名太白星，故名「肇庚」與字「希白」相應。今再略予申説。希白先生原名「肇庚」，「肇」，應是行輩用字，始也（從肇祖先生以「元胎」爲字出自爾雅 釋詁首條可知）。「庚」爲「長庚」簡稱，金星在諸星中最明亮，早晨出現於東方天際，黄昏出現於西方天際，又稱「太白」「明星」「啓明」「長庚」（或作「長賡」「長更」）。詩 小雅 大東：「東有啓明，西有長庚。」毛傳：「日旦出謂明星爲啓明，日既入謂明星爲長庚。」「希白」之「希」當是用爲「晞」。詩 齊風 東方未明：「東方未晞。」毛傳：「晞，明之始升。」説文 日部：「晞，旦明，日將出也。从日，斤聲，讀若希。」昕與晞音近義通。曙色明亮謂之「希白」。容先生一九七五年十二月二十七日自己抄寫的未定稿容氏家乘記録：「三十二世　庚　字朗西，號希白，乃作恭之長子。」（頌齋珍叢第二九頁）家譜所記「字朗西」當是最初由長輩所命，「朗西」猶言照耀西方，義正與「長庚」星相關聯。羅振玉先生在致信容先生時，雖或稱「希白」（如頌齋珍叢第二一一、二一八、二二二、二二六頁），在爲容先生「翫習蔽聞室」題匾時稱「希伯尊兄」（頌齋珍叢第一七八頁），而以稱「西白」爲常（如頌齋珍叢第二一三、二一四、二一六、二一九、二二〇、二二一、二二三、二二五、二二七、二二八頁），恐非僅是同音之故（粤語「希」與「西」不同音），「白」爲西方之色，「西白」與「朗西」義亦相當，羅氏如此理解，故有此誤。大概「朗西」之字罕見使用，容先生就將原來的號「希白」又當作「字」用了，因而後來自己又説「字希白」。一九二二年容先生北上京華之後，得名師指引助力，好古敏求，大展身手，真正成了照亮學術界的「明星」。

雕蟲小言是希白先生最早發表的文章，重點論述學習篆書與篆刻的關係、治印的方法和必要參考書，並介紹了近代一些篆刻家的成就。

希白、元胎兩位先生合撰的東莞印人傳結尾：「仲弟肇新，葉舟廣印人傳載矣，而誤以爲庚之兄，故不揣譾陋，記之如右。鄉邦人士，庶其匡予。」（頌齋述林第五八九頁；頌齋文稿第三〇四頁）此段文字當出自希白先生手筆。其實，怪不得葉氏廣印人傳補遺誤將容肇新當成容庚之兄，問題出在雕蟲小言（續）一文：「仲兄肇新，號千秋，工書。初學唐碑，後專學六朝書……歲甲寅，余兄弟從鄧爾雅舅氏學篆刻。惟仲兄獨孟進，奇字相商，舅氏比之在旁珠玉。乙卯年二十，以瘵疾卒。搜輯遺印，名曰辛齋印蛻。舅氏題詞調寄醉太平云：『……倘天假以秋春，寧止傳印人。』蓋葉舟近輯印人傳，曾載仲兄名也。」一九二〇年，雕蟲小言在小說月報第十卷第三號上發表，雕蟲小言（續）在第十卷第四號上連載，正續篇均署名「容齋」，當初用「容齋」爲筆名，似非希白先生專號，而是容氏兄弟合稱，其義類乎「容府」「容宅」。現在看來，此文主撰爲希白先生，至少續篇後半段當出於元胎先生手筆，故稱肇新爲「仲兄」，因而導致葉舟之誤。元胎先生一九一五年即有作品發表（羅志歡編容肇祖論著暨再版編年，容肇祖全集第八册第四五五〇頁），參與希白先生首篇作品的撰寫亦屬正常之舉。

元胎先生說：「自一九一五年，四舅爾雅還居東莞，二兄從爾雅舅學刻印……舅氏亟稱之。我後來與長兄輯東莞印人傳得十九人，各附印章，以二兄爲殿……蓋葉舟輯廣印人傳曾載二兄名。而兄遺印中有『焦桐幸草』一印致佳，兄不自知其爲印讖呵！」（我的家世和幼年，容肇祖全集第一册第三〇頁）

容肇祖自傳寫道：「我的仲兄肇新自幼體質較弱，也在家和在東莞中學學習。他少年有才華，好讀韓非子和蕭統文選，書法學北碑，刻印學黄士陵。……但因患胃潰瘍，舊社會缺醫少藥，不幸他僅二十歲竟因這病，過早地奪去了他的青春生命。我和容庚爲了手足情深，特編東莞印人傳（石印本，編輯東莞從明到近代的印人及仲兄，皆附印章），這是一個我和容庚兄的處女作，作爲對我仲兄的沉痛的哀思和悼念。」（容肇祖全集第一册第五頁）

一九六二年三月十四日，顧頡剛先生題容希白摹沈石田茗溪碧浪圖詩開頭四句說：「我與希白友，倏忽四十年，但稔耽鐘鼎，偉著金文编。」（顧頡剛與容庚、容肇祖昆仲的交誼，容庚容肇祖學記第二〇六頁）金文编在顧先生口裏被稱爲「偉著」，可謂當之無愧。其稿本的出版，定然會受到讀者的珍視寶愛。

目録

韓非子曰無參驗而必之者愚也弗能必而據之者誣也
著錄彝器書釋文字余惟愚且誣是懼讀是書
者幸糾正焉

民國十二年六月容庚

殷周金文編凡例

一此編集录殷周鐘鼎彝器文字兵器附焉皆據墨拓原本摹寫其見於王復齋鐘鼎款識攈古錄金文等書者僅十數字至薛氏鐘鼎款識考古圖博古圖西清古鑑等書變易大小遂寫失真概不采录

一審釋金文以清吳清卿中丞爲至精手寫金石文字爲說文古籀補惟數十年來古器滋出爲吳氏所未見與見而未收之字尚多此編之定多從古籀補之說間有譌誤均爲訂正其所錄石文鉩文泉文匋文俟另編焉

一諸家著錄之器往往真贋錯出此編嚴爲

鑒定以王靜安君國朝金文著錄表爲據其僞器與剝蝕模糊之字皆不采入不敢以疑似貽誤後人也

一分別部居悉自許氏原書訓詁有采箋傳注疏語及諸家異説古文相通之字多見於經典釋文今稱某某之字古通古器通用之字有與許書訓詁不合一字二解者分隸兩部注明某

字重文此皆古籀補例也

一說文序云倉頡之初作書蓋依類象形故謂之文其後形聲相益始謂之字文者物象之本字者言孳乳而寖多也故知古人造字初有獨體之文孳乳而為合體之字其見于金文者如各為格若為諾䜌為鑾旂之鑾又為蠻

貓之變皆竟稱孳乳爲某不云古文以爲某字也

一說文所無之字及考釋未盡塙者有偏旁可識者附錄於後仍分十四卷以數不爲〔無〕譌誤聊便檢查其篇十五卷則古代象形之字及無可比附者後之君子俟考定焉

金文編卷一

東莞容庚撰集

一　盂鼎
一　毛公鼎
一　師遽彝

元　虢叔鐘
元　師酉敦
元　曾伯簠
元　留鼎
元　沇兒鐘
元　王孫鐘
元　邾公牼鐘
元　曆鼎
元　黃韋俞父盤

天　盂鼎
天　彔伯戎敦
天　祈伯敦
天　頌壺
天　頌鼎

一

天　鄦賁敦

天　秦公敦

天　周公敦

丕　丕不从一　盂鼎　毛公鼎
不字中重文

丕　宗公叁戈
丕陽

丕　丕陽戈　釋不

上　虢叔鐘

上　宗周鐘

上　孟上父壺

上　上官登

上下　毛公鼎上下二字合文

帝　周憲鼎

帝　聃敦喜帝文王

帝　數狄鐘

帝　寡子卣

帝　仲師父鼎

上帝　宗周鐘上帝二字合文

帝　秦公敦

旁　旁鼎

旁　周文乙旁尊

旁　南旁乙姒覲母敦

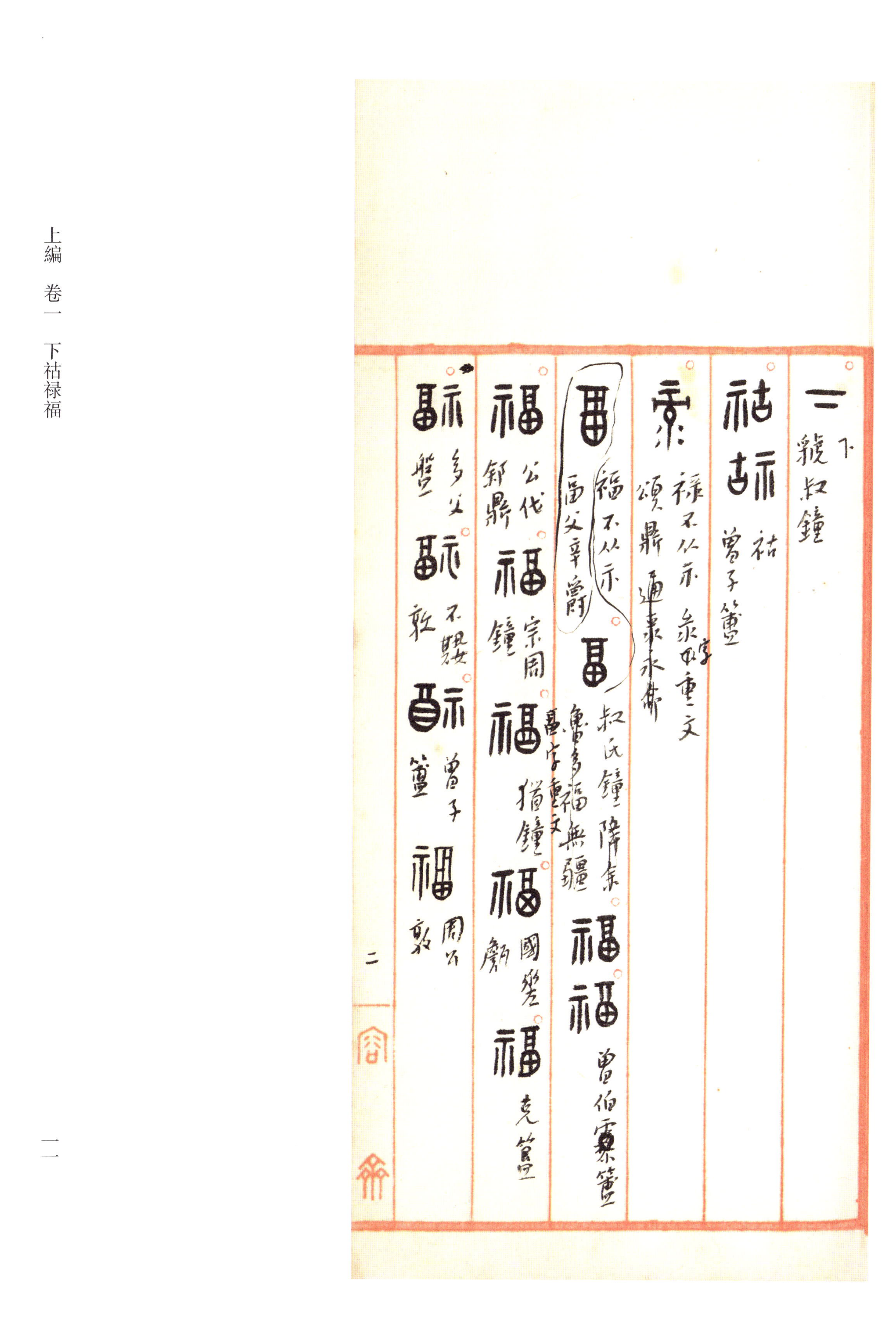

下 虢叔鐘

祜 曾子簠

祿不从示 彔字重文 頌鼎 通彔永命

福不从示 畐父辛爵

叔氏鐘 降余魯多福無疆 畐字重文

曾伯霥簠

公伐郘鼎

宗周鐘

猶鐘

國差𦉜

克𣪕

多父盤

不嬰𣪕

曾子簠

周公𣪕

二

神　宗周鐘

祭　邾公牼鐘
義楚耑
史喜鼎
陳侯因資敦

祭仲爵
竹鄦侯敦
陳侯午敦

祀　盂鼎
鄦侯彝
邾公牼鐘
子[illegible]舟
拍舟

楚曾侯鐘
沇兒鐘
邾公釛鐘
師遽敦
吳尊彝

曶鼎
秦公敦

祈从旂从䉜 爾雅釋詁 祈求也 王孫鐘用祈眉壽 詩行葦以祈黄耇 賓之初筵以祈爾爵也

祖不从示 盂鼎

祖且字重文

齊鎛

祉叚借爲妣

齊鎛 妣 皇祉聖姜

祝

大祝禽鼎

盂鼎

祈从旂从䉜

王孫鐘用祈眉壽

頌鼎

頌敦

封仲敦

畢鮮敦

頌敦

伯林父敦

陳侯簋

楚伯敦

伯侯父盤

齊鎛

陳公子甗

三

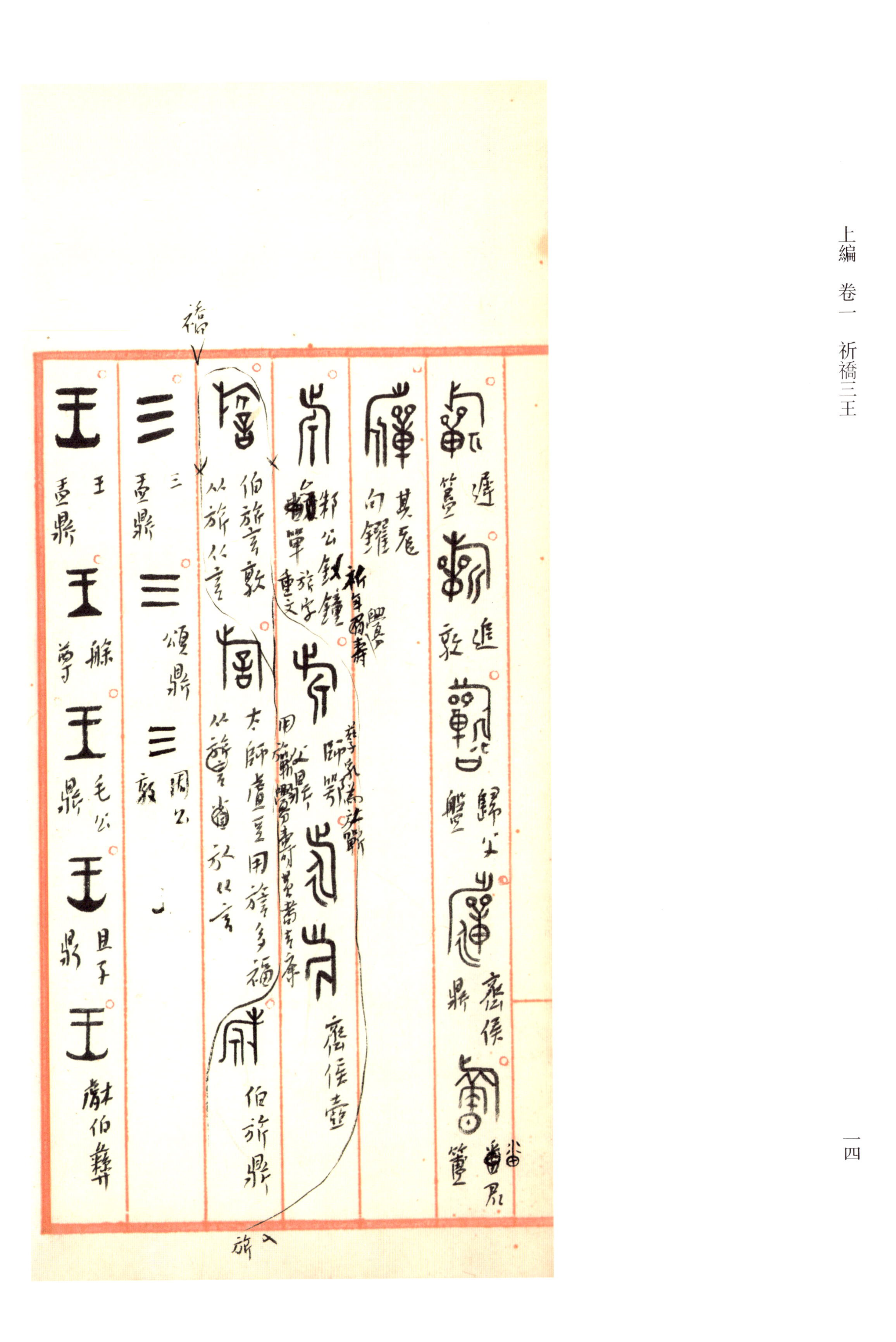

遟簋

追敦

歸父盤

齊侯鼎

[illegible]尸簠

其次句鑃

邾公釛鐘

[illegible]單　旂字重文

祈年眉壽

師[illegible]

田[illegible]

齊侯壺

禱

伯旂壺敦　从旂从言

太師虘豆　用旂多福　从旂[illegible]从㫃从言

伯旂鼎

旂入

三　盂鼎

頌鼎

周公敦

王　盂鼎

[illegible]尊

毛公鼎

且子鼎

獻伯彝

王 王孫鐘
王 聃敦
王 郘公鼎
王 公伐郐鼎
王 師寰敦

王 王人甗
王 姑馮□句鑃
王 者汈鐘
王 𪊲尚

皇 皇頊鼎
皇 毛公鼎
皇
皇 克鼎
皇 師嫠敦
皇 陳侯因資敦

皇 禾簋彝
皇 齊陳曼簠
皇 齊鎛
皇 沇兒鐘
皇 邾公牼鐘

皇 王孫鐘
皇 鄭□敦
皇 叔向敦
皇 函皇父敦
皇 宗周鐘

皇 仲師父鼎
皇 叔皮父敦
皇 叔氏鐘
皇 叔鄂父敦
皇 彔伯戎敦

四

皇 杜伯𥂴

皇 秦公敦

玉 毛公鼎

丰 乙亥鼎玉十丰 丰猶不聯貫之田十田也

羅振玉釋玉謂非

璧 辟玉 齊侯壺

環象形 亢敦

剌鼎

甫季 [illegible] 女鼎

環不从玉 番生敦 玉環字重文

毛公鼎

師遽彝 尊

璜 召伯虎敦

見則覆所以合諸侯為瑞也從賈華氏為瑁周礼天子執
……以朝諸侯
瑁四寸

璋　子璋鐘

瑁不从玉　伐徐鼎冒字重文

接拼瑁

琱　師嫠敦

師奎父鼎　戈琱戟旂

班　口公孫班鎛

气隸變作乞　齊侯壺洹子孟姜用气嘉命

士　沇兒鐘

士　師寰敦

士　秦公敦

中　凡中正字皆从口从㫃　伯仲字皆作中　無斿形　史字所从之中伯仲之中　許書中正之中从中　殆傳寫譌也　羅振玉

說　頌敦

頌敦

中伯御人鼎

朱中子尊

五

中子化盤

卯𣪘

盂鼎　六族

子禾子釜　中刑

屯　孳乳為純　頌𣪘

師望鼎

不𡢁𣪘

邢人鐘

叔氏鐘

遲簋　屯魚冒

每　聃𣪘

曶鼎

杞伯鼎　孳乳為敏　敏字重文　接敏

熏　孳乳為纁

毛公鼎　纁[illegible]重旦纁裏

蘇　不从艸

蘇甫人匜　穌字重文

纁接

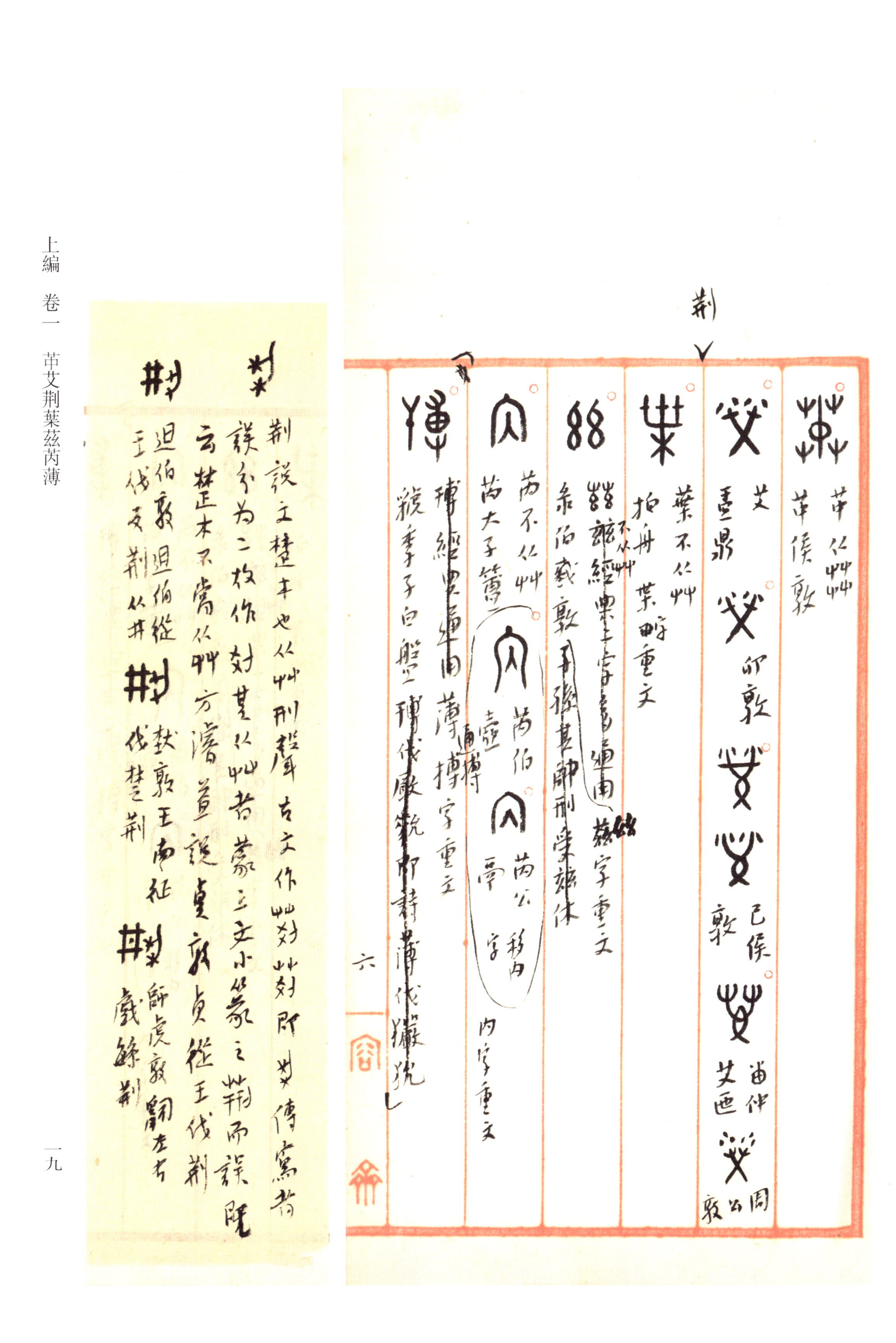

荆

芇 从丵丵 芇侯敦

艾 壺鼎
卯敦
己侯敦
甾仲艾匜
周公敦

葉不从艸 拍舟
枼 拍舟 枼字重文

茲 𢆶 不从艸 縊 經典字通用 茲字重文
糸伯戎敦 子孫其帥刑受茲休

芮不从艸 芮太子簠
芮伯壺
芮公 𦉢字 移內
內字重文

薄 縛 經典通用 薄 博字重文 通博
𧾷季子白盤 𨍏伐厥𤞷 卯𧗿 薄伐玁狁

六

荆 說文楚木也从艸刑聲 古文作𦰩 艸刅所𦰩傳寫者誤分為二枚作𦰩 葢从艸者篆文小篆之𦲷而誤 隱云楚木不當从艸 方濬益說是
貞敦 從王伐荆

刑 過伯敦 過伯從王伐反荆 从井

𣪕敦 王南征伐楚荆

師虎敦 𤔲左右戲繇荆

芻

藥　藥鼎

若　辟 孳乳爲諾　盂鼎 王若曰

毛公鼎

𣂔伯敦

師寰敦 从口

彔伯戎敦

毛公鼎

子孫是若　𦉢鼎　爾雅釋詁 若善也 釋言 若順也 詩烝民 天子是若 同義

斯　不嬰敦

虢季子白盤

師寰敦

兮甲盤

毛公鼎

孳乳爲誓 齊侯壺　折于大嗣命

蔥 不从艸 禮三命赤韍蔥衡 青謂之蔥 也 孳乳爲繱 毛公鼎 赤市蔥黃（繱字重文）

番生敦　朱市蔥黃

蒿从艸 古蒿鄗通 公羊桓十五年公會齊侯于鄗 穀梁作會齊蒿 鄗武王所都 荀子王霸武王以鄗 詩文王（又作鎬）有聲宅是鎬京 靜敦王在蒿京 蒿即（鎬即鄗）

接

克鼎錫女叔市 彩奥 參冋蕪蒠 乚

芀从艸 散盤

接第二三

蒿从艸 蒿鄗通 靜敦 鄗下重文

莫 散盤

晉邦盦

七

金文編卷二

東莞容庚譔集

小 静敦 小少為一字

小 毛公鼎

小 小臣鼎

小 師嫠敦

小 [illegible]曶鼎

小 曾伯鼎

小 鼎文

小大 毛公鼎 小大二字合文

小臣 克鼎

小臣 曾內小臣鼎

小臣 守敦

小臣 䜌卣

小臣 艅尊

小子 毛公鼎

小子 散盤

小子 叔向敦

小子 不𡢁敦

小子 晉邦盦

小子師敦　小子射鼎　秦公敦

少　說文不多也段玉裁曰不多則小故古少小互訓通用
簠鄭侯敦

八　旂鼎
函皇父敦
[illegible]鼎
克鼎
簠鄭侯敦

歸父盤

分　鬲攸比鼎
己侯敦
梁鼎

曾　曾孳乳為鄫
曾伯霥簠
余義鐘
叔姬簠
曾寶伯鼎

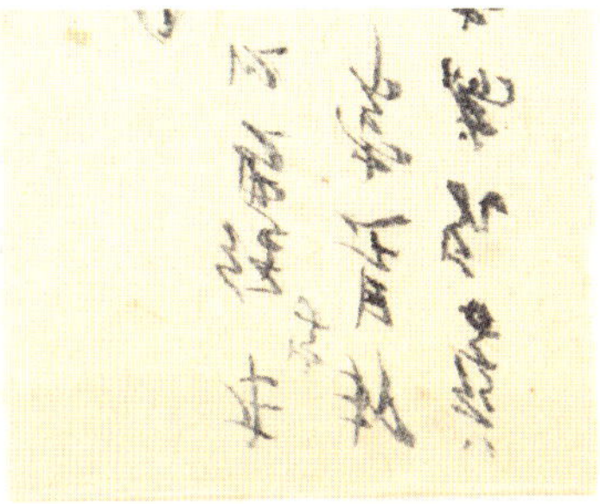

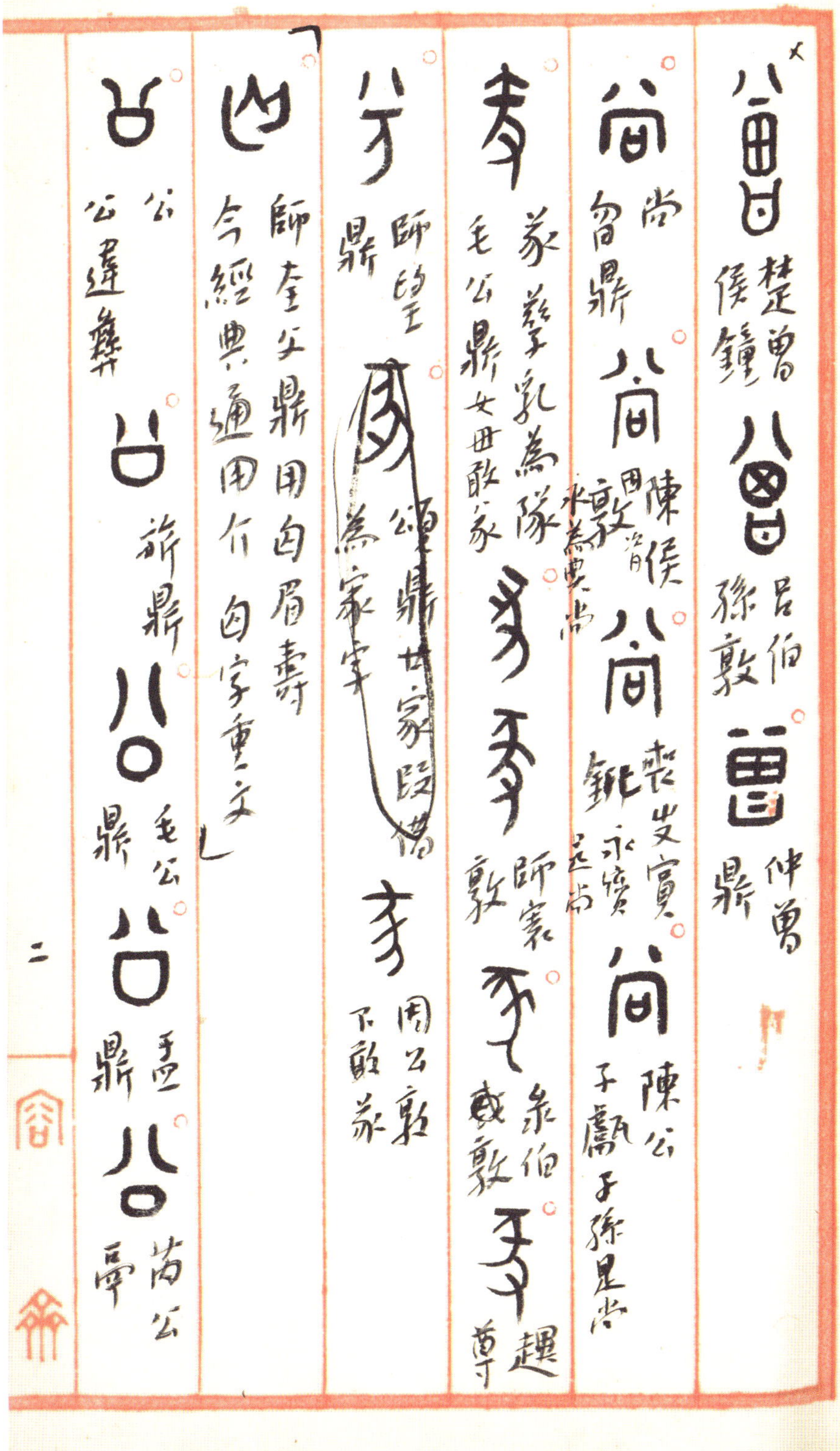

楚曾侯鐘　呂伯孫敦　仲曾鼎

尚　曾鼎　陳侯因資敦　永為典尚　喪史賓鈚　永寶是尚　陳公子甗　子孫是尚

豕　毛公鼎　蕤掔亂為隊　女毋敢豕　師寰敦　录伯戎敦　趩尊

師望鼎　毛公鼎女毋家叚借為家字　周公敦　不敢豕

師奎父鼎用匃眉壽　今經典通用丐　匃字重文

公　公違彝　旂鼎　毛公鼎　盂鼎　苗公𩰫

二

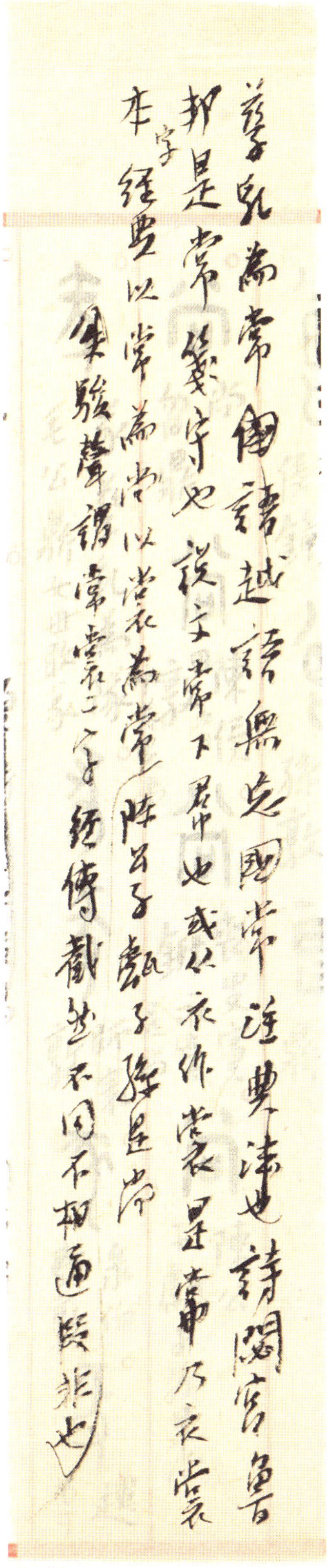

蕤掔亂為常。周禮越諸無忌國常，注典法也。詩閟宮魯邦是常，箋守也。說文常下帬也，或从衣作裳，是常乃衣裳本字。經典以常為尚，以裳衣為常。陳公子甗子孫是常。吳騫聲謂常裳二字經傳截然不同，不相通叚，非也。

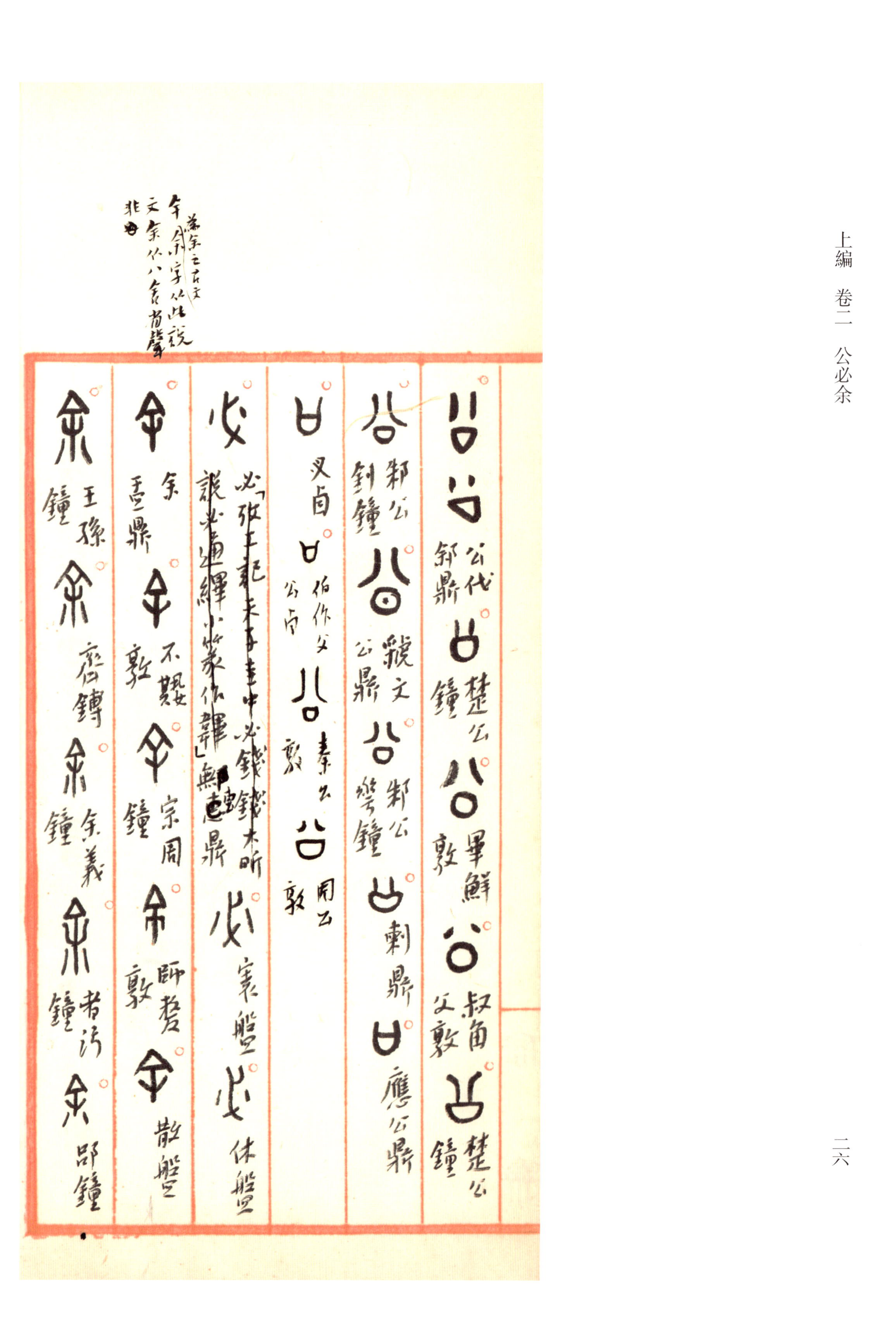

余 余小字从此說文余从八舍省聲非也
余之古文

公代邾鼎

楚公鐘

畢鮮敦

叔角父敦

楚公鐘

邾公釗鐘

虢文公鼎

邾公牼鐘

剌鼎

應公鼎

叉卣

伯作父公卣

秦公敦

周公敦

必「張王乾未有韋中必鋑鋑木听說必遍繹小篆作韠」

鄦惠鼎

寰盤

休盤

余

王亞鼎

不嬰敦

宗周鐘

師嫠敦

散盤

王孫鐘

齊鎛

余義鐘

者汈鐘

郘鐘

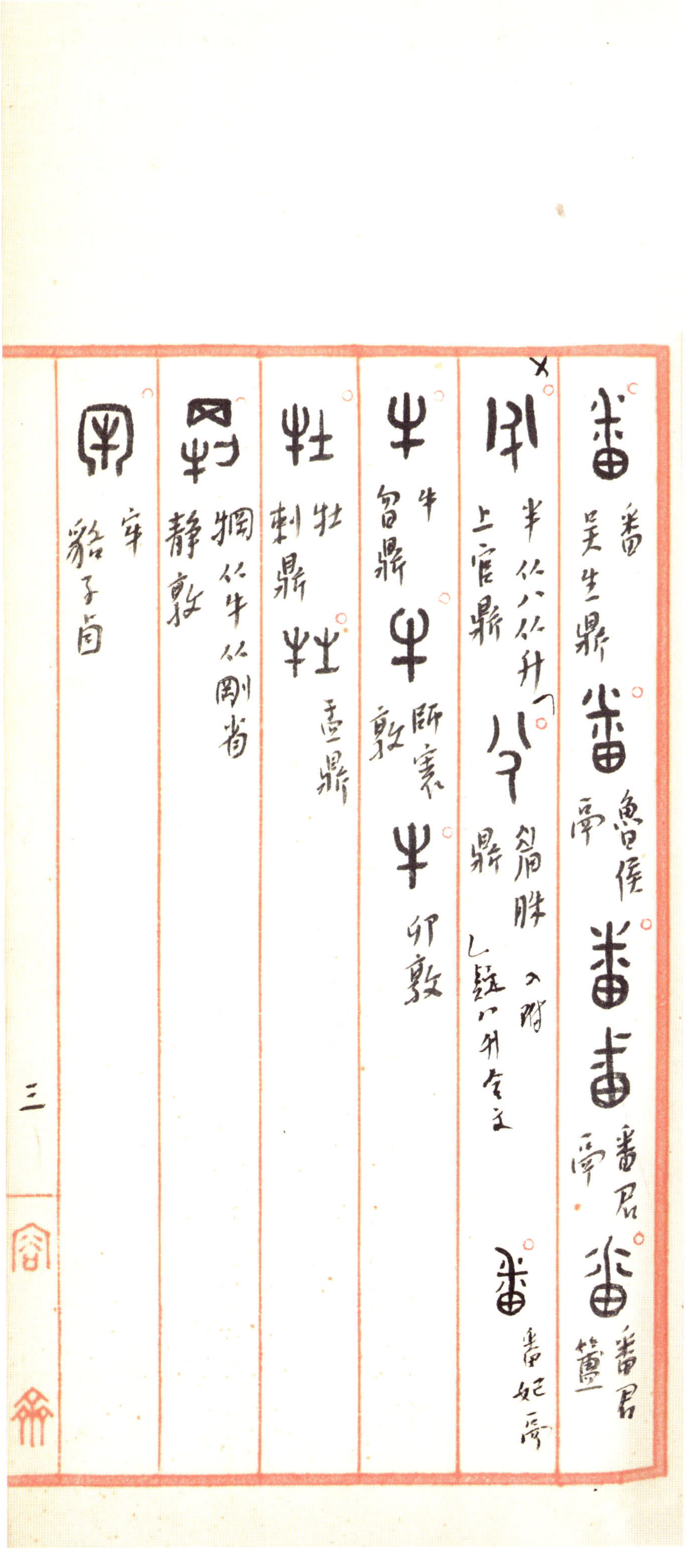
番
吴生鼎
番君鬲
番妃鬲
半
从八从牛
上官鼎
入附
牛
曶鼎
師寰敦
卯敦
牡
刺鼎
盂鼎
犅
从牛从剛省
靜敦
牢
貉子卣
三

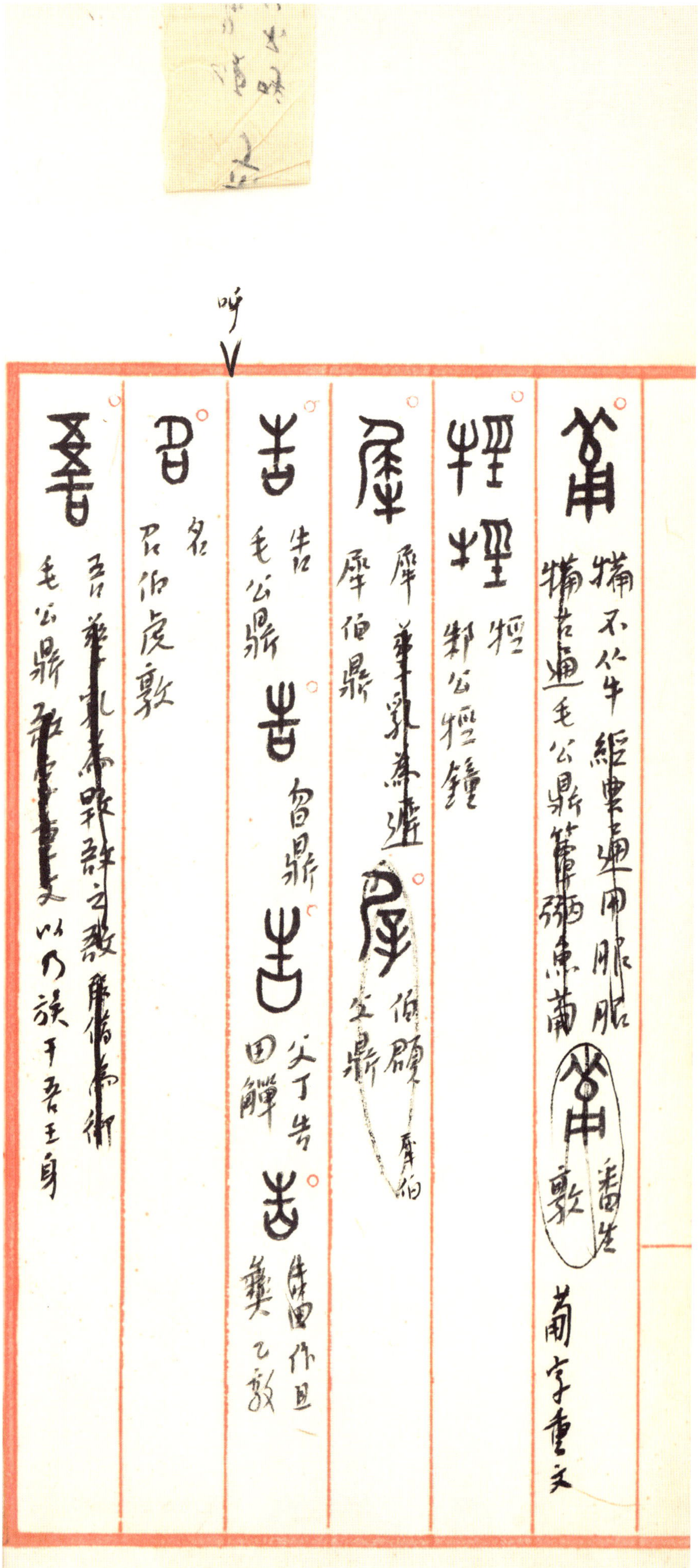
犕不从牛 經典通用服
犕古通 毛公鼎 簟弼魚葡
番生敦
葡字重文
牼 邾公牼鐘
犀 犀伯鼎
伯顧父鼎
犀伯
告 毛公鼎
曾鼎
父丁告田觶
侯田作旦彝乙敦
呼
名 召伯虎敦
吾
毛公鼎 以乃族干吾王身

呼不从口與乎通
頌鼎乎字重文

哲悊 曾伯簠

叔家父匡

克鼎

師望鼎

王孫鐘

番生敦 克悊

乃德 从言

假玉裁曰悊與哲義殊口部云哲知也从心作悊蓋後人妄增之因古書聖哲之字或从心而妄之也

君 豆閉敦

君夫敦

楚君簠

王君鼎

鄀公劍

鐘

叔單鼎

伯者君盤

夜君鼎

君

散盤

楷妃彝

交君子簠

番君鬲

史頌敦

命 齊鎛

毛公鼎

豆閉敦

師酉敦

四

說文哲知也重文作悊又心部悊敬也

王引之以伯虔字子析證之則心部之悊字非悊字矣

克鼎

師望鼎

歸父盤

齊侯壺

陳猷釜

子禾子釜

秦公敦

召尊 龢彝

太史友甗

伯憲盉

富 召伯父辛鼎

召伯虎敦

伯王敦 从卩

克鐘

大敦

召仲鬲

師害敦

唯不从口 齊鎛

隹字重文

沇兒鐘

禾簋彝

子璋鐘

移 隹

歸父盤

邾公牼鐘

姑馮□句鑃

艅尊

者汈鐘

楚曾侯鐘

師奎父鼎

盂鼎

曶鼎

趞曹鼎

格伯敦

史頌敦

師𡘋敦

伯中父敦

叉卣

頌敦

克鼎

鄭虢仲敦

格伯作晉姬敦

𨛖其敦

師𤸫敦

寍鼎

虢季氏盤

毛公旅車鼎

旦子鼎

鄭師邍鬲

乙亥鼎

戜叔鼎

牧叔敦
趞鼎
楚伯敦
公姞彝
黃韋俞父盤

湯叔尊
師酉敦
曆鼎
聃敦
鄭侯敦

白者君盤
其𢓊句鑃
旂鼎
毛公鼎

散盤
𠭯簋
師嫠敦
豼子卣
君夫敦

善鼎
王命明公尊
由口官甶觶
伯其父簠
曾伯簠

甾仲艾匜
叔單鼎

和　和从禾　陳肪敦

和　史孔和　借龢為盉

哉　哉　邾公牼鐘

哉　余義鐘

哉　鄦侯彝

台　台　王孫鐘　吕字重文

咸　咸　趩尊

咸　般仲□匜

咸　晉邦盦

咸　王𠂤鼎

咸　叉　豁子卣

咸　史獸鼎

咸　秦公敦

啻　帝乙　蔡子乳為適　師酉敦　適　接適

啻　又蔡子乳為敵　公代郐鼎　攻戰克敵　接敵

六

吉 吉 沇兒鐘
吉 齊鎛
吉 免敦
吉 旂鼎
吉 陳格伯作晉姬敦

吉 攻吳監
吉 陳侯鼎
吉 黃韋俞父盤
吉 召姬敦 蔡大匜
吉 中子化盤

吉 匡卣

周 周 史頌敦
周 盂鼎
周 公伐郜鼎
周
周
周 格伯敦

周 彔伯㦰敦
周 曾霥伯鼎
周 盂爵
周 散盤
周 善夫克鼎

周 免敦 王在周
周 免簠省口 王在周
周 公伐郜鼎 周棠多福
周 周公作文王鼎

附入

周　周㚸旁尊

周　公中彝　宗周

周　舟鼎　周廟

周　戈伐郘鼎　世為周甬

周　周公敦

唐　唐　唐子祖乙爵

𩰫　𩰫叔多父敦　𩰫姞敦

𩰫　㝬伯㦴敦　華𩰫敦　吳式芬釋𩰫

吒　吒　書曰王三宿三祭三咤　孔疏云咤爲奠爵　許氏說吒奠爵酒也　今周書作咤　吒即咤之省　咤爵　吳大澂說

吅　吅从尸从米　詩曰民之方殿屎　許說文引作民之方唸吅　陳侯因𬮿敦

劉心源曰侎爲敉之重文　見說文　大誥敉甯武圖功　傳訓敉為安撫

各　各至也　今經典通作格　頌敦

各　邁敦

各　師酉敦

各　師嫠敦

七

各　許氏以為从彳　各至也　𢓊說文所無　經典通用格　書堯典格于上下　傳格至也　頌敦王各大室　（為格）

光敦

師奎父鼎

宰椃角

敔敦

克鼎

趩尊

善鼎

鄦惠鼎

師虎敦从彳

格于宮

庚羆卣从辵

師遽敦王在周客新宮以客為各

利鼎王客于般宮

𢾊彝王客于東闈

秦公敦

設

鄀侯鼎

嚴虢叔鐘以嚴在上

𦍒乳為儼

邾人鐘

嚴詩六月有嚴有翼傳嚴威也虢叔鐘嚴在上異在下又𦍒乳為儼荀子正論今子宋子嚴然而好說注讀為儼

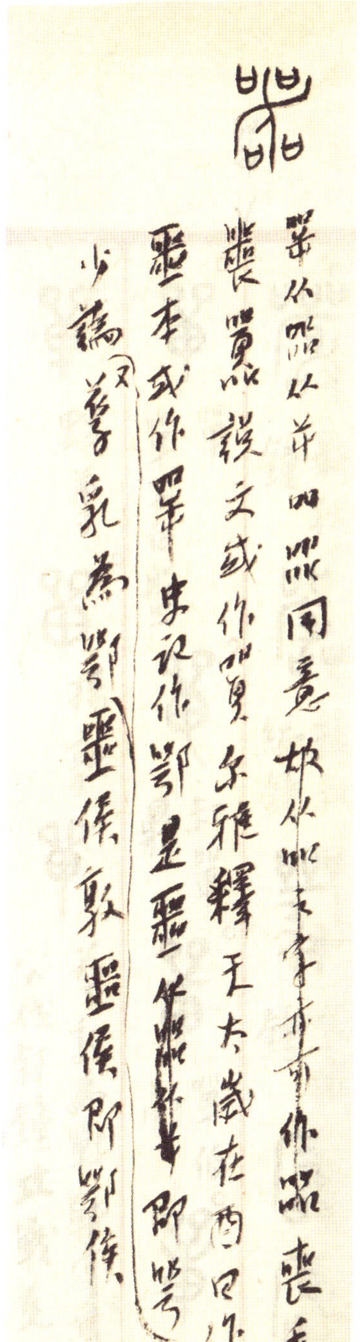

走　效卣　夙夜奔走
右走馬嘉壺
周公敦

趣　鄦侯敦

趞　趞曹鼎

趯　毛公鼎

趁　克簋
伯趁父敦
師趁鼎
姬趁母鬲

趩　王孫鐘
趩尊

趣趄赶趬

趠 趠鼎

趯 歸夆敦 趯 公敦

或从辵 歸夆 趯 公敦

趡 趡罍

趄 虢季子白盤 趄=子白

陳侯敦 因資 孝武趄公

趄 入附 王孫鐘 皇=趄=

封仲敦

動武鐘

秦公敦 剌=趄=

止 亞匕止尊

九

書牧誓尚桓桓 傳 同義 武貌 說文引作狟 虢季子白盤 趄=

子白作趄

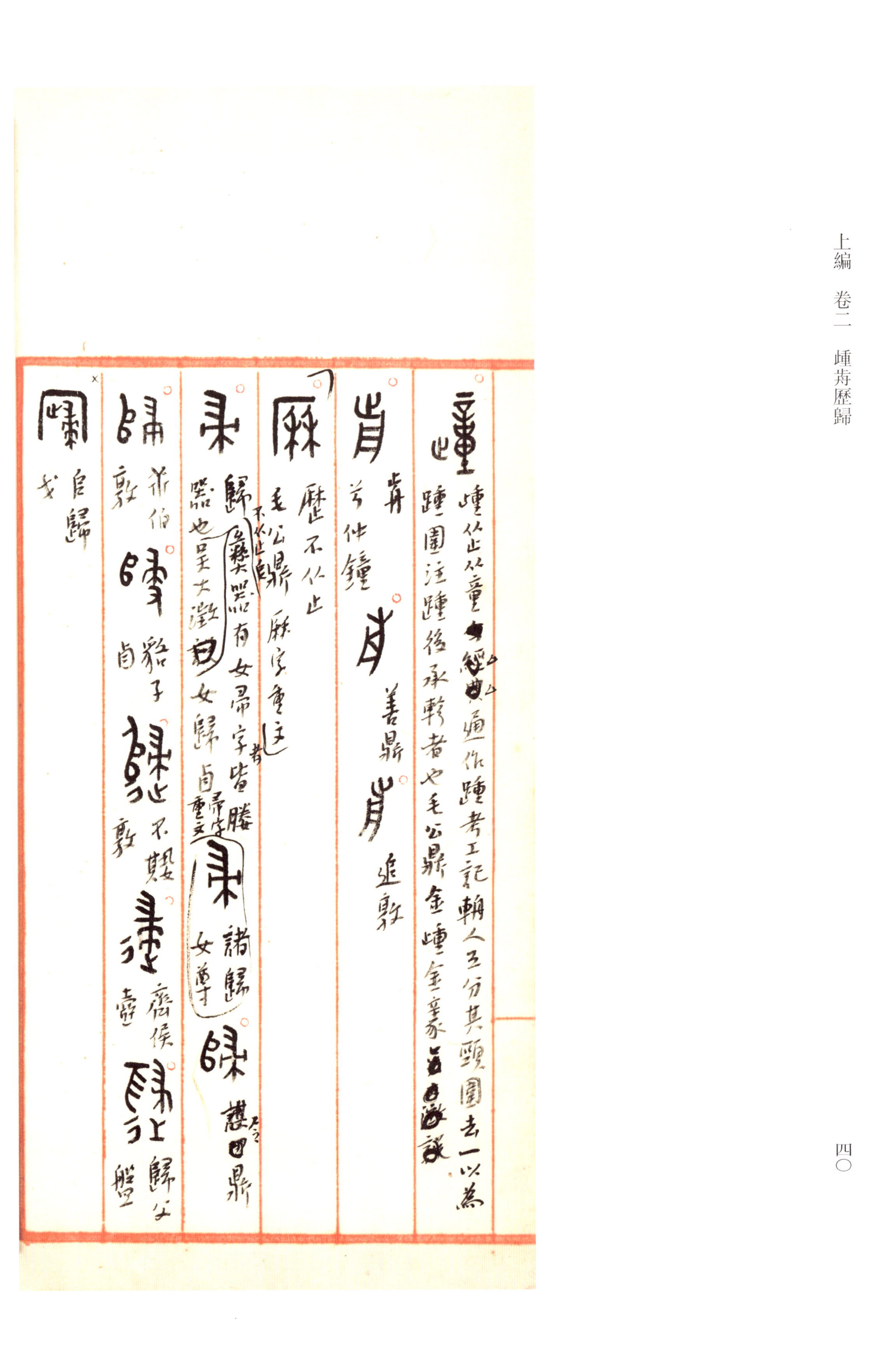

歱从止从童 經典通作踵 考工記輈人五分其頸圍去一以為踵圍 注踵後承軫者也 毛公鼎 金歱金豙

歬 兮仲鐘
善鼎
追敦

歷不从止 毛公鼎 厤字重見

歸 不从止 彝器有女帚字皆媵器也 吳大澂說 女歸卣 帚字重文
諸歸 女尊
[illegible]鼎

[illegible]伯敦
貉子卣
不嬰敦
齊侯壺
歸父盤

𠂤歸戈

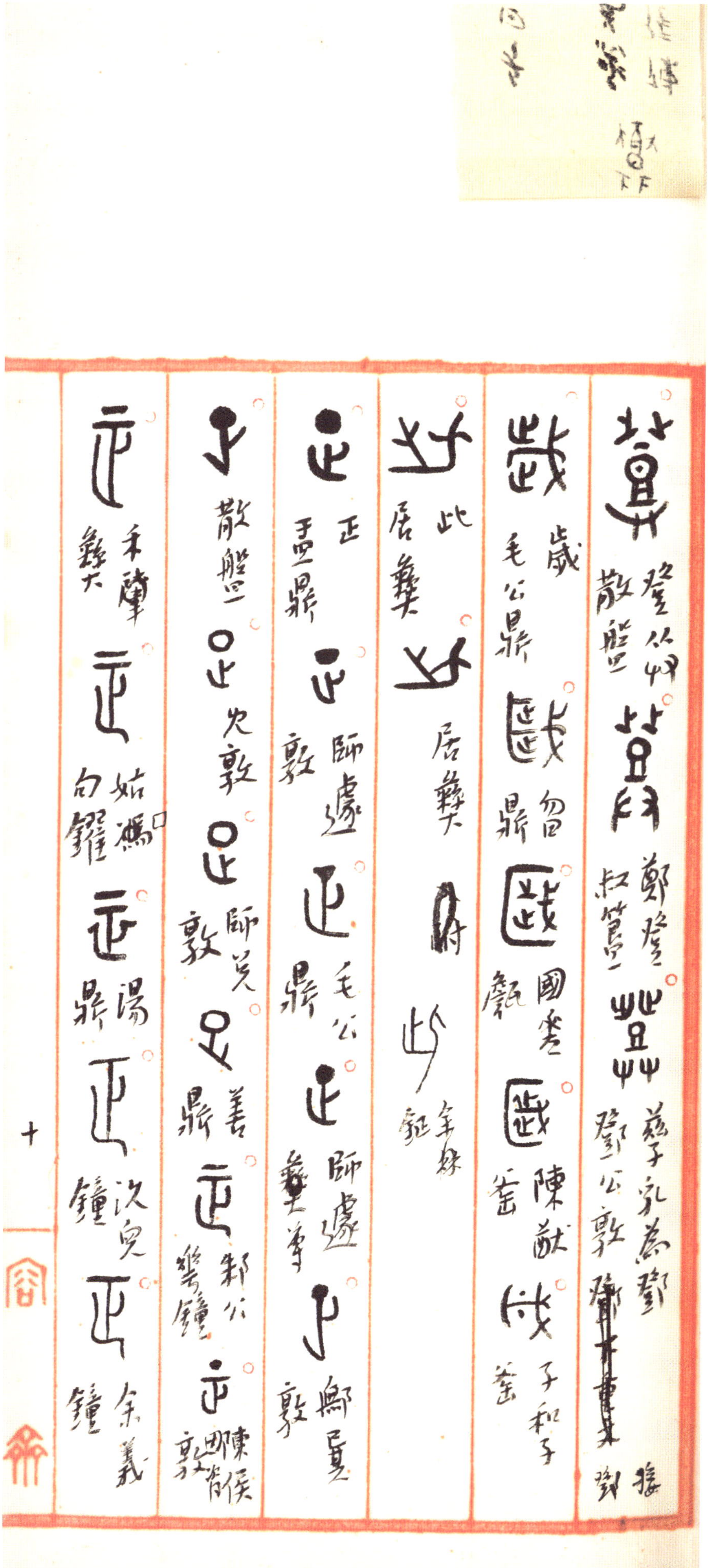
登 從𠬞
散盤
歲
毛公鼎
此
正

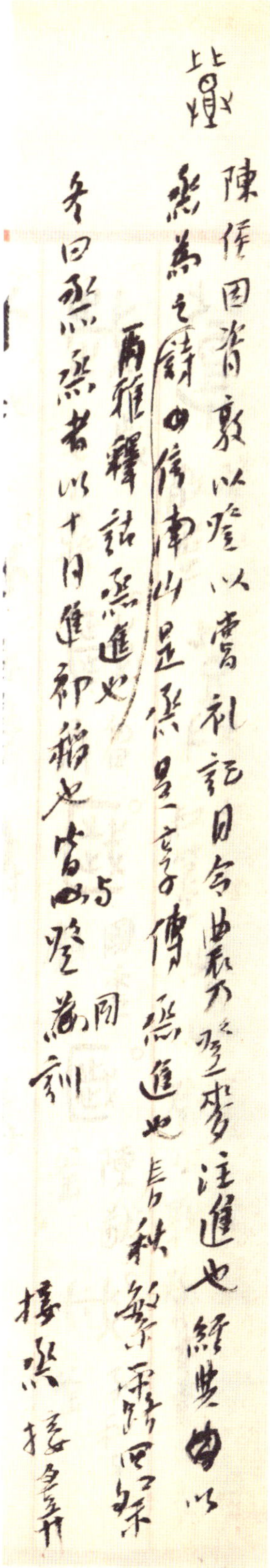
陳侯因資敦以登以嘗
禮記月令農乃登麥注進也
經典多以烝爲之
爾雅釋詁烝進也
當以登爲訓
樹達

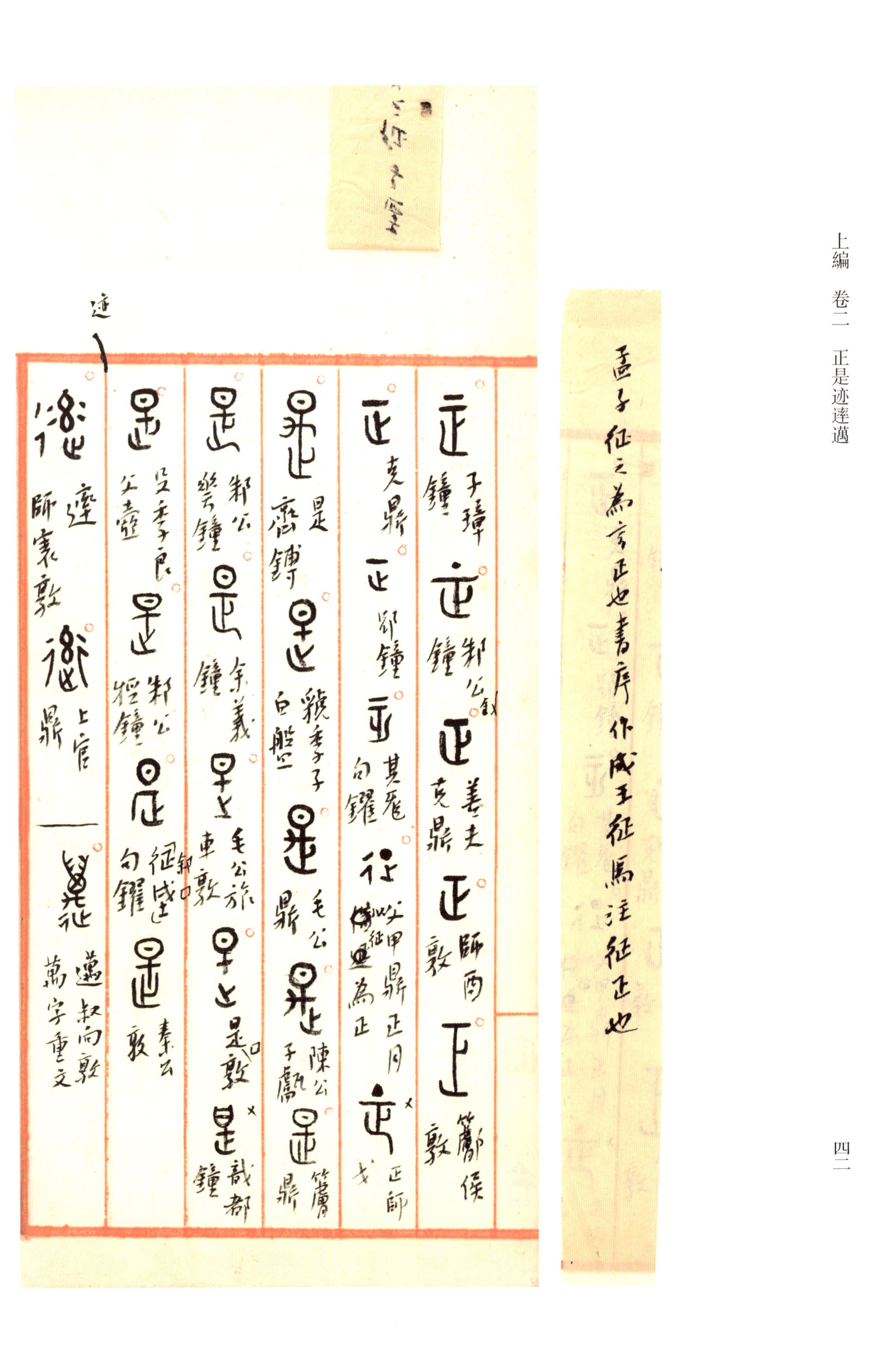

孟子征之爲言正也書序作成王征馬注征正也

正 子璋鐘
正 邾公釛鐘
正 善夫克鼎
正 師酉敦
正 篖鄦侯敦

正 克鼎
正 邵鐘
正 其𡱝句鑃
征 父甲鼎 正月 以征以𠨕爲正
正 正師戈

是 是齋鎛
是 虢季子白盤
是 毛公鼎
是 陳公子甗
是 篖鼎

是 邾公䋎鐘
是 余義鐘
是 毛公旅車敦
是 是敦
是 戠都鐘

是 吳季子良父壺
是 邾公牼鐘
是 邾□徵戌句鑃
是 秦公敦

迹

逨 師寰敦
逨 上官鼎

邁 邁叔向敦 萬字重文

入附

「邁于…邁…」我國家」盂鼎　邁相先王

宗周鐘　王肇遹省文武

克鐘　遹涇東至于京師　此當釋遹移下十二頁十一行

徒　揚敦

魯大司徒子仲白匜

師寰敦　徒馭

鄦惠鼎　司徒

齊鎛

子禾子釜

徒

余卑鉦

延从彳　太保敦

芮伯敦

鄭侯鼎

陳公子甗

曾伯簠

楚敦

鄭興敦

郘口　徂(?)　句鑃

延(?)　(?)簠

十一

延 籚鼎
卜來甫十來伐商
延是征从止

適不从辵 師酉敦
嗣乃且適 啻商字重文
師兌敦
剌鼎
買敦 皇祖適考
商彝

進 苟伯盤

造从宀从舟 告聲 頌敦
或从造从告 頌敦
頌鼎

頌壺
郜造鼎
竹膚鼎
陳金戈
戟戈

羊子戈
高密戈
圳斤戈
龍伯戈
司馬望之造戈 造字省文

迹　入

遇

徙

迮　簠鼎　用征以迮

迨　且子鼎　王命且子迨西方于……　說文會古文作佮　从彳从辵

遣　番生簋　遣衡　毛公鼎　金甬遣衡

速　師寰簋　速从朿

逆　逆尊　宗周鐘　乃逆　楚公鐘

遘　戊辰彝　遘

通　頌簋　頌鼎　頌壺　鐘

十二

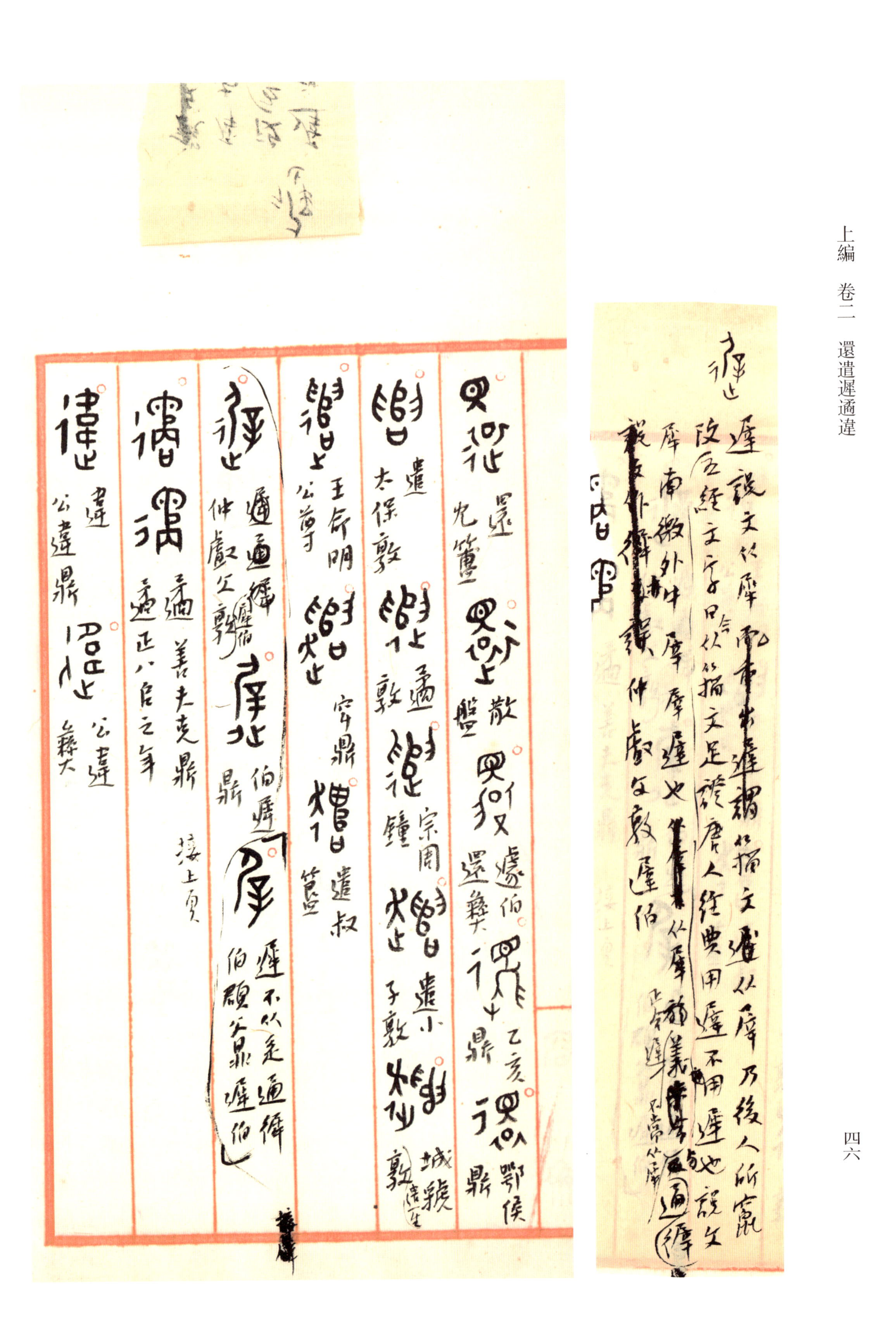

還 免簠

散盤

遽伯還彝

乙亥鼎

鄂侯鼎

遣 太保敦

遣 敦

宗周鐘

遣小子敦

城虢遣生敦

王命明公尊

穿鼎

遣叔簠

遲 通犀 仲𠭯父敦 遲伯

伯遲鼎

遲 不从辵 通犀 伯頵父鼎 遲伯

遹 善夫克鼎

遹 遹正八自之年

接上頁

違 公違鼎

公違 絲大

遲 說文从犀 籀文遲从犀 乃後人所竄

段玉裁注 籀文从𨕤 从犀人 從貴用遲 不用遲也 說文

犀 南徼外牛 犀 遲也 从犀

仲𠭯父敦 遲伯

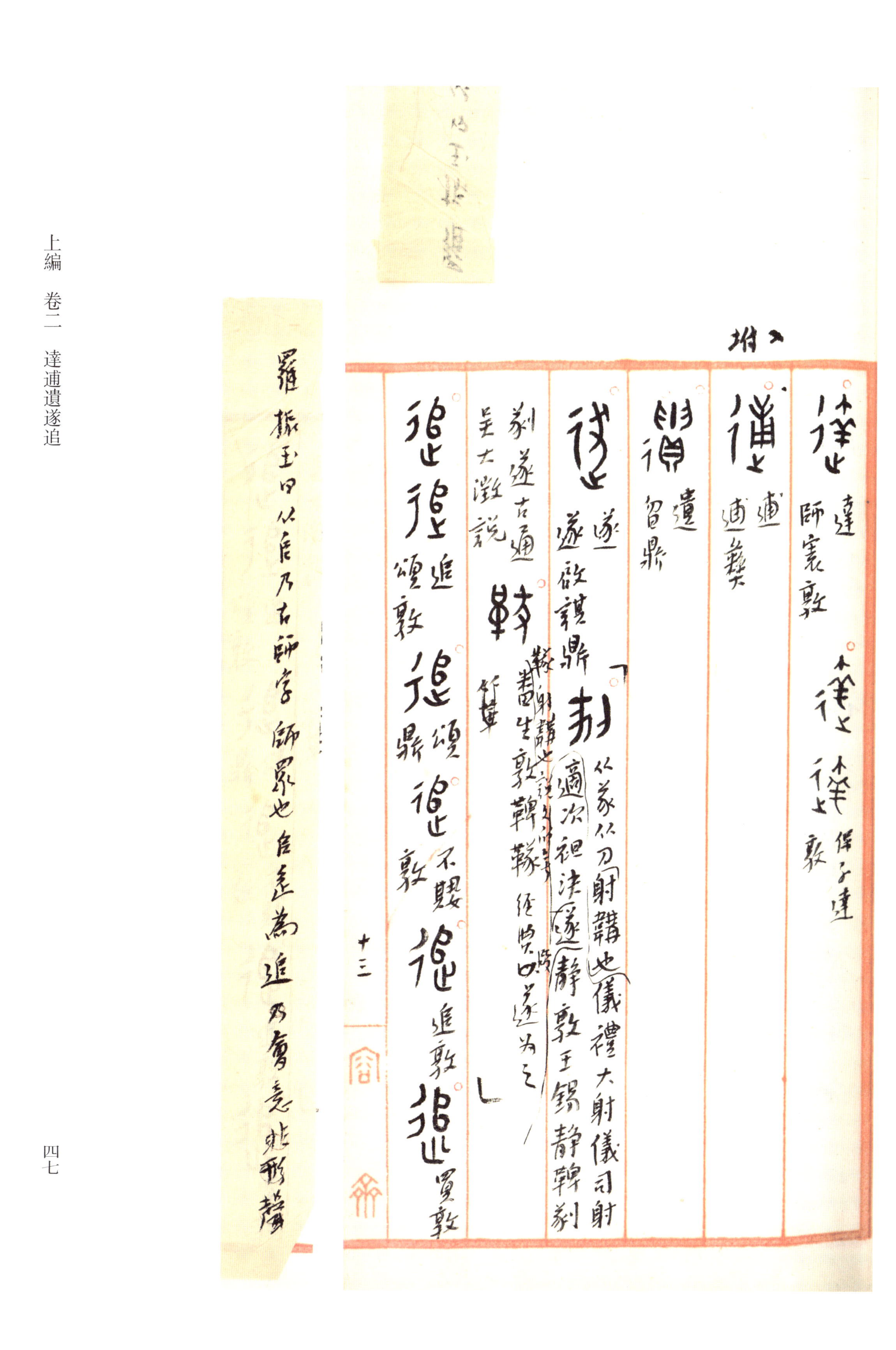

增入

達 師寰敦

保子達敦

逋 逋彝

遺 留鼎

遂 遂啟諆鼎

从豕从刀 射韝也 儀禮大射儀司射適次袒決遂 靜敦王錫靜鞞剢

剢遂古通 吳大澂說

韤

韤射韝也 說文所無 番生敦鞞韤 經典以遂為之

追 頌敦

頌鼎

不𡢁敦

追敦

買敦

十三

羅振玉曰从𠂤乃古師字 師眾也 𠂤辵為追 乃會意非形聲

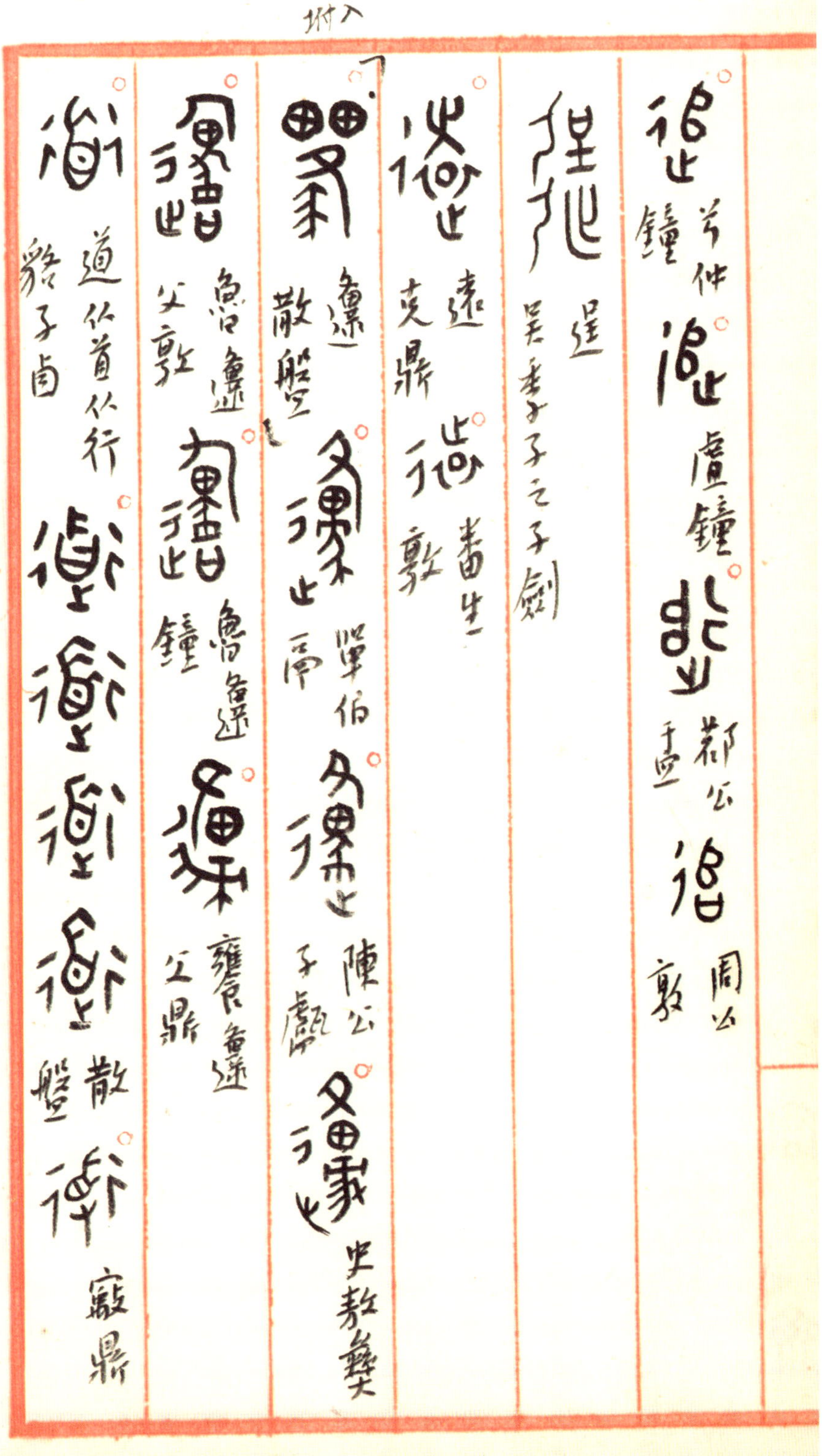
盧鐘
逞
吳季子之子劍
遠
克鼎
番生敦
散盤
單伯鬲
陳公子甗
魯遶父敦
魯遶鐘
道　从首从行
貉子卣
散盤

迏遅遹

曾伯霥簠

遽孳乳為遽　師遽敦

師遽彝尊

遽仲觶

遽伯還彝

邊　散盤

盂鼎

德　盂鼎

毛公鼎

師望鼎

尨姞彝

叔向敦

邢人鐘

虢叔鐘

齊陳曼簠

齊陳曼鼎

叔家父匡

十四

德 番生敦

王孫鐘

或从辵亦王孫鐘文

散盤

復 召鼎

散盤

復公子敦

彼不从彳 鄦口征盛匜 句鑃

中彼[illegible]人

皮字重文

後 師望鼎

師寰敦 説文从夅 乃後人所改

余義鐘

徲通遲 （遲伯） 从犀

仲䲨父敦

鬲攸比鼎 王在周康宮徲大室

伊敦 徲叔

徲管匜

得从手持貝 説文从見 乃傳寫之譌 虢叔鐘

師望鼎

邢人鐘 得屯用魯

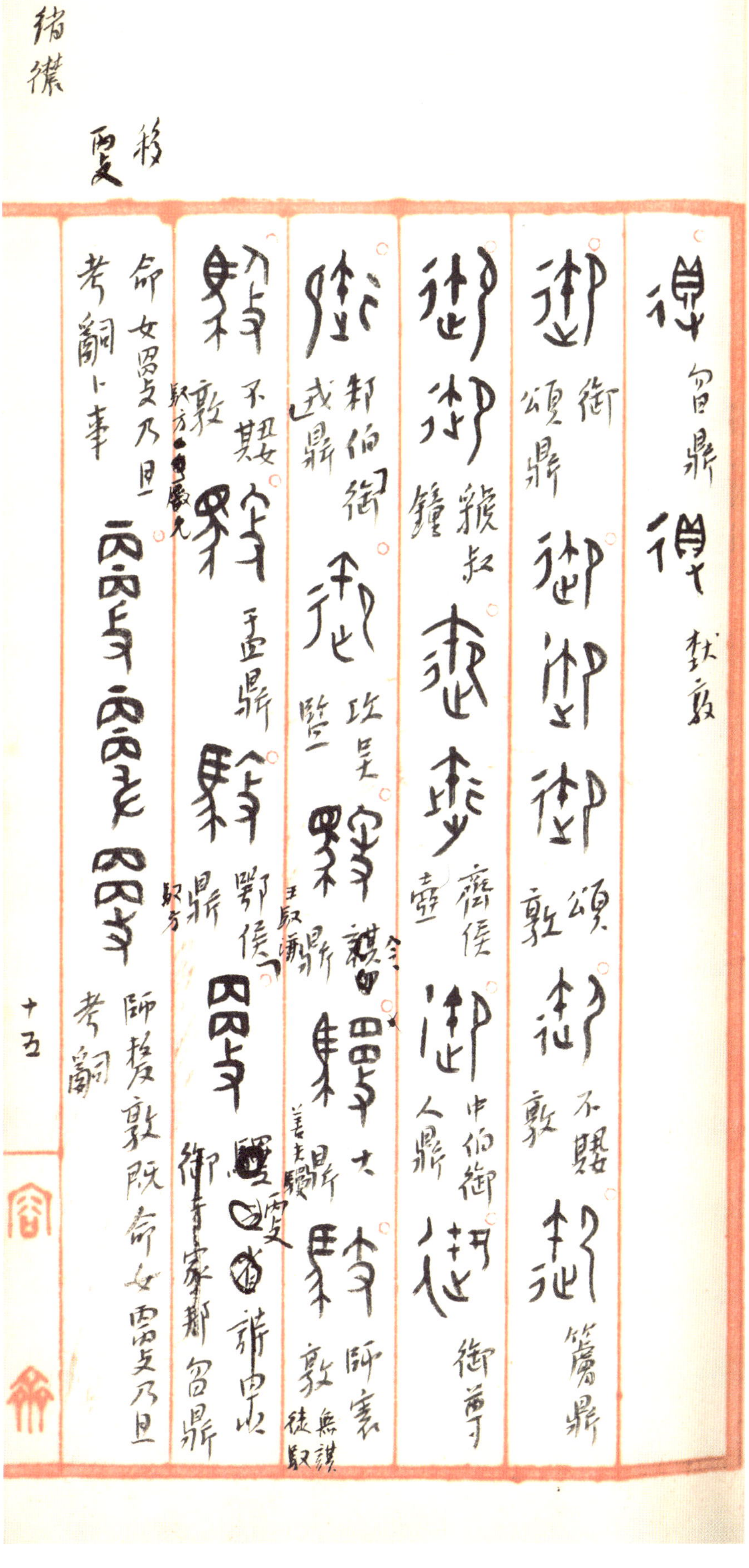
徬
儴
曶鼎
頌鼎
頌敦
不𡢁敦
御尊
十五

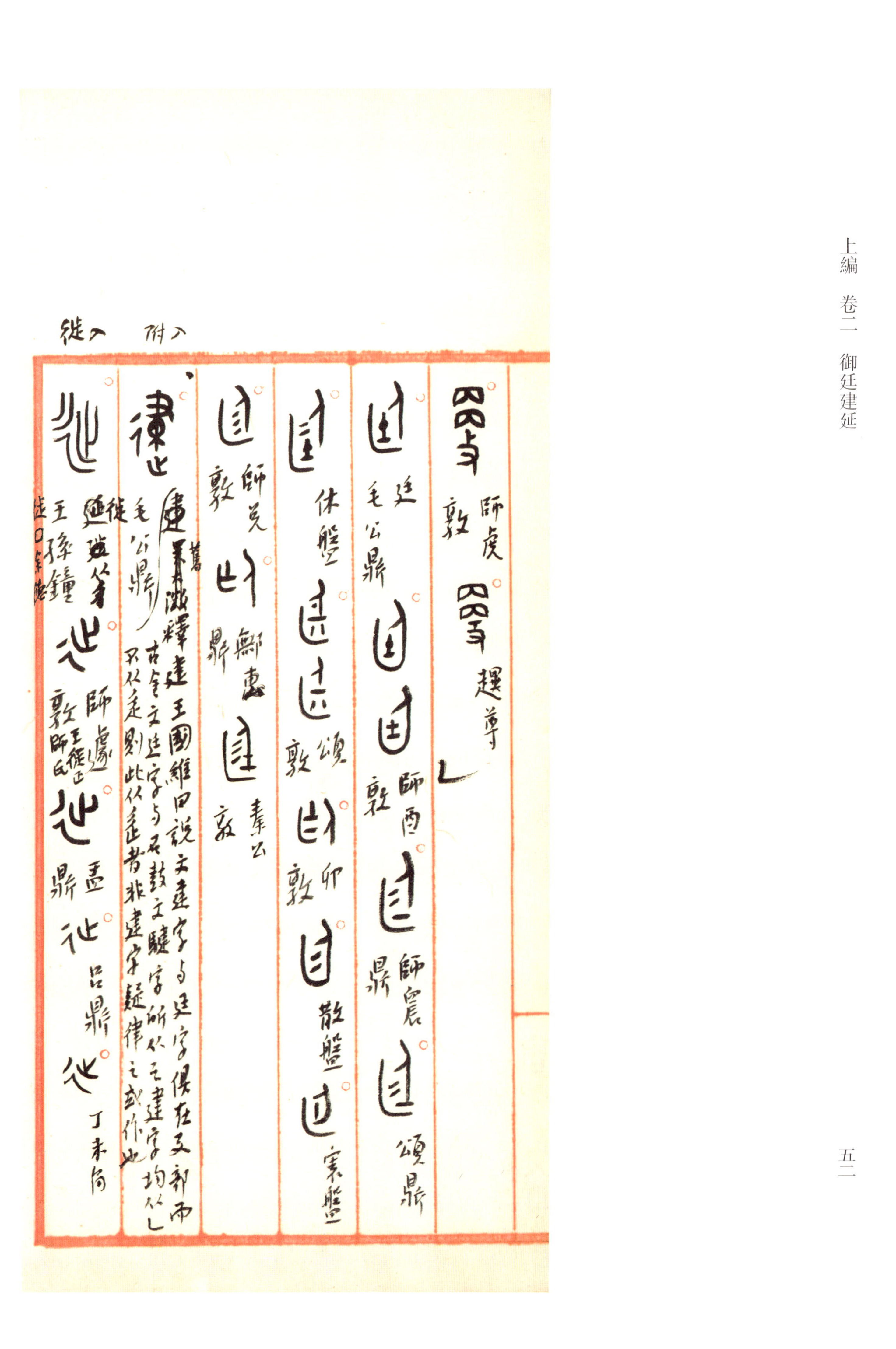

入附　入從

師虎敦

趩尊

廷 毛公鼎

師酉敦

師寰鼎

頌鼎

休盤

頌敦

卯敦

散盤

寰盤

師兌敦

鄦惠鼎

秦公敦

建 毛公鼎

舊釋建。王國維曰：說文建字與廷字俱在廴部，而古金文廷字與石鼓文𨑓字所从之建字均从乚，不从廴，則此从廴者非建字，疑律之或作也。

王孫鐘

從

師寰敦 師氏王從止

盂鼎

呂鼎

丁未角

行 虢季子白盤 曾伯霥簠 陳公子甗 余林鉦

衛 衛父卣 賢簋 鬲攸比鼎

穌衛妃鼎 司寇良父壺 司寇良父敦 衛子簠

躋 从辵 齊侯壺

距 距末

路 史懋壺

品 周公敦 錫臣三品 州人東人𩫖人

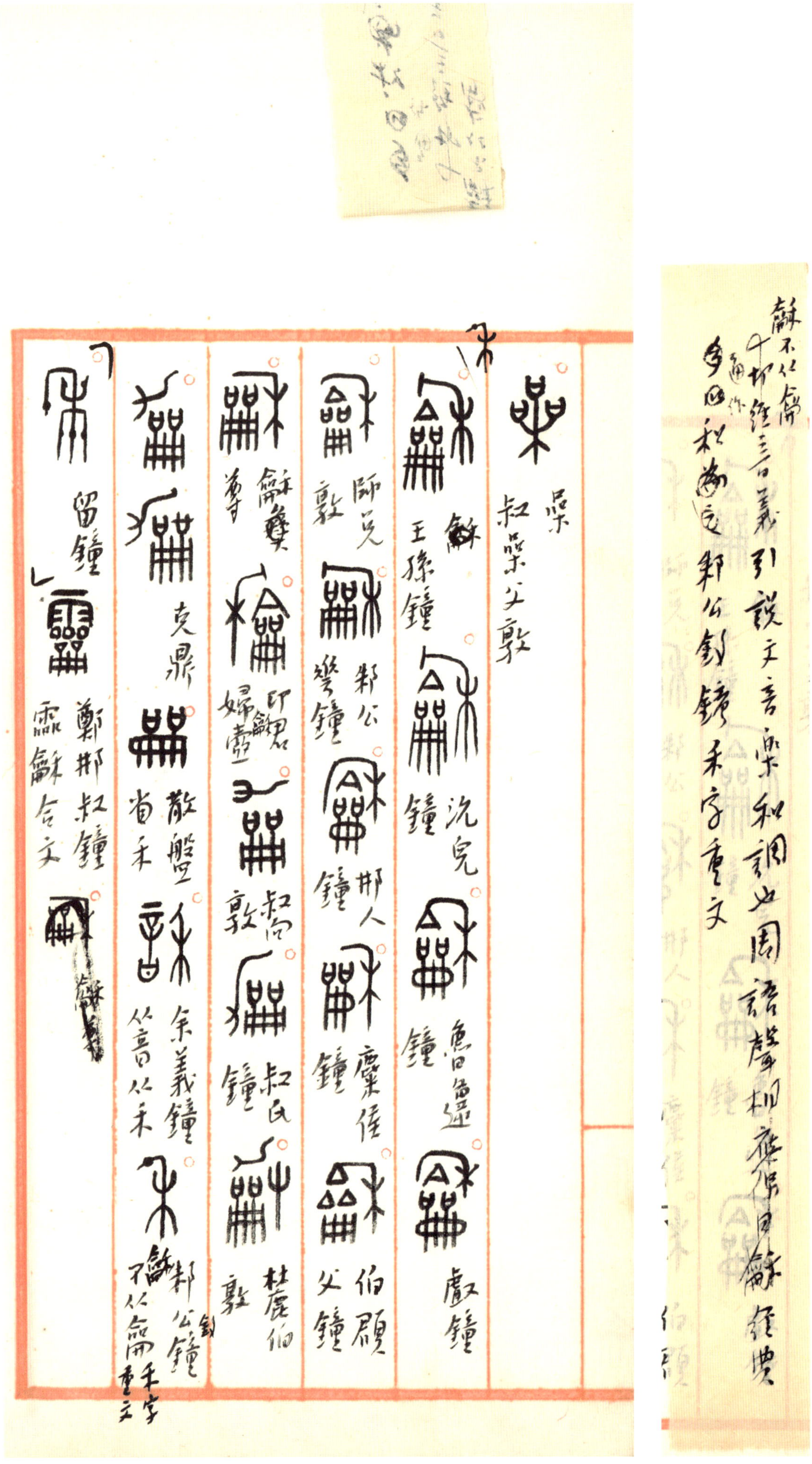
枲
叔枲父敦
王孫鐘

冊 冊般甗 父乙尊

冊 父乙敦

冊 冊作旅父乙鼎

冊 頌鼎

冊 吴彝 尊

冊 師奎父鼎

冊

冊 師嫠敦

冊 罍卣

冊 寰盤

冊 休盤

冊 趩尊

冊 師㝨敦

冊 師酉敦

冊 頌壺

冊

冊 望敦

冊 鄦惠鼎

典 克簋 入典

冊 卯父丁敦

冊 獻尊

嗣 嗣壴鼎

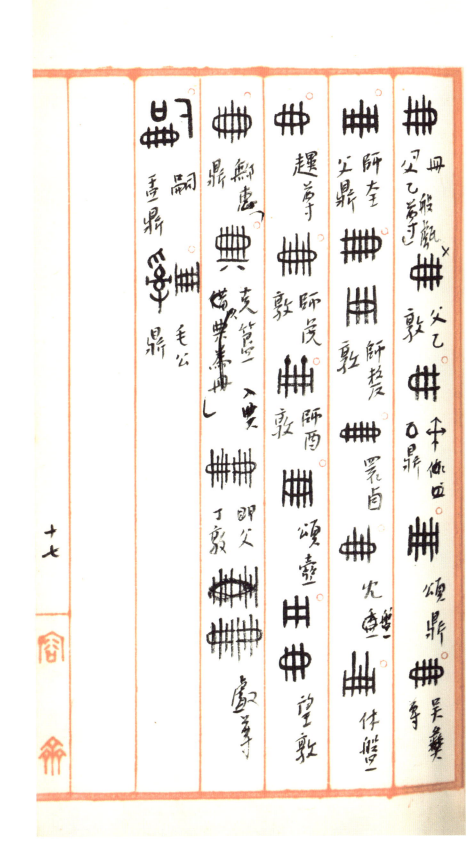

嗣 毛公鼎

金文編卷三

東莞容庚譔集

鐳　器从金　邸鐘　玉鐳器鼉鼓　入附

器　散盤

周窓鼎

圅皇父敦

黃韋俞父盤

周窓敦

㝬卣

酈鼎

鄘侯敦

叔姬簠

子叔嬴芮君盦

邾公牼鐘

仲盤

一

以乃旗干吾王身　徐同柏曰讀如扞禦　詩兔罝公侯干城　傳　干扞也

干　象形　𢑴尊文入附

干戈　㚇彝

干氏叔子盤

毛公鼎　干吾即敔敔之省文

商　代商卣

商尊

商婦甗

商卣　叔簋

距末

楚曾侯鐘

取慮匜

辛巳彝

商獻簋

商鼎

孳乳為賞　丁未角　賞卣

庚鼎

句　姑𩁹句鑃

其冘句鑃

孳乳為耇　師䣄父鼎　用祈眉壽黃耇吉康

䶮　散盤

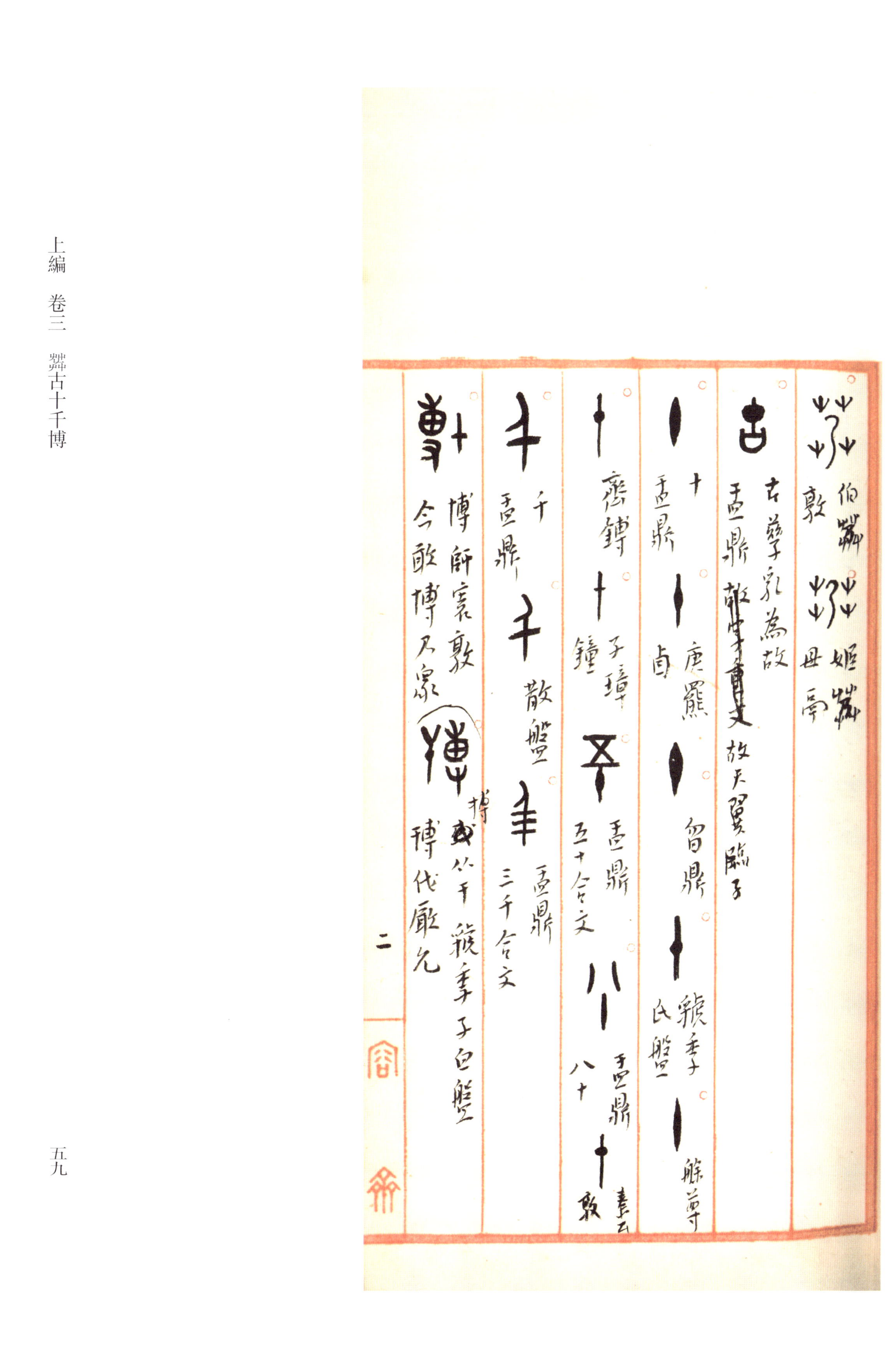

伯㚏敦

姬㚏母鬲

古　孳乳為故

盂鼎

故天翼臨子

十

盂鼎

庚羆卣

曶鼎

虢季氏盤

觶尊

㢆鎛

子璋鐘

盂鼎　五十合文

盂鼎　八十

[illegible]敦

千

盂鼎

散盤

盂鼎　三千合文

博

師寰敦　今敢博厥眾

搏　𢦏从干

虢季子白盤　博伐厥允

二

𢧢 戒从戈 不嬰敦 女及戎大臺𢧢 移博

廿 頌鼎

頌壺

伊敦

宗周鐘

克鼎

戊辰彝 隹王廿祀

卅 毛公鼎

曾鼎

大鼎

格伯鼎敦

鬲攸比鼎

平安君鼎

卌 曾鼎 廣韻引說文有此字今挩 林部𣞤字說解亦引之𣞤𣞤佚

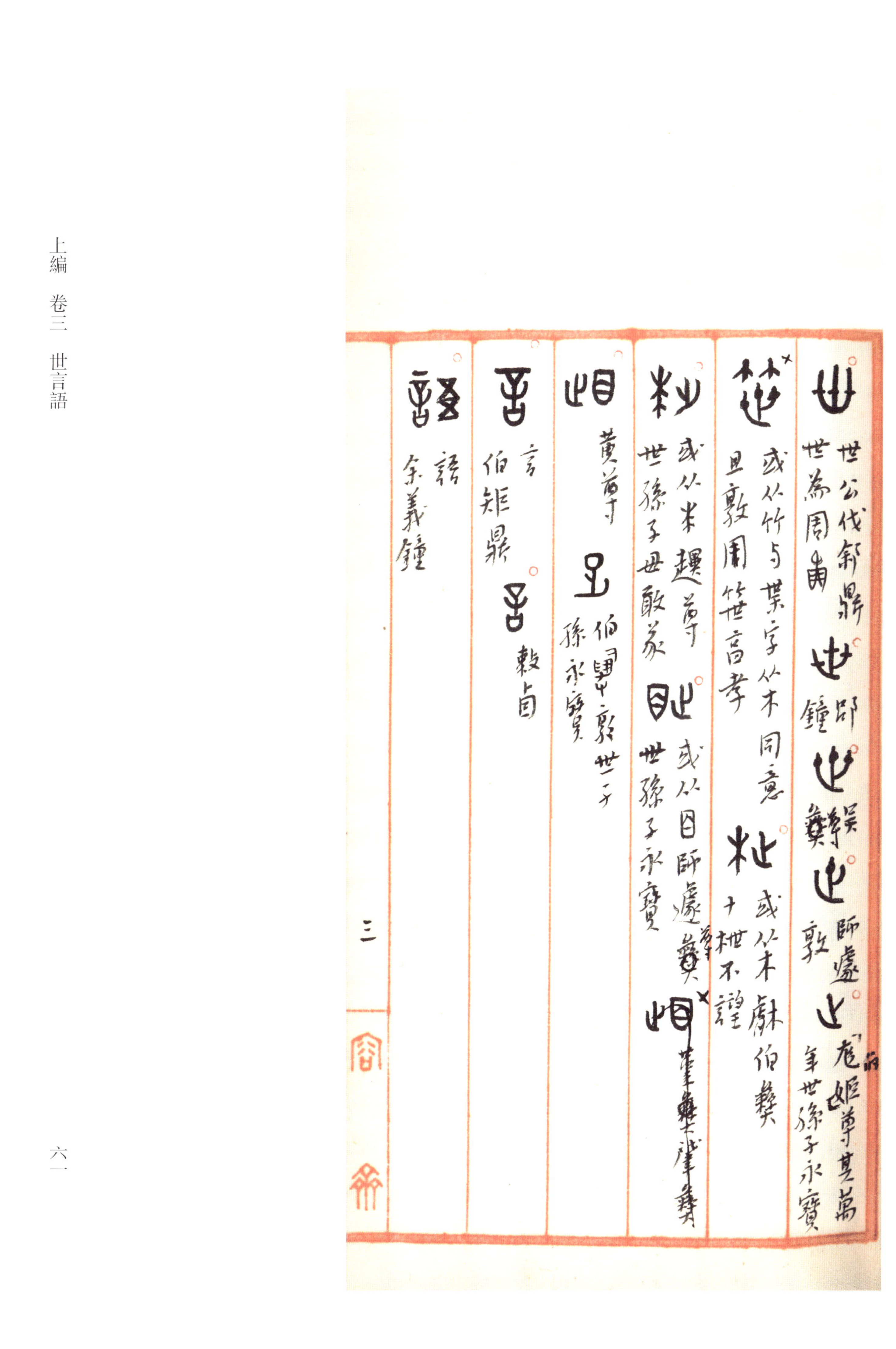

世　公伐郐鼎　世爲周甫

郘鐘

吳彝

師遽敦

庵姬尊　其萬年世孫子永寶

或从竹与枼字从木同意　且敦　周笹世啻孝

或从木　獻伯彝　十枻不諲

或从米　𨒥尊　世孫子毋敢㒸

或从目　師遽彝　世孫子永寶

羊彝　大戊羊彝

黄尊

伯□敦　世世子孫永寶

言　伯矩鼎

敦卣

語　余義鐘

三

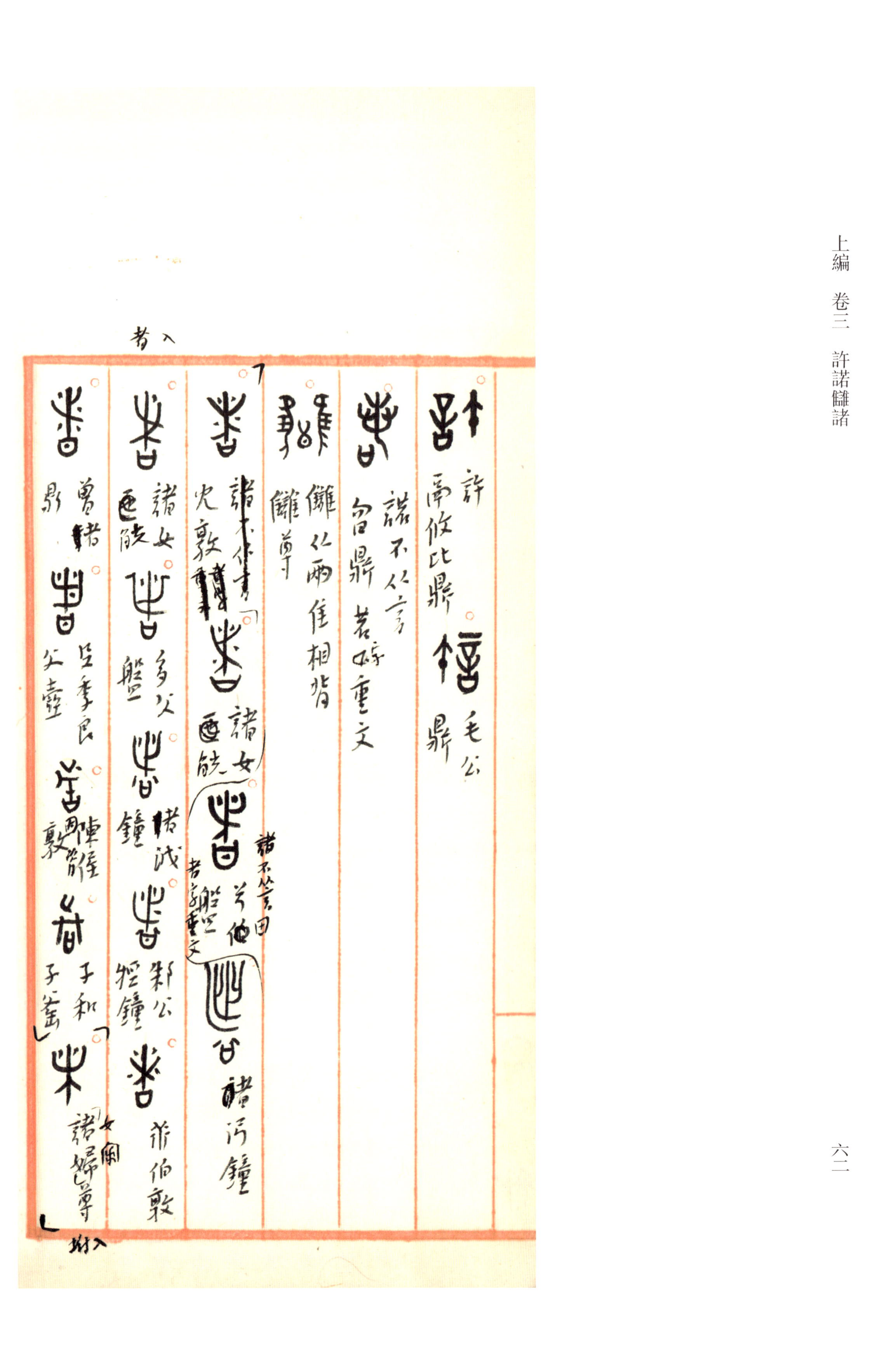

許 鬲攸比鼎

毛公鼎

諸 不从言 曾鼎 者姤重文

雔 从兩隹相背

雔尊

諸 不从言 光敦

諸女匜觥

諸 不从言 者𣪘盤重文

𦉜伯

者汈鐘

諸女匜觥

多父盤

者戉鐘

郘公𫸩鐘

𦅫伯敦

曾者鼎

賈季良父壺

陳侯因資敦

子和子釜

諸婦𠂤尊 女嫻

[篆文] 善 善敦

[篆文] 誨謀爲一字說文謀古文作𠔾从毋从口又作𢘑从毋从言王孫鐘誨猷即謀猷吳大澂曰說命朝夕納誨當讀納謀

[篆文] 不嬰敦 女肇誨于戎工

[篆文] 識不从言格伯敦

陳介祺釋

[篆文] 格伯敦乚 格伯 戠字重文

[篆文] 訊 虢季子白盤執訊五十即詩之執訊獲醜及執訊連連也

[篆文] 兮田盤 折首執訊

[篆文] 不嬰敦

[篆文] 師寰敦

[篆文] 揚敦 訊訟

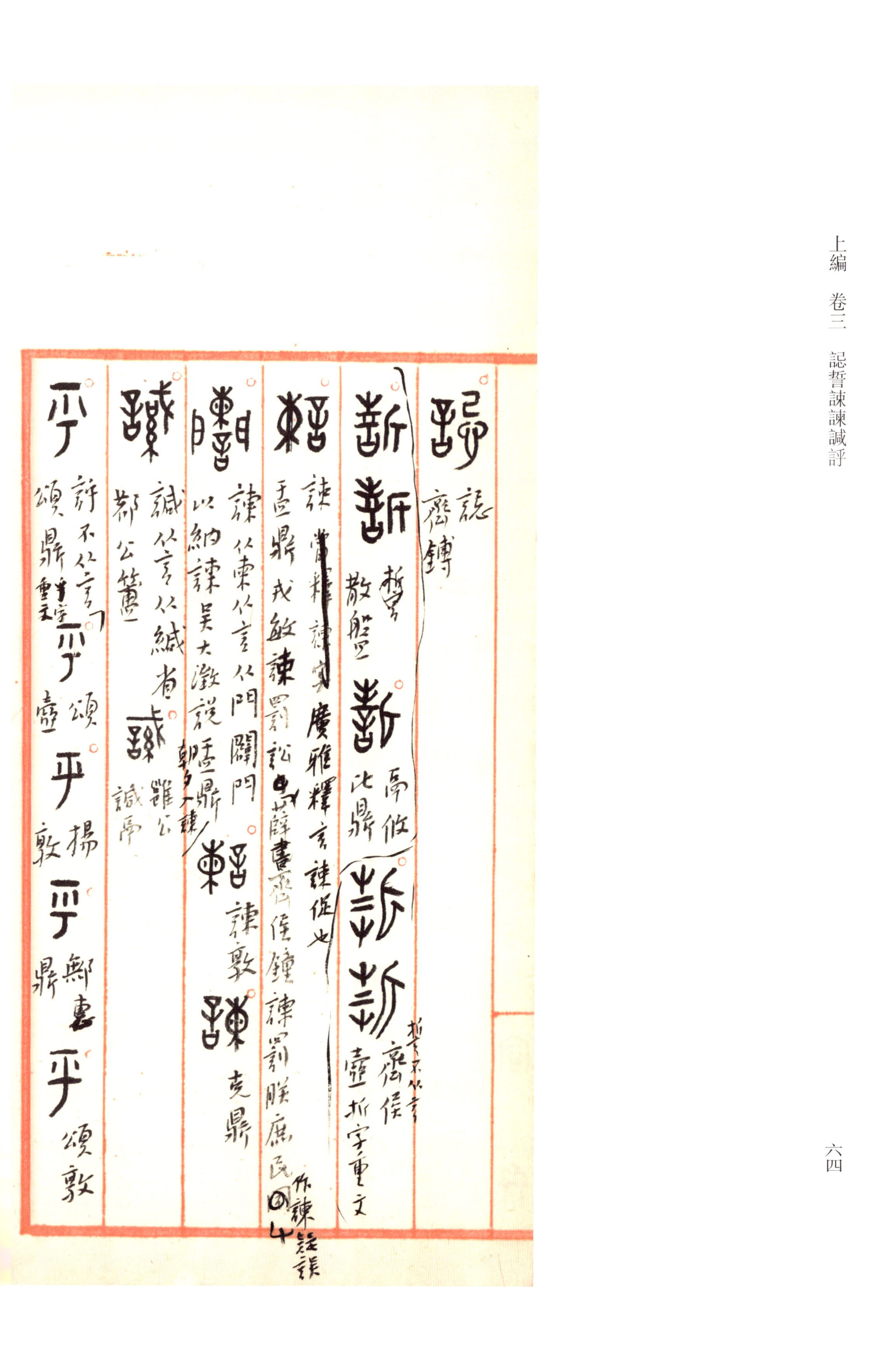

誋　齊鎛

誓　散盤　析言

鬲攸比鼎

齊侯壺　折字重文　析言不从言

諫　~~當釋諫字~~　廣雅釋言諫促也

王臣鼎　戎敔諫四罰訟　薛書齊侯鐘　諫罰朕庶民　作諫疑誤

諫　从柬从言从門　闌門以納諫　吳大澂說　匽鼎　朝夕入諫

諫敦

克鼎

諴　从言从緘省　鄀公簠

鼄公諴鐘

評　不从言　頌鼎　重字重文

頌壺

揚敦

鄦惠鼎

頌敦

移手

兮　大敦　兮　師𩛥敦　兮　師遽敦　兮　𠀠閈敦　兮　休盤

䜌　䜌　䜌卣　䜌　散盤　余有散䜌　入附　䜌　兮伯盤　毋敢或入䜌　究十

䜌　𦼮子孔為䜌　虢季子白盤　䜌中重　用政䜌方　䜌　𦼮子孔為　頌敦　䜌中重　旅䜌全一

接寫

䜌　𦼮子孔為䜌女　中伯壺　䜌中重　䜌　秦公敦　辜䜌夏

䜌　䜌其𠱾　从口　䜌侯壺　其𠱾則爾其𠱾

入䜌

䜌　譌譌言也許氏說𡆧讀若譌或从䜌作圝古文䜌　䜌為一字　䜌之轉為𧩈　𧩈吳大澂說散盤

師寰敦 譎我負晦

諆 諆𠭯鼎
遂啟諆鼎
甚諆鼎
㝬諆
甶
旁鼎

師寰敦
𠭯備為期
王孫鐘 期字重文 萬年無諆

訟 揚敦
壬盄鼎

訶 𠭯伯㝬歌
余義鐘 歌字重文 飲飤訶舞 經典皆作歌

詠 詠字作㒸
寡子卣

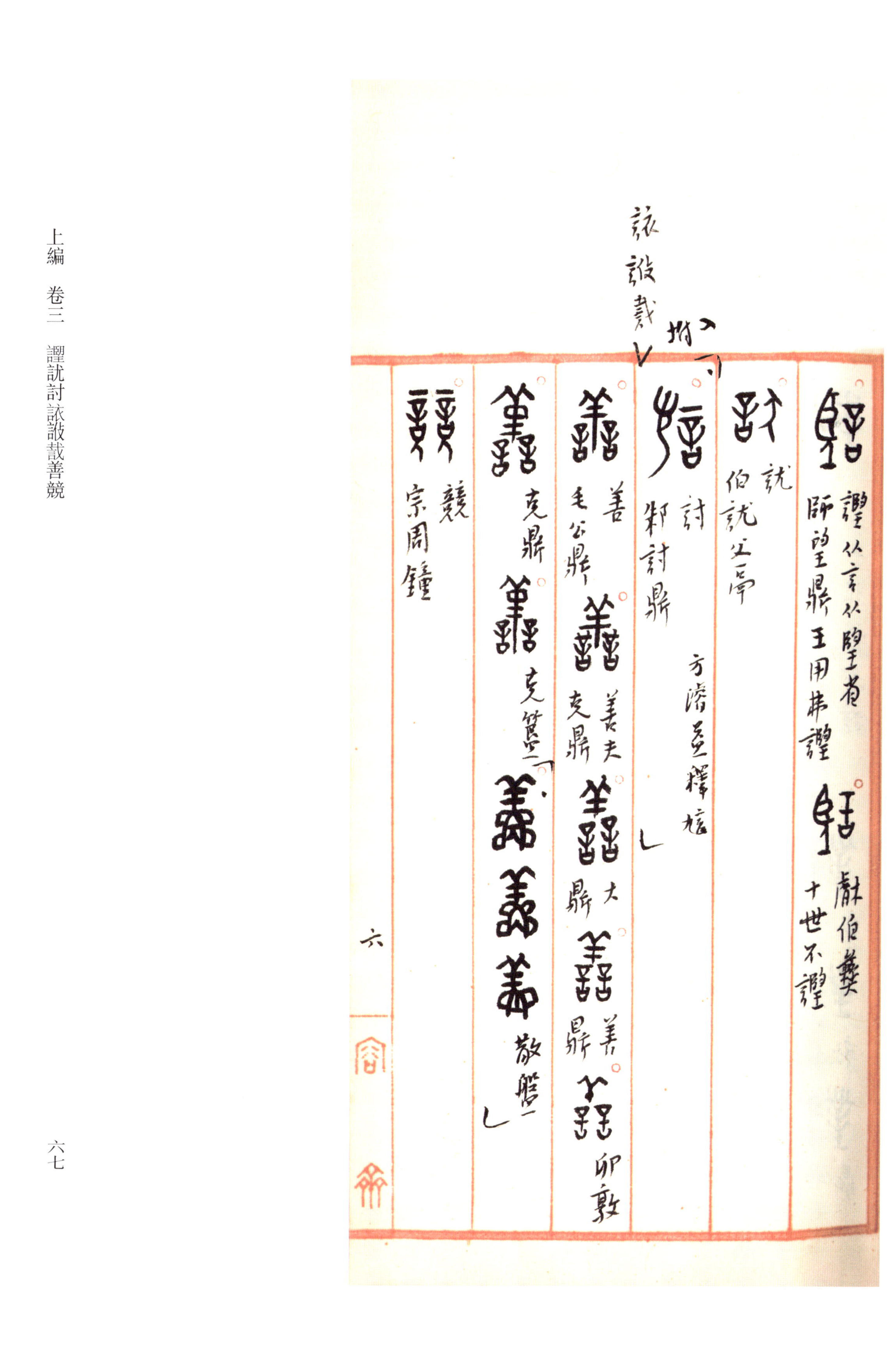

詠
誐
戠
增入

譔 从言从䜭省
師望鼎 王用弗譔
獻伯彝 十世不譔

訦
伯訦父鬲

討
鄀討鼎
方濬益釋訩

善
毛公鼎
善夫克鼎
大鼎
善鼎
卯敦

克鼎
克盨
散盤

競
宗周鐘

六

入卷六稽字

童

附么

章　乙亥敦

章　師遽彝

章

章　頌敦

章　公伐郐鼎

章　史頌敦

章

章

章　大敦

章　楚曾侯鐘

竟

竟

竟

竟

竟　竟从其表　其界者人也　散盤　孫詒讓釋竟

妾　伊敦

妾　克鼎

業　業　曾伯簠

對　對　許氏說漢文帝去口从士非　號叔鐘

對　頌敦

對　畢段敦

對　頌鼎

童　童　毛公鼎　乳為動　雩四方死毋動

對 師遽彝尊

對 曆鼎

對 旗田鼎

對 追叔彝

對 望敦

對 趞鼎

對 獻伯彝

對 祈伯敦

對 師酉敦

對 貉子卣

對 鄦㠱敦

對 大鼎

對 大保敦

對 或从廾 師晨鼎

對 或从貝 彔伯𢦏敦

對 君夫敦敢對揚王休對字如此

僕 僕 旂鼎

僕 靜敦

僕 趞鼎

僕 史僕壺

僕 公伐郤鐘 从臣

僕 公伐徐鼎

僕 或从门 魯太僕原父敦

七

䣄鎛

䣄大僕歸父盤

召伯虎敦

（擬附八）

𠬞 叔家敦

師晨鼎

師𧻚敦

𠬞鐘

羿从与擇為一字

从𠬞与从手同意

曾伯霥簠

鄦子簠

王孫鐘

姑□句鑃

陳財敦

邾公華鐘

邾公牼鐘

攻吳監

𠬝子甗

㭉 師寰敦

戒 戒鬲鼎

戒叔彝

徐□征城句鑃

龔 毛公鼎

頌敦

頌鼎

陳財敦

禾肁彝

鄭公鐘

鄭太宰簠

曼龔父簋

陳侯因資敦

畢鮮敦

丑辛帚

仲龔父甗

王孫鐘

酋

秦公敦

具从具 馭八卣 王錫馭八貝一具

宗周鐘

曾鼎

鬲攸比鼎

八

共 附接

昗　曾伯霥簠　小篆闕　从貝者与

弁　說文無弁字而有𠬞讀若傳　寫樸之　毛公鼎　錫女茲弁

弁　弁爵（弁也）

異　盂鼎

異　盂鼎　[illegible]天異臨子[illegible]　葬乳為翼

異　單異敦

與　从舁象二人相授受形　羅振玉說　父辛爵

與　齊鎛　从口

興　[illegible]叔興父簋

晨　伯晨鼎

晨　師晨鼎

晨　鄀公鐘　皇祖晨公

龏

異　葬乳為翼　秦和鐘　嚴在上異在下　即詩六月有嚴有翼之翼　傳　翼敬也

據翼

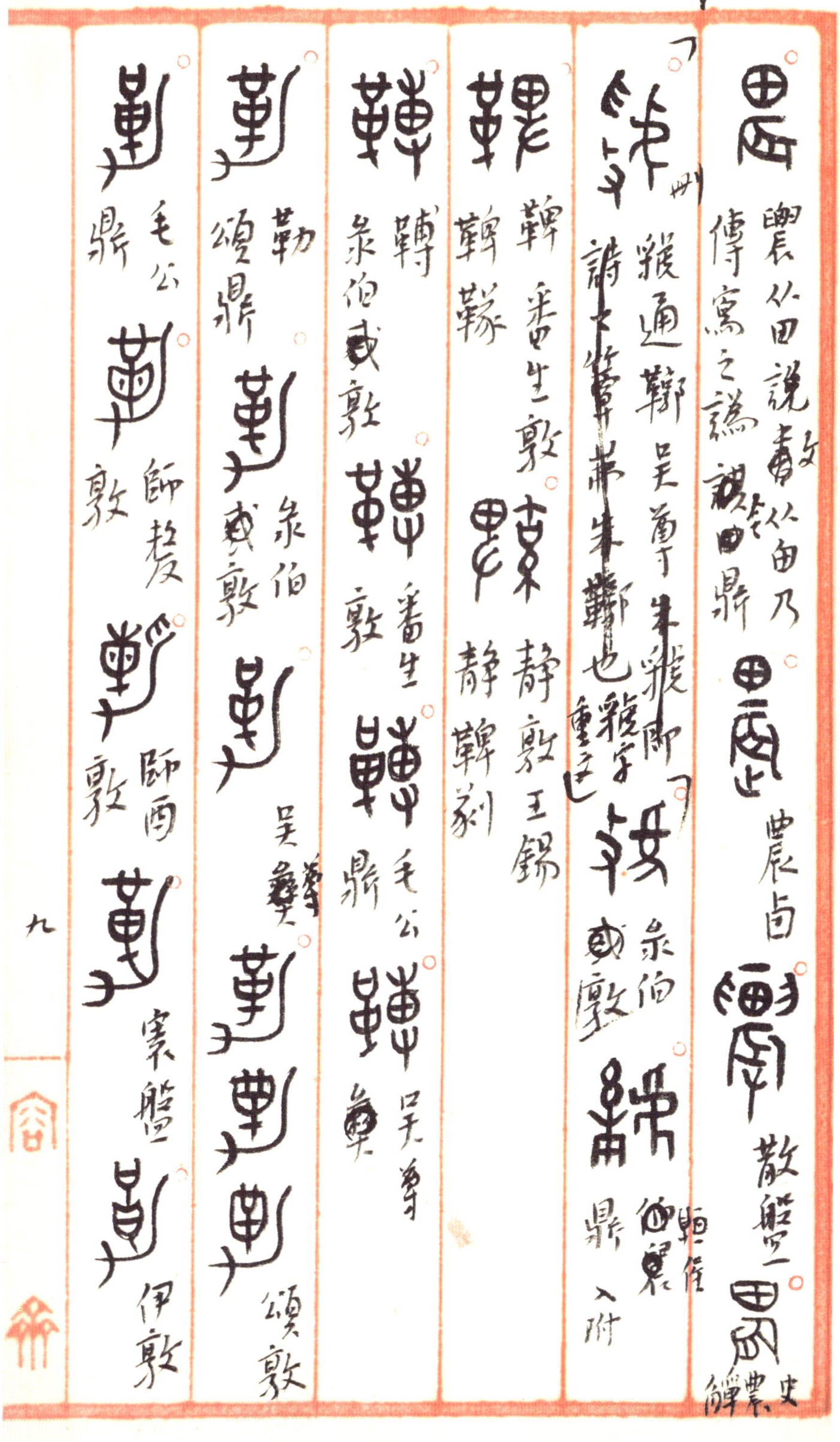
舋
農从田說文
傳寫之譌
農卣
散盤
雝通鄦
吳尊
彔伯戎敦
入附
鞞
番生敦
靜敦
王錫
轉
彔伯戎敦
番生敦
毛公鼎
吳尊
勒
頌鼎
彔伯戎敦
吳彝
頌敦
毛公鼎
師嫠敦
師酉敦
寰盤
伊敦
九

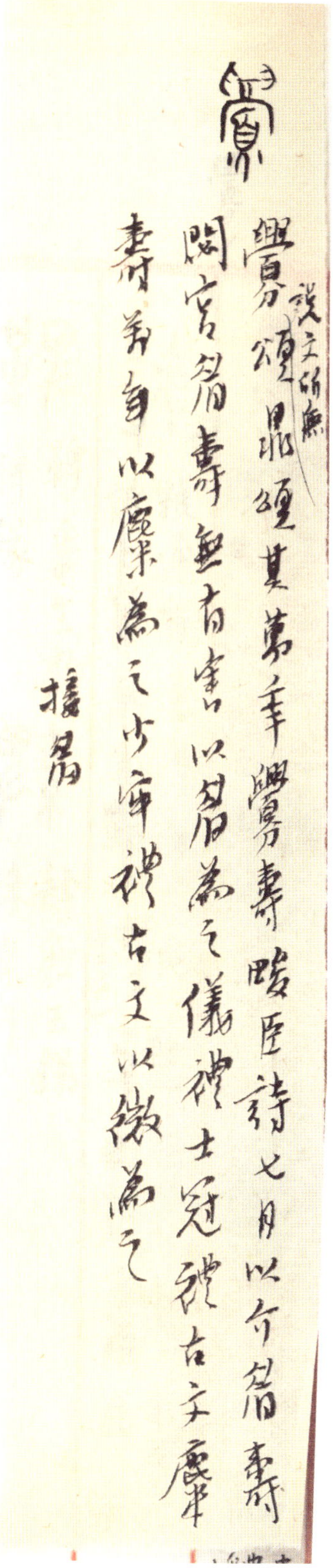
說文所無
舋公鼎
萬年
詩七月以介眉壽
閟宮眉壽無有害
以眉為之
儀禮士冠禮古文
壽萬年以麋為之
少牢禮古文以微為之

䩦

□侯□鼎

鬲象形
召仲鬲
呂王鬲
魯侯鬲
伯頵父鬲

鄭師□鬲
𦅫仲鬲
□侯鬲
孟辛父鬲
王伯姜鬲

黃仲鬲
鄭羌伯鬲
鄭興伯鬲
仲姞鬲
史伯鬲

仲姬鬲
伯窺父鬲
戲仲鬲
史頌鬲
魯伯愈父鬲

鄭邦叔鬲
南姬鬲
穌冶妊鬲
鄭伯鬲
番君鬲

2

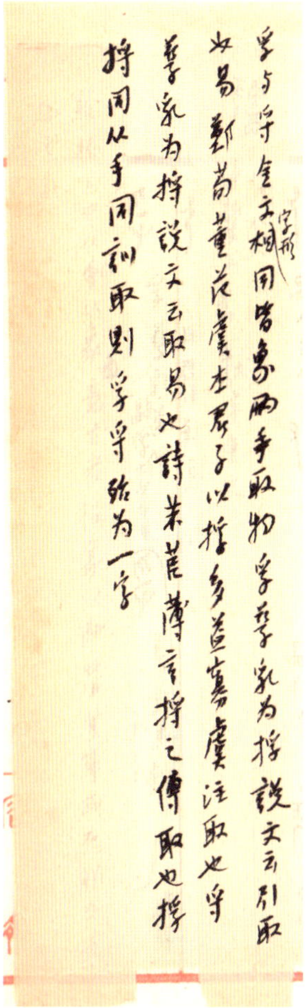

1

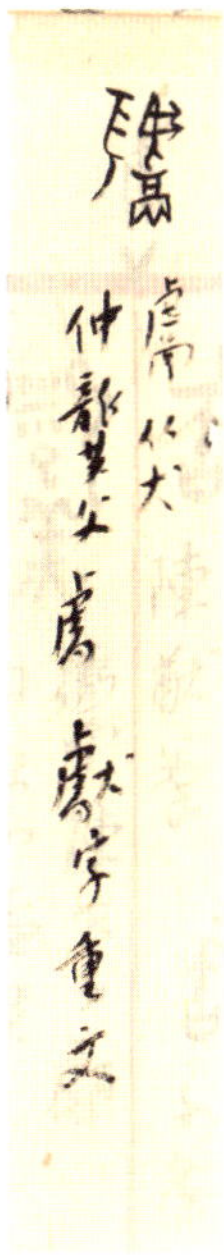

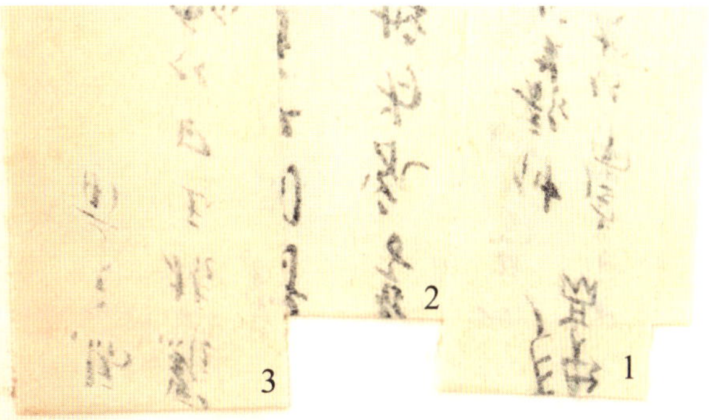

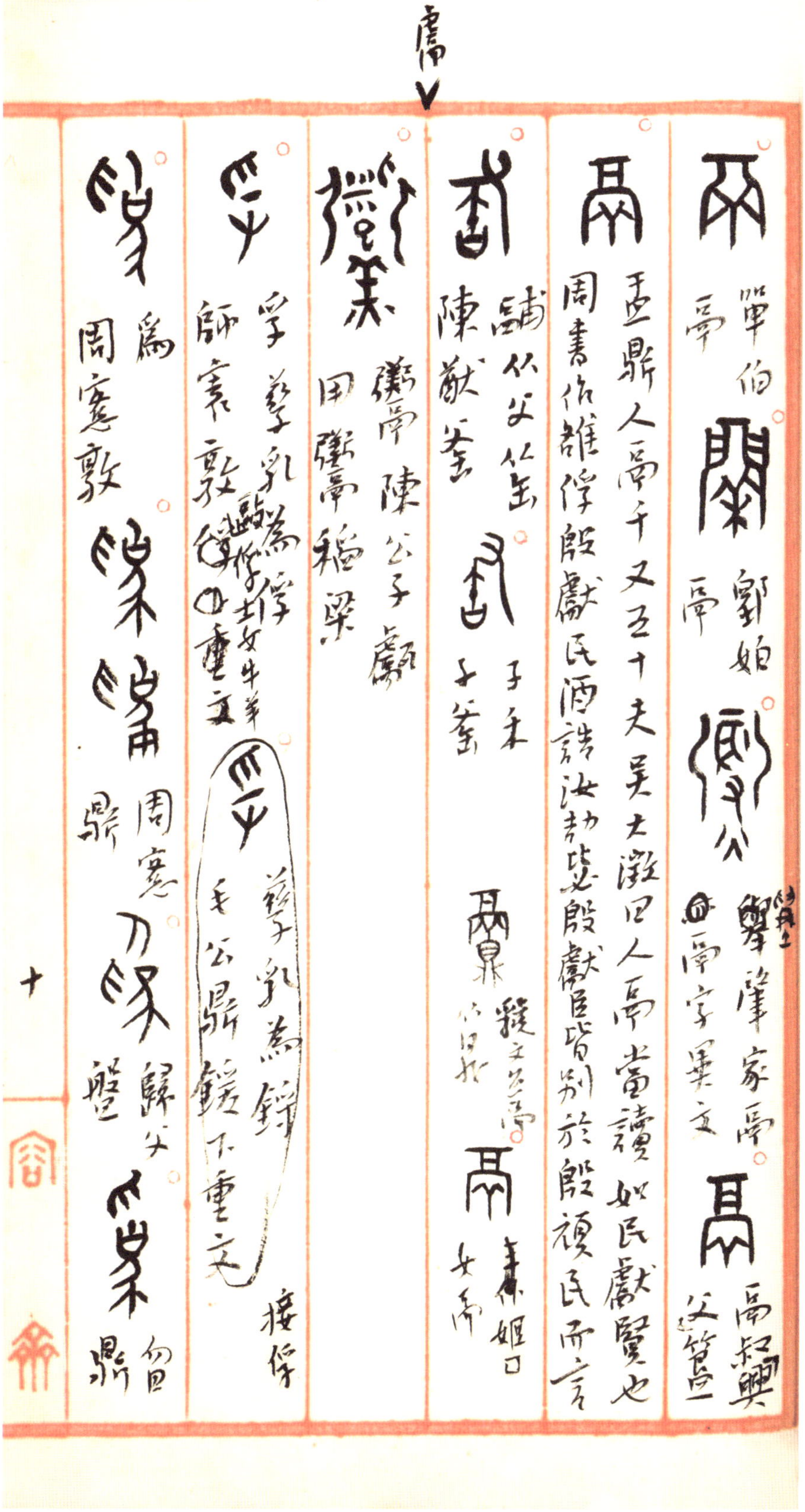

3

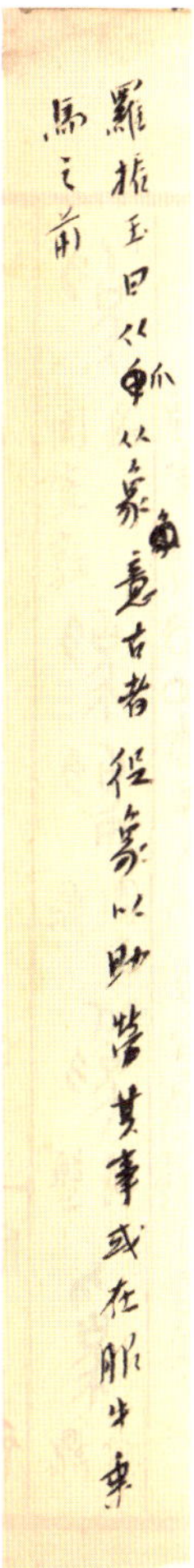

豙

召伯虎敦

姞氏敦

公伐郘鼎

司寇良父壺

邾公牼鐘

邑彝

陳侯因資敦

宗婦敦

宗婦𨙵嬰

叔男父匜

[illegible]姬

雝伯鼎

散般匜

作皇考白為媵般女

邵鐘

鄀𠞳鼎

陳子子匜

孳乳為媵

上从女重文

為觶

埶从女丮女

毛公鼎

埶小大楚賦

䡎从章从丮从言从女丮女

伯䡎敦

2　1

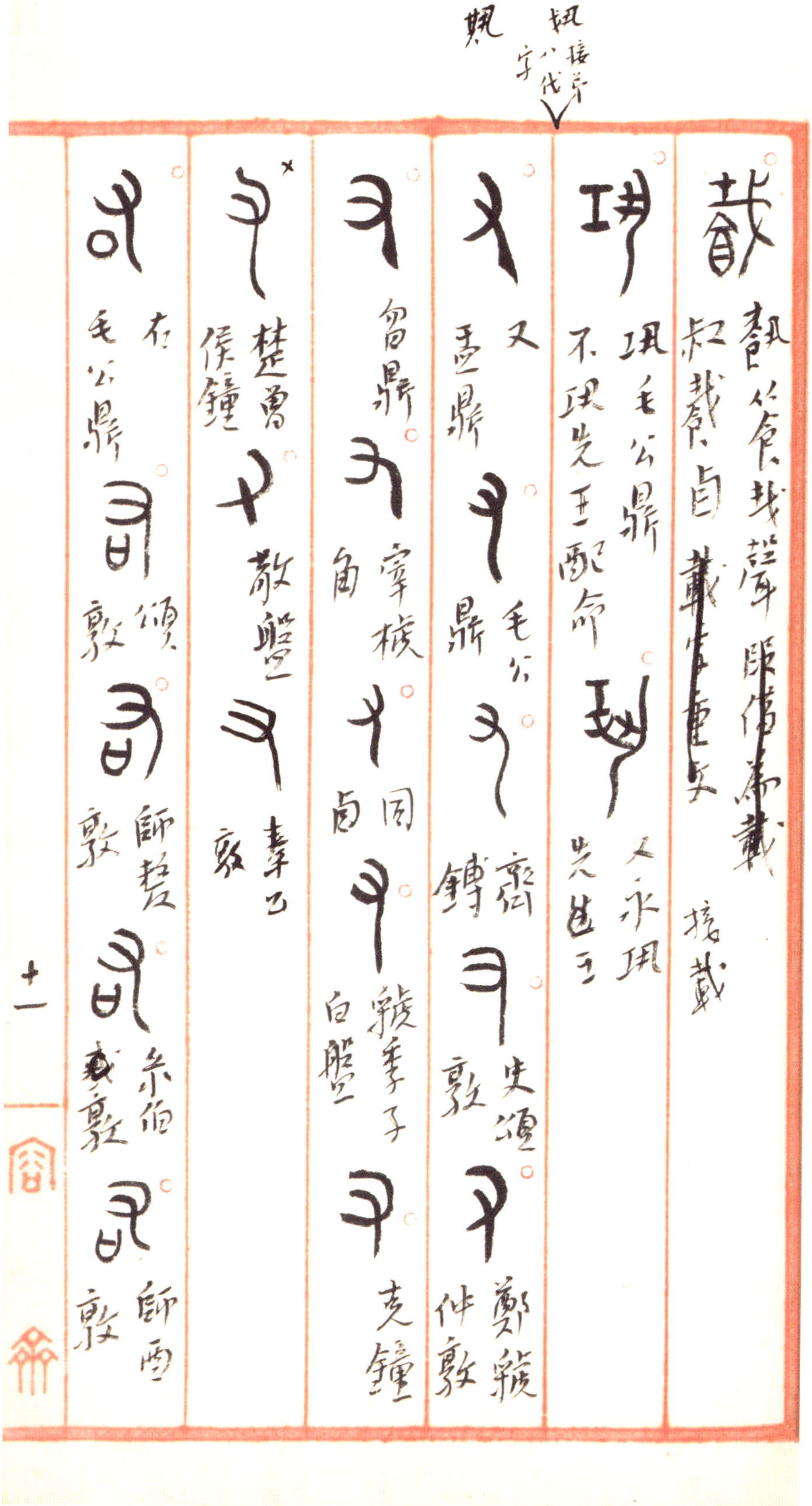

1　2

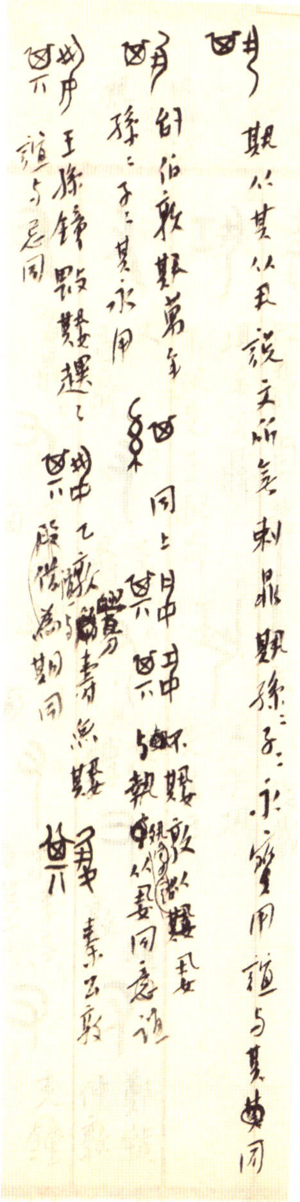

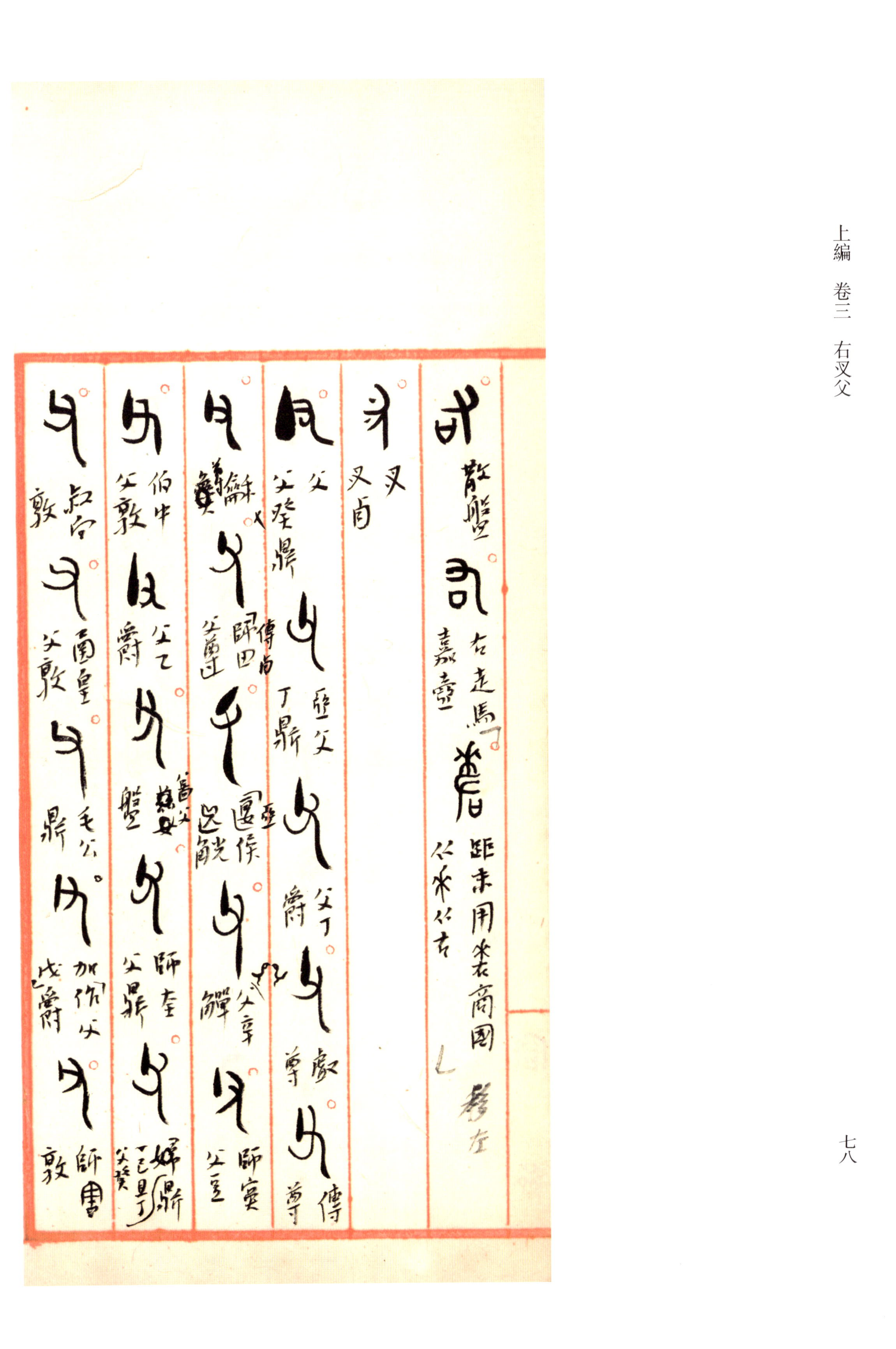

散盤

右走馬嘉壺

距末用差商國　从禾从古

彤左

叉

叉卣

父癸鼎

亞父丁鼎

父丁彝

𠭯尊

傳尊

鯀父

傳卣

師田父尊

亞𠑇侯兄觥

父辛觶

師寏父簋

伯中父敦

父乙彝

魯父盤

師奎父鼎

婦𦉜鼎

叔向父敦

函皇父敦

毛公鼎

加作父戊彝

師害敦

附入

敬盤

王孫鐘

余義鐘

姞氏口令鑵

歸父盤

叔鄂父敦

𦰬伯敦

木父壬鼎

𤸫父癸敦

作父乙敦

𦗢父辛爵

作父己鼎

叜 从人在宀下手持炬形

且戊卣

燮

曾伯𩁹簠

晉邦盦

曼

鄦陳曼簠

曼龔父簠

十二

尹
火敦
尹叔鼎
頌鼎
師𠭐敦
史獸鼎
徐諧征城
句鑃
魯侯壺
𠭯
王盂鼎
太保敦
尹辛𠭯
尊
𠭯晉
妊敦
散盤
商𠭯
敦
仲𠭯
父敦
𠭯寰
丁師
尙
王孫
鐘
𠭐
師𠭐敦
及
代介
不嬰敦
曶鼎
毛公鼎
伯庶
父敦
格伯
敦

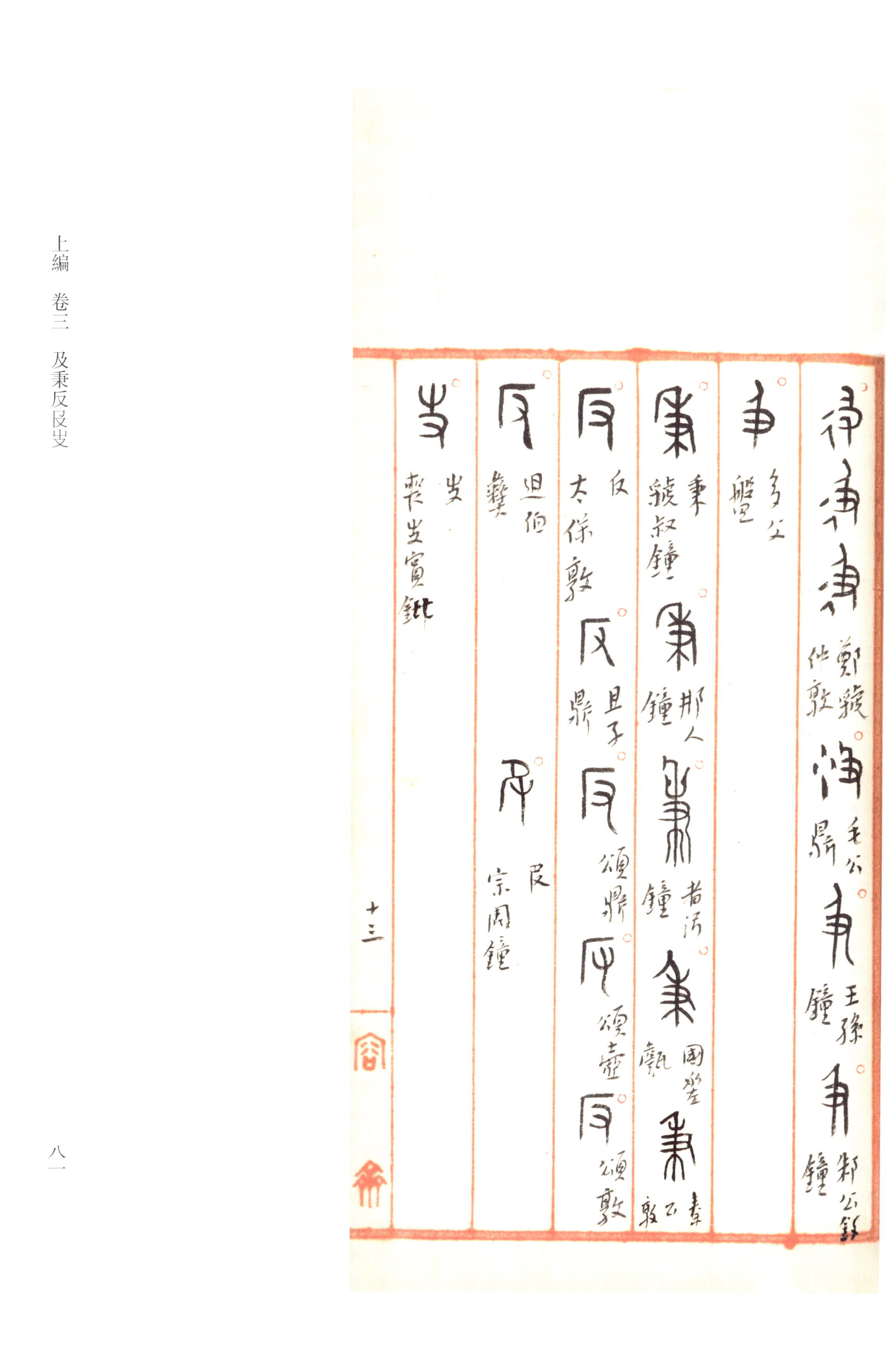

鄭虢仲敦
毛公鼎
王孫鐘
邾公釛鐘

多父盤

秉　虢叔鐘
邢人鐘
者減鐘
國差甔
秦公敦

反　大保敦
且子鼎
頌鼎
頌壺
頌敦

但伯彝

叚　宗周鐘

叏　喪叏寘鈚

十三

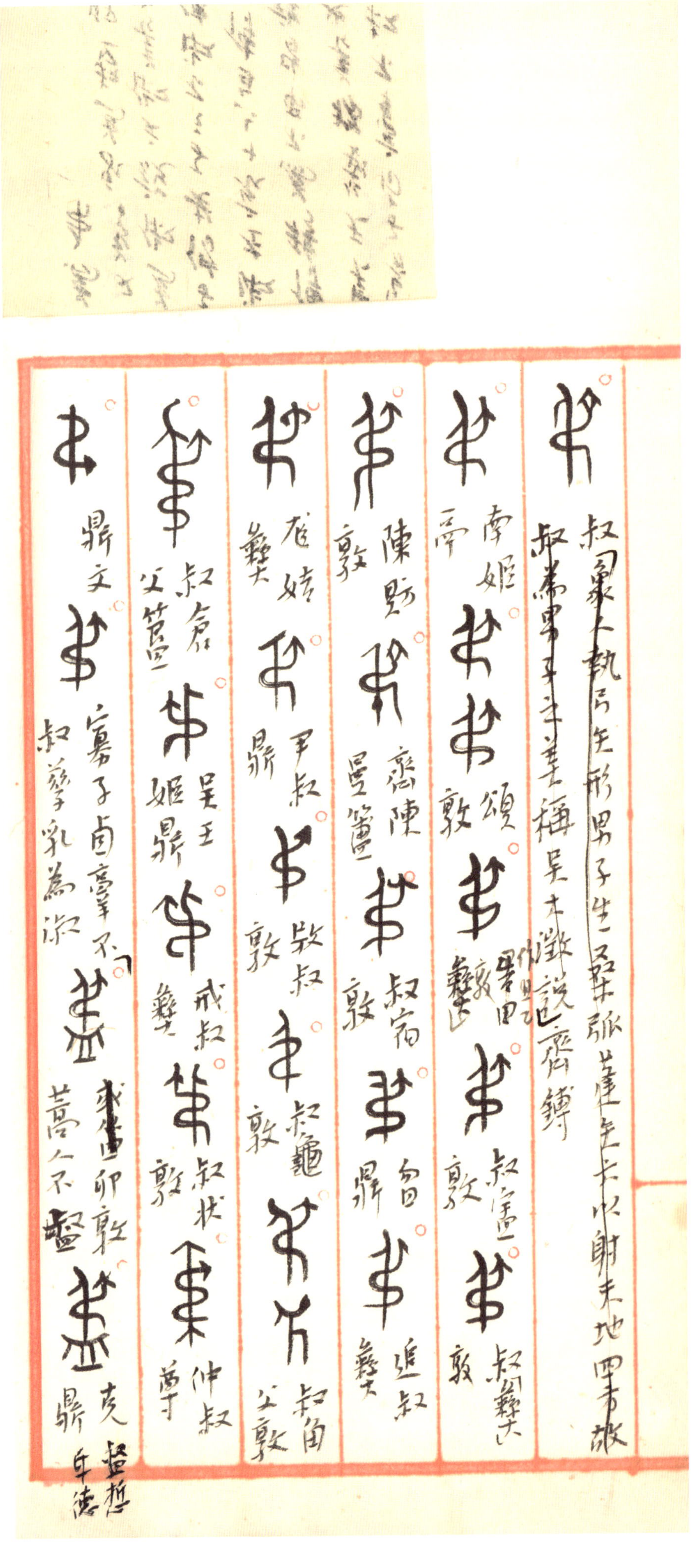

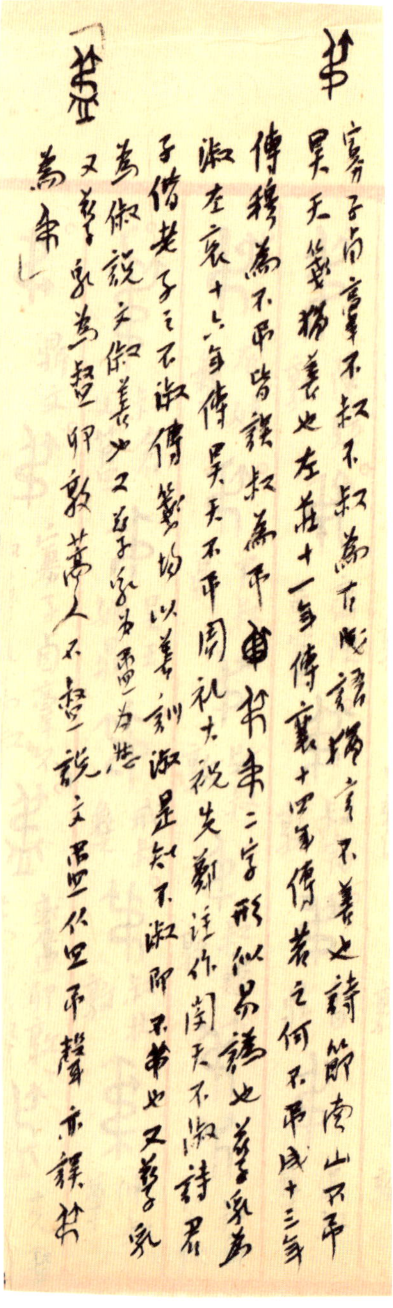

[glyph] 寡子卣言不叔不叔為不弔，言不善也。詩節南山不弔昊天，箋：猶善也。左莊十一年傳、襄十四年傳若之何不弔，成十三年傳穆為不弔，皆讀叔為弔。[glyph]、[glyph]、弔二字形似易譌也。[illegible]叔當為淑。左哀十六年傳旻天不弔，周禮大祝先鄭注作閔天不淑，詩君子偕老子之不淑，傳、箋均以善訓淑，是知不淑即不弔也。又[illegible]叔為俶，說文：俶，善也。又[illegible]子叔當為[illegible]為造。又[illegible]叔為[illegible]，卯敦[illegible]人不[illegible]，說文[illegible]从皿弔聲，亦讀若[glyph]

[glyph] 為弔

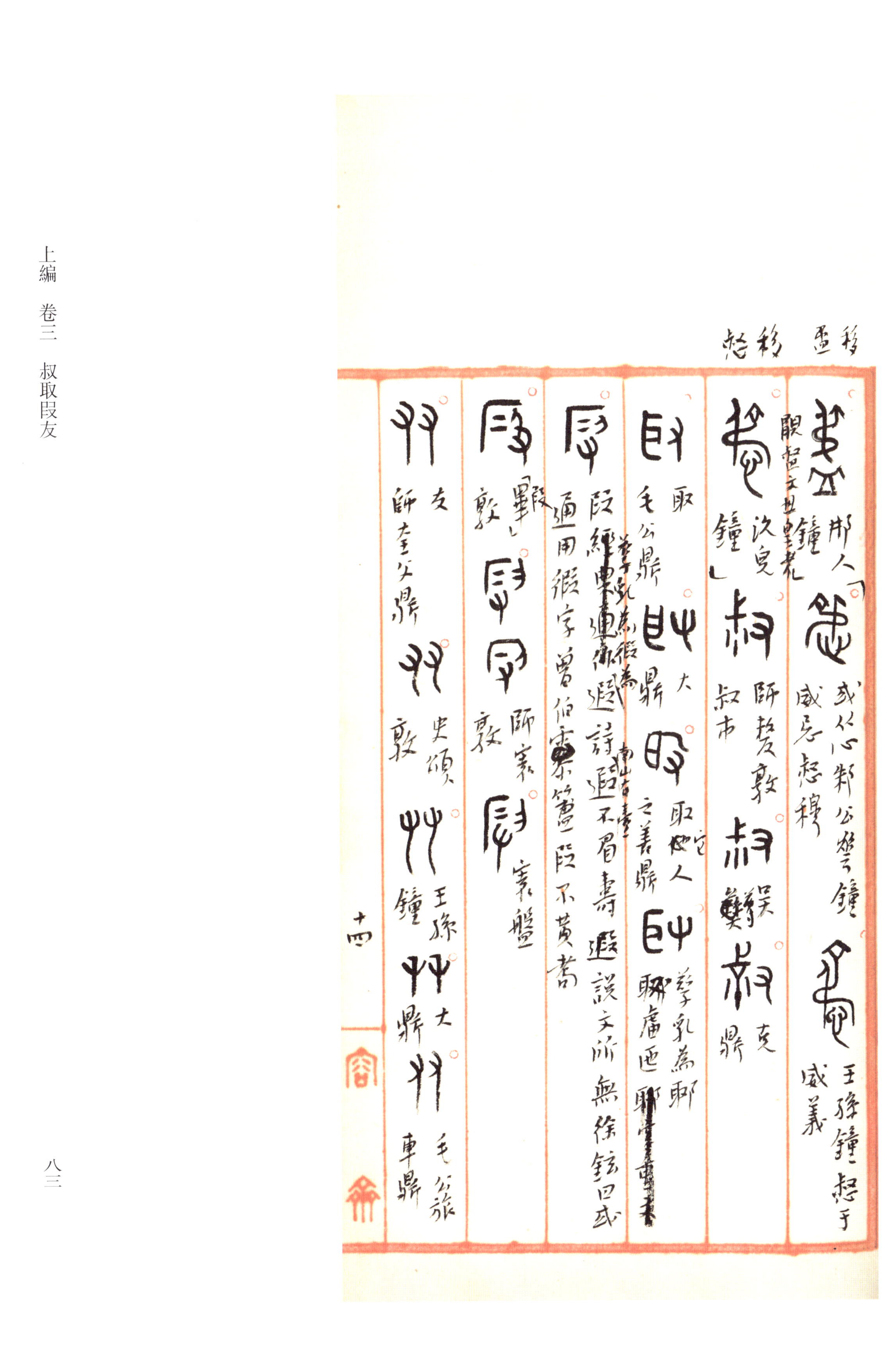

邾人鐘
觀古文扭皇老
戎从心　邾公牼鐘
戚忌　怒穆
王孫鐘　怒于
戚義
汶兒鐘
師嫠敦
叔市
吳彝
克鼎

取
毛公鼎
大鼎
取它人之善鼎
孳乳為娶
聊鹵匜
郿

叚
經典通作遐　孳乳為假為
詩遐不眉壽　南山有臺
遐說文所無　徐鉉曰或
通用假字
曾伯簠　叚不黃耇

叚敦
師寰敦
寰盤

友
師奎父鼎
史頌敦
王孫鐘
大鼎
毛公旅車鼎

十四

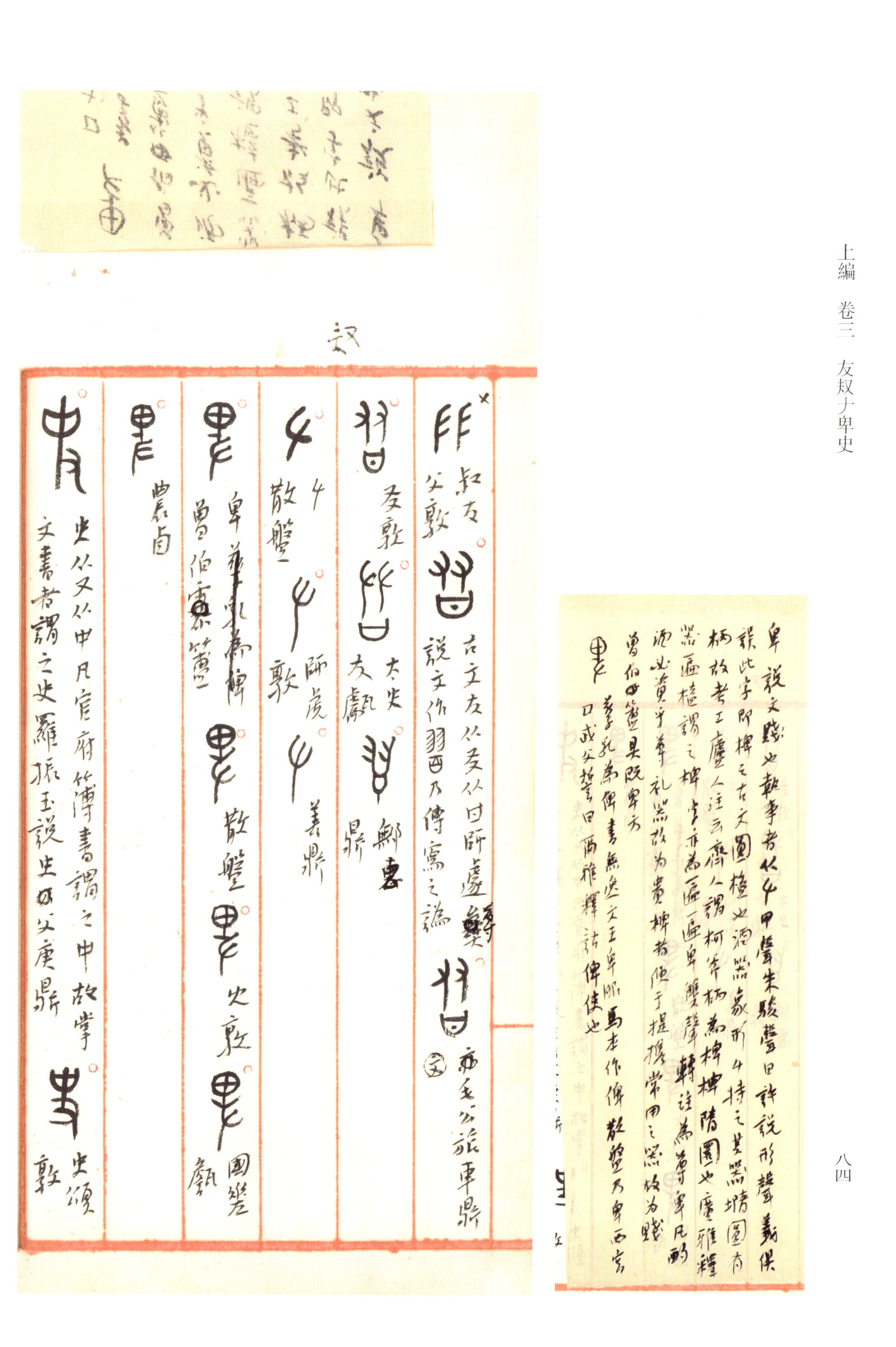

卑　說文賤也執事者从𠂇甲聲朱駿聲曰許說形聲義俱誤此字即椑之古文圓榼也酒器象形𠂇持之其器橢圓有柄故考工廬人注云齊人謂柯斧柄爲椑椑隋圜也廣雅釋器匾榼謂之椑字亦爲匾匾卑鼙鞞諸爲尊卑凡酌酒必資乎尊礼器故爲貴椑者便于提攜常用之器故爲賤

曾伯𩰫簠具既卑方

𦳃乳爲俾書無逸文王卑服馬本作俾　散盤乃卑西宮

口戊父甞曰爾雅釋詁俾使也

叔

叔友父𣪘

古文友从㕛从曰　師遽𣪘　說文作䎛乃傳寫之譌

亦毛公旅車鼎

㕛𣪘

大史友甗

鄦𠭯鼎

𠂇　散盤

師虎𣪘

善鼎

卑　𦳃乳爲俾　曾伯𩰫簠

散盤

史㝨𣪘

國差甗

豐卣

史从又从中凡官府簿書謂之中故掌文書者謂之史羅振玉說　史𤔲父庚鼎

史頌𣪘

事 師奎父鼎
事 散盤
事 史桒敦
事 師酉敦
事 頌敦

事 師艅敦
事 史獸鼎
事 揚敦 眔嗣工史
司 工司 又一器作眔嗣

史
史 格伯敦
史 鄦文陽識
史 吳王姬鼎
事 御書鼎

事 趩尊 王呼内史
[illegible]
事 周公敦
史 捷附

事 事使為一字，象手執簡立於旂下，史臣奉使之義。吳大澂說。小子師敦
事 師寰敦

事 毛公鼎
事 師害敦
事 師嫠敦
事 盂鼎
事 齊鎛

十五

肄 肄 由 通 經典叚借作肄　毛公鼎……

聘禮記問大夫之幣俟于郊為肄注古文肄為肆

事 簷鼎

事 守敦

事 不嬰敦

事 召伯虎敦

事 伯矩鼎

事 伊敦

事 𤼈侯壺

事 頌鼎

事 豆閉敦

事 望敦

事 封敦

事 史頌敦

事 陳猷釜

事 佳戎鼎

事 秦公敦

肄 毛公鼎 肄皇天亡斁 讀如詩肄皇天弗尚 作肄

肄 克鼎 肄克 口于皇天

肄 楷妃彝

肄 毛公旅車鼎 肄毋又弗競

肄 封敦 用保乃邦 肄對揚王休

肄 盂鼎 率肄于酒

肄 戊辰彝

肅 王孫鐘

象手執聿 聿不律也 聿壺

甚諆鼎

書 頌鼎

頌敦

頌壺

寰盤

畫 毛公鼎

師旻敦

彔伯戎敦

吳彝

伯晨鼎

上官登

宅簋

十六

臤
菫臤鬻鼎
文父丁鼎
臤父癸鼎

臣䢅田鼎
靜敦
毛公鼎
頌鼎
不嬰敦

追叔彝
師害敦
曾鼎
臣尊
小臣鼎

仲盤
周公敦

臧从口陳介祺曰常是臧吾之臧古藏字異後世失其字矣
甚諆鼎

殳
殳季良父壺

鳧 仲鳧父敦

鳧生鼎 彝 再敦

鳧叔簋

小鳧爵

寺 蔡子乳為持 邾公牼鐘 分器是寺

寺 又蔡子乳為 寺季敦

寺 寰侯作叔姬 寺男簋 蔡子乳為敦

尃 尃毛公鼎 尃命于外

尃 番生敦

尃 王孫鐘

皮 叔皮父敦

皮 蔡子乳為皮 卻口 叔口皮吉人

敀 从攴 虢叔鐘

番生敦 从又

叔氏鐘

十七

肇與肈通
叔向敦肈肈字重文

「敏不从攴」
杞伯敏父敦
杞伯敏父鼎
杞伯敏父盨　入每」

敃从又師𩛥敦
女敃可使
壴鼎

敃从又彊也　師望鼎　昬于
也也　敃即昬于也也彊也
公伯盤　四
克鼎
仲子公後敦

好學孔爲愍
毛公鼎　敃天疾畏
愍天即旻天　爾雅釋天愍爲秋　即旻天
郭注旻猶愍也愍萬物彫落

敉
效卣
曾鼎
效父彝

詩召旻　雨無正　及小旻　均作旻天疾威

叜

故 不从攴 盂鼎 古字重文

郝季

徐酮 句鑃

政 毛公鼎

虢季子白盤

齊鎛

王孫鐘

兮甲盤

敷 動武鐘

敷 不从攴 毛公鼎 尃字重文

余耔鉦

䢿 从干 次簋

大鼎

敕 陳猷釜

秦公敦 萬民是敕

小爾雅廣言 敕正也 經典亦作勑 虞書 勑天之命 傳 正也 又作 賴 爲之 左襄十四年傳 賴於伯父是賴 注 恃也

㪔 陳侯重文

㪔 㪔 陳侯鼎 經㪔 皆以陳爲之

十八

叜 方言三 叜代也 左昭二十九年傳 以叜豢龍之後 師嫠敦 既命女叜乃且考嗣

[illegible]

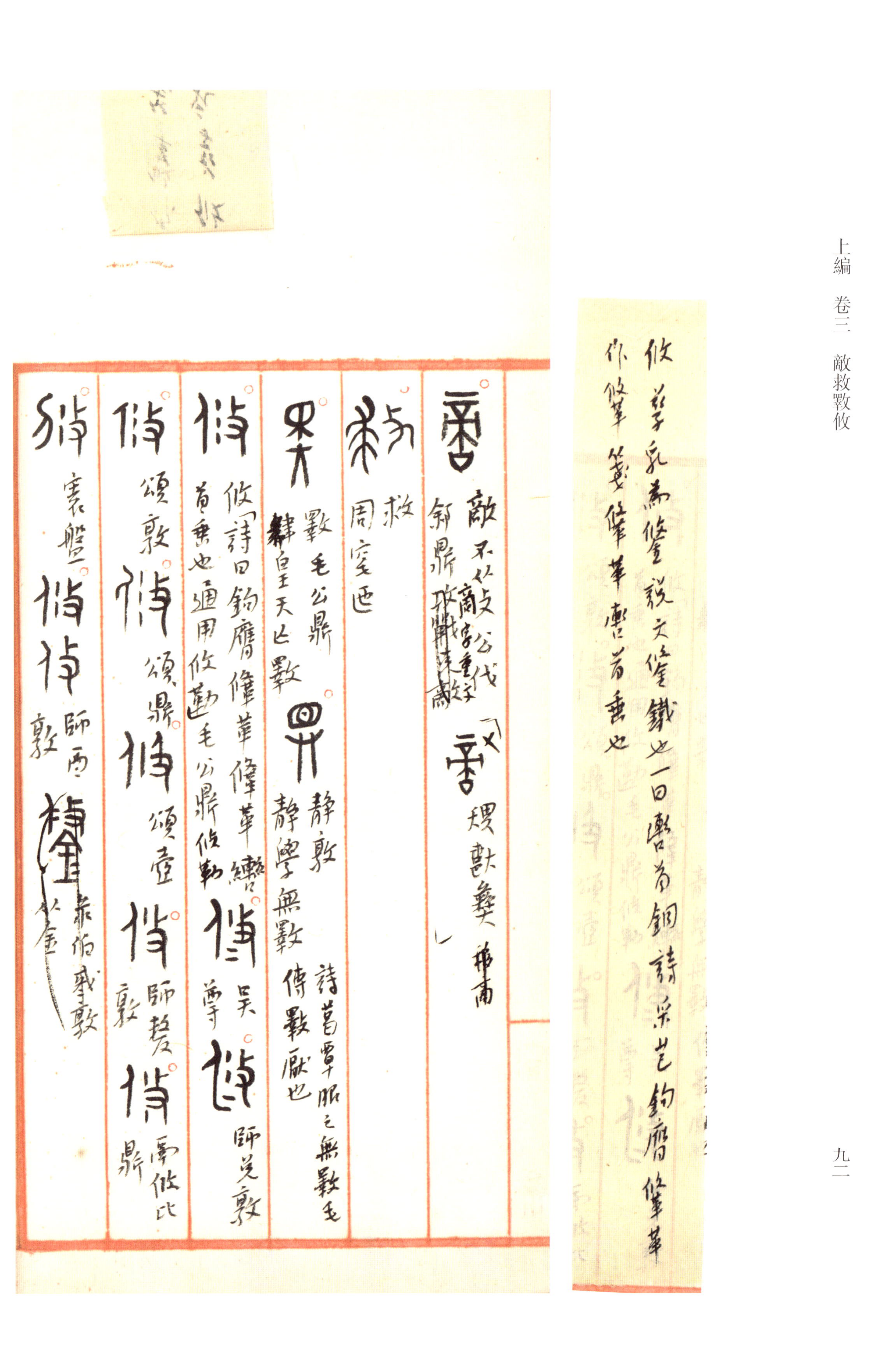

敵 不从攴 商公代 邾鼎 孜 戰 敵

嬰 𣪘 彝 弔甫

救 周窒匜

斁 毛公鼎 肄皇天亡斁

靜敦 靜學無斁 傳斁厭也 詩葛覃服之無斁 毛

攸 詩曰鉤膺鞗革 鞗革 轡首垂也 通用攸勒 毛公鼎攸勒

吳尊

師兌敦

頌敦

頌鼎

頌壺

師嫠敦

鬲攸比鼎

寰盤

師酉敦

从金 录伯戎敦

攸 𨒅乳為鋚 說文鋚鐵也 一曰轡首銅 詩采芑鉤膺鞗革 作攸革 鋚勒 鞗革 轡首垂也

鄭虢仲敦　遣仲敦　靜敦　不嬰敦　函皇父敦　伯司敦

陳侯作嘉姬敦　叔家敦　仲林父敦　伯𢦚敦　函皇父敦

毛公旅鼎　車鼎　周寔鼎　段敦　小子𠭯敦　䢅同敦

伯𢦚敦　己侯敦　頌敦　己侯敦　追敦

師𠭯敦　陳財敦　魯𠚍父敦　姞氏敦　魯伯大父敦

杞伯敦　𨟻侯敦　師𧽊父敦　彔敦

十九

盛黍稷之器其制似盂或斂口或侈口上有蓋旁有耳下有圈底或綴三足或連方座穆天子傳之敦壺尊四十注敦似盤音堆

陳猷釜

齊侯敦 不从攴 𦎫字重文

齊侯匜

寶敦

伯敦

玖敦

伯山父壺

牧叔敦

量侯敦

罝敦

叔狀敦

敗从賏 宗彝鉦

寇 曶鼎

司寇良父壺

揚敦

虞司寇壺

戰 戰狄鐘 戰狄不龔

鼎文

鼓从壴从攴 沇兒鐘 入鼓 子孫永保鼓之

攻 國差甔

攻 公伐𨙸鐘

攻 公伐𨙸鼎

攻 㝬獸彝

攻 二年𡩜子戈

𢼸 師寰簋器蓋

𢼸 器文 从貝 𢼸貝字重文

𢼸 𢼸𧴪鼎 錫𢼸貝無彊 𢼸𧴪彝 𢼸字从𣏟 或釋 羅振玉釋賚

𢼸 辛鼎 入貝部

敔 省文 𢽾 敔 經典通作禦 敔与圉通 又通御禦 漢碑多以衙為御禦 吳大澂説 毛公鼎

敔 敔敦 从。 敔 攴 丞从攴 𢽾

畋 余畋盤

二十

斆 斆 斆 敫 敗 廸

攺
攺簋

牧
鬲攸比鼎

教
鄦侯簋
散盤
从孝省

斆 不从攴
壴鼎
師嫠簋
靜簋
鼎 [illegible]

卜
曶鼎

貞
散盤
入附
伯貞甗
箙鼎
鼎字重文

用　散盤

用　齊鎛

用　刺鼎

用　齊陳曼簠

用　戉商角（丁未）

用　格伯作晉姬敦

用　己侯敦

用　姑馮（口）句鑃

用　杞伯敦

用　辛巳彝

用　緐卣

用　仲龏父甗

用　中子化盤

用　子豩舟

用　敓叔敦

用　師嫠敦

用　永伯匜

用　邾公釛鐘

用　師[illegible]鼎

用　戈叔鼎

用　應公鼎

用　哭尊

用　王子申盞盂

用　宗周鐘

用　番君鬲

用　陳公子甗

用　智卣

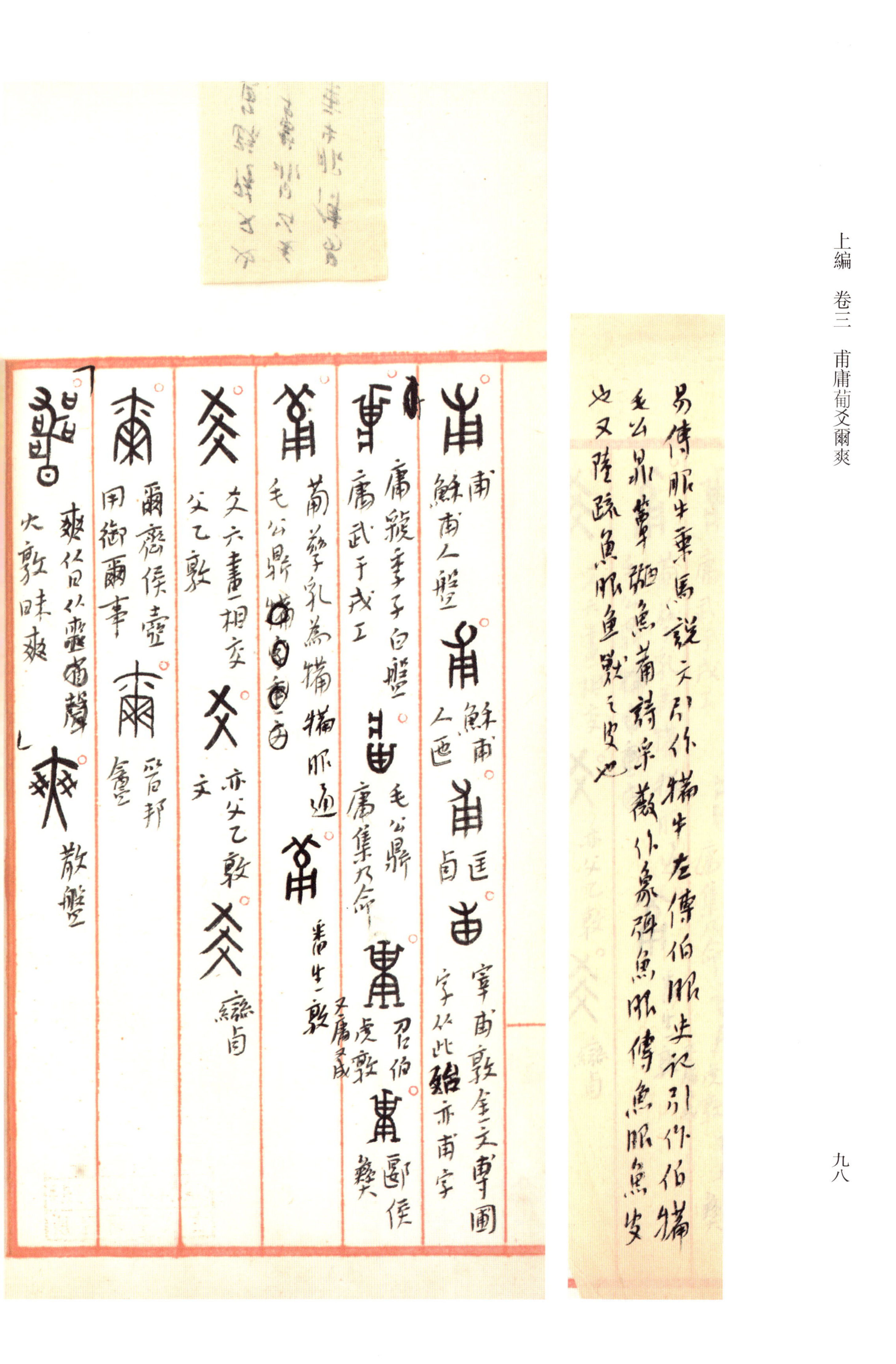

易傳服牛乘馬說文引作犕牛左傳伯服史記引作伯犕
毛公鼎簟弼魚葡詩采薇作象弭魚服傳魚服魚皮
也又陸疏魚服魚獸之皮也

甫
穌甫人盤
穌甫人匜
匡卣
宰甫敦金文學圖
字从此𤰈亦甫字

庸
虢季子白盤
庸武于戎工
毛公鼎
庸集乃命
召伯虎敦
又庸又成
鄀侯彝

葡
葡犕乳爲犕犕服通
毛公鼎
番生敦

爻
文六畫相交
父乙敦
亦父乙敦
文
䜌卣

爾
𢼀侯壺
用御爾事
晉邦盦

爽
爽从日从𤕦𤕦聲
大敦昧爽
散盤

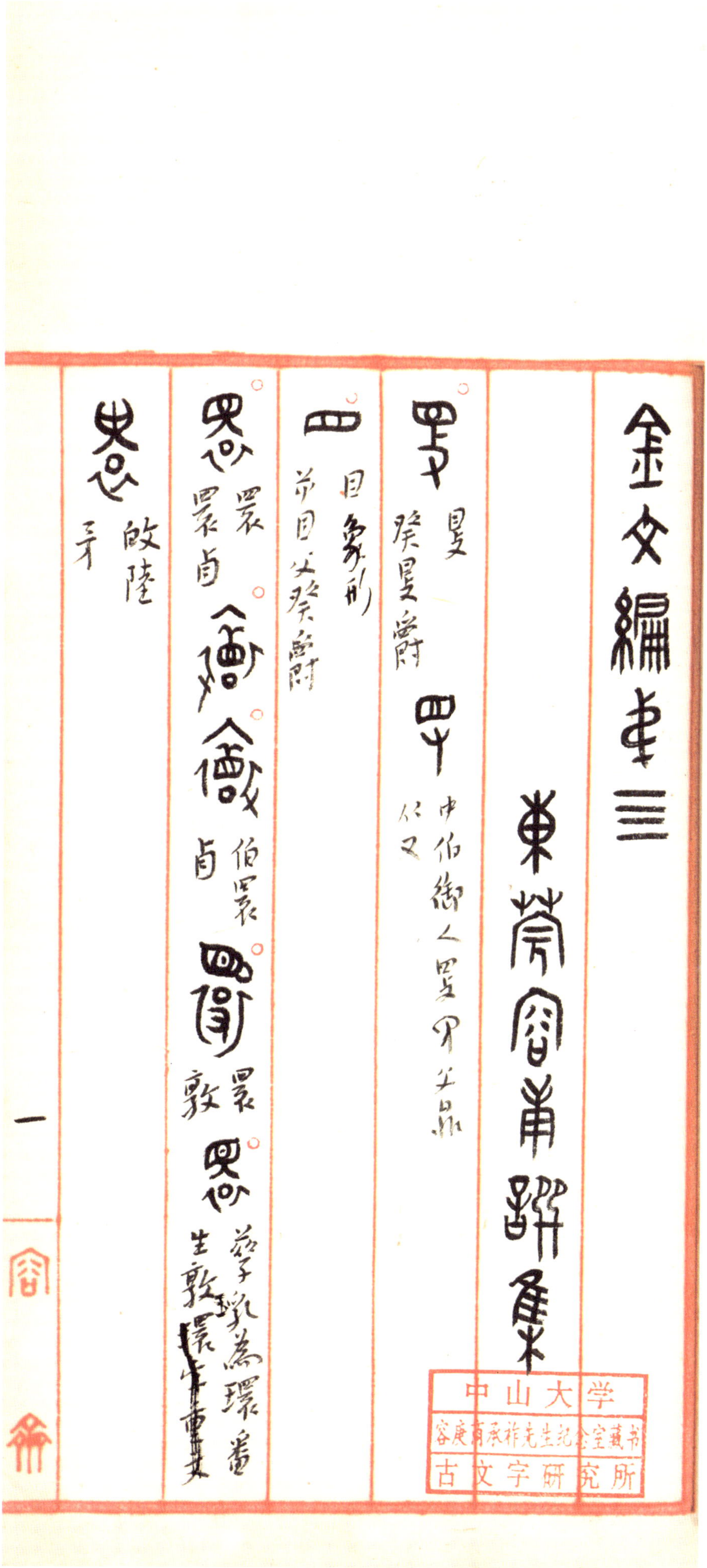

金文編卷三

東莞容庚[illegible]集

旻 癸旻爵

中伯御人旻□父鼎 从又

目 象形 祊目父癸爵

睘 睘卣

伯睘卣

睘敦

孳乳為環 番生敦 睘字重見

敃陸斧

睗

睽　下移

眔　靜敦
眔　覩鼎
眔　吳彝
眔
眔　揚敦
眔　毛公旅車鼎

睽　旁附

眔
眔　歔鍾
眔　史懋壺
眔　師晨鼎
眔　叔妣敦
眔　周公敦

眉　且子鼎
眉　丁師
眉　伯作父
眉　盂鼎
眉　散盤
眉　公違彝

眉　宗周鍾
眉　番仲比鼎
眉　牧敦
眉　段簋為生揚敦
眉　既生霸
眉　克鼎
眉　既生霸

眗　眗父丁敦
眗　眗鼎
眗乙觶
象眉骨形　入附

眘　頌鼎
眘　頌敦
眘　仲酉
眘　王孫鍾

吳大澂曰：說文睗目疾視也，疾視者一過目而不留，有輕易之意。疑古文易睗為一字，不睗承上文敬念王畏而言，猶詩言不易惟王、帝命不易也。王國維曰：古文以易為賜字，古錫賜一字，本但作易。文選西征賦「若循環之無賜」，注引方言：賜，盡也。古語謂盡為賜，不賜猶言不盡矣。

援賜

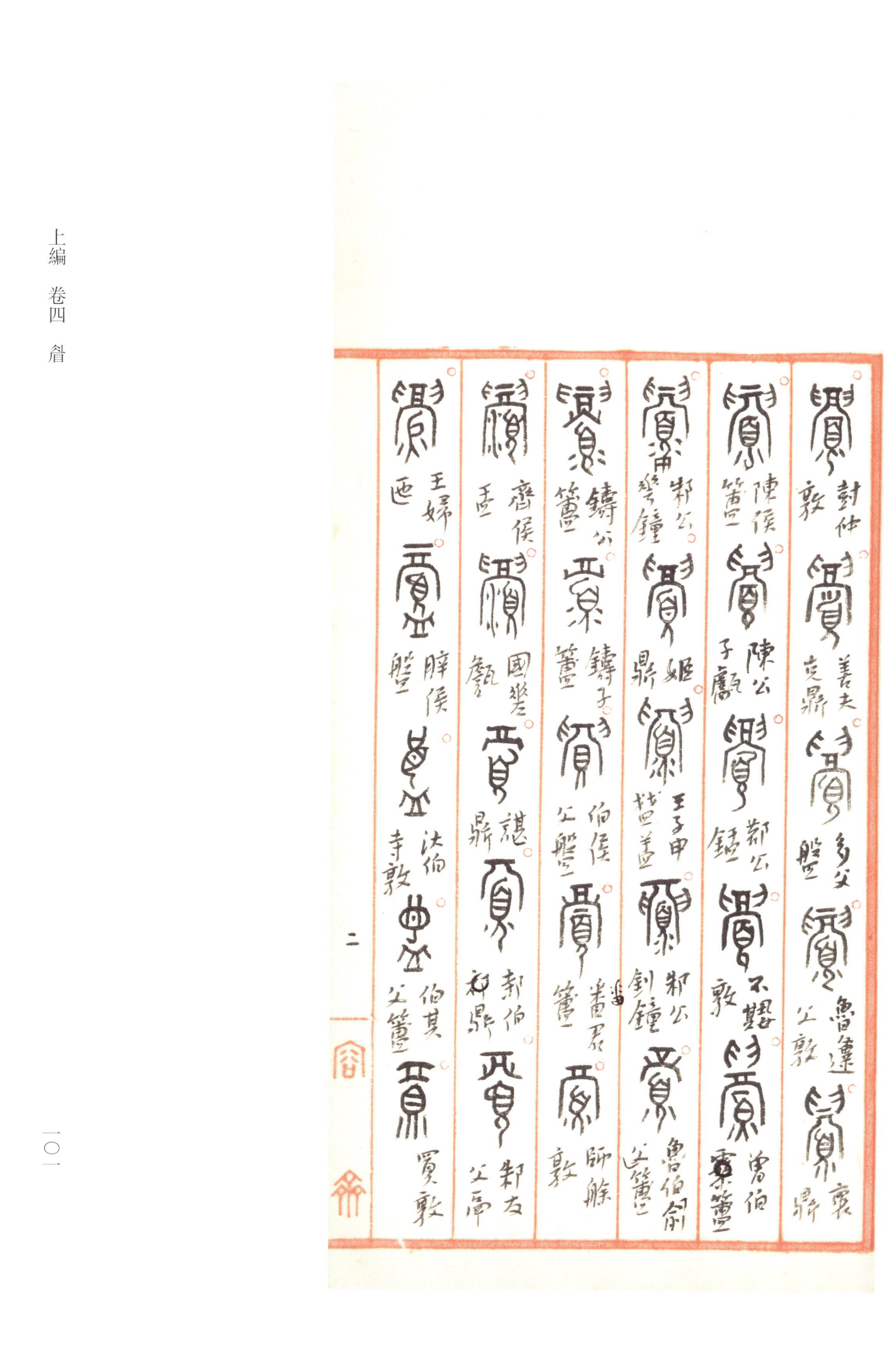

封仲敦　善夫克鼎　多父盤　魯遠父敦　襄鼎

陳侯簠　陳公子甗　鄀公鎾　不嬰敦　曾伯霥簠

鄀公䜌鐘　姬鼎　王子申盞盂　鄀公劍鐘　魯伯俞父簠

鑄公簠　鑄子簠　伯侯父盤　番君簠　師艅敦

齊侯盂　國差甗　禥鼎　邾伯御鼎　邾友父鬲

王婦匜　睥侯盤　汏伯寺敦　伯其父簠　買敦

二

眉

齊侯壺

眉脒鼎

仲師父鼎

杞伯壺

畢鮮敦

鄭𡨦鼎

眉𢦏

𢦏者鼎

用綏眉彔

邰伯𨟻鼎

伯𨟻父盨

自

自

沇兒鐘

茍伯敦

㝨鼎

仲𪚥父甗

散盤

攻吳監

公違彝

𧻚鼎

楚公鐘

楷妃彝

鼻

姞氏敦

楚曾侯鐘

中子化盤

此亦自字
甾仲艾匜

番君鬲

魯　魯麓伯敦

魯　魯伯愈父鬲

魯　魯大司徒子仲白匜

魯　師虎敦

魯　魯侯彝

魯　畢鮮敦

魯　魯內小臣鼎　庫生

魯　善夫克鼎

魯　井伯敦

魯魯魯　魯士㝬父簠

魯　頌壺

魯　頌鼎

魯　叔氏鐘

魯　虢叔鐘

魯　邢人鐘

魯　魯伯厚父盤

魯　魯侯角

魯　戱者鐘　我

魯　鄦大魯壽鼎

魯魯魯魯　頌敦

魯　鄦惠鼎

魯　善鼎

魯魯　鄦其敦

魯　魯侯壺

魯　魯侯敦

魯　秦公敦

三

入附之

魯

齊鎛 保盧兄弟保盧子姓即

詩眉壽保魯之魯 吳大澂說

者

者[illegible]子孔為諸僕百姓

者伯盤諸[盧吏]

者 王孫鐘

者 戜者鼎 或以為都字

者 戜者尊敦

者 者女觥

者 㨥諸 次敦

㬜 㬜 毛公鼎

百 百 宗周鐘

百 史頌敦

百 曶鼎

百 大盤

百 賢敦

百 龢夔

二百 齊鎛 二百合文

二百 小子敦

五百 虢季子白盤

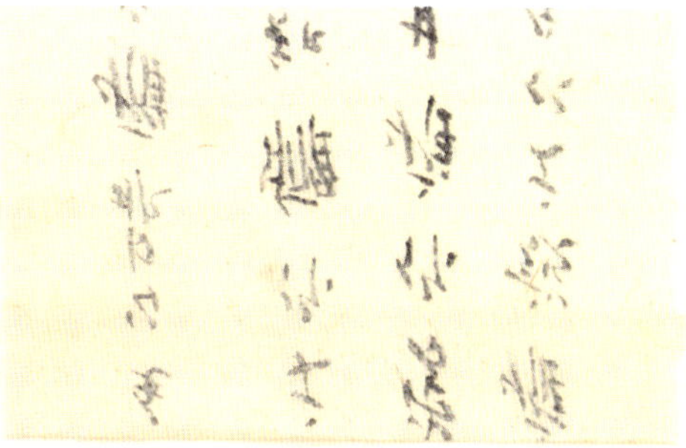

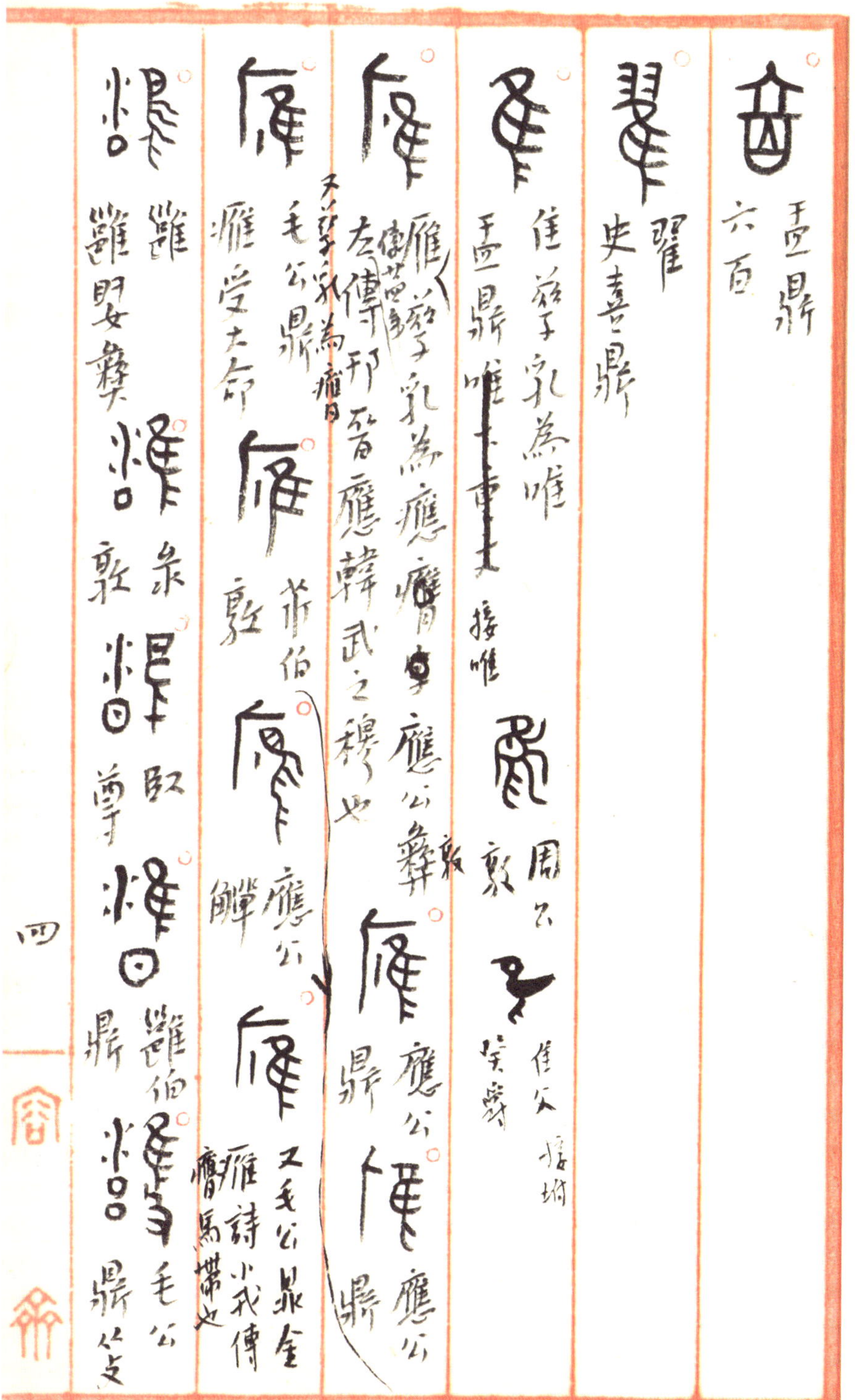
盂鼎 六百
翟 史喜鼎
隹孳乳為唯 盂鼎
周公敦
雁孳乳為應 應公彝
左傳邘晉應韓武之穆也
應公鼎
應公
毛公鼎 雁受大命
散伯敦
應公
又毛公鼎
雝 雝甥(?)彝
四

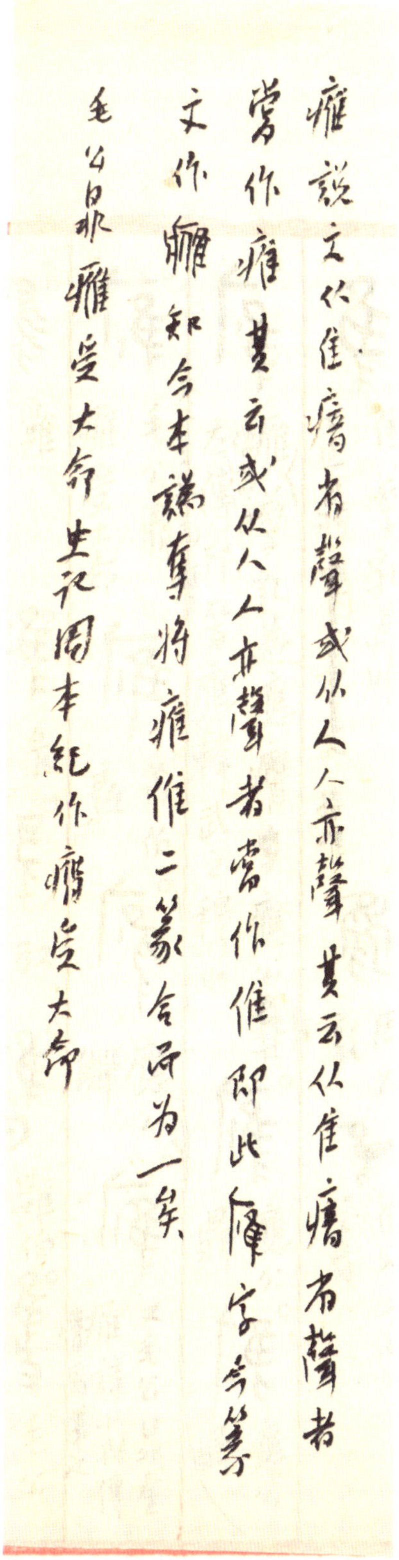
雁　說文从隹瘖省聲或从人人亦聲　其云从隹瘖省聲者
當作雁　其云或从人人亦聲者當作雁即此雁字今篆
文作鴈　知今本譌奪將雁隹二篆合而為一矣
毛公鼎雁受大命　史記周本紀作膺受大命

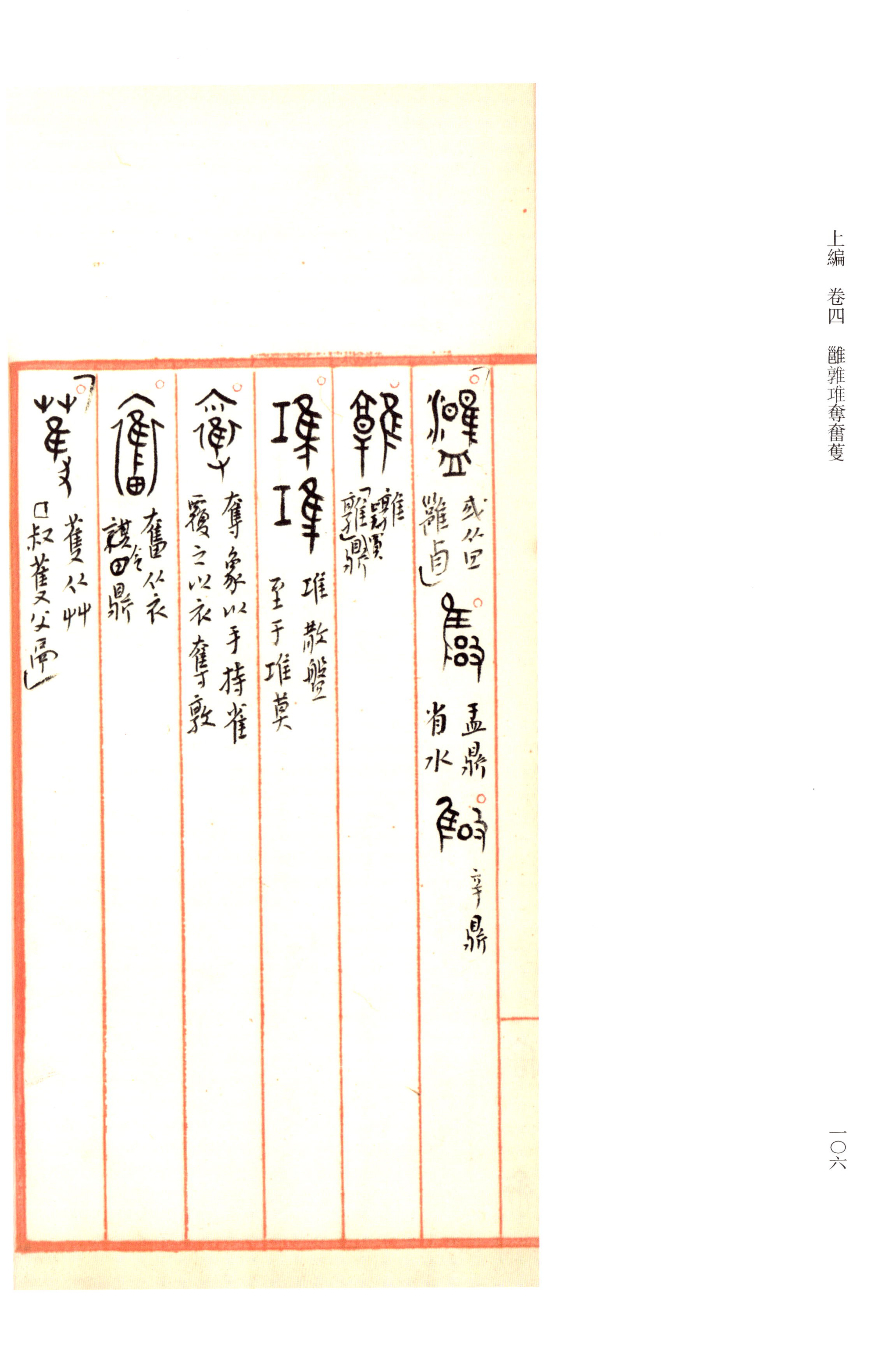

戉从口　雝卣

孟鼎　省水

辛鼎

雜嬰賓　雜遣鼎

琟　散盤

至于琟莫

奪象以手持雀　奪之以衣　奪敦

奮从衣　旂田鼎

蒦从艸　叔蒦父鬲

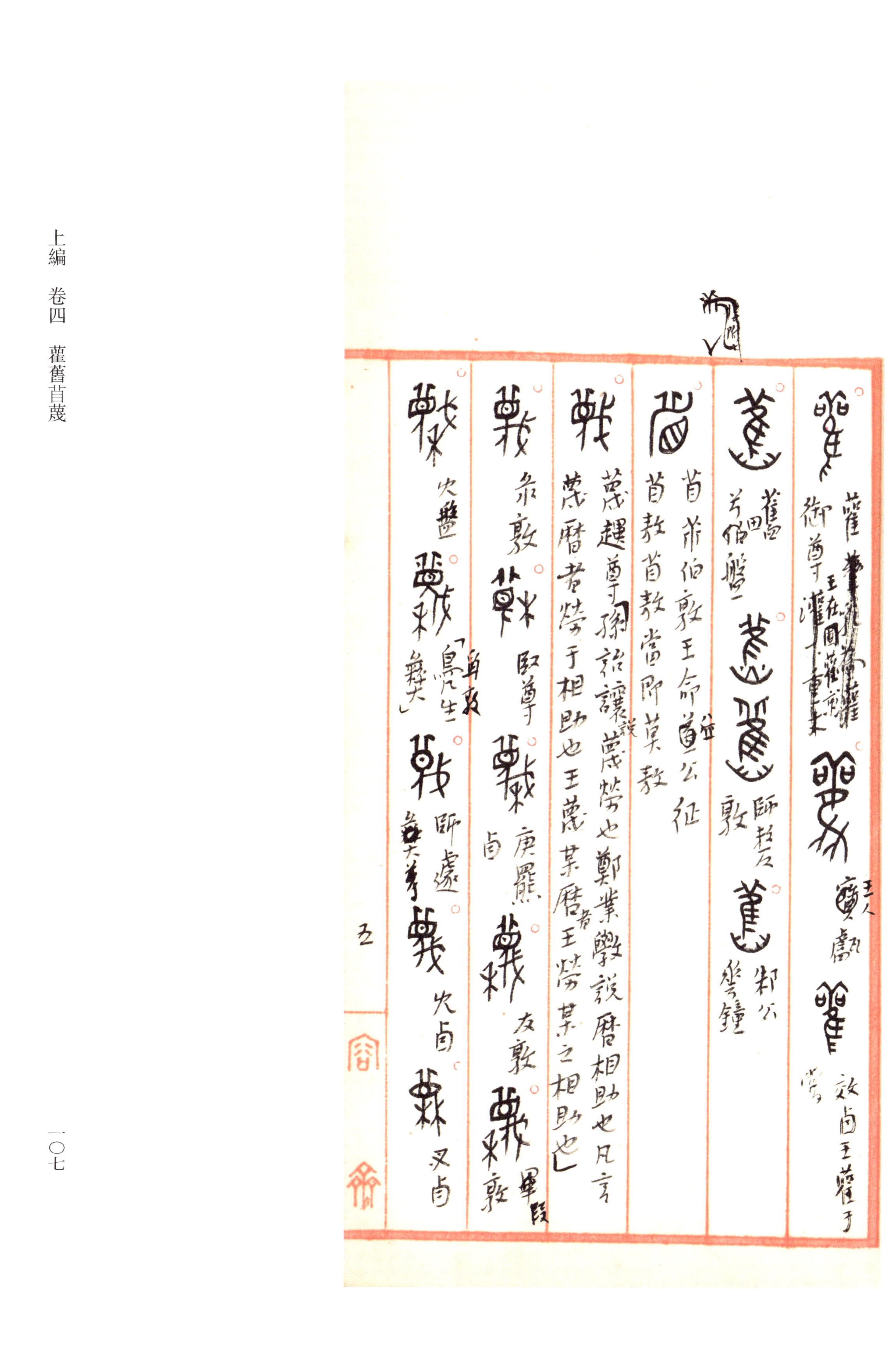

藿 御尊 王在圃藿京

王人甗

效卣 王藿于嘗

舊 𦬢伯盤

師𧻚敦

邾公牼鐘

苜 菁伯敦 王命益公征

苜敦 苜敦 當即莧敦

蔑 趩尊 孫詒讓說 蔑 勞也 鄭業斅說 曆 相勉也 凡言蔑曆者 勞于相勉也 王蔑某曆者 王勞某之相勉也

乖敦

臤尊

庚羆卣

友敦

彔敦

畢段

次盤

鳧生

師遽

次卣

叉卣

五

封敦

遹鼎

羊

羊父庚鼎

鼎文

𣪘作父乙彝

羊彝

羊卣

甚諆鼎

師寰敦

盂鼎

羊子戈

亞乙爵

君羣不从羊

史頌敦「理君羣百姓」

羣子鐘

美从羊在大上皃美之義說文从羊然省聲非

索諆角

美

美爵

羌

鄭羌伯鬲

羌鼎

羅振玉曰乃羊字也象羊之側視形

靃 雔从雔 叔男父匜
靃 壺
雔 雔父癸鼎

集 象隹在木上
集俎 敦
父癸 爵
毛公 鼎

朋 敉叔敦 古者化貝五貝為朋 詩曰錫我百朋 倗友之倗从此
且子鼎 二朋合文

豐鼎 三朋
遣叔彝
庚鼎
遽伯睘彝 四朋

周窓鼎 五朋
趞卣
宰甫 敦
公伯 彝
庚罷卣 十朋

師遽 敦
大保 鼎
效卣 廿朋
遹侯 鼎
刺鼎 廿朋

六

詩菁菁者莪 錫我百朋 古者貨貝五貝為朋 易損 崔憬注雙貝曰朋 二說互異 王國維曰古貝与玉皆五枚為系 二系為朋 釋二貝者言其系 釋五貝者舉其一系之數也

鵜

呂鼎

效卣　五十朋

小臣静敦彝

中鼎

鶇　从隹　歸父盤

父季良父壺

鳴　王孫鐘

烏　毛公鼎

寡子卣　烏虖

余義鐘

效卣

舄　吳彝　衮衣赤舄

師虎敦

師晨鼎

師嫠敦

盂鼎

晅侯　伯寬鼎

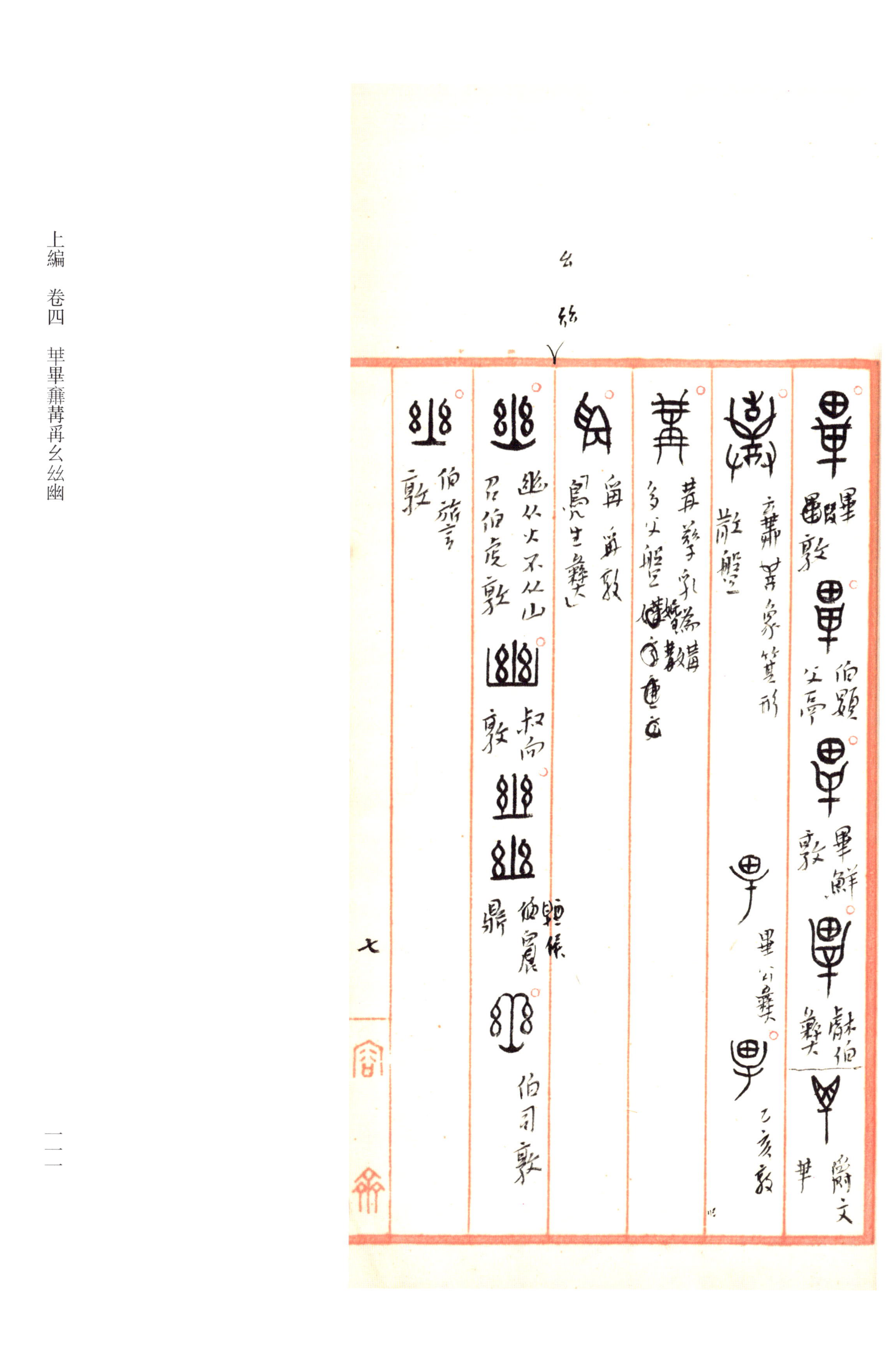

幺
丝

畢敦
伯頵父鬲
畢鮮敦
獻伯彝
𢦏文舉

散盤
从冓象箕形
畢父彝
己亥敦

冓孳乳為遘媾
多父盤
觀
遘
遘

再敦
再生彝

幽从火不从山
召伯虎敦
叔向敦
伯寬鼎
頌鼎
伯司敦

伯旅□敦

七

移玆

幾

幾 沂伯敦

叀 孳乳為惠 鄦惠鼎

毛公鼎 虔夙夕惠我一人

惠卣

彔伯㦰敦 叀自王命

𢆶叔鐘

龍姞彝

王孫鐘 惠

邾大宰簠

疐 疐卣

疐尊

秦公敦 畯疐在天

玄 玄字 師奎父鼎 玄衣

邾公牼鐘

頌鼎

玆 毛公鼎

玆 盤

余義鐘

彔伯㦰敦

陳助敦

玆 孳乳為茲此也 彔伯敦 子孫其帥刑受玆休 与易晉

受茲介福同義

玆大子鼎

寽
𤔲 附三

敫 斿伯敦

爰 𢿫季子白盤
散盤 篆文爰為鍰
余有爽闌爰于罰十

𤔲 受卣 从爪从又从
父己卣
篆文
盂鼎
頌鼎

受 頌敦
頌壺
斿伯敦
寰盤
毛公鼎

彔伯戎敦
公伐邻鼎
公伐邻鐘
𦉢伯彝
𦉢鼎

齊侯壺
齊侯壺
異文
次敦
多父盤
秦公敦

八

寽　寽 孳乳為鋝 毛公鼎取□卅鋝 戴震曰鋝當為六兩大半兩 三鋝而成二十兩 吕刑之鍰當為鋝 証之金文 亦皆作鋝 無鍰 則戴說是也

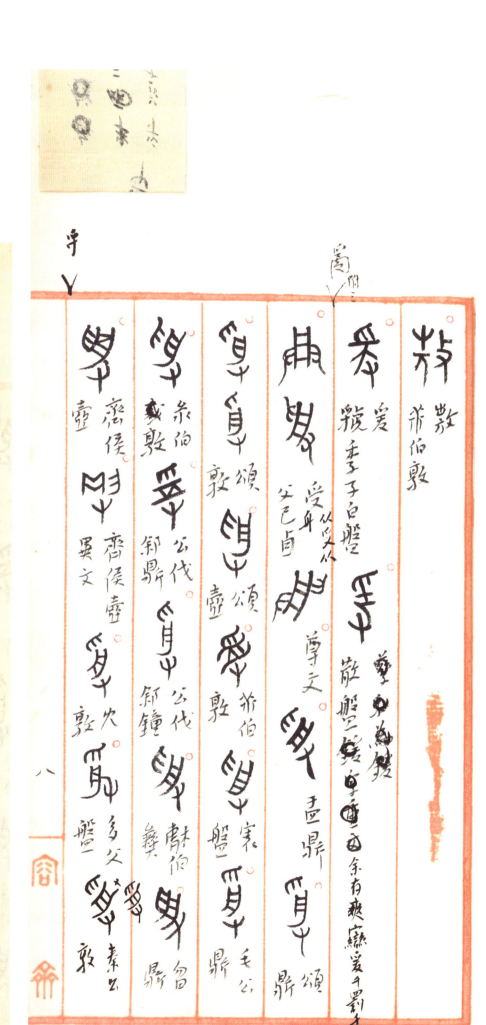

接 鋝

叙旂鼎　毛公鼎　彔伯𢦏敦　宗周鐘　頌鼎

盂鼎　頌敦　鄦[illegible]敦　静敦　守敦

師遽敦　師遽（魯大宰）　師嫠敦　召伯虎敦　寰盤

農卣　齊陳曼簠　齊陳曼鼎　郘鐘　追敦

大敦　鄦[illegible]敦　頌壺　曾[illegible]伯鼎　[illegible]侯伯[illegible]鼎

賢

臤貝 从臣从斤貝

師寰敦即臤貝乃邦箸

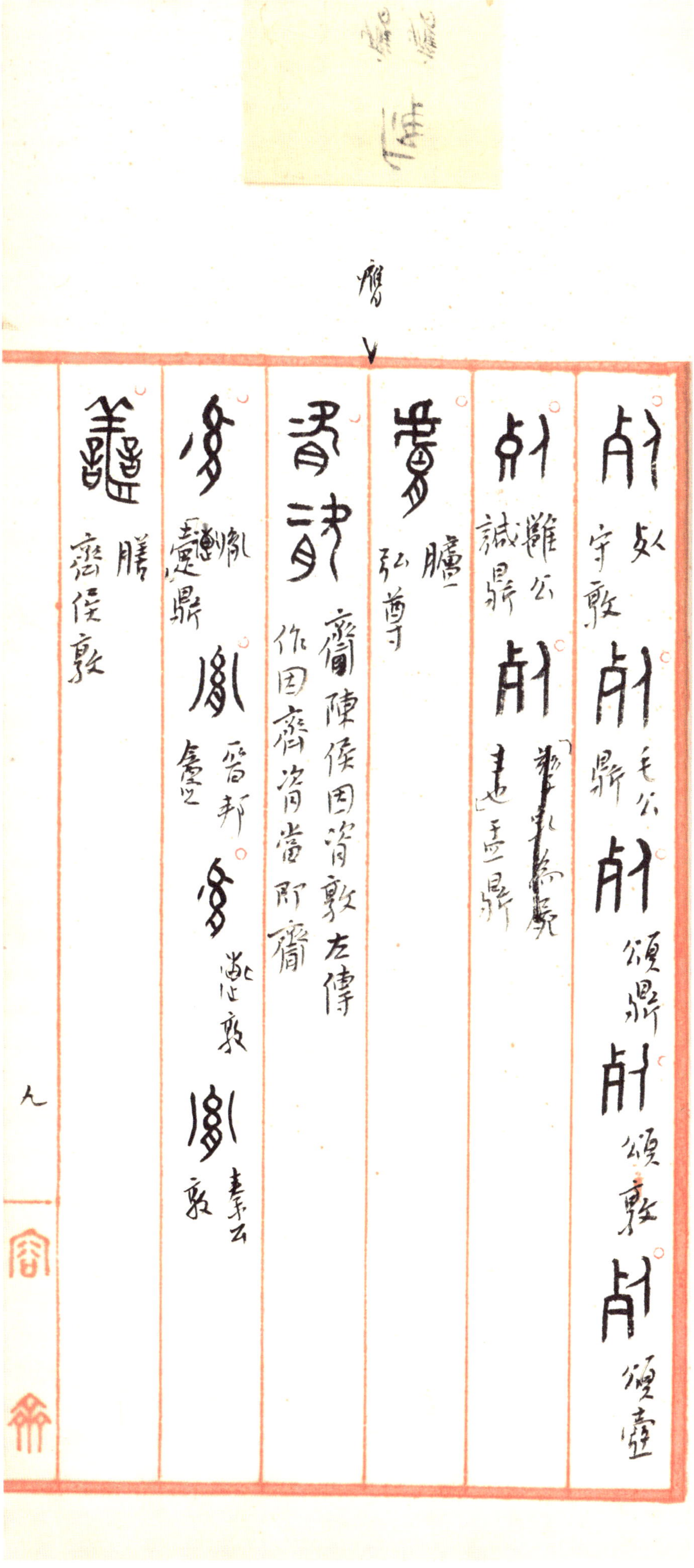
奴
守敦
毛公鼎
頌鼎
頌敦
頌壺
臚
弘尊
齎
陳侯因資敦
左傳
作因齊
資當即齎
胤
膳
齊侯敦

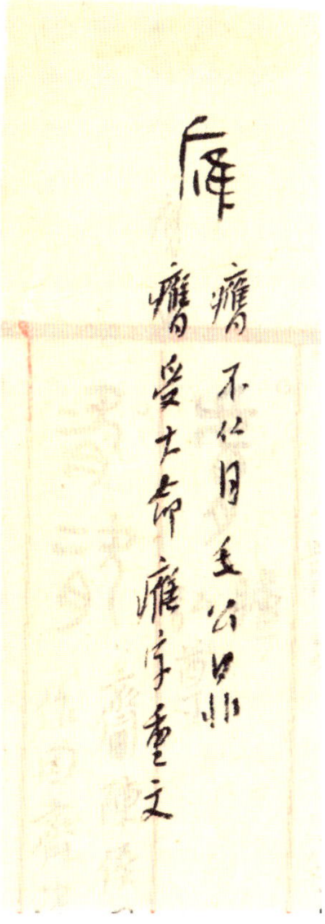

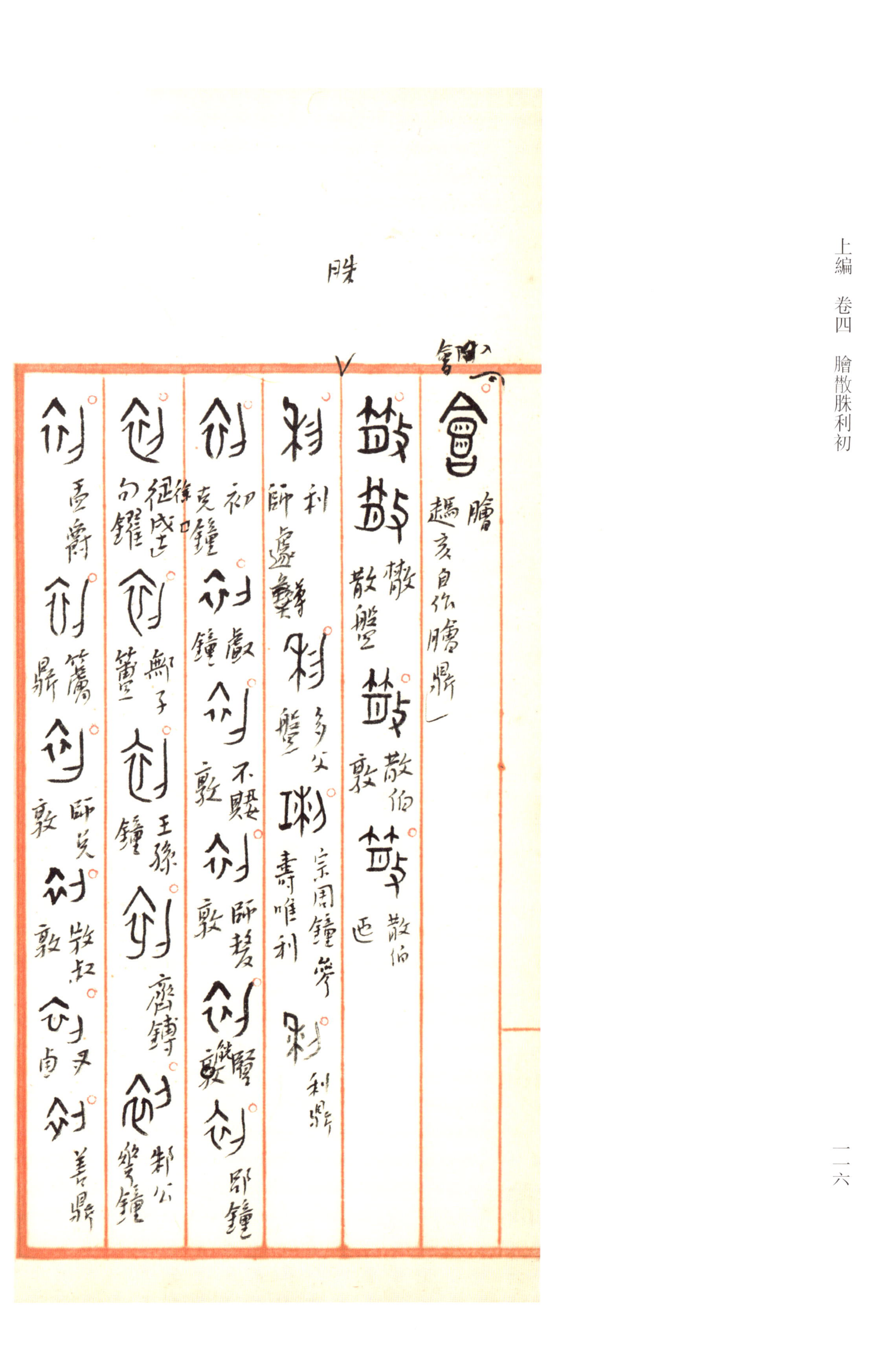

鄶入

膾　遇亥自作膾鼎

散　散盤　散伯敦　散伯匜

脒

利　師遽彝　多父盤　宗周鐘　壽唯利　利鼎

初　克鐘　㪍鐘　不𩁹敦　師𩣟敦　𩞁敦　邵鐘

徐𠙵征城　句鑃　鄦子簠　王孫鐘　齊鎛　邾公牼鐘

𡧊爵　簋鼎　師兌敦　㪟叔敦　又卣　善鼎

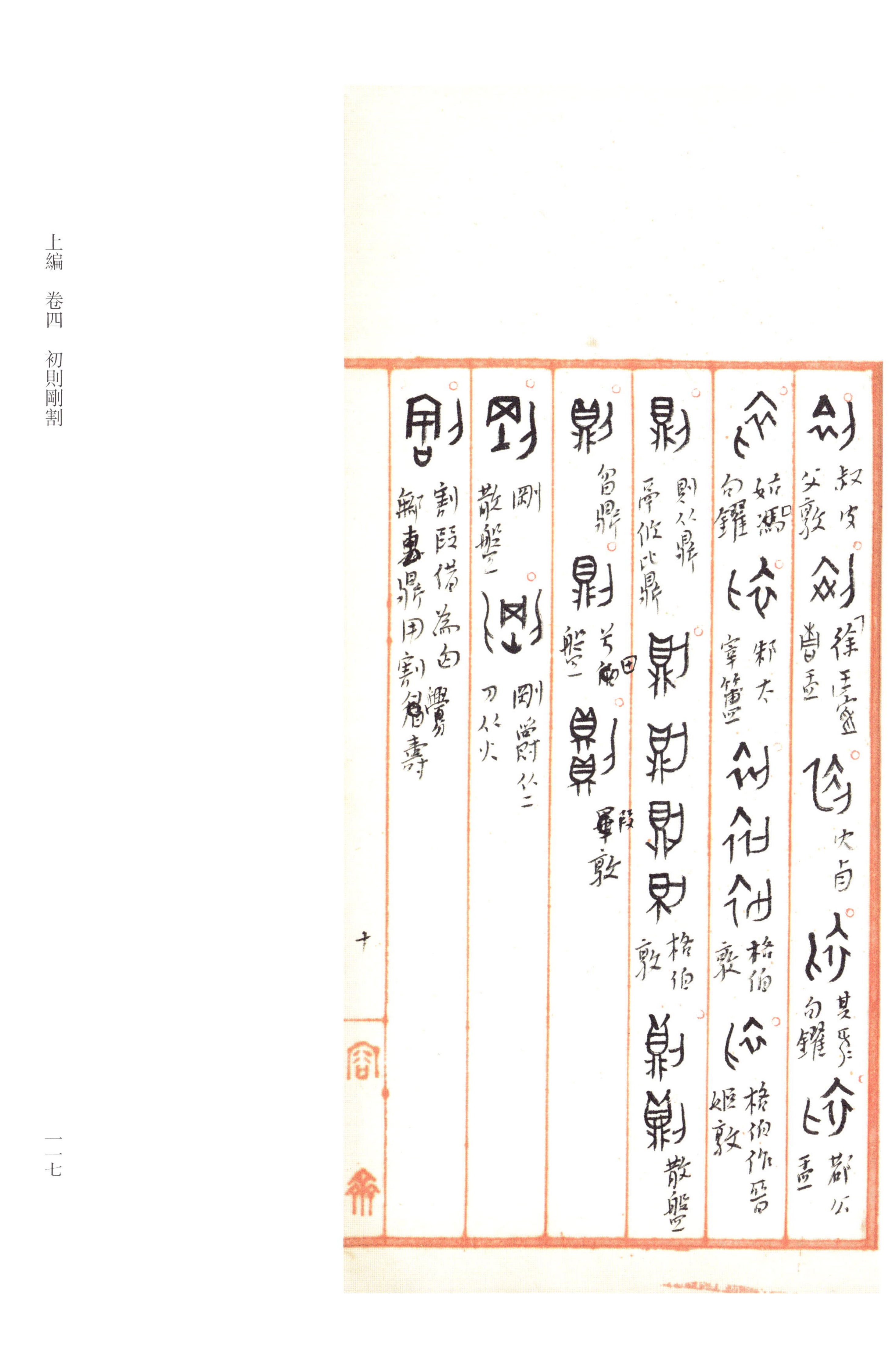

叔皮父敦

徐王盧　曾壺

次卣

其次句鑃

鄀公壺

姑馮句鑃

鄀太宰簠

格伯簋

格伯作晉姬敦

則从鼎

𤔲攸比鼎

格伯敦

散盤

曶鼎

兮甲盤

畢段敦

剛　散盤

剛　𠜳从二　刀从火

割　叚借爲匄　釁

無叀鼎　用割眉壽

十

刜 父辛卣

罰 𣏟伯罰卣

曶鼎

盂鼎

散盤

剝 辛鼎

劍 从金 吳季子之子劍

角 象形 𨟭侯鼎

伯角父盉

叔角父敦

衡 𩎟前横木縛軛者 詩約軝錯衡 朱𩎟 傳錯衡文衡也 毛公鼎金甬錯衡

番生敦

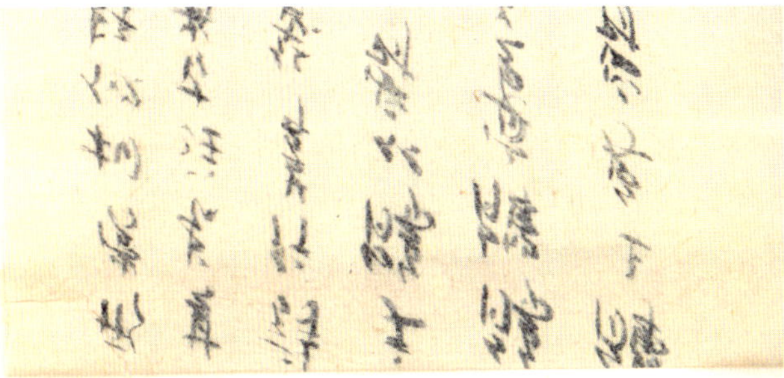

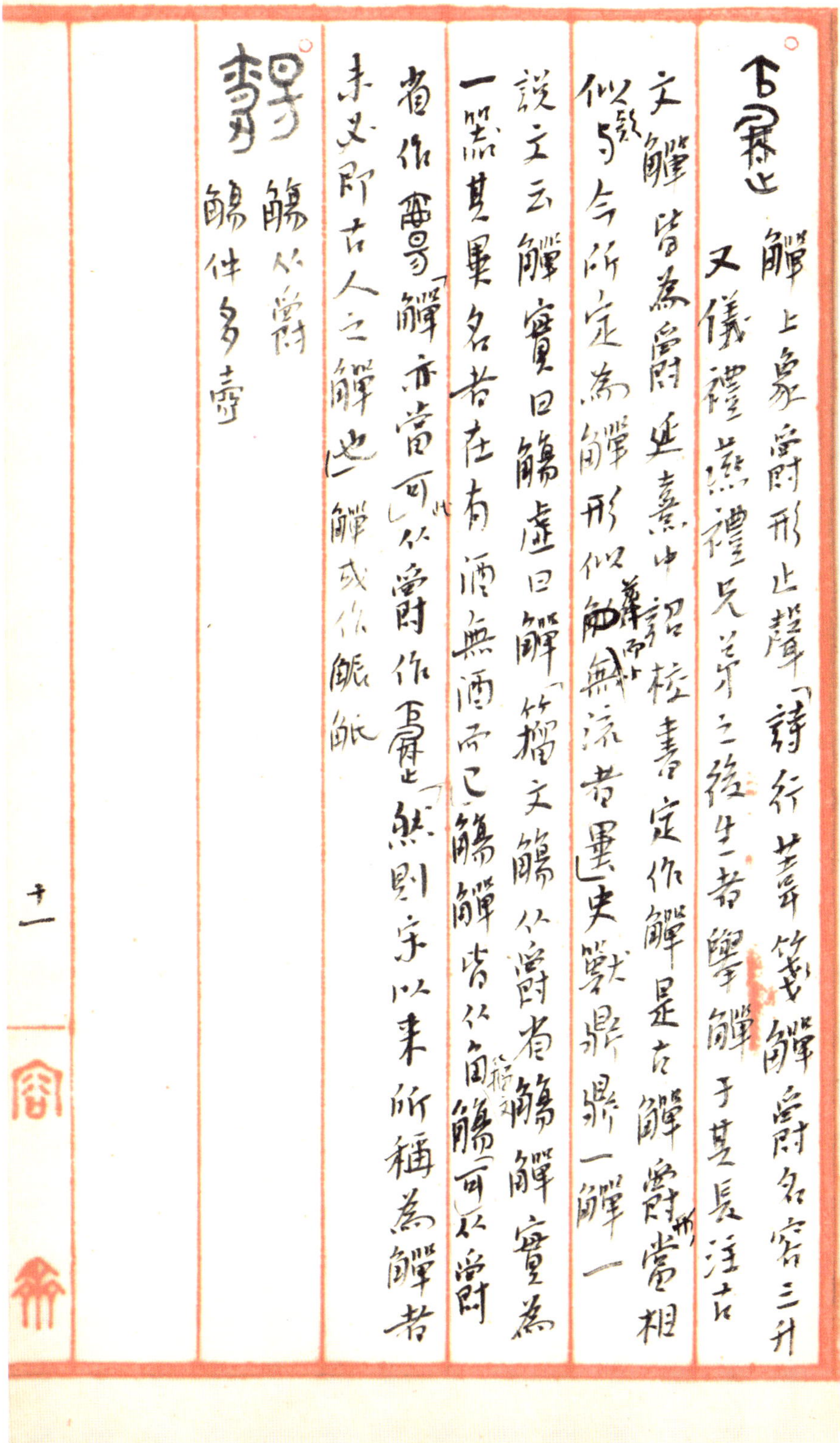

[古文字]
觶上象爵形止聲詩行葦箋觶爵名容三升
又儀禮燕禮兄弟之後生者舉觶于其長注古
文觶皆為爵延熹中詔校書定作觶是古觶爵形當相
似與今所定為觶形似觶而小無流者異史獸鼎一觶一
說文云觶實曰觴虛曰觶籀文觴从爵省者觴觶實為
一器其異名者在有酒無酒而已觴觶皆从角觴籀文可从爵
省作[古文字]觶亦當可从爵作[古文字]然則宋以來所稱為觶者
未必即古人之觶也觶或作觗觝

[古文字]觴从爵
觴作多壽

十一

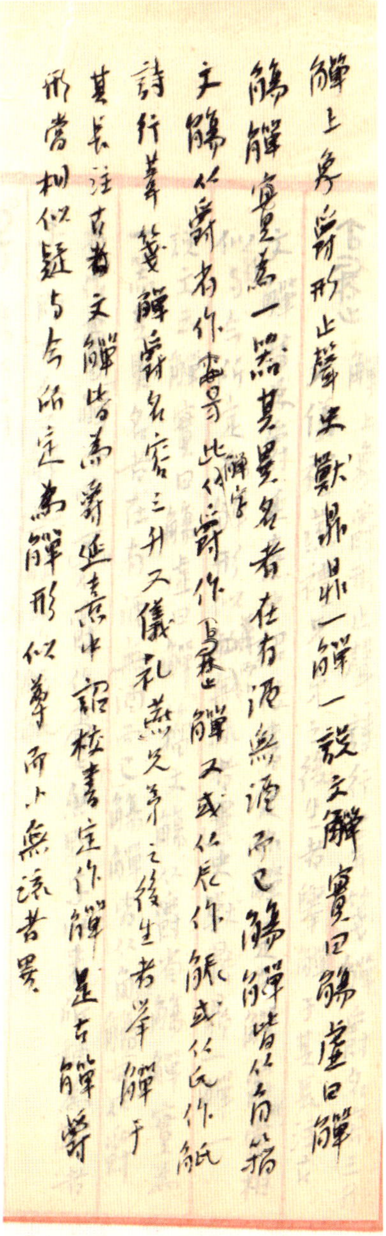

觶上象爵形止聲史獸鼎一觶一說文觶實曰觴虛曰觶
觴觶實為一器其異名者在有酒無酒而已觴觶皆从角籀
文觴从爵省作[古文字]此从爵作[古文字]觶又或从辰作觨或从氏作觝
詩行葦箋觶爵名容三升又儀禮燕兄弟之後生者舉觶于
其長注古者文觶皆為爵延熹中詔校書定作觶是古觶爵
形當相似疑与今所定為觶形似尊而小無流者異

金文編卷五

東莞容庚編集

笱　笱伯簋

伯笱父簋

笱父甗

節　陳猷釜

子禾子釜

簟　簟茀魚鞹

番生敦　簟弼魚葡

毛公鼎

筥　筥小子敦

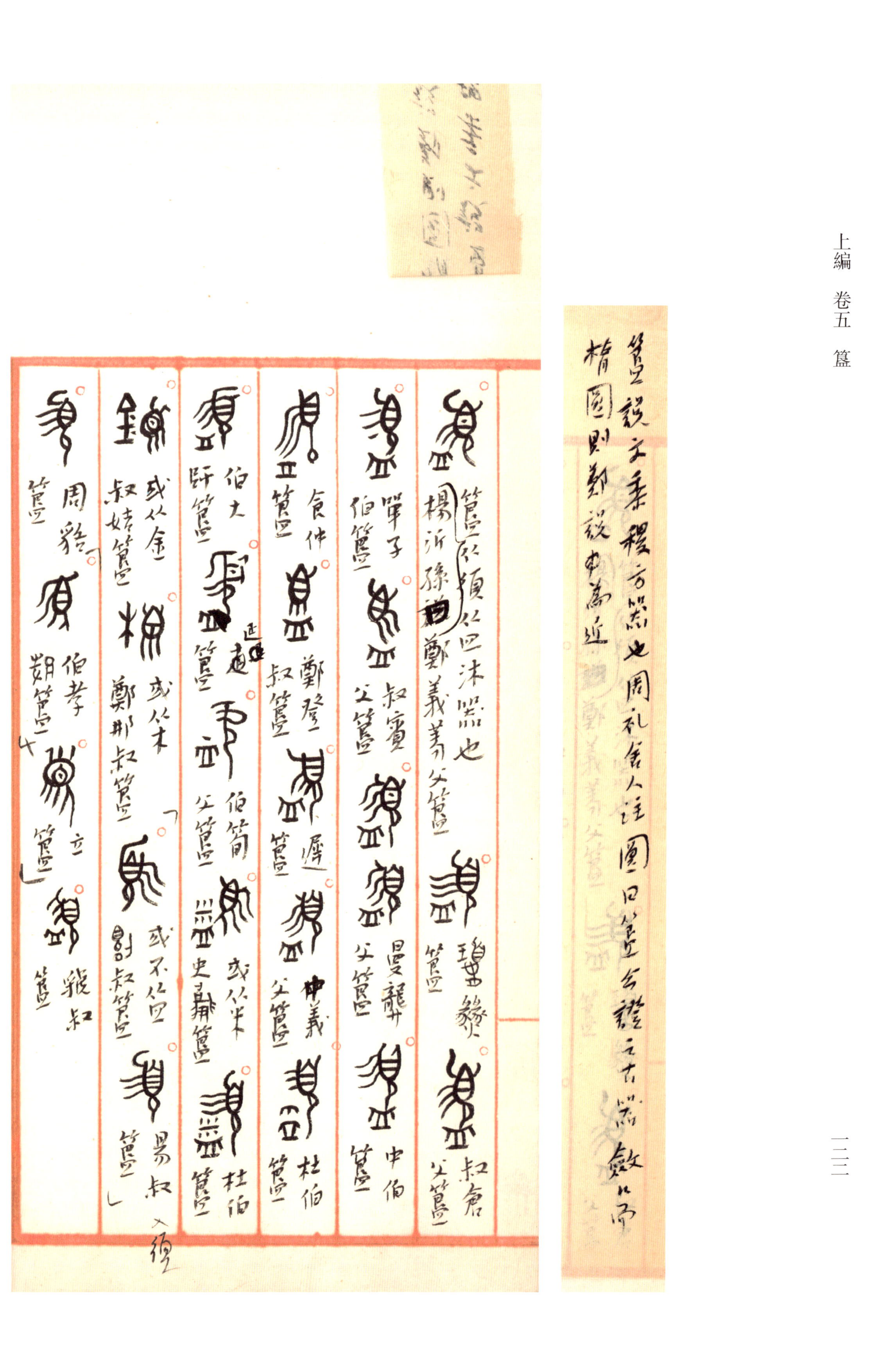

簠設之黍稷方器也周礼舍人注圜曰簠今證之古器斂口而橢圜則鄭說未為近

簠从𩒨从皿沐器也 楊沂孫說 鄭義羌父簠

𤔲𦡴簠

叔倉父簠

單子伯簠

叔寳父簠

曼龔父簠

中伯簠

食仲簠

鄭登叔簠

屖簠

中義父簠

杜伯簠

伯大師簠

遹簠 近

伯筍父簠

或从米 史𩏂簠

杜伯簠

或从金 叔姞簠

或从木 鄭邦叔簠

或不从皿 𨻰叔簠

曷叔簠 又續

周𩡧簠

伯孝𦣻簠

立簠

𩡧叔簠

附　入

从箾

簠　𨙸叔簠

曾伯霥簠

鄦子簠

齊陳曼簠

魯伯愈父簠

楚子簠

季良父簠

鑄子簠

鑄君簠

𨙸叔作叔殷穀簠

楚君簠

召叔簠

邾太宰簠

𡨦弄簠

魯士𡩜父簠

師麻簠

季宮父簠

鄀公諴簠

商丘叔簠

旅虎簠

鑄公簠

交君簠

伯其父簠　備祜為簠

策不从竹　賓子甸

二

簠　从匚从古　說文黍稷圜器也　今證之古器係口而長方　與周禮舍人注方曰簠之說同　周禮掌客簠十注簠稻粱器也　今銘辭亦多云用盛稻粱　則黍稷之說亦非

爾雅釋詁其詞也

箕古文若 史頌敦
亞父己甗
伯閑敦
魯伯俞父簠
大敦

史寏敦
寏鼎 敦 同
杜伯簠
湯叔尊
格伯敦
南姬壺

食仲簋
父己鼎
彔敦
旅季氏盤
史頌匜
己侯敦

簋鼎
叔向父敦
沇兒鐘
䌛鼎
黃仲匜

伯孝鼒簋
史頌匜
邕子甗
叔姞簋
王孫鐘

番君匜
刺鼎 从丮
其孫孫子子永寶用
斜伯敦其萬年子子孫孫其永用
上同

丌　丌 曾姬壺

典 典　典 召伯虎敦

典 典 典　格伯敦

典　陳侯因資敦　格冊

奠　奠 叔向敦 用奠保我邦我家

奠　曾鼎 人名

奠　孳乳為鄭 鄭同媿鼎 鄭

左　左 師寰敦

左　陳猷釜

左　左關鍨

左　緐左軍戈

𢀩　𢀩經典通作佐 佐 說文所無 國𢀩鑰 國𢀩立事 齊之國佐也

𢀩　宋公𢀩戈 佐从水與距 未佐作𢀩同意

工　工 散盤 鬲工

工　允卣

工　史獸鼎

工　工或从糸 後人誤作紅 漢書紅工二字通用

三

叀鼎𤔲紅如此經典司空疑
司空之誤吳大澂說

巨 巨鄦侯敦不巨
翁祖庚云疑即秬柜

矩 說文巨或从木矢作榘金文皆
从矢亦非
不从木 伯矩尊

矩 伯矩鼎
矩 矩叔壺

榘 伯矩彝

榘 伯矩尊

榘 伯矩鼎

曆 曆 畢段敦

曆 敔敦

曆 录敦

曆 曆鼎一

曆 史卣

曆 封敦

曆 友敦

猒 猒 毛公鼎

猒 商獻敦

甚 甚諆鼎

曰 盂鼎 散盤 余義鐘 齊鎛 虢叔鐘

毛公鼎 不嬰敦 頌鼎 伯晨鼎 䡬侯 者減鐘

曶 阮元曰說文無曶字有曶字曶應即曶字 曶鼎 克鐘 師害敦

朁 趞朁鼎

乃 盂鼎 虢叔鐘 毛公鼎 克鼎 大保敦

四

齎从次从貝 猶盜之或从齊作𪗈 亦齎之或从次作次朿也

陳侯因資敦左傳作因齊

卣

迺爾雅釋詁迺乃也書君奭迪惟前人光之迪殆是此說

毛公鼎迺敌鄦寡

乃 字務乎

乃 盂鼎

乃 余敦

乃 追叔敦

乃 邾伯敦

乃 乃 師嫠敦

乃 德公鼎

乃 師奎父鼎

乃 鄭號仲敦

乃 攻吳 鑒

乃 姑馮句鑃

乃 陳侯因資敦

乃 大鼎

乃 邾公牼鐘

乃 齊侯敦

乃 邾公鐘乃字如此 江聲古

文杏書从汗簡作廼為乎許氏說乎讀若厥疑壁經乃字本作

乃漢人讀為厥遂改作厥今彝器無厥字吳大澂說（乃了字）

卣 盂鼎 卣

卣 毛公鼎

卣 魯鼎

卣 師伐鼎 比鼎

卣 宗周鐘

卣 農卣

卣

卣 魏叔鐘迺天子多錫旅休

以卣為卣

卣　彔伯𢦏敦　余錫汝鬯卣一卣
吴尊彝
𩒨侯伯晨鼎
吕鼎
盂鼎

師寰敦

丂　蔡子氒乳為考
[illegible]敦　作朕考寶尊彝　考字重文
多父盤

寧　寧[illegible]敦
子[illegible]爵
寧母父丁鼎
寧史卣

可　師嫠敦
美爵
可侯彝
[illegible]鎛
[illegible]大師鼎

兮　兮仲敦　或云蔡子氒乳為羲

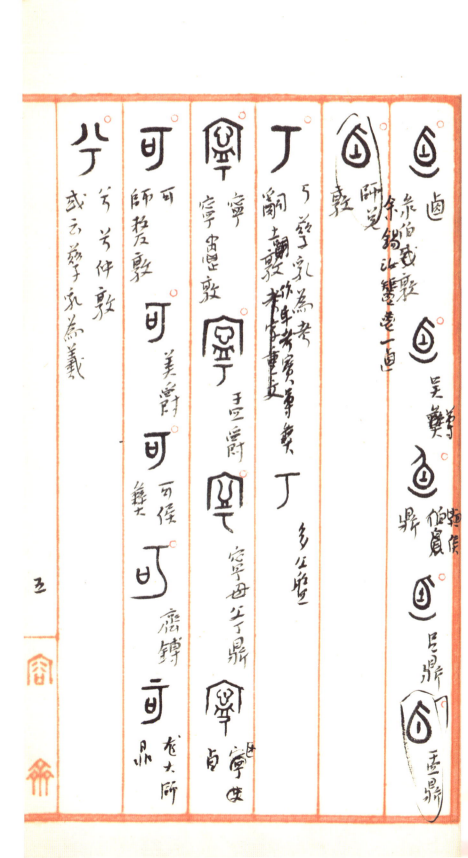

五

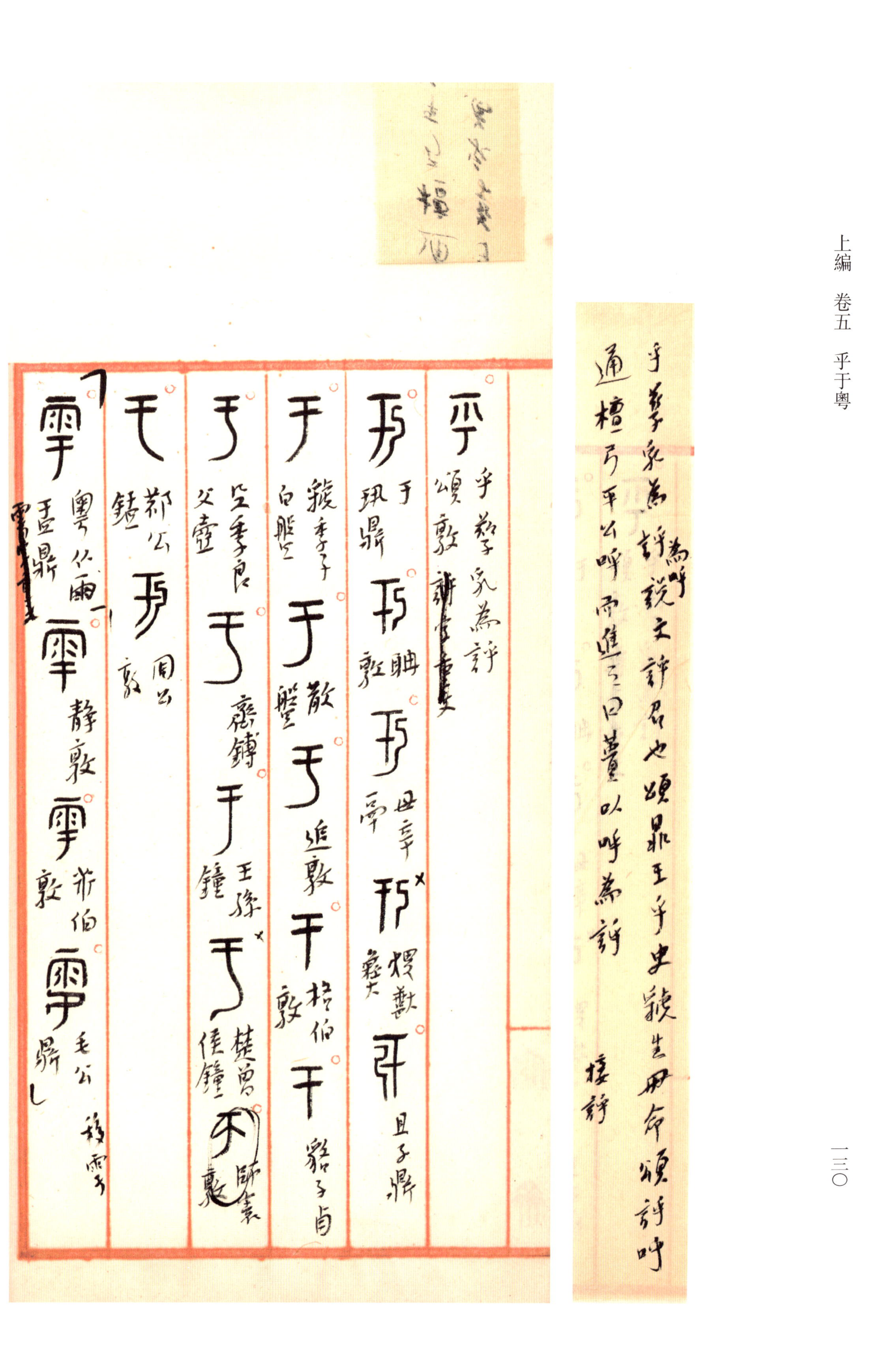

乎　孳乳為評為呼　說文評召也　頌鼎王乎史虢生冊命頌　評呼通　檀弓平公呼而進之曰蕢　以呼為評

橡評

[illegible]

乎　孳乳為評　頌敦　評重見

于　珝鼎

聃敦

母辛卣

嬰戲彝大

且子鼎

虢季子白盤

散盤

追敦

格伯敦

貉子卣

殳季良父壺

[illegible]鎛

王孫鐘

楚曾侯鐘

師寰敦

鄀公鍑

周公敦

粤　从雨　王盂鼎

雩重見

靜敦

[illegible]伯敦

毛公鼎

[illegible]雩

平 平鄀公壺
平 陳猷釜
平 拍舟
平 平安君鼎
平 平陽戈

旨 旨匽侯鼎
旨 國差甔
旨 殳季良父壺

嘗 嘗从旨从尚省 敦卣
嘗 姬鼎
嘗 召伯虎敦
嘗 陳侯𬯀敦
嘗 陳侯午敦

喜 喜 子璋鐘
喜 沇兒鐘
喜 子璋鐘
喜 王孫鐘

喜 兮仲鐘
喜 叔姒敦
喜 聃敦喜亯 陳介祺謂喜亯即饎禧省文

彭 彭琱鼎

彭 彭女鼎

彭 彭女甗

彭 彭女敦

彭 叔彭父敦 廣

嘉 沇兒鐘 嘉

嘉 王孫鐘

嘉 邾公牼鐘

嘉 陳侯作嘉姬敦

嘉 王子申盞盂

嘉 右走馬嘉壺

嘉 嘉不从壴 [illegible]禾子[illegible]白盤加字[illegible]

鼓 鼓 師𠭰敦

鼓 鼓 [illegible]侯壺

鼓 克鼎

鼓 𨚕鐘

鼓據

豆 太師虘豆

豆 師寏父豆

豆 周生豆

豆 散盤

豆 宰[illegible]敦

豆 豆閉敦 或者子[illegible]爲[illegible]

⿱米⿱豆廾 說文譌米爲釆假借[illegible] [illegible]書[illegible]文 盂鼎

⿱米⿱豆廾

⿱米⿱豆廾从米从豆象執米于豆从廾進之誼當訓爲進（進爲登）盂鼎有⿱米⿱豆廾祀經典皆以烝爲之說文譌米爲釆訓爲豆屬段玉裁曰此本草經之大豆黃卷也又以吳師道云古語祇稱菽漢以後方稱豆遂疑出漢製是字雖存而誼亡矣

振玉

移
登

彝从廾从兩手奉彝形 大作甫
印中作旅彝
車彝
羅振玉敦 車父丁觶

豐 豐地名文王遷于豐
聃敦鼎 王有大豐
豐兮敦
豐姞敦
㝬叔

豐姝敦
登亥父丁鼎
豐鼎
散盤
宅敦

豐器文儀禮大射膳尊兩甒在南有豐鄭注豐以承尊也說者以爲若井鹿盧其爲字从豆豐聲近
似豆大而卑矣即此器也吳大澂說
亦豐器文从王
豐兮

虞
虞司寇壺
散盤

七

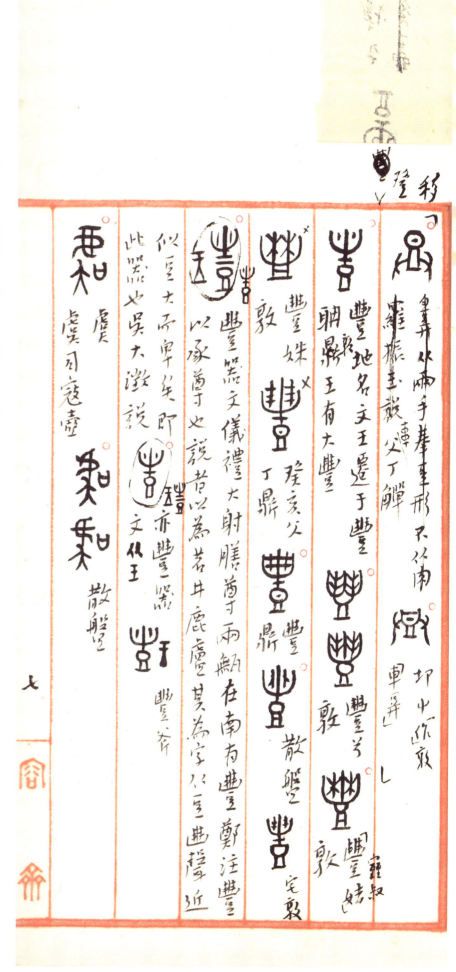

豐
古戲字
古戲作口又作

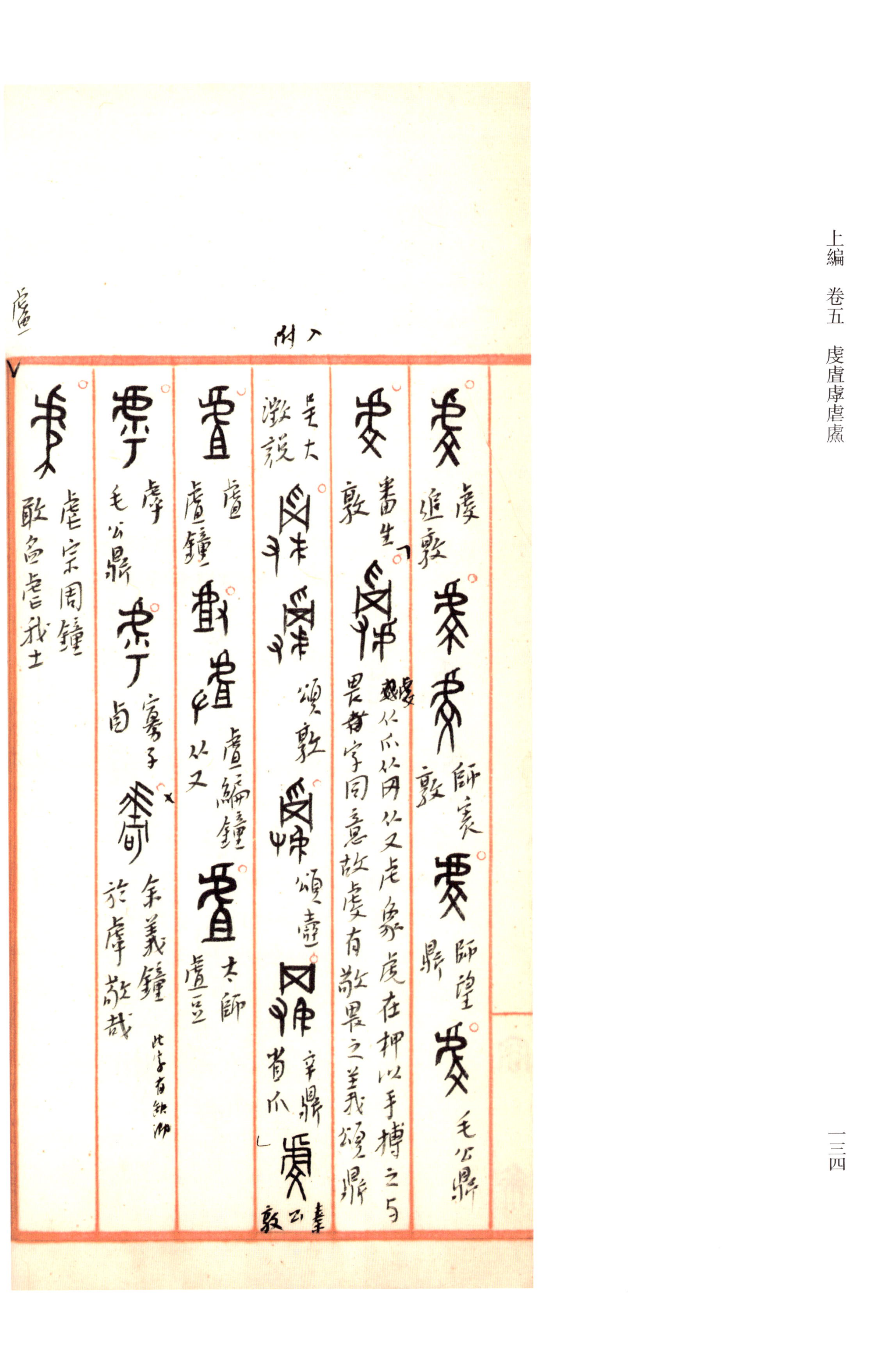

下附

虘

虔 追敦

師寰敦

師望鼎

毛公鼎

番生敦

虢 从爪从冂从又虍象虎在柙以手搏之与
畏省字同意故虔有敬畏之義 頌鼎

吳大澂説

頌敦

頌壺

辛鼎 省爪

秦公敦

虘 虘鐘

从又 虘編鐘

大師虘豆

虖 毛公鼎

寡子卣

余義鐘 於虖敬哉

此字有缺泐

虐 宗周鐘 敢臽虐我土

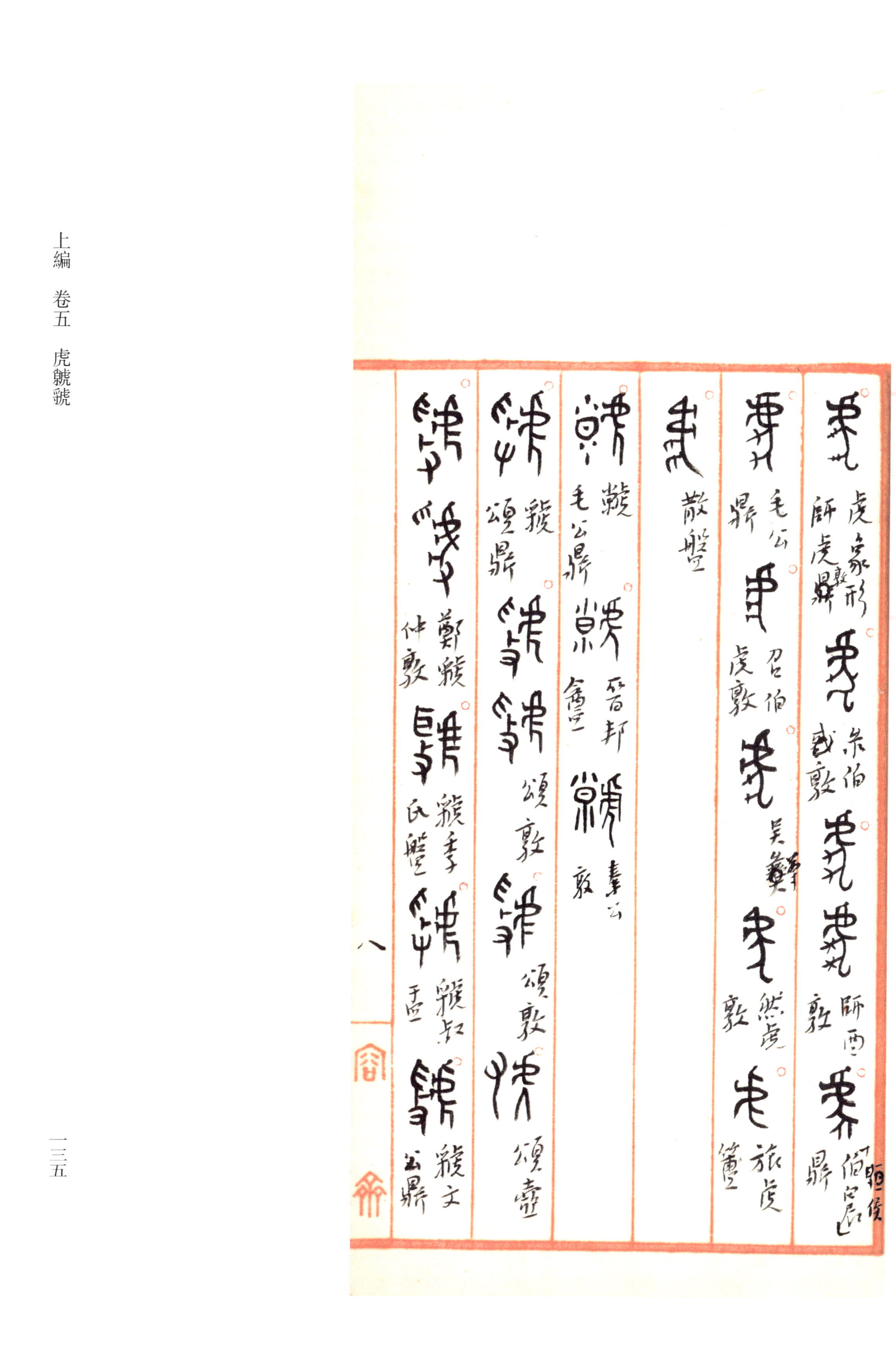

虎象形　師虎鼎（敦）
彔伯戎敦
師酉敦
𨟭侯伯晨鼎

毛公鼎
召伯虎敦
吳尊
然虎敦
旅虎簠

散盤

虢　毛公鼎
[illegible]邦簋
秦公敦

虢　頌鼎
頌敦
頌敦
頌壺

鄭虢仲敦
虢季氏盤
虢叔盂
虢文公鼎

八

虢季子白盤

虢叔作叔殷穀簠

虢叔簠

虢仲鬲

師虎敦

蘇冶妊鼎　虢妃

彔伯敦　朱縢

王盂　王盂鼎

王盂爵

大鼎

徐王盂　曾盂

盂从金　鄀公盂

齊侯盂

王子申盞盂　盂字之變文

白公盂

盌从金　啟盌

盛　史免匡

曾伯霂簠

史季良父壺

叔家父匡　不从皿

用盛稻粱

成字重文

弭仲簠

齍小鼎也
仲枏父鬲

或从鼎
趞鼎

盧
鼎

尚
鼎

白戎
父鬲

獻伯
鬲

富長
鼎

呂
鼎

伯君作齍
永宮

齍
不从皿

帝齍

或从妻从皿
揚鼎

叔
鼎

季齍
鼎

盆
曾大保盆

盄从𣎆 說文从弔 蓋傳寫之譌 薛氏以盄不盄
卯敦 叔字重文

𤔲叔

盉

盉
次盉

伯角
父盉

伯仲皇
父盉

婦盉

九

齍小鼎也不从皿
伯姜齍鬲 齍字重文

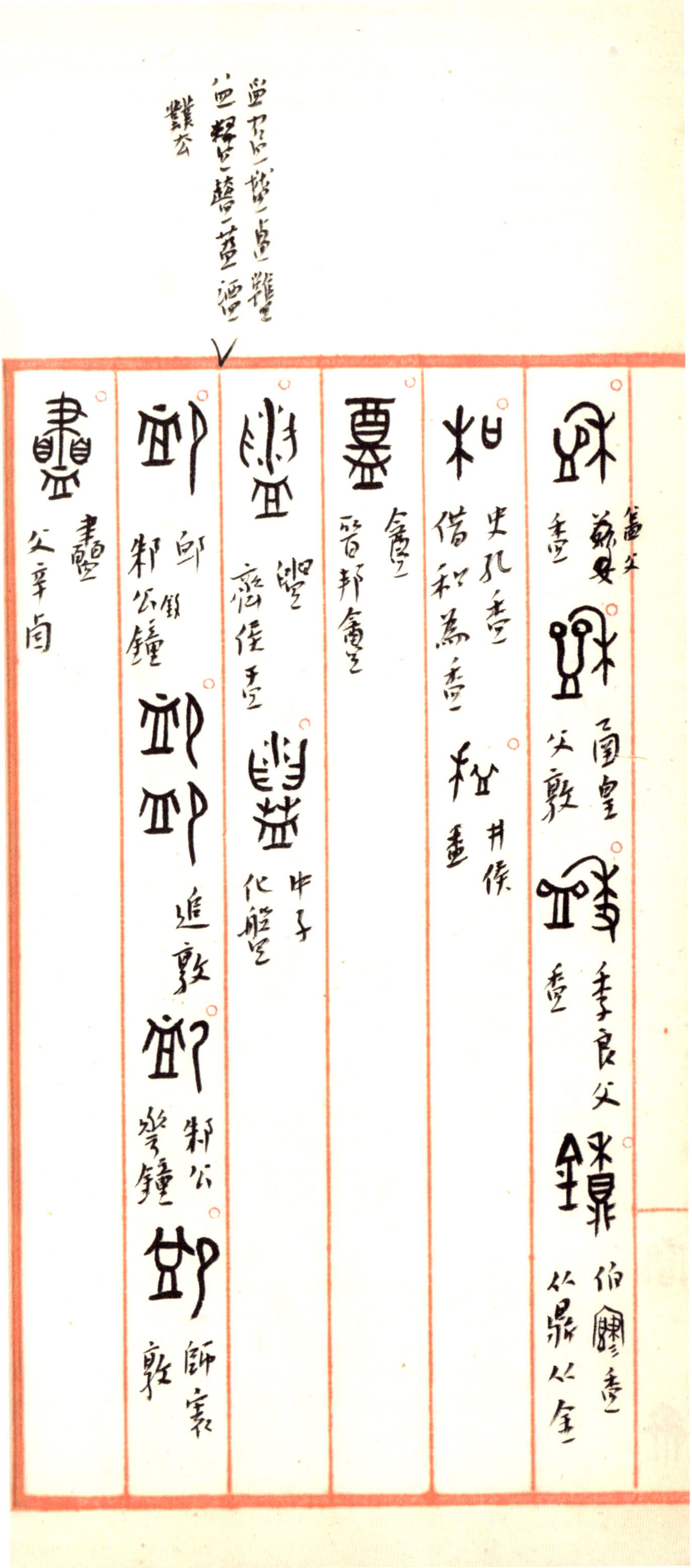

庚爵
父己觶

丹
庚羆卣

彤
公伐郐鐘
虢季子白盤

移彤龜
艅尊
隹王十祀又五
彡日
羅振玉釋彤

象相續不絕也

青
吳尊

是𡨦作王六
祀三日在四月

彤矢合文
彤矢

静
毛公鼎
國差甔
静敦
公伐郐鼎

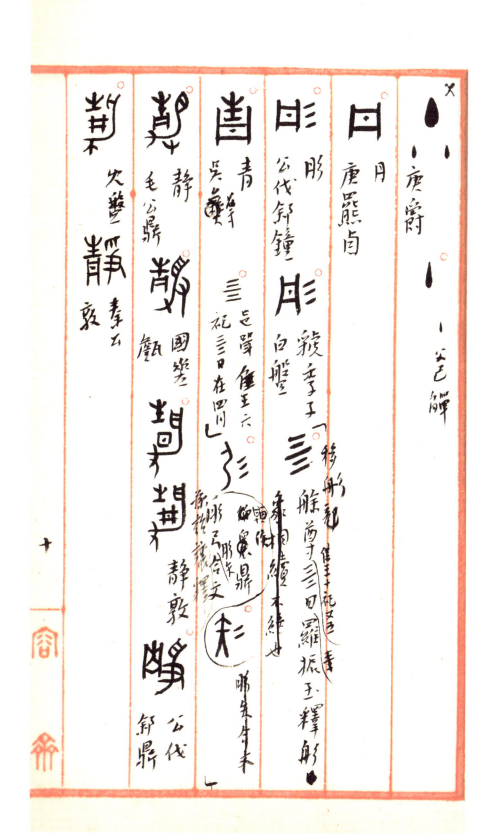

次尊
秦公敦

𠛬（簡甫右戈　戲鉌刱）

井　井　工𦎫子匜　為邢
𨛰　邢人鐘　邢字重文
井　井季𤔲卣
井　乙亥鼎
井　刑　工𦎫子匜　為

井　刑不从刀　毛公鼎
井　盂鼎
井　散盤
井　子禾子釜

刱　刱　師虎敦
刱　𢓊伯𤔲簋　𢓊伯從王伐反荆　以荆爲梁　國名
皀　皀　豐姞敦

即　即　盂鼎
即　師酉敦
即　頌鼎
即　頌敦
即　散盤

即　毛公鼎　象人就食形　羅振玉說

既　既　頌鼎
既　頌敦
既　𤔲伯𤔲簋
既　師遽敦
既　鄭𩰫仲敦

井　工𦎫子匜為刑　爾雅釋詁　刑法也　常也　孟子刑于寡妻注正也
井　周于穀王
盂鼎　今我隹即井
毛公鼎　女毋敢弗帥用先王作明井俗
共　周公敦　井侯

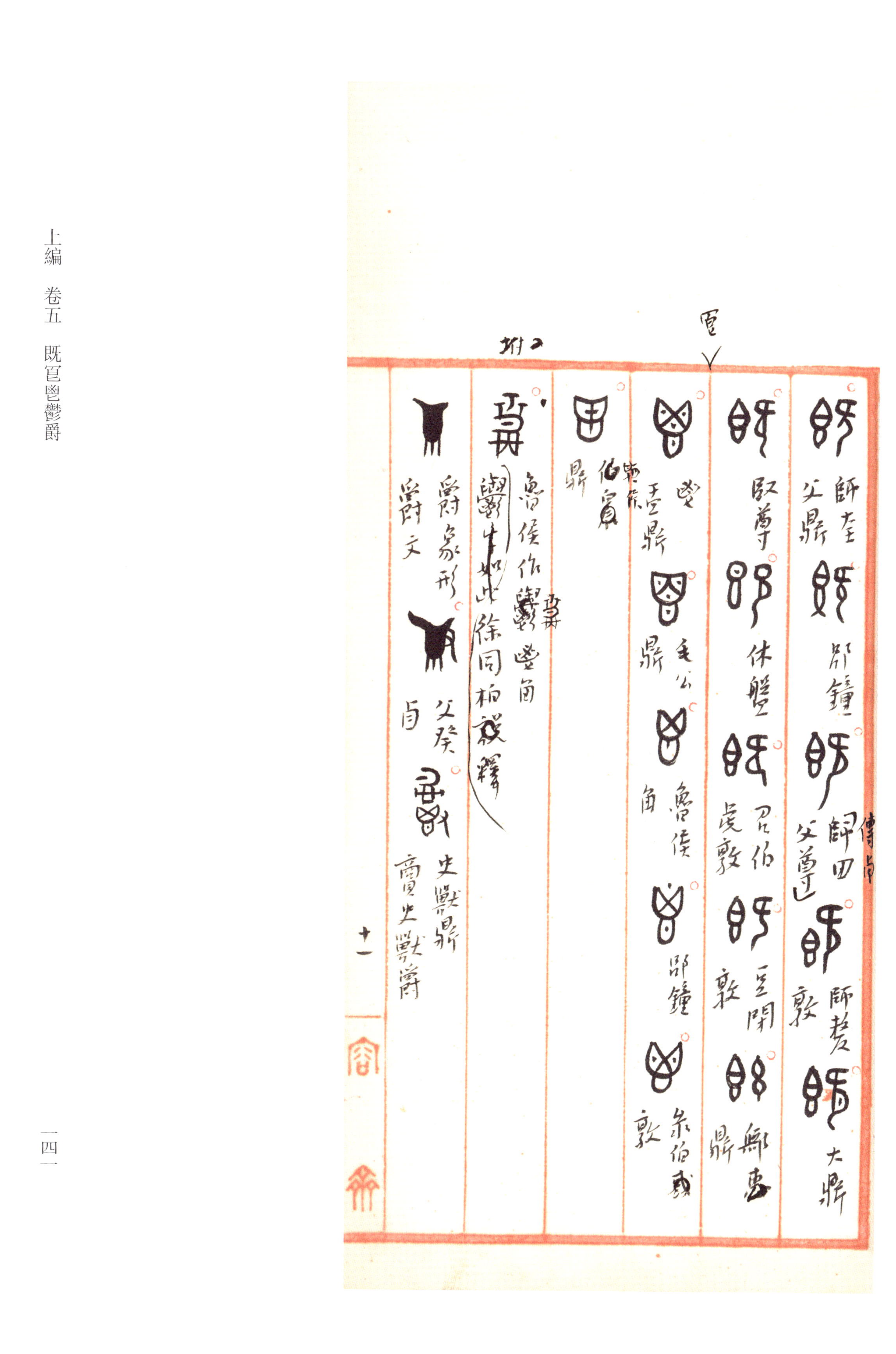

皀

[glyph] 師奎父鼎　[glyph] 邵鐘　[glyph] 師望父簋　傳卣　[glyph] 師嫠敦　[glyph] 大鼎

[glyph] 臤尊　[glyph] 休盤　[glyph] 召伯虎敦　[glyph] 豆閉敦　[glyph] 鄦惠鼎

[glyph] 皀 壺鼎　[glyph] 毛公鼎　[glyph] 魯侯角　[glyph] 邵鐘　[glyph] 彔伯戒敦

[glyph] 伯富鼎

卅二

[glyph] 魯侯作鬱鬯角　鬱字如此　徐同柏說釋

[glyph] 爵　象形　爵文　[glyph] 父癸卣　[glyph] 史獸鼎　商史獸爵

十一

經典通作秬
毛公鼎
吳彝
呂鼎
食仲簠
仲義彝
戲伯鬲
仲惠父敦

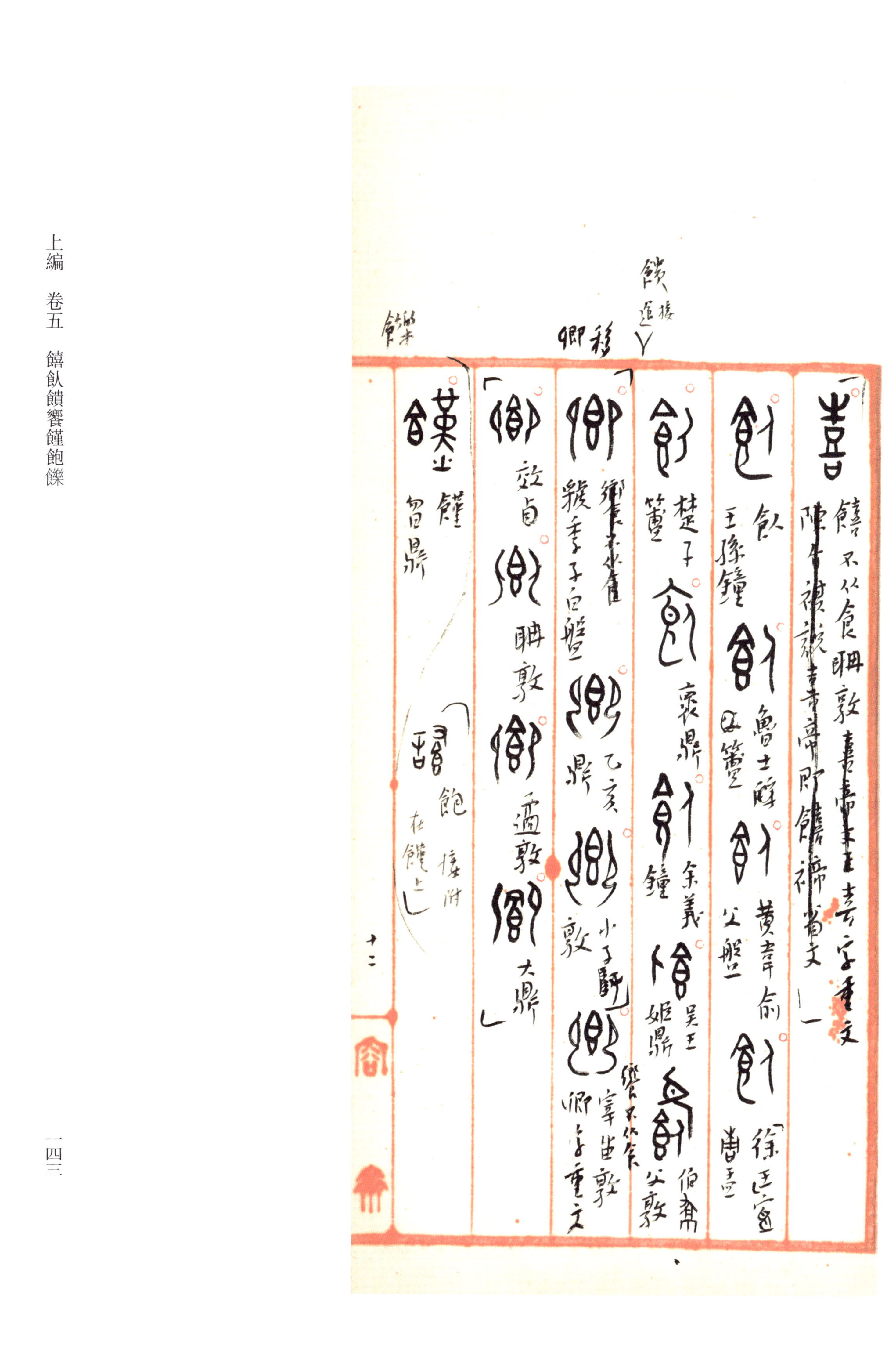

饎 不从食 𨟭敦 喜字重文

飤 王孫鐘 魯士商䧅簠 黃韋俞父盤 徐王鼎 曾子簠

楚子簠 㝬鼎 余義鐘 吳王姬鼎 伯𦰡父敦

饋 追接

饗 不从食 鄉宁卣 虢季子白盤 乙亥鼎 敦 小子師 宰出敦 卿字重文

卿 移

效卣 𨟭敦 遹敦 大鼎

饉 曾鼎

飽 據附 在饉上

饑

十二

附入

合　陳侯因資敦

父癸卣从亼从三口　劉氏雅以爲僉字繁文

今　盂鼎　克鼎　召伯虎敦　毛公鼎　師嫠敦　諫敦

舍　散盤　令鼎　克鼎　居彝舍余三鏞　即施舍之舍

會从合从辵　且子鼎　遣字重文　會　趞亥鼎

倉　叔倉父簋　蓼子痲爲鎗　宗周鐘鎗鎗鏓鏓　倉嬰即鎗鏓

鑰

入
頌鼎
王孟鼎
頌敦
大鼎
宅敦

内
毛公鼎 内外惠于小大政
趩尊
師奎父鼎 内史
揚敦
散盤

師兌敦
孳乳為芮
芮公鼎
（埃芮）
孳乳為納 師虎敦
井伯納右師虎

動武鐘
克鼎 出納朕命
周公敦 内史
詩烝民 出納王命 釋文納本作内

匋
楚伯敦
筍伯簋 段借為寶
筍伯大父作嬴妃鑄匋簋
匋父鼎 作
女匋盤

鑐
中義父鑐
借作罍
同上

十三

靁

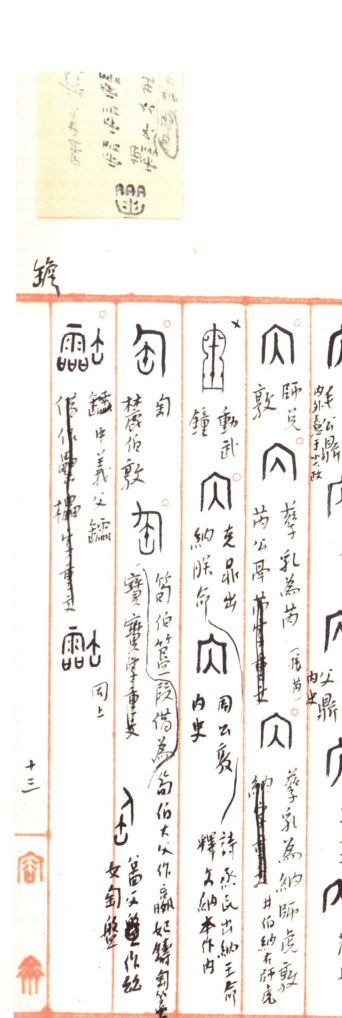

鑐不从缶 伯咱女父鑐 鄦安曰 靁即罍之段借字 說文靁下古文
（周腹細口形如壺 廣雅 罌 鑐 缾也）
靁 靁 靁一字 借靁為罍 猶禮器祀碑借雷為罍 雷洗觴觚
是其證也 靁字重文

矢
矢伯卣
虢季子白盤
公伐郐鼎
同卣
蛕侯伯寓鼎

䠶象張弓注矢形爵文
射監
射盤

張弓注矢从又持之說文篆从身乃弓矢形之譌
靜敦
寧攸比鼎
鄂侯鼎

令祖田鼎
門射甗
小子射鼎
通敦

侯
齊侯壺
王孟鼎
魯侯鬲
魯侯角
陳侯簠

齊鎛
冒田作旦乙敦彝
匽侯鼎
陳侯作嘉姬敦
伯侯父盤

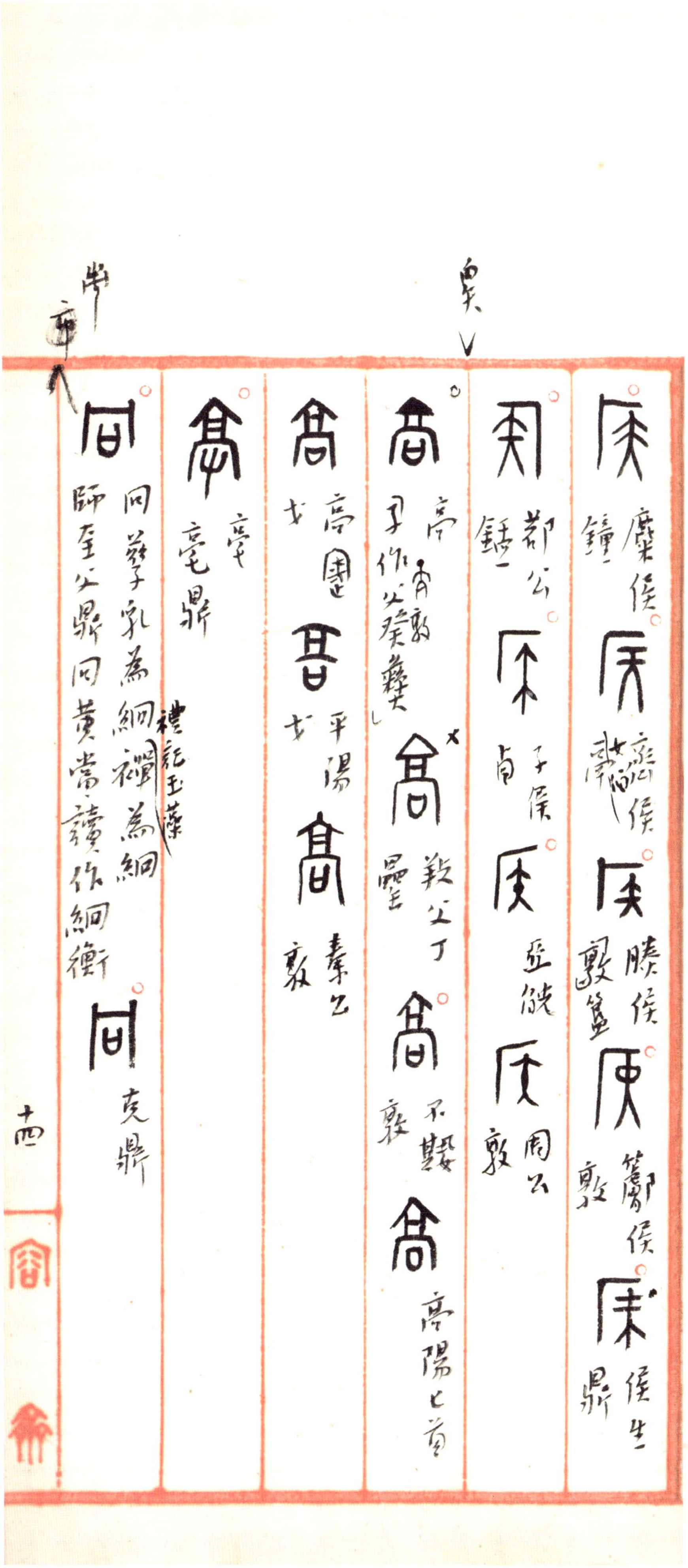

央　虢季子白盤

𩫏（說文𩫏城郭之重）象兩亭相對也形与𩫏庸墉為一字𩫏与𩫏乃以筆迹小異而析為二庸魏三體石經古文作𩫏說文

墉古文作𩫏　毛公鼎　余非𩫏又昏當讀作庸

召伯虎敦　僕𩫏土田即詩魯頌之土田附庸　王國維說

羌子乳為郭

國差甔　鑄西𩫏寶甔

秦公敦

拍舟　拍作朕配平姬𩫏宮祀彝

周公敦　𩫏人

高京

京　靜敦

「公姒彝」

克鐘

師酉敦

亯象宗廟之形　敦文

豐兮敦

齊鎛

杞伯敦

附接

亯 虘鐘
亯 周寏鼎
亯 仲師父鼎
亯 甶仲艾匜
亯 伯司敦

亯 鄀公𢍰鐘
亯 穌季氏盤
亯 王孫鐘
亯 杞伯匜
亯 仲殷父敦

亯 曾伯霥簠
亯 仲辛父敦
亯 䢅敦
亯 鄦侯敦
亯 祈伯敦

亯 徐王𥂕 甾壺
亯 師㚖父敦
亯 仲歔父敦

𦎫 亯𦎫 不嬰敦 女及戎大𦎫戟
𦎫 宗周鐘 王𦎫伐其至
𦎫 寡子卣 𦎫不淑

𦎫 陳侯 孝子 為敦 齊侯敦 作朕□□孟姜 叔家父簠 膳亯𦎫
𦎫 齊侯匜

十五

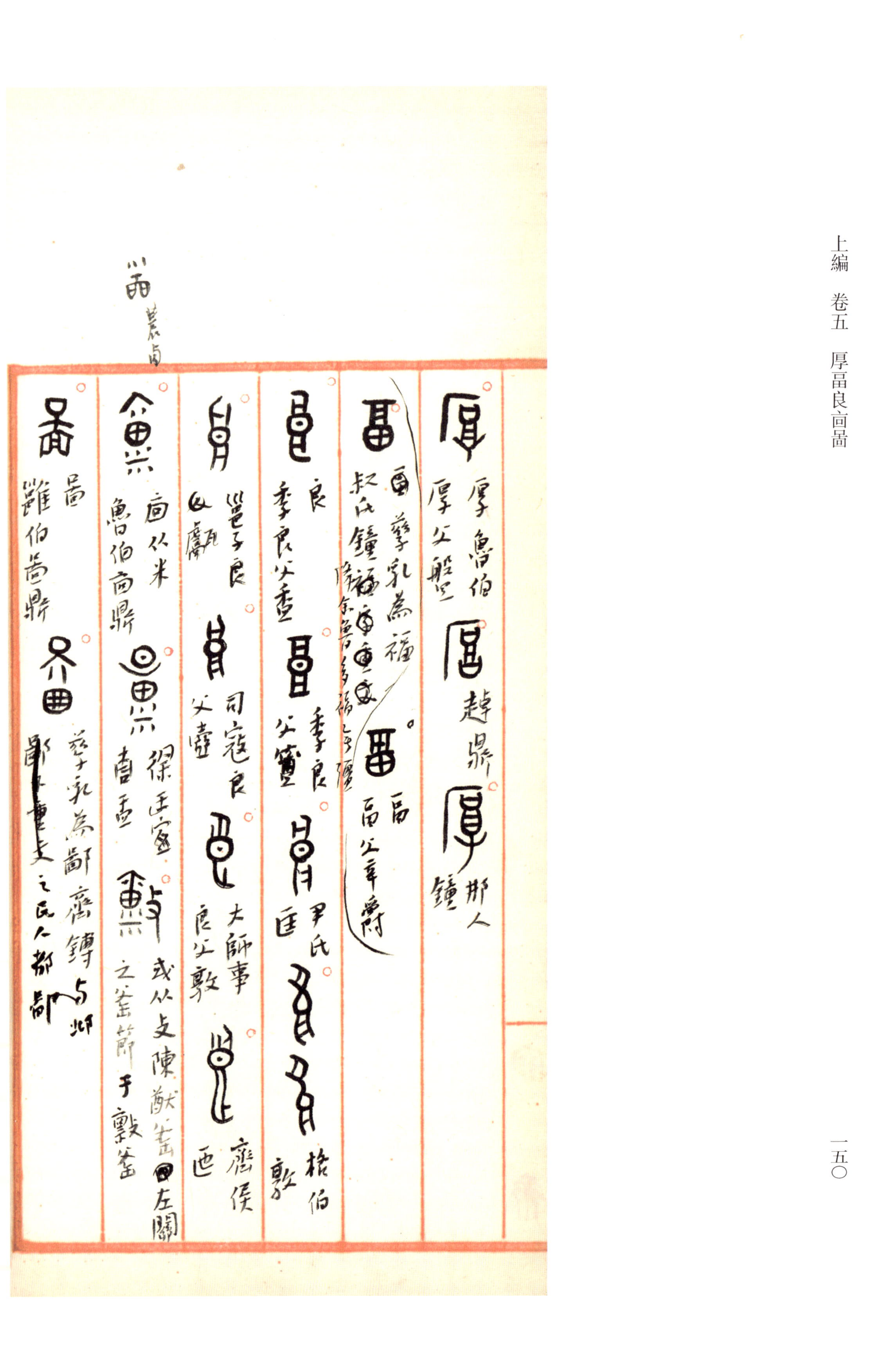

農卣

厚 魯伯厚父盤
趠鼎
邢人鐘

畐 孳乳為福 叔氏鐘福作[illegible] 降余多福[illegible]彊
畐 畐父辛爵

良 季良父壺
季良父簠
尹氏匜
格伯敦

邕子良[illegible]甗
司寇良父壺
大師事良父敦
齊侯匜

亩 从米 魯伯亩鼎
[illegible]壺
或从攴 陳猷釜[illegible]左關之釜節于敦釜

啚 雝伯啚鼎
孳乳為鄙 齊鎛与[illegible]鄙之民人都鄙

入附田

牆　嗇从爿从土从田　牆　散盤　墜田　牆田

𤖛　𤖛　嗇　嗇　嗇　嗇　說文牆籀文从二禾作𤖛即此字　師寰敦
郘鐘　嗇事　嗇穡古通　或釋作牆事非是　吳大澂說

來　來　彔敦
來　趠鼎
來　宰出敦
𨑥　𨑥　从辵　散盤

逨　單伯鐘
來　敔敦

致　伯致敦　入到
夒　夒　秦公敦

𨑥　舞从辵　余義鐘
歔飲訶舞

十六

入冟　入附

韋　韋　黃韋　俞父盤

㦸　師奎父鼎　㦸　黃㦸市同

㦸　趩尊

㦸　史㝬

㦸 殺手所執

韔　韔通作㦸　韔必不重文

韔　毛公鼎　虎冟熏裏　「今詩作虎韔　冟衣也」

冟　彔伯戎敦　虎冟朱裏

冟　師兌敦

冟　鼎　伯冟　短侯

韓　韓伯豐鼎　短侯

韓　王命韓侯伯晨鼎

韓　韓仲侈壺　入觶　孫詒讓　古籀拾遺釋觶　从十八文甯　劉心源釋　恒

弟　應公鼎

弟　鼎文　亦應公

弟　齊鏄

弟　多父盤

夆

斿伯敦

乘

虢季子白盤

格伯敦

公貿鼎

金文編卷六

東莞容庚撰集

木　木父丁爵

散盤

亲　中伯壺

中伯簋

附入

杜从者省从土　散盤　或釋楮

杜　格伯簋

杜伯盨

棫　散盤

一

容齋

柳
散盤

杞
杞伯敦

杞伯鼎

桐
徐王宜桐盂

樹
尌仲敦

或从力
尌母卣

朱
毛公鼎

頌鼎

番生敦

吳彝

師酉敦

彔伯𢦔敦虎冟
宲裏朱字从宀

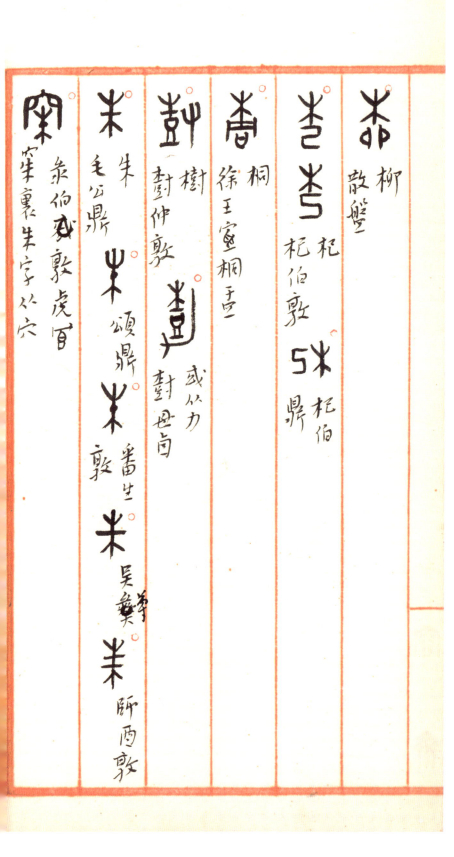

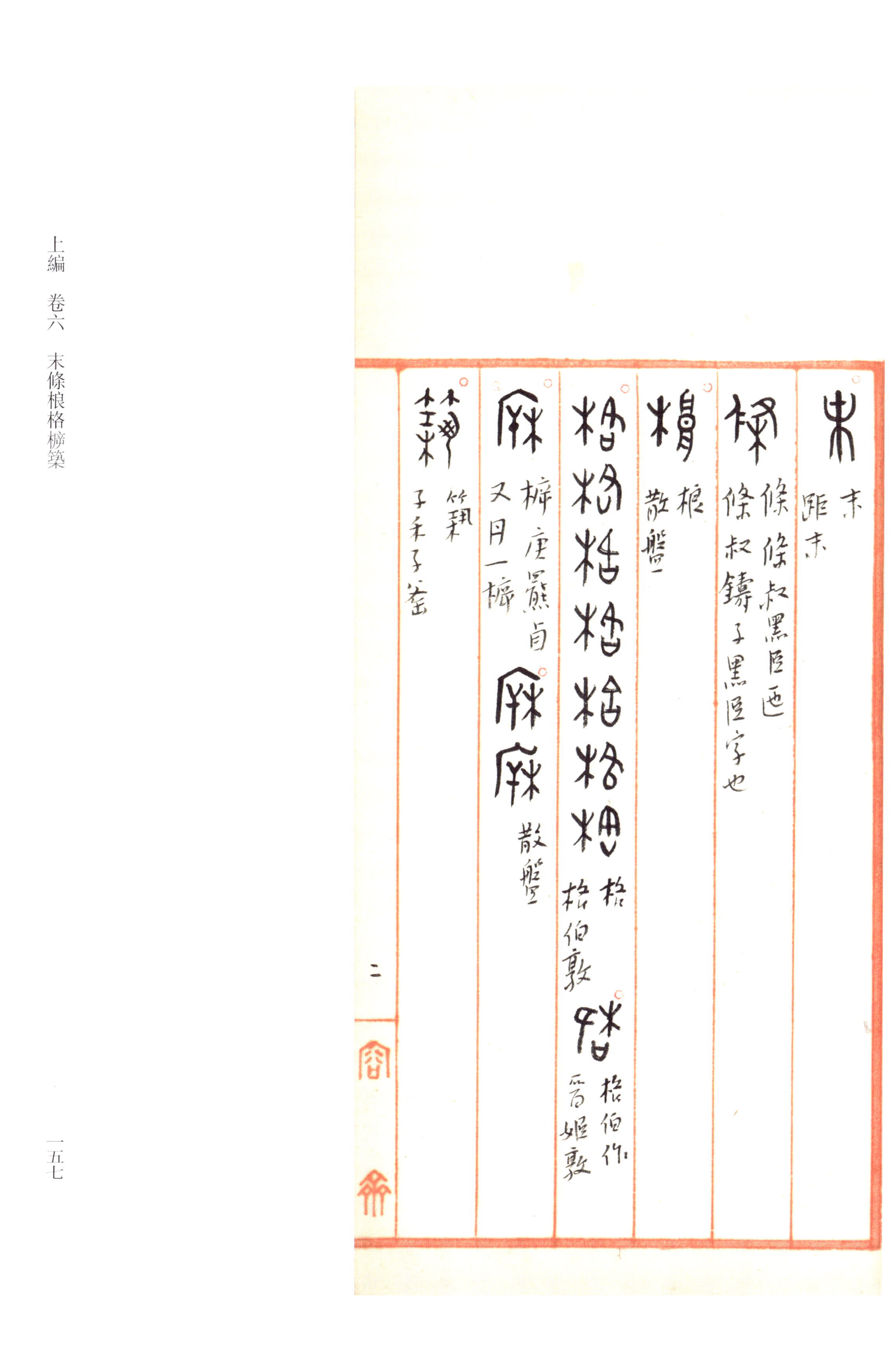

末 距末

條 條叔黑臣匜 條叔鑄子黑臣字也

根 散盤

格 格伯敦

格伯作晉姬敦

榜 庚嬴卣 又曰一榜

散盤

築 子禾子釜

二

入附　移般

梍　子禾子釜　築梍
（梍當作槧）

栗　槧　散盤

般　槃不从木

般　函皇父敦

般　火鎜

般　齊侯盤

般　袁盤

般　蘇甫人盤

般　余𣪘盤

般　𨱔女盤

般　取膚盤

般　魯伯厚父盤

般　史頌盤

般　䐛侯盤

般　休盤

鎜　从金　伯侯父盤

盤　从皿　虢季氏盤

盤　虢季子白盤

盤　沇兒鐘

盤　般仲盤

盤　中子化盤

盤　歸父盤

齊陳曼簠

多父盤　省文

公姞盤

楖　仲虎

辛楖卣

櫑　罍皇父敦

口罍

滔鉼　象兩手奉酒以酒外流也林聲以伯鄉父盨中義父鑐推之知古罍字讀如林此罍之本字也鄉安說由口官

借作罍說文靁下古文靁靁靁一字借靁為罍猶禮器碑借雷為罍也

借鑐為罍　鄉安說伯鄉父作畢姬尊盨　仲義父鑐

樂　邾公釛鐘

沇兒鐘

王孫鐘

子璋鐘

三

卅

姑□句鑃

盧鐘用濼好賓　从水从樂省當為濼

梁以𣏟為梁　迢伯𣏟字重文　迢伯從王伐反梁

貞敦　梁不从水木　𣏟字重文　從王伐梁

大梁鼎　从邑

梁伯戈

采卣　遣卣

遣尊

橫本作黃　今經典橫字多作衡　禮　一命縕韍幽衡　玉藻

衡　注　佩玉之橫也　師𡍬父鼎　載市冋黃　朱市蔥黃

毛公鼎　黃字重文　橫不从木　朱市蔥黃

師𠭯敦

頌敦

休盤

黃移

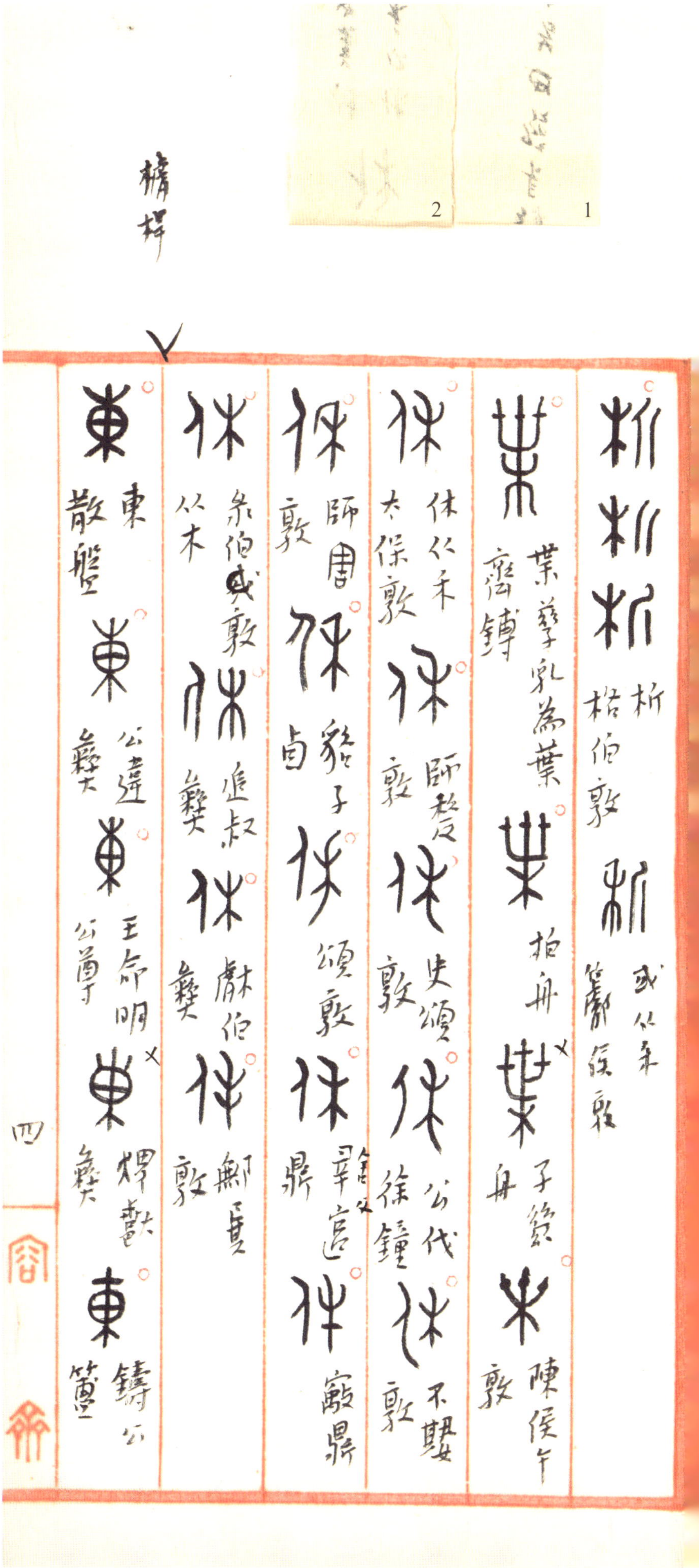

1

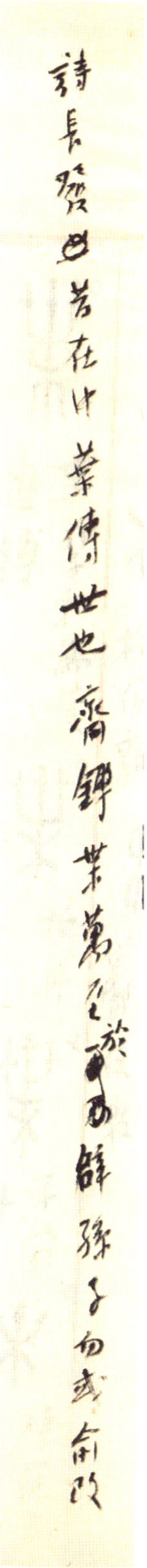
詩長發也 昔在中葉傳世也 齊鎛 葉萬至於萬年

2

休 休从禾 易大有順天休命 鄭注美也 詩民勞以為王休 傳
休美也 頌鼎頌敢對揚天子不顯魯休

林　[illegible]林父敦

湯叔尊

爽　盂鼎

頌敦

子璋鐘

邾公牼鐘

𢦏叔鼎

毛公鼎

陳侯簠

鄀公[illegible]

齊侯鼎

庚兒鼎

湯叔尊

皇王眉壽編鐘

魚父己卣

曼龏父簠

伊敦

[illegible]彝

王子申盞盂

猶鐘

般仲父己匜

蔡子乳為鄦　鄦臣敦　鄦惠叏　接鄦

秦公敦

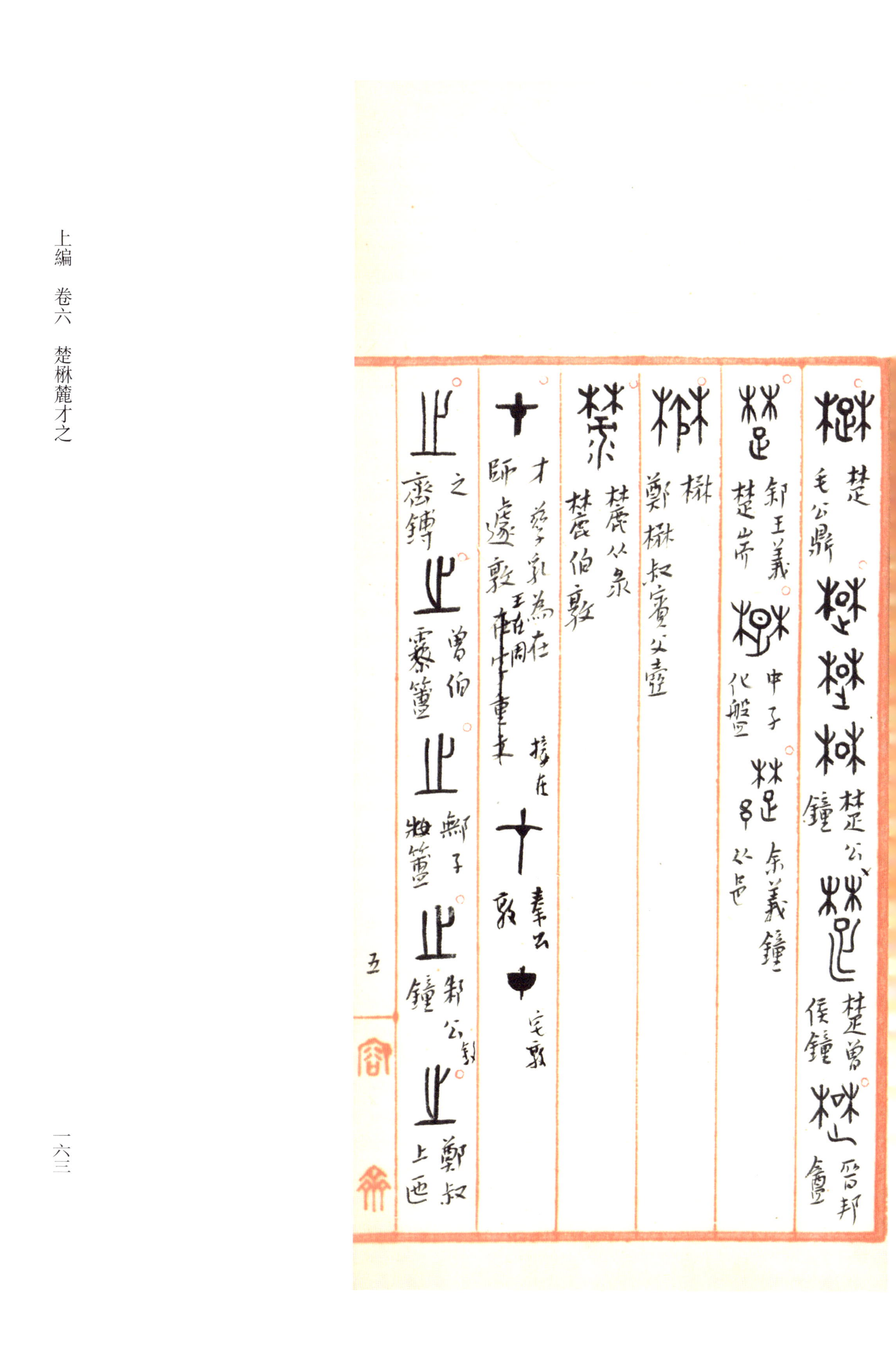

楚 毛公鼎

楚公鐘

楚曾侯鐘

𨛮邦盦

𨟭王義楚耑

中子化盤

余義鐘 𨟭从邑

楙

鄭楙叔賓父壺

楚麓 从彔

楚麓伯敦

才

𢆶子敦 為在

師遽敦 王在周

揚在

奉公敦

宅敦

之

齊鎛

曾伯霝簠

鄀子𣄰簠

鄀公敦鐘

鄭叔上匜

五

[illegible]

之 宗婦敦
之 者减鐘
之 邵王敦
之 夜君鼎
之 趩亥鼎

之 鄦臭鼎
之 楚曾侯鐘
之 君夫敦
之 袠鼎
之 䈪鼎

之 邾公牼鐘
之 散盤
之 邵鐘
之 左關鋘
之 其次句鑃

之 吴季子之子劍
之 司馬望戈
之 秦公敦

師 說文為師 師寰敦 …… 師不一本 …

師 師不从帀 自字重文 盂鼎 㝨師
師 師奎父鼎
師 師遽彝尊
師 師害敦

師 毛公鼎
師 師田父尊 傳卣
師 大敦
師 小子師敦 入附
師 正師戈

出　出从止止足也凵象納韈形古禮入則解韈出則納韈吴大澂説毛公鼎

出　克鼎

出　頌壺

出　頌敦

出　頌鼎

出　伯矩鼎

出　宅敦

南　南散盤

南

南　盂鼎

南

南　宗周鐘

南　鬲攸比鼎

南　𥄳尊

南　鄦惠鼎

南　兮伯田盤

南　南姬鬲

南　吴王姬鼎

南

南　鄦負敦

南　余姊鉦

生　生師害敦

生　大敦

生　頌壺

生　侯生鼎

生　齊鎛

六

1

2

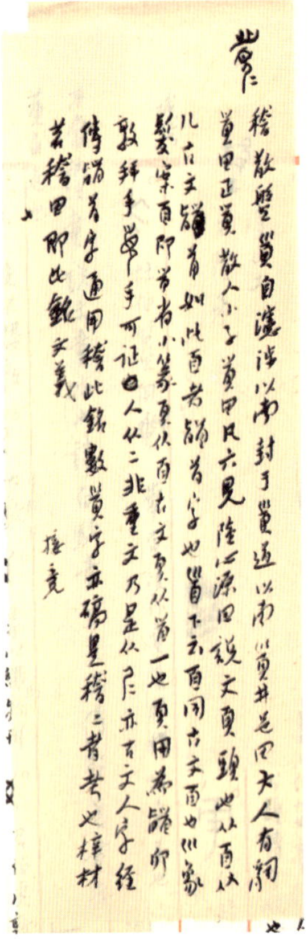

3

4

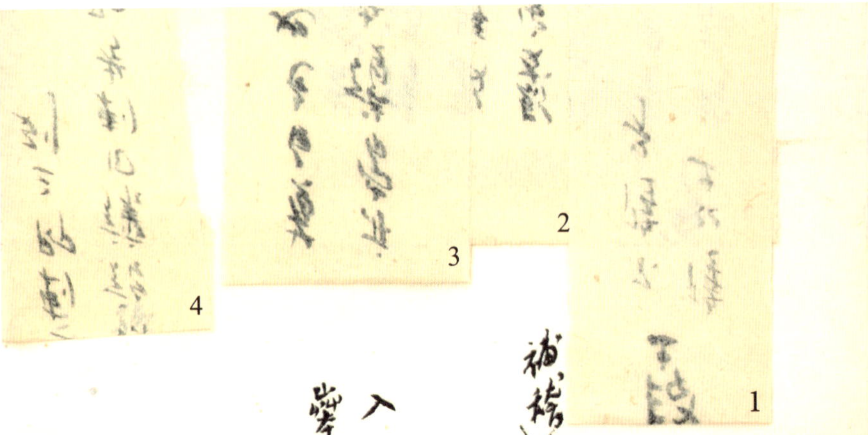

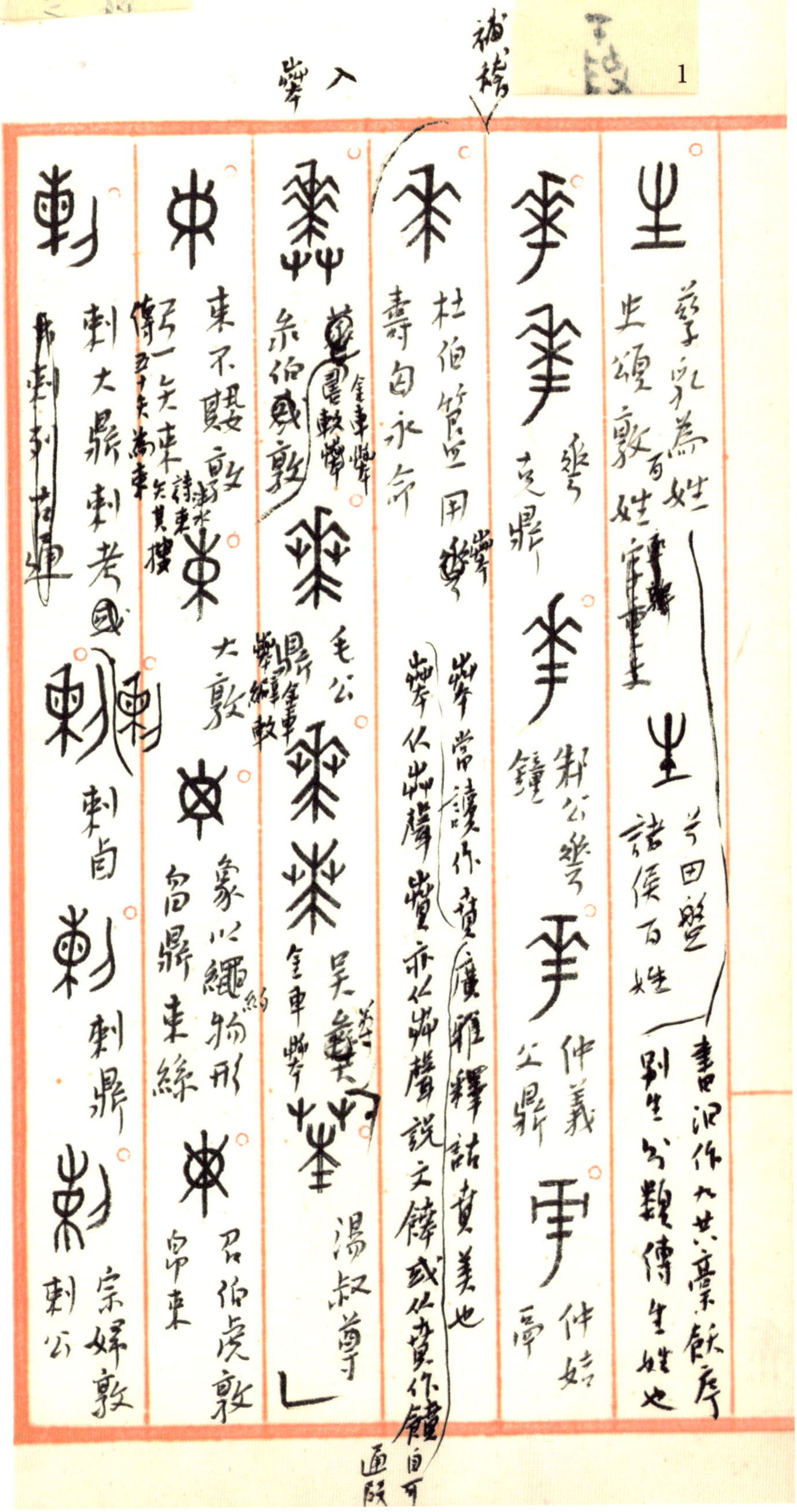

棗

伯㩴敦

大敦

鄦惠鼎

刺作父庚鼎

秦公敦 刺刺 趄趄

棗 毛公鼎

散盤

圖 散盤

鄦惠鼎

子圖

圖卣

吕不韋戈

國不从口 宗周鐘 或字重文

毛公鼎

王孫鐘

國佐甔

距末

彔卣

宗婦敦

囿 秦公敦 寵囿四方

圃从屮在田 [illegible]御尊

辛巳彝

七

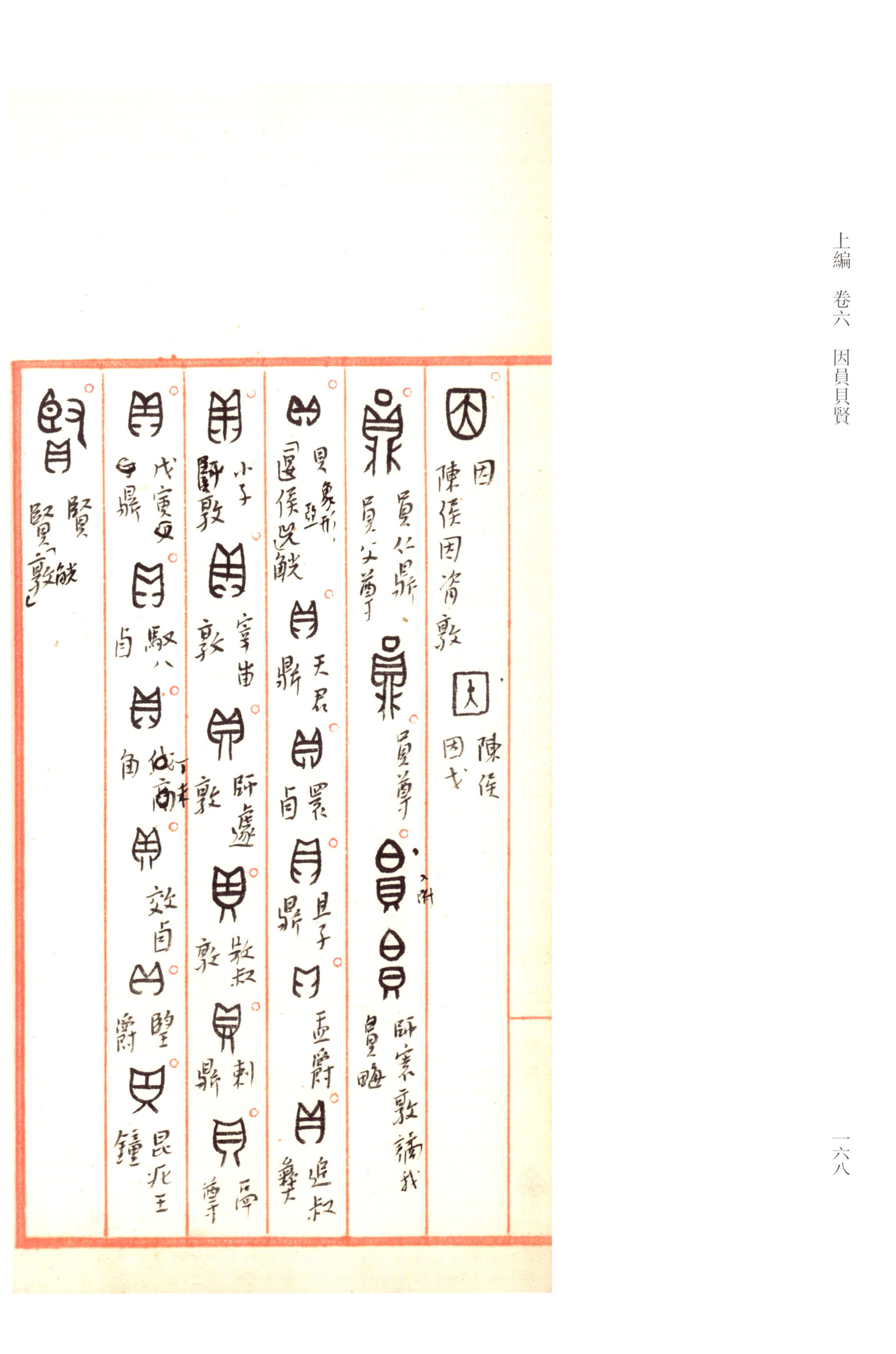

因
陳侯因資敦
陳侯因戈

員作鼎
員父尊
員尊
入附
師寰敦 譜戎
員盉

貝 象形
亞貝
𨑊侯貝敦
天君鼎
貝卣
且子鼎
盂爵
追叔彝

小子師敦
宰甫敦
師遽敦
散叔敦
剌鼎
庚尊

戊寅父丁鼎
馭八卣
戈父丁觶
效卣
腓爵
昆疕王鐘

賢
賢觥
賢敦

附入　貳　移賸

代貝　經典与貣爲通用　散盤

弋貝　从弋从貝　鄂大叔貣貝車之斧

同上

貳車之文常見于經典如周官道僕掌貳車　之政令儀禮貳車　是此當是貳字

賸　今經典以賸爲騰　陳侯作騰

魯伯厚父盤　蘇甫人匜　蘇冶妊鼎

鄭子簠　叔姬簠　伯匜　魯伯大父簋　生簋　周棘

輔伯鼎　季良父簠　尹叔鼎　龔妊甗

齊侯盤　魯伯愈父匜　齊侯敦　中伯壺　邾伯鼎　賸字重文

賸　不从貝　說文一曰送也　㠯通作　中伯壺　賸字重文

移下

八賜

塞侯簠

中　干氏叔子盤　或从女

取膚匜

鄭侯敦

季宮父簠

賚　旅作父戊鼎

[illegible]盤

秦公敦　宅簋賚

[illegible]續詩文王有聲遹之[illegible]

賞从貝从尚省

舀鼎　薛乳為償

賜　曾[illegible]伯[illegible]　賜小臣[illegible]

賜　號季子白盤　賜用弓彤矢其央

備為錫

毛公鼎

凡夕敬念王畏不賜

鄀公

鄀公簠　用賜眉壽

曾伯簠

王壺

偒為賜　文選西征賦若循環之無賜

注引方言賜盡也

貯　頌鼎　頌盨　頌簋

新造貯用宮

頌敦

兮氏匜

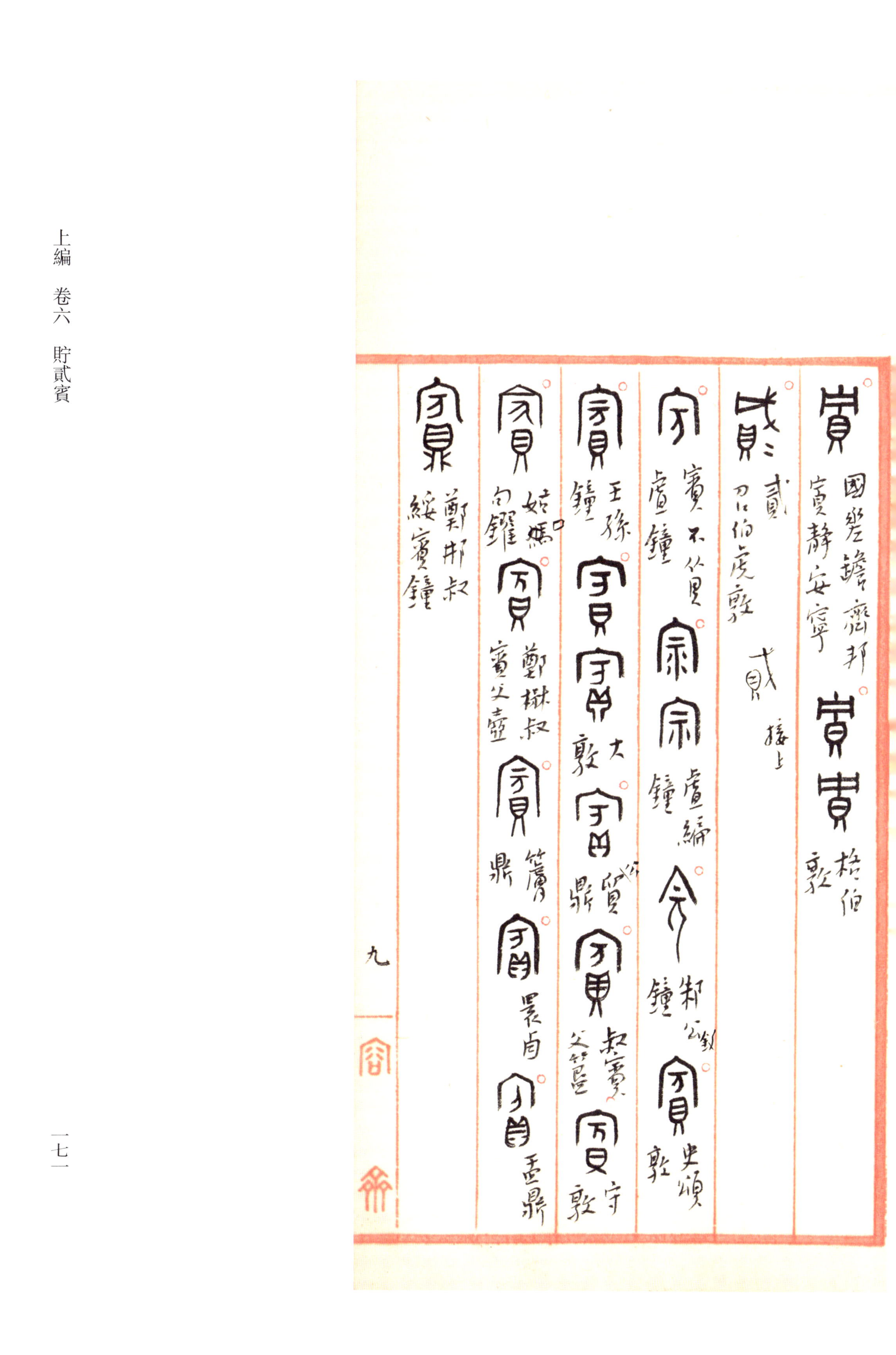

國差鑰 齊邦賓靜安寧

格伯𣪘

貳 召伯虎𣪘

接上

賓 不𡢁簋 虘鐘

虘編鐘

邾公釛鐘

史頌𣪘

王孫鐘

大𣪘

貿鼎

叔賓父盨

守𣪘

姞𡟰句鑃

鄭楙叔賓父壺

䈞鼎

晨卣

盂鼎

鄭邦叔綏賓鐘

九

賣

質 邢人鐘

貿 公貿鼎

賣 賜有功也从貝从商今經典通作賞

說文說賣行賣也 御尊

王賣御貝 从商

乙亥鼎

傳卣

小子射鼎

旦子鼎

天君鼎

史獸鼎

師田父尊

庚鼎 不从貝

丁未角 从冂者

買 買簋

賣不从貝丁未角規商征貝即書費誓我商賚汝之商傳訓商度非是說文賞賜有功也賣行賣也今經典賞賜字皆作賞而金文皆作賣是賣爲賞賜之本字行賣之訓殆不然

集 商字重文

賦 毛公鼎

賃 龍節 王命賃一檐飤之

賣 曾鼎

邑 公違彝

邑 齊侯壺

邑 齊鎛

邑 師酉敦

邑 散盤

圅攸比鼎

舊拓

邦 毛公鼎

邦 齊鎛

邦 邾公牼鐘

邦 鄦閂敦

邦 靜敦

邦 叔姬簠

邦 弗伯敦

邦 晉邦盦

邦 國差鑰

邦 武父乙 盂鼎
邦 邦敦
邦 散盤

都 都 齊鎛
都 齊侯壺 喪其人民都邑 都字如此

鄙 鄙不从邑 齊鎛 鄙字重文
~~與鄩之民人都鄙~~

酆 酆不从邑 酆兮敦 豐兮重文

鄭 鄭不从邑 鄭𩵦伯鬲 奠𩵦重文
鄭 寰盤
鄭 兌卣
鄭 鄭簋 仲敦
移蔓

邢 邢不从邑 邢人鐘
邢 乙亥鼎 井字重文

祁

郝伯祁鼎

鄗

鄗　武王所都　荀子武王以鄗　詩宅是鄗京　經典通作鎬

鎬与蒿通　公羊經公會齊侯于鄗　穀梁經作會蒿

从艸不从邑

靜敦

史懋壺　王在蒿京溼宮

蒿字重文

召伯虎敦　王在蒿

蒿

無

鄦　不从邑

鄦　敦

鄦　鼎

鄦　彝

鄦子重文

鄦子簠

姑姬从甘

鄾

鄾侯彝

鄾王戈

鄾王戈

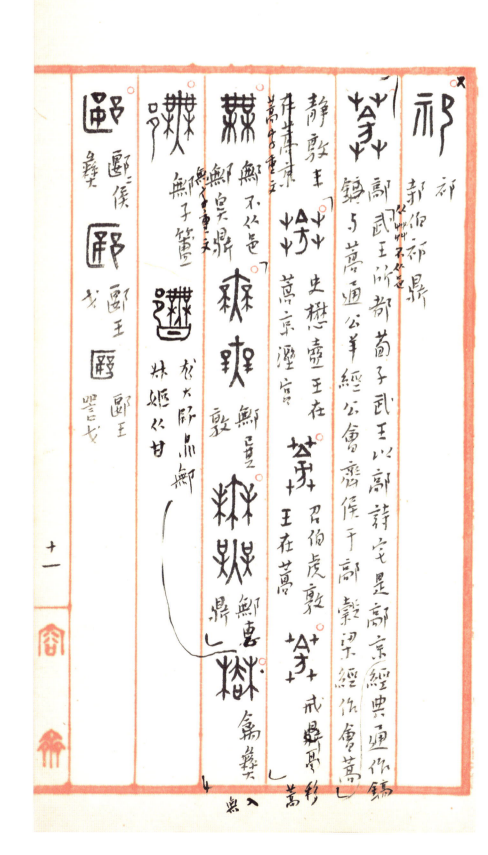

十一

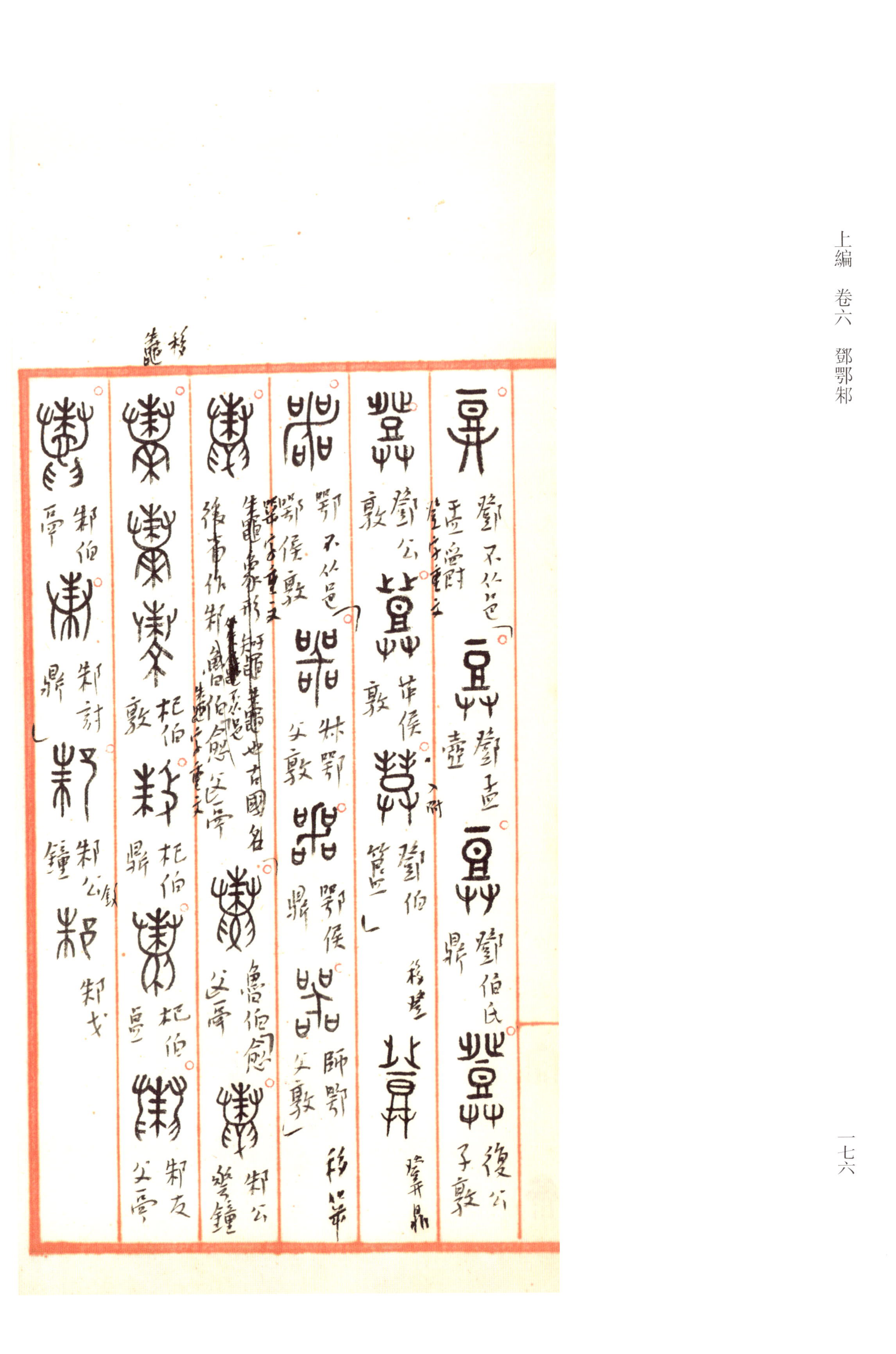

鄧不从邑
鄧孟壺
鄧伯氏鼎
復公子敦

壺孟附
登字重文

鄧公敦
芇侯敦
入附
鄧伯簠
移登
登弃鼎

鄂不从邑
鄂侯敦
器字重文
林鄂父敦
鄂侯鼎
師鄂父敦
移噩

移鼄

鼄象形 [illegible] 鼄也古國名
邾不从邑
邾字重文
[illegible] 伯邾 [illegible] 魯伯愈父鬲
魯伯愈父鬲
邾公牼鐘

杞伯敦
杞伯鼎
杞伯壺
邾友父鬲

邾伯鬲
邾討鼎
邾公釛鐘
邾戈

邛　邛　叔姬簠

邛　邛君婦龢壺

郐　郐沇兒鐘　郐王[illegible]　即徐　周禮雍氏注伯禽以出師征徐戎釋文劉本作郐

郐　公代郐鼎

郐　徐王[illegible]　桐盂

郐　郐王耑

郐　余[illegible]鉦

郙　郙不从邑　郙季敦　字重文

郙　郙遣敦

郙　郙遣盤

郙　郙[illegible]鼎

郙　郙伯鼎

郰　郰不从邑　郰虛匜　取字重文

鄫　鄫不从邑　鄫伯霥簠　曾字重文

郭　郭不从邑　周公敦　𩫏字重文

十二

都鄗郘鄊鄘𨞬

郳

郳始亭

鄉与卿為一字

鄉卣卿字重文

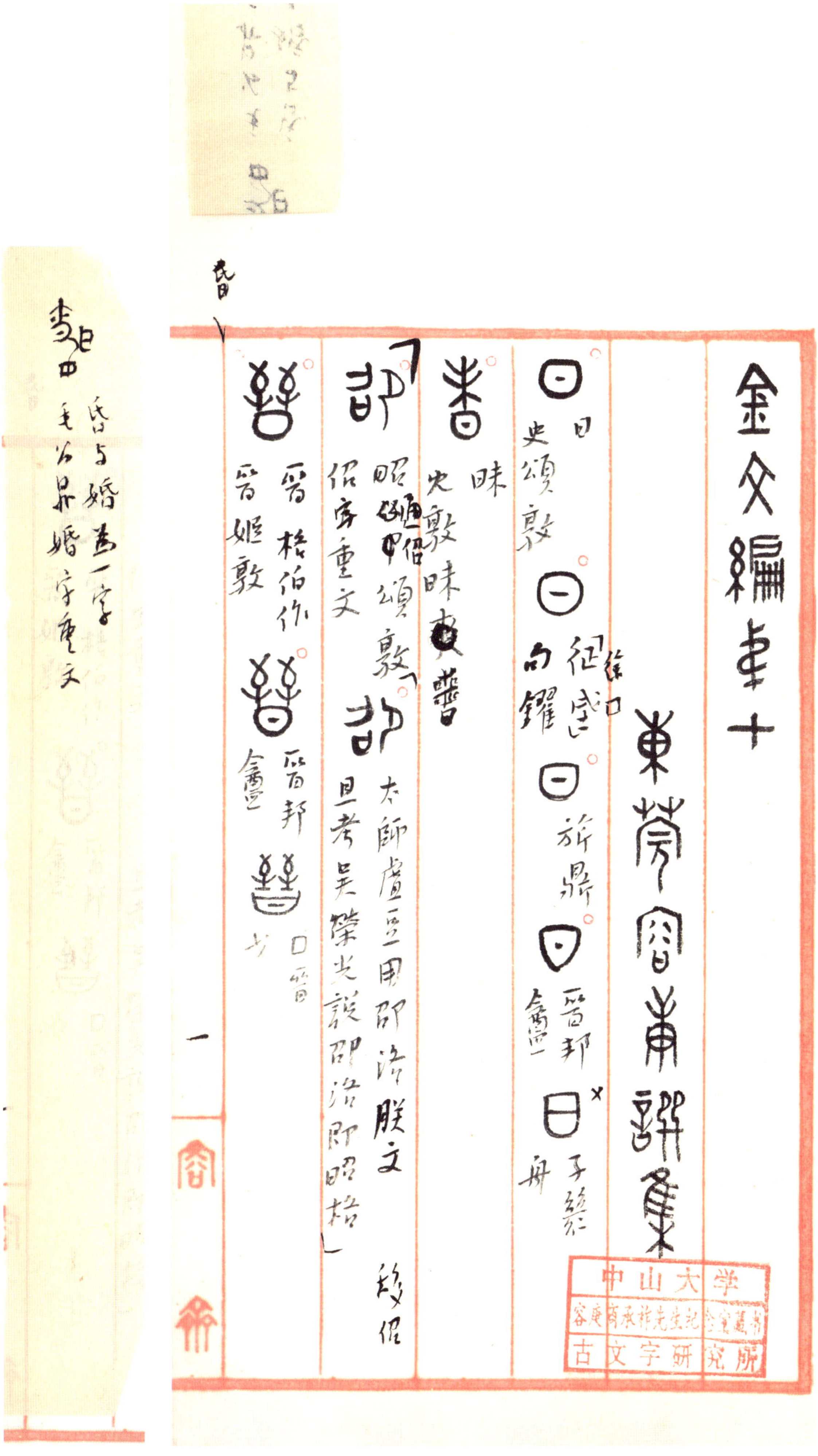

金文編卷七
東莞容庚譔集
日
史頌敦
旂鼎
晉邦盦
昧
昭
侶客重文
太師虘豆用邵洛朕文
晉
格伯作晉姬敦
晉邦盦
昏与婚為一字
毛公鼎婚字重文

1

王國維釋昱說文昱明日也 伯𣪘段翌爲之 尔雅釋言翌明也

漢書律曆志若翌日癸巳 王莽傳越若翊辛丑 又段翼爲之 書金縢王翼日乃瘳

2

从曰䣛省聲 說文所無 此敦昧䣛 經典段爽爲之

書牧誓時甲子昧爽

3

𠦪乳爲廟

𠦪伯敦宗廟

王國維釋

昱 段氏曰昱字古多段借翌字爲之

釋言昱明也 盂鼎粵若昱乙酉

宰椃角在六月

隹王廿祀昱又五

昔

克鼎

師嫠敦

善鼎

曶鼎

旦象日初出未离于地也

頌敦

吳尊

頌鼎

趞曹鼎

頌壺

揚敦

䑋

盂鼎

盂鼎

先獸鼎

史族敦

仲殷父敦

陳侯敦 李朝諸侯朝䑋爲一字 太平御覽引說文䑋朝也 三體石經朝古文作䑋

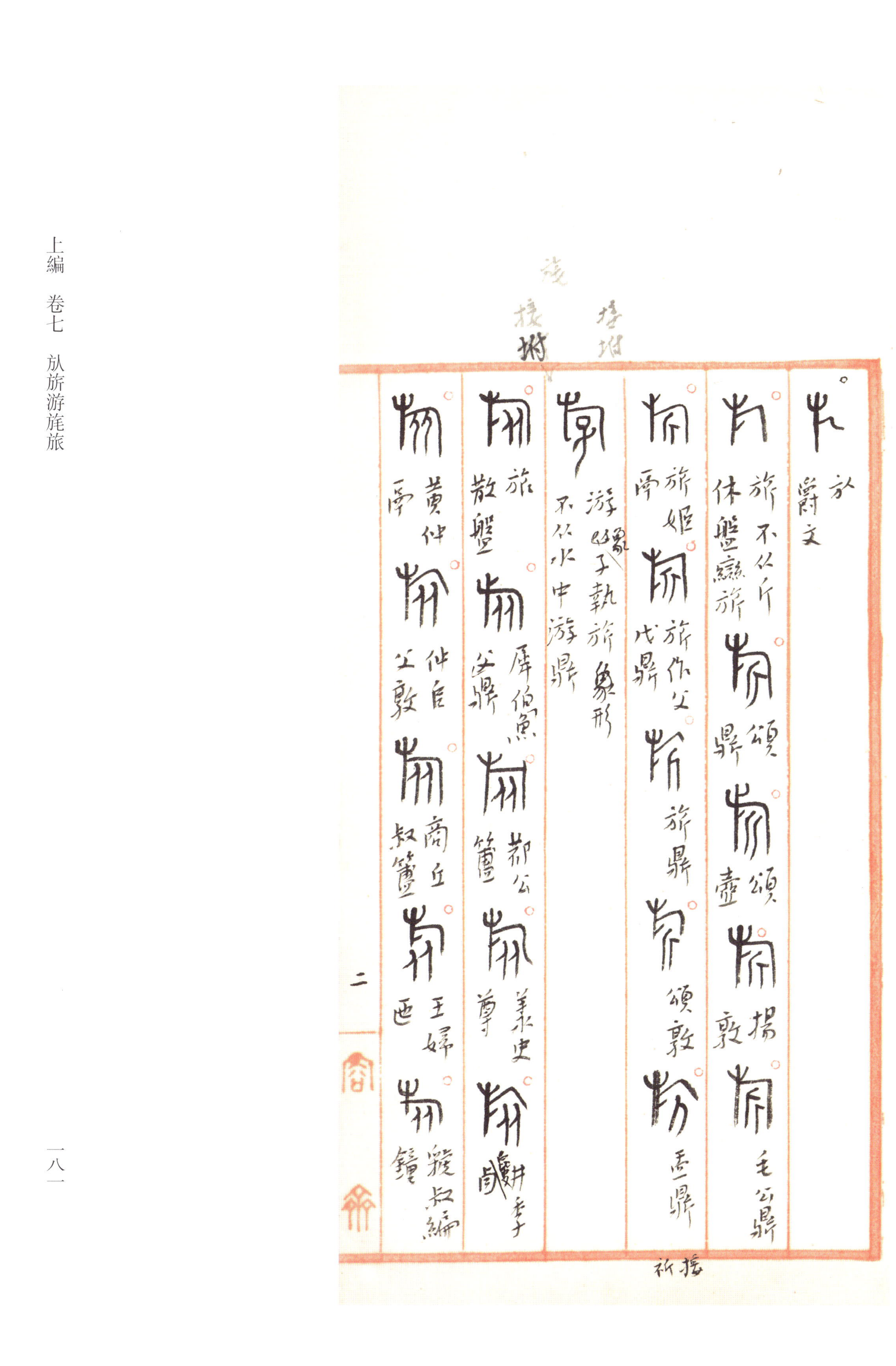

㫃 爵文

旂 休盤 不从斤 䜌旂　頌鼎　頌壺　揚敦　毛公鼎

旂 姬鼎　旂作父戊鼎　旂鼎　頌敦　盂鼎

游 从子執旂象形 不从水 中游鼎

旅 散盤　屖伯魚父鼎　鄀公簠　兼史尊　井季卣

黃仲匜　仲自父敦　商丘叔簠　王婦匜　[illegible]叔編鐘

二

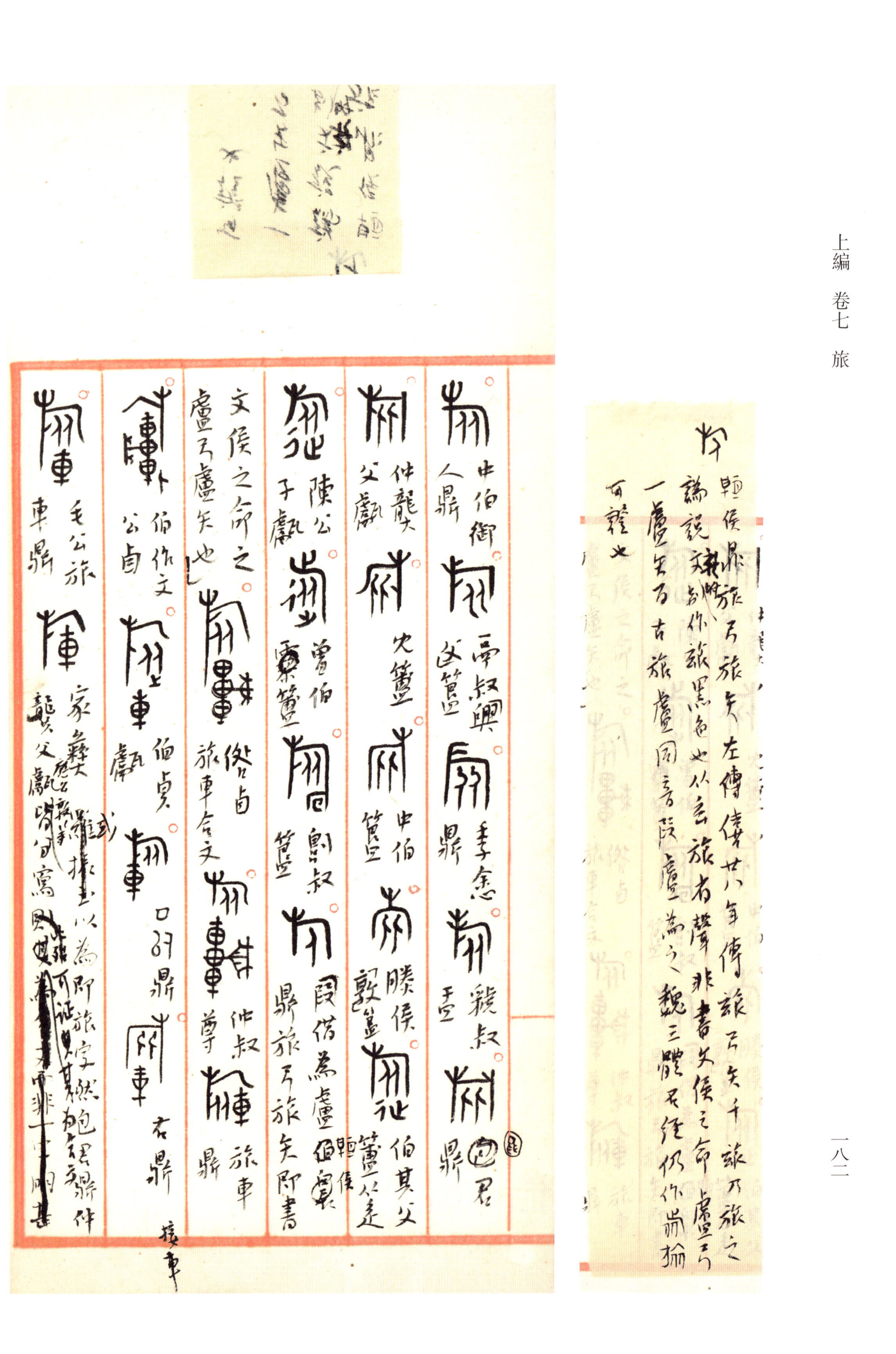

䡵侯鼎旅弓旅矢　左傳僖廿八年傳　旅弓矢千　旅乃旅之
譌說文旅字古文作㫃　黑色也从玄旅省聲非　書文侯之命盧弓
一盧矢百　古旅盧同音　故盧為之　魏三體石經仍作㫃
可證也

中伯御人鼎　弔叔興父簋　季念鼎　殺叔壺　𠤳君鼎

仲龍父甗　史簋　中伯簋　滕侯敦簋　伯其父簠　从辵

陳公子甗　魯伯愈簋　鄭叔簋　殷借為盧　伯晨鼎　䡵侯鼎旅弓旅矢即書

文侯之命之盧弓盧矢也　僕父卣　旅車合文　仲叔　旅車鼎

伯作文公卣　伯貞甗　口羽鼎　者鼎　旅車

毛公旅車鼎　家彝　龍父甗

旃 旞旅旟

旝 旂

族 毛公鼎

史族敦

師酉敦

王命明公尊

曐 麓伯曐父敦

曑 或省作參 毛公鼎

宗周鐘

曶鼎

參公乙尊

月 頌敦

齊鎛

王孫鐘

許子簠

散盤

伯姬作鼎

善夫克鼎

不嬰敦

鄀公𨛫鐘

陳猷釜

秉戟彝

陳財敦

盂鼎

姑口句鑃

徐䭇句鑃

三

月　賢簋　克鼎　惠叔鼎　陳侯因資敦　鄭具敦

庚午壺　克鐘　善鼎 二月　茀伯敦　楚伯敦

同卣　剌鼎 五月　周公敦

朏　吳彝

霸　頌鼎　頌鼎　師遽敦　兮甲盤　霸姞鼎

霸女彝　鄭閑敦　頌敦　史免簠　呂鼎

説文霸月始生魄然也承大月二日小月三日从月䨣聲周書曰哉生霸此引壁中古文今康誥顧命皆作魄王國維據古器物銘攷定初吉謂自一日至七八日也既生霸謂自八九日以降至十四五日也既望謂十五六日以後至二十二三日自二十三日以後則謂之既死霸劉歆三統歷曰死霸朔也生霸望也非是

脾

大敦

揚敦

大鼎

守敦

鄭虢仲敦

遹敦

師奎父鼎

期 从日 沇兒鐘

眉壽無期

寬兒鼎

王子申盞盂

王孫鐘 萬年無諆

諆偁諆爲期

子璋鐘 眉壽無諆

基偁諆爲期

乙鼎 眉壽無期

期偁期爲期

有 从又持肉 說文从月 非

盂鼎

毛公鼎

南公有司鼎

召伯虎敦

陳侯因資敦

散盤

素諆角

鼎

者汈鐘

四

次敦井叔有
借有爲右

周公敦

明
盂鼎

虢叔鐘

王命明公尊

毛公鼎

沇兒鐘

叔向敦

王孫鐘

明我鼎

仲明公敦

秦公敦

盟
魯侯角

邾公釛鐘

邾公牼鐘

師望鼎

且丁父癸鼎

夕
盂鼎

毛公鼎

應公鼎

追敦

曆鼎其用夙月
鼎當借月爲夕

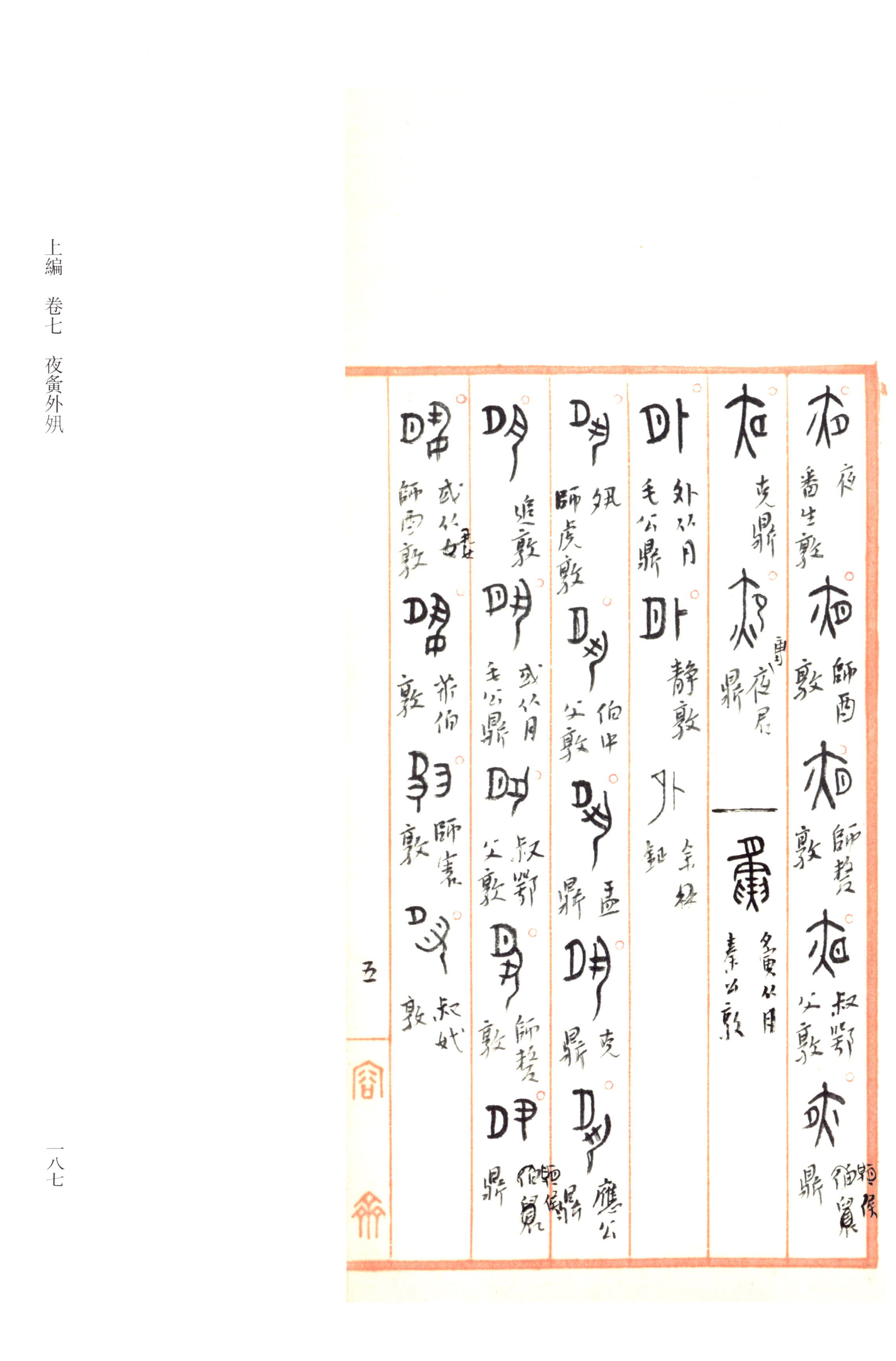

夜 番生敦

師酉敦

師嫠敦

叔鄂父敦

[illegible]侯伯[illegible]鼎

克鼎

夜君鼎

夤 从月 秦公敦

外 从月 毛公鼎

靜敦

余[illegible]鉦

夙 師虎敦

伯中父敦

盂鼎

克鼎

應公鼎

追敦

或从月 毛公鼎

叔鄂父敦

師嫠敦

[illegible]侯伯[illegible]鼎

或从[illegible] 師酉敦

[illegible]伯敦

師寰敦

叔妣敦

五

義當假借為召逆。周書：𠮷公解我惟不以我辟險于難，則又借險為之。圅召險三字皆同聲也。張揖漸段　王國維說

附入

多 貘叔鐘

不嬰敦

「𤔲」字爲「𠊱」，仲𠊱壺

「𠊱」字重文

蒙 从尚省

周蒙壺

貫 象以一毌兩貝形

南宮鼎

圅 象圅矢形

圅皇父匜

陳介祺曰：圅所闔之省。

圅皇父敦

毛公鼎：弗以乃辟圅于囏

辟圅于囏。隸書函臽二字形聲相近，義亦相類，疑本一字也。吳大澂說

不嬰敦：弗以我車圅于囏

甾 由古甾字。說文甾下出古文由。

甾口官甾卣

甬 彔伯𢦏敦

卤　經典皆作卣　爾雅釋器卣中尊也　書洛誥以秬鬯二卣　文侯之命用賚秬鬯一卣　詩江漢秬鬯一卣　盂鼎錫女鬯一卣

又作卣　彔伯敦

卣字重文

六

舍公「辛宮」鼎

伯寬鼎　魏侯

戈叔鼎

苟公鼎

曾鼎

趠鼎

吳王姬鼎

中伯御人鼎

得鼎　衛

「叔」魄鼎　苟子

趩亥鼎

郑討鼎

吳生鼎　說文从才弦，傳寫之譌

毅叔大父鼎

鼑　从卜从鼎。武字通云：竹籀文以爲貞字。集韻以爲古鼎字。

湯作其𩰫鼎　鼑鼎

箭鼎

寰鼎

鄧伯氏鼎

齊陳曼鼎

穴鼎

取他人之善鼎

奪夜君鼎

鄦臭鼎

杞伯鼎

伯遲父鼎

王人寶甗

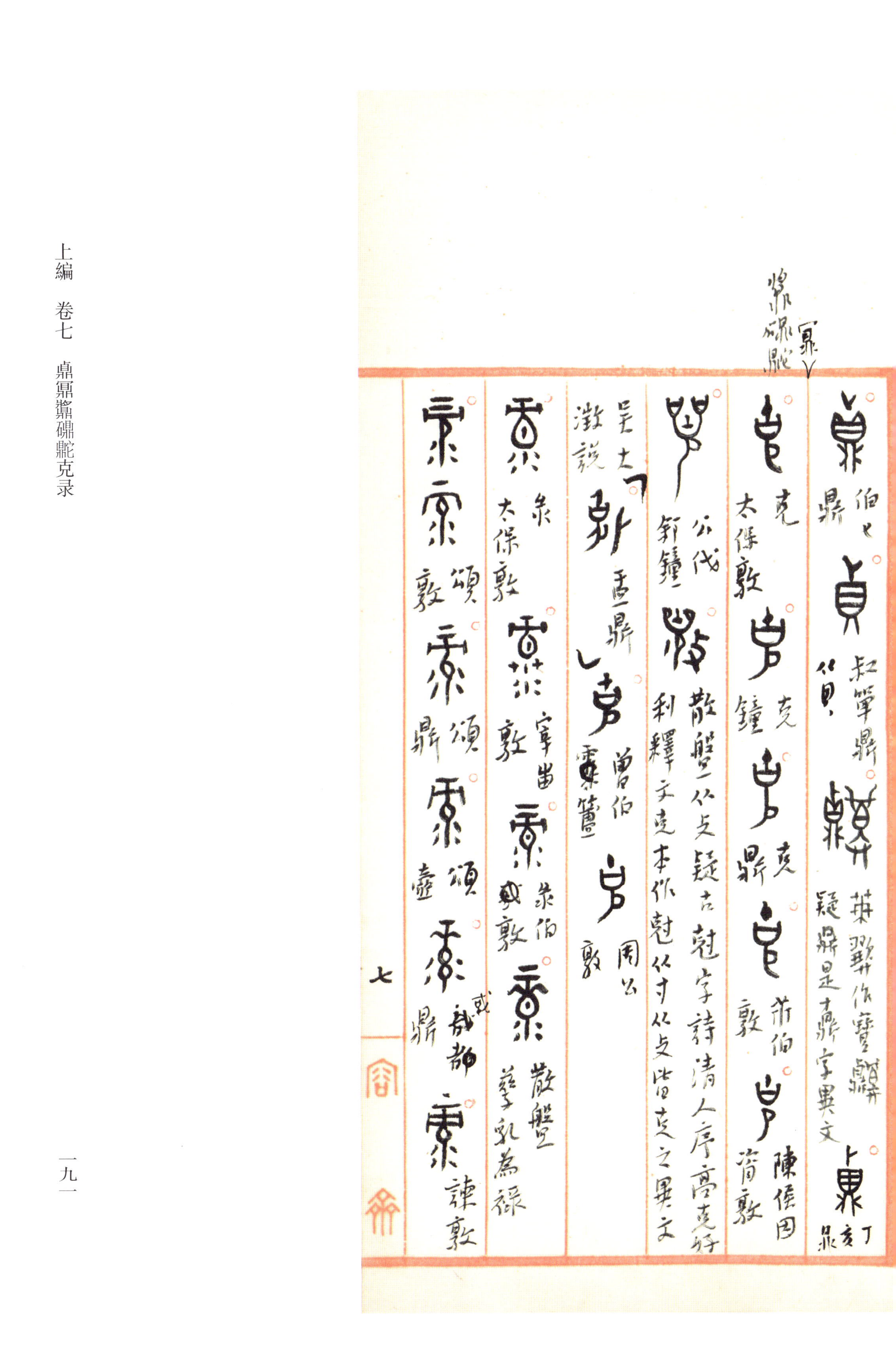

鬻　⿰石鼎　⿰鼎它

鼏

伯七鼎

叔單鼎　父貝

英鼒作寶鼒　疑鼎是鼒字異文

丁亥鼎

克　太保敦

克鐘

克鼎

芇伯敦

陳侯因資敦

公伐郐鐘

散盤从攴疑古尅字詩清人序高克好利釋文是本作尅从寸从攴皆克之異文

吴大澂説

孟鼎

曾伯霥簠

周公敦

七

录　太保敦

宰峀敦

录伯𢦏敦

散盤　孳乳為祿

頌敦

頌鼎

頌壺

𢦏都鼎　或

諫敦

苿伯敦

彔敦

麓伯敦

多父盤

禾　曾鼎

禾䡊彝

𦤶子氣爲龢
鄦公鐘　釛作禾和鐘
龢子重玉

留鐘

穆　虢叔鐘

師望鼎

曾鼎

邢人鐘

邾公䥁鐘

稻从米　陳公子甗

曾伯霥簠

史免匡

象打稻之形下承以臼也　叔家父匡

稴不从禾　康侯鼎

毛公鼎

麓伯敦

齊陳曼簠

穅 克鐘

穅 望敦

穅 頌敦

穅 伊敦

季 季頌敦

季 史敦

季 豐兮敦

季 克鼎

季 商丘叔簠

季 公伐郐鼎

季 虢文公鼎

季 芮伯敦

季 畢鮮敦

季 函皇父敦

季 虢季子白盤

季

季 酉師敦

季 虢季氏盤

季 齊癸姜敦

季 伯田父敦

季 史頌匜

季 兮仲敦

季 姞氏敦

季 罷卣

季 鄀公鐘

季 趞鼎

季 「王」仲皇父盉

季 曾伯霥簠

季 啓敦

八

己侯敦
筥邦簋
伯其父簠
邾公牼鐘
魯伯愈父簠
邾公釛鐘
齊侯壺
戜叔鼎
鄦侯敦
仲敦
刺鼎
者減鐘
趠鼎
静敦
師口敦
郘伯達敦
彔伯敦
叔鄂父敦
杞伯壺
苪太子簠
白者君盤
番君鬲
鄭寏敦
格伯敦
中丁父鬲
王人寶甗
由叩伯酉
宅敦

穌 从木爲穌 史頌敦

穌公敦 古國名

穌吝妊鼎

穌甫人匜

秦 从秝 鄦子簠

師酉敦 从又 持禾从舂

秦公敦

秭 曶鼎

秝 朱中子尊

父已鼎

黍 仲𩰫父盤

粱 曾伯霥簠

叔朕簠

史免匡

仲𩰫父盤

粱 陳公子甗 省米

畬 畬 伯畬壺

臽 臽 宗周鐘 艮孳敢臽虐我土

麻 麻从广 師麻簠

麻 師麻 鼎

耑 耑 耑 徐王耑

家 家从宀从豕凡祭士以羊豕古者庶士庶人無廟祭於寢陳於屋下而祭也父庚卣吳大澂說

家 立戈爵

粘家父戊卣
追叔彝
毛公鼎
曩肇家亭

頌鼎
頌壺
伯家父敦
獻伯彝
克鼎

寡子卣
叔家父匡
望敦
不𡢁敦　臣五家
家彝

頌鼎廿家
省宀

宅
晉邦盦
秦公敦
宅敦

室
頌鼎
頌敦
鄦惠鼎
師奎父鼎
沮伯彝

十

周生豆

伯罠卣

仲殷父敦

邕孝宗室

宣

虢季子白盤

向

向卣

知向敦

向卣

師虎敦

北向

吴彝

伊敦

休盤

移卿

宎

史宎敦

師宎父敦

師宎父鼎

宏　毛公鼎　宏我邦我家　又宏蘄　即詩靭鞹鞃淺幭之鞃　或作鞹亦作鞃　此从门作宏　吴大澂說

宏宖為一字　說文宏屋深響也　宖屋響也　其義則同　又紘或从弘作紭　其形相通　疑宖為宏之重文而後人竄改也

宏 番生敦 宏 叀鄰

康 克鼎

寍 毛公鼎

安 睘卣

安父彝

簷鼎

平安君鼎

小 貿鼎

增入

嫚妊作安壺

陳猷釜

宴 齊侯壺 堇宴無用

郘公䜌鐘 以宴士庶

宴敦

十一

寴　史懋壺

富　上官登

實　國差罎

散盤

寶　頌壺

公伐郤鼎

仲龍父公甗

魯伯愈父鬲

糸敦

善夫克鼎

師趛敦

伯疑父敦

伯中父敦

伯司敦

叔宿敦

伯寴卣

伯淵父敦

陳侯作嘉姬敦

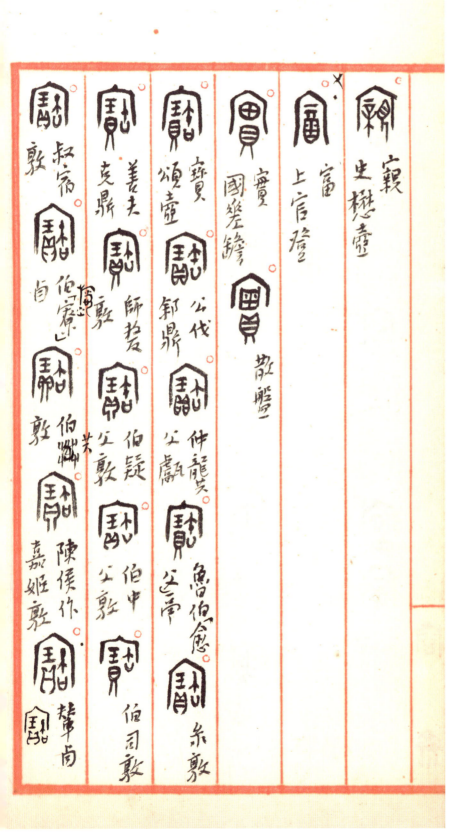

薛尚

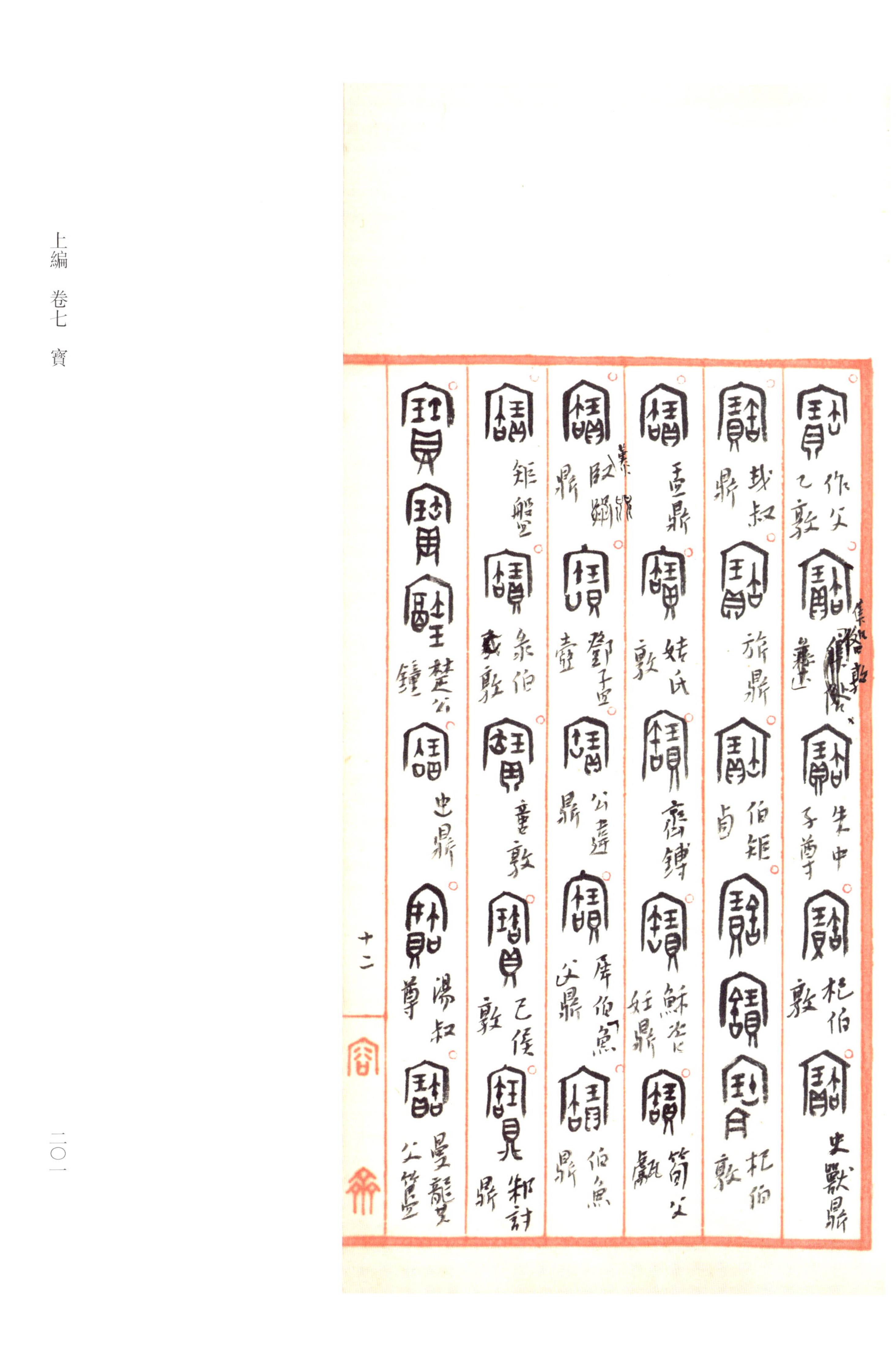

作父乙敦

[illegible]

朱中子尊

杞伯敦

史獸鼎

𢦏叔鼎

旅鼎

伯矩卣

杞伯敦

盂鼎

姞氏敦

齊鎛

穌冶妊鼎

筍父甗

[illegible]鼎

鄧子壺

公違鼎

屖伯魚父鼎

伯魚鼎

矩盤

彔伯敦

[illegible]敦

己侯敦

邾討鼎

楚公鐘

史鼎

湯叔尊

曼龏父盨

十二

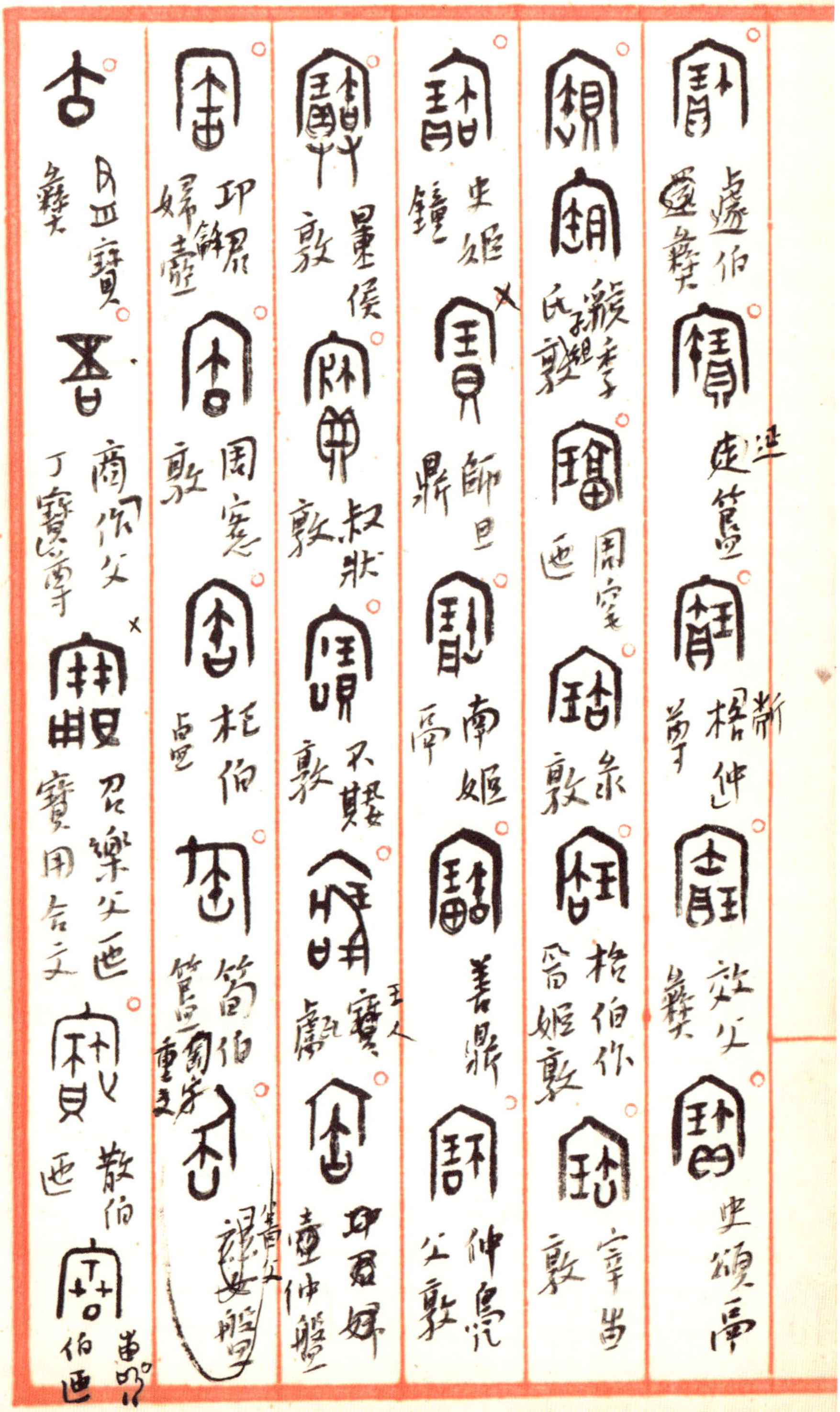
虘伯盨彝
趞簋
格仲尊
效父彝
史頌鬲
殺季子組氏簋
周寠匜
彔簋
格伯作晉姬簋
辛中簋
史姬鐘
師旦鼎
南姬鬲
善鼎
仲息父簋
量侯簋
叔狀簋
不嬰簋
王人寶甗
邛君婦壺
仲盤
邛君婦鉌壺
周寠簋
杞伯盨
筍伯盨
且丁寶彝
商作父丁寶尊
召樂父匜
寶用合文
散伯匜
伯匜

宦

仲宦父鼎

宰

頌鼎

散盤

頌敦

宰峀敦

師遽彝尊

鄀太宰簠

宰囗鼎

守父文

觚文

守婦觶

守敦

大鼎

冊守父

乙觚

宥

宥父辛鼎

諫敦彝

獸王宥

宜与俎為一字

「王宜人甗」

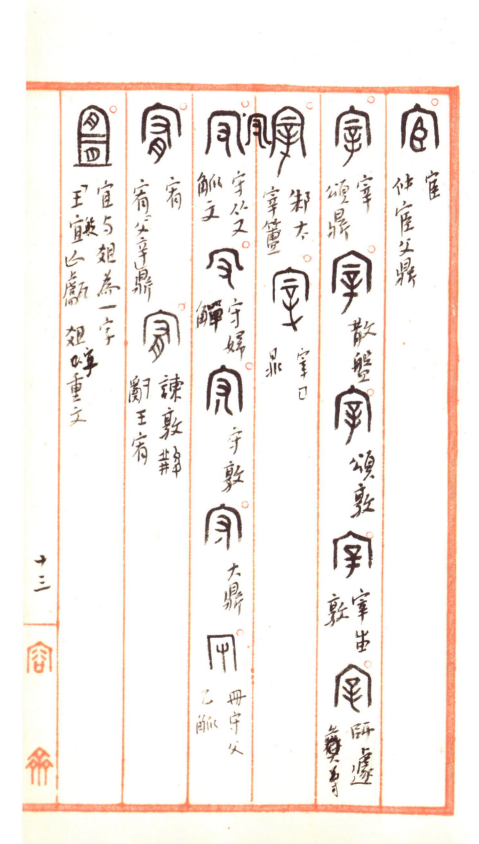

俎啍重文

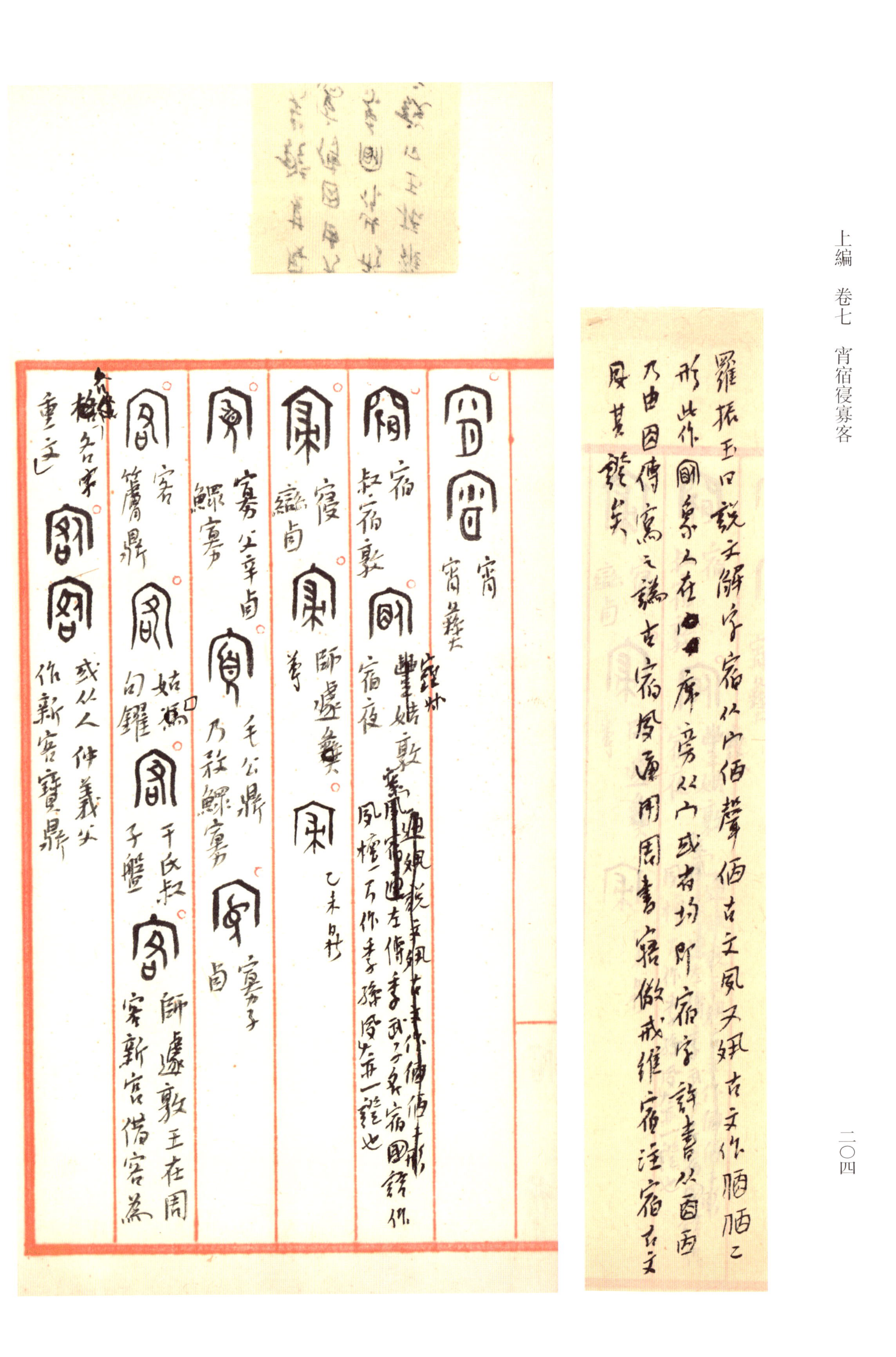

羅振玉曰說文解字宿从宀㐌聲㐌古文夙又㐌古文作㐌㐌之形此作𡨦象人在宀中席旁从宀或省均即宿字許書从㐌㐌乃由𡨦傳寫之譌古宿夙通用周書宿㑥戒維宿注宿古文夙其證矣

宵　宵簋

宿　叔宿敦

宿夜　姞敦

宿連鳳宿連左傳季武子名宿國語作夙
鳳櫝亦作季孫夙是亦一證也

寢　寢卣

師遽彝

乙未鼎

寡　鰥寡父辛卣

毛公鼎　乃敄鰥寡

寡子卣

客　䉗膚鼎

姞𡢁句鑃

干氏叔子盤

師遽敦王在周客新宮備客盂

或从人　仲義父作新客寶鼎

重文

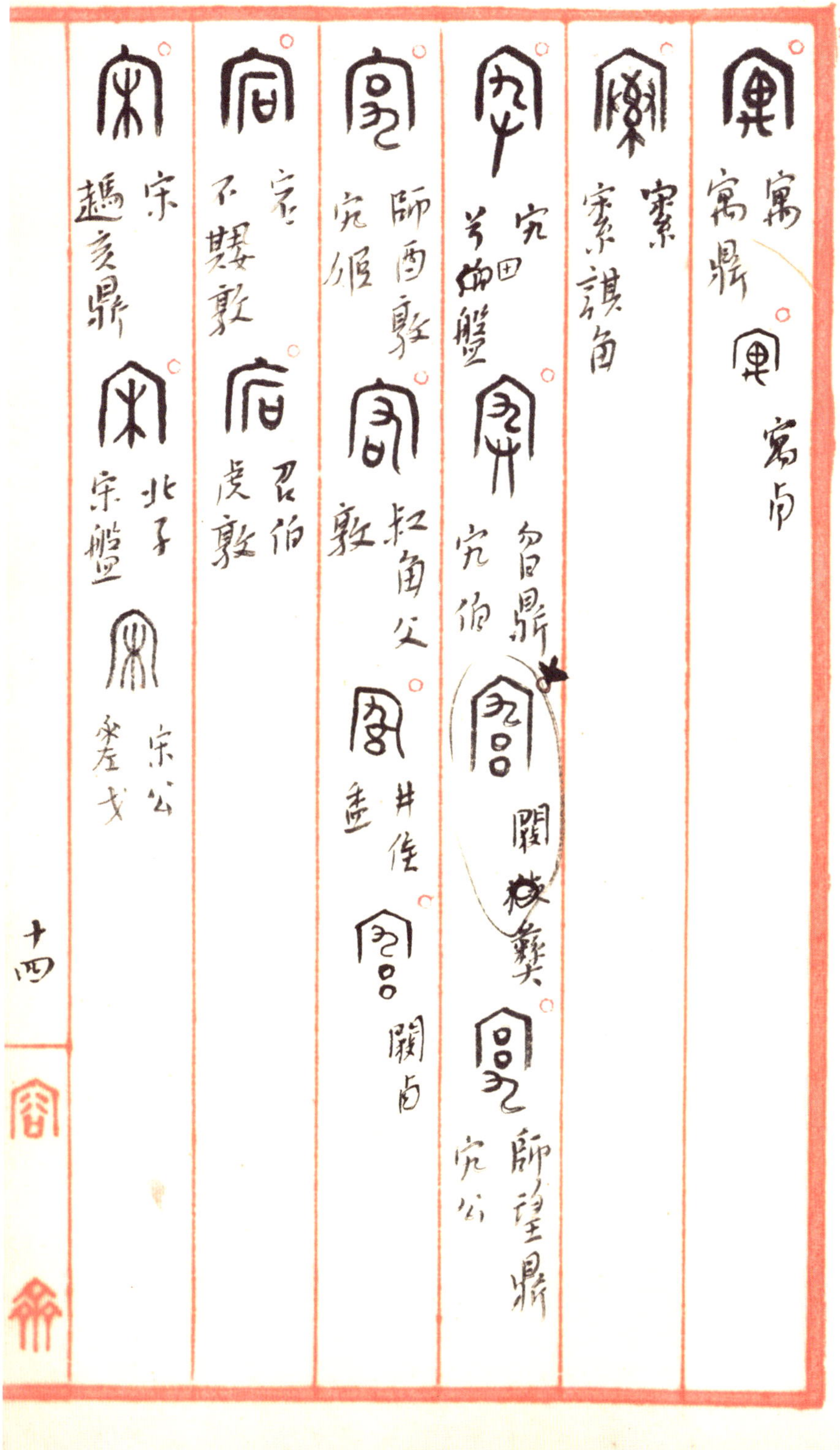
寓
寓鼎
寓卣
寮
寮譔角
宄
宄伯
曶鼎
闕
師望鼎
宄公
師酉敦
宄姬
叔角父
敦
井侯
闕卣
宕
不嬰敦
召伯虎敦
宋
趞亥鼎
北子
宋盤
宋公
差戈
十四

宗 盂鼎

克鼎

宗婦鼎

楚曾侯鐘

退伯

季宮父簠

宮 庚贏卣

雝伯鼎

克鐘

拍舟

師遽敦

頌壺

格于宮尊

吕 吕鼎

吕王鬲

鄀公𦉜鐘

突 突𣪘

窆　窆

窨

寮　毛公鼎　卿事寮　太史寮

疾　象矢著人肊下　羅振玉說

毛公鼎　敃天疾畏　邢詩雨無正作旻天疾威

疾　上官鼎

癈　与瘳為一字

盂鼎　勿癈朕命

師酉敦

克鼎

師嫠敦

伯𤸰鼎

癘　癘侯敦

毋智母癘

𠂆　𠂆衣市舄

十五

四葉

同 同簋 同姜鬲 鄭同媿鼎 宋同敦 散盤 姑𣱼□句鑃

孫詒讓釋胄 豦敦大甲胄干戈 伯晨鼎 鈿侯 盂鼎

冕 公伐郐鼎 袞冒冕 公代郐鐘

兩 大敦 守敦 玖敦 函皇父敦 齊侯壺 宅敦

帥 史頌敦 史頌鼎 頵叔鐘 單伯鐘 邢人鐘

師虎敦 毛公鼎 晉邦盦 彔伯敦 叀公敦

冕 經典皆作冕，冕字与冒相連而下，周禮司服之字先王則袞冕。左傳桓二年袞冕黻珽。是公伐郐鼎銘之袞冕即大典之袞冕。此袞冒以冕字之体，然是冕字从冃象形

帶
頌鼎　頌敦　頌壺

寰盤　休盤　鄭𤔲伯作　紅帶帶

常　附入

裳从巾从𠂔省也古紩字色不雜也裳衣之言障也所以障體也　師𡍬父鼎　又大𥄈說　玄衣常屯　寰盤

頌壺　錫女玄衣常屯　頌敦　頌鼎从屯不省　休盤　疑皆屯字

帚　蔡子匜爲歸　婦女歸自　歸字重文　女歸　𡙇

比𣪕　蔡子匜爲婦　婦字重文　伯婦

布　褱自

毋國𣪕

十六

尚　常不从巾　陳公子甗　尚字重文

巿　巿　盂鼎

巿　巿　頌敦

韐　韐从巿从重環形許氏說制如榼缺四角此从日正象四角橢圜形後人改从合A日形相近也吳大澂說揚敦
韐如赤
韐巿

帛　帛（白巾）　宰□父宮鼎

帛　大敦

白　白蔡孚乳爲伯　盂鼎

白　虢季子白盤

白　王伯姜鬲

白　伯庶父簠

白　伯侯父盤

金文編卷八

東莞容庚撰

人　人作父己卣　卣　父戊卣　盂鼎　兮甲盤　王孫鐘

齊鎛　主祖辛爵　公違敦　追敦　周公敦

保　保且辛　父庚鼎　敔敦　格伯敦　敦　太保敦　鄦子簠

宗周鐘　沇兒鐘　毛公鼎　盂鼎　叔仲　魯大司徒匜

一

人說文此从籀文象臂脛之形 儿古文奇字人也象形 卪瑞信也象相合之形 此三字實為一字 儿象人側立之形 卪象人跽跃之形 尺則其筆畫小異者也 說文訓卪為瑞信 故从卪之字說解均誤

保　王子申盞盂　齊陳曼簠　姞𡚱句鑃　褱鼎　宗婦𣪕

𥫞鄀侯敦　子𢇍舟　陳侯因資敦　戠都鐘　其次句鑃

中子化盤　齊侯鎛　太保鼎　齊侯敦　司寇良父敦

佩　頌鼎　頌敦

伯　伯不从人　盂鼎白字重文

中　仲不从人　仲㠱父敦　仲師父鼎　右戲仲鬲　仲曾鼎

1　2

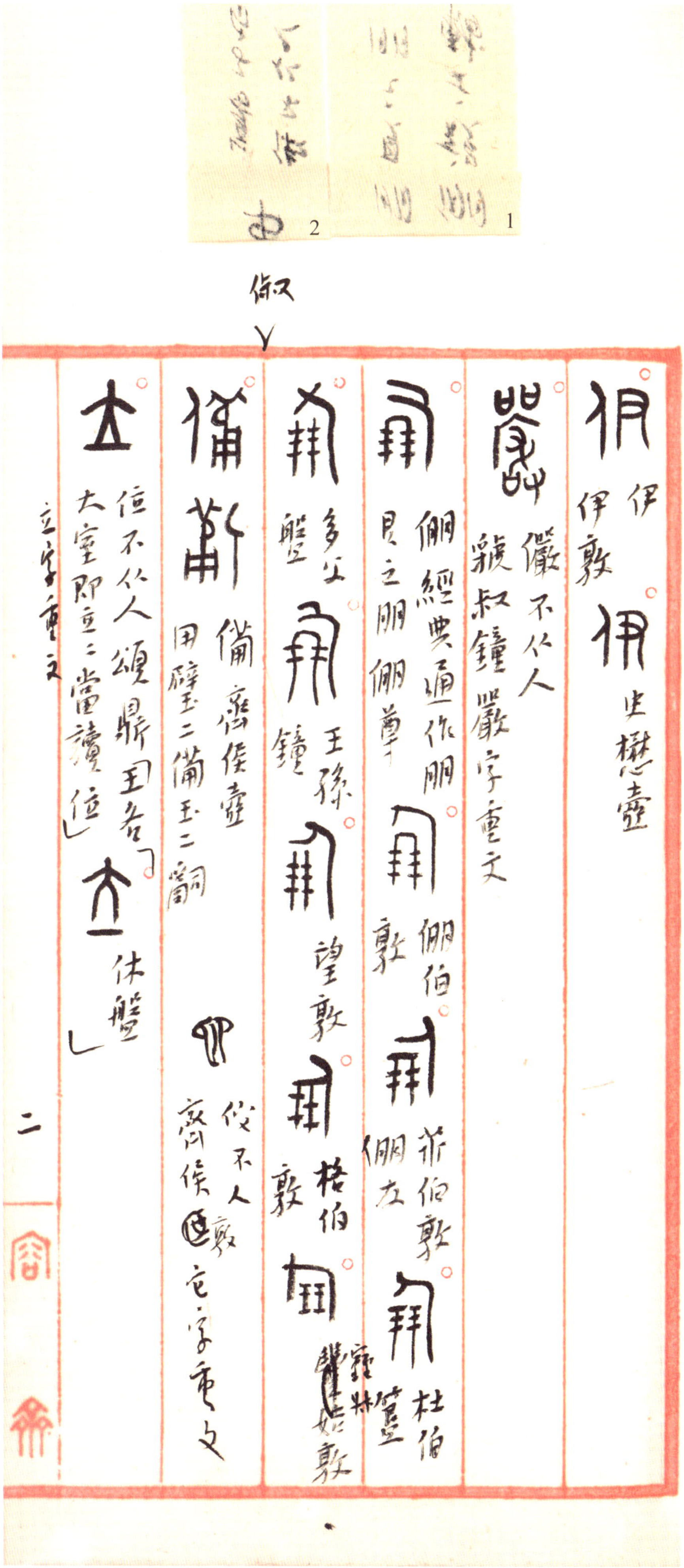

俶
伊
伊敦
史懋壺
儷不从人
叔鐘
嚴字重文
倗經典通作朋
貝之朋
倗尊
倗伯
敦
伯敦
倗左
杜伯
簋
多父
盤
王孫
鐘
望敦
格伯
敦
備
齊侯壺
用璧二備玉二嗣
俶不人
齊侯匜
它字重文
位不从人
頌鼎
王各
大室即立
當讀位
休盤
立字重文
二

2　1

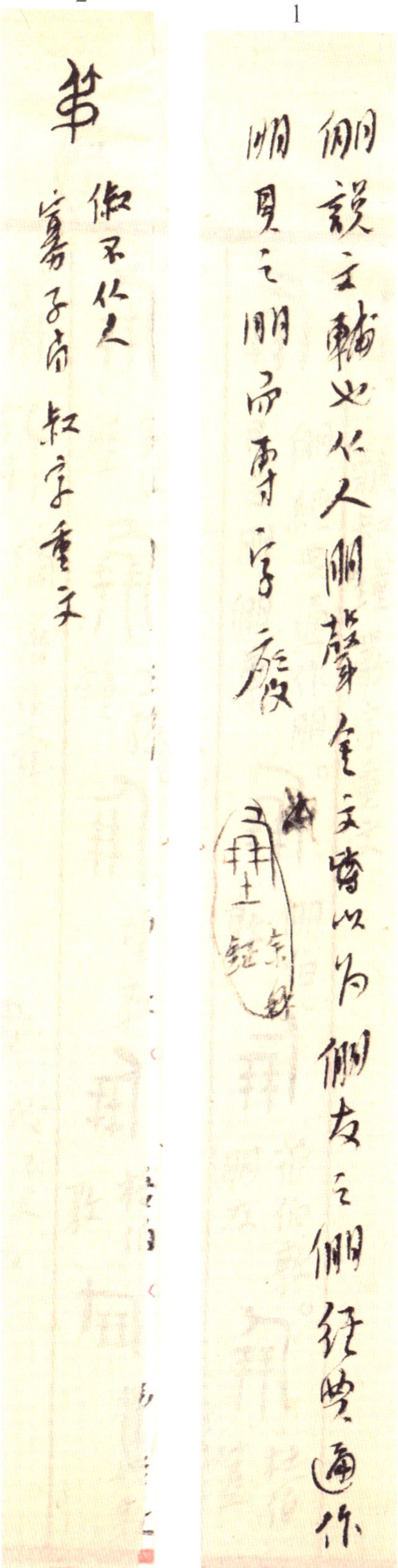

倗說文輔也从人朋聲金文皆以為倗友之倗經典通作
朋貝之朋而專字廢
俶不从人
寡子卣
叔字重文

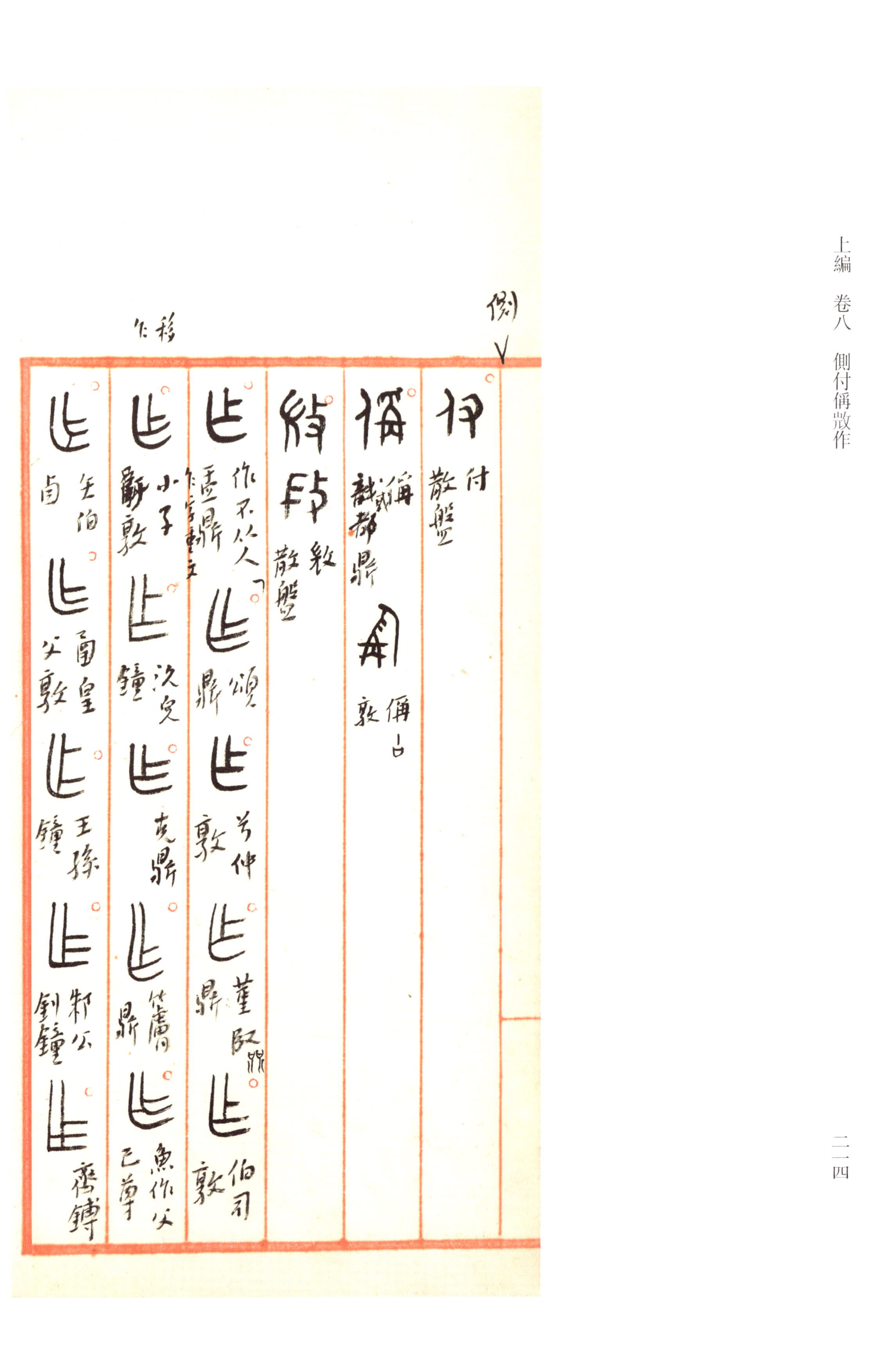

側

移　乍

付
散盤

俑
𢦏都鼎

俑古
敦

敉
散盤

作不从人
盂鼎
作字重文

頌鼎

兮仲敦

堇臤鼎

伯司敦

小子
𤔲敦

沇兒鐘

克鼎

𥮻鼎

魚作父
己尊

矢伯
卣

𠭯皇
父敦

王孫
鐘

邾公
釛鐘

齊鎛

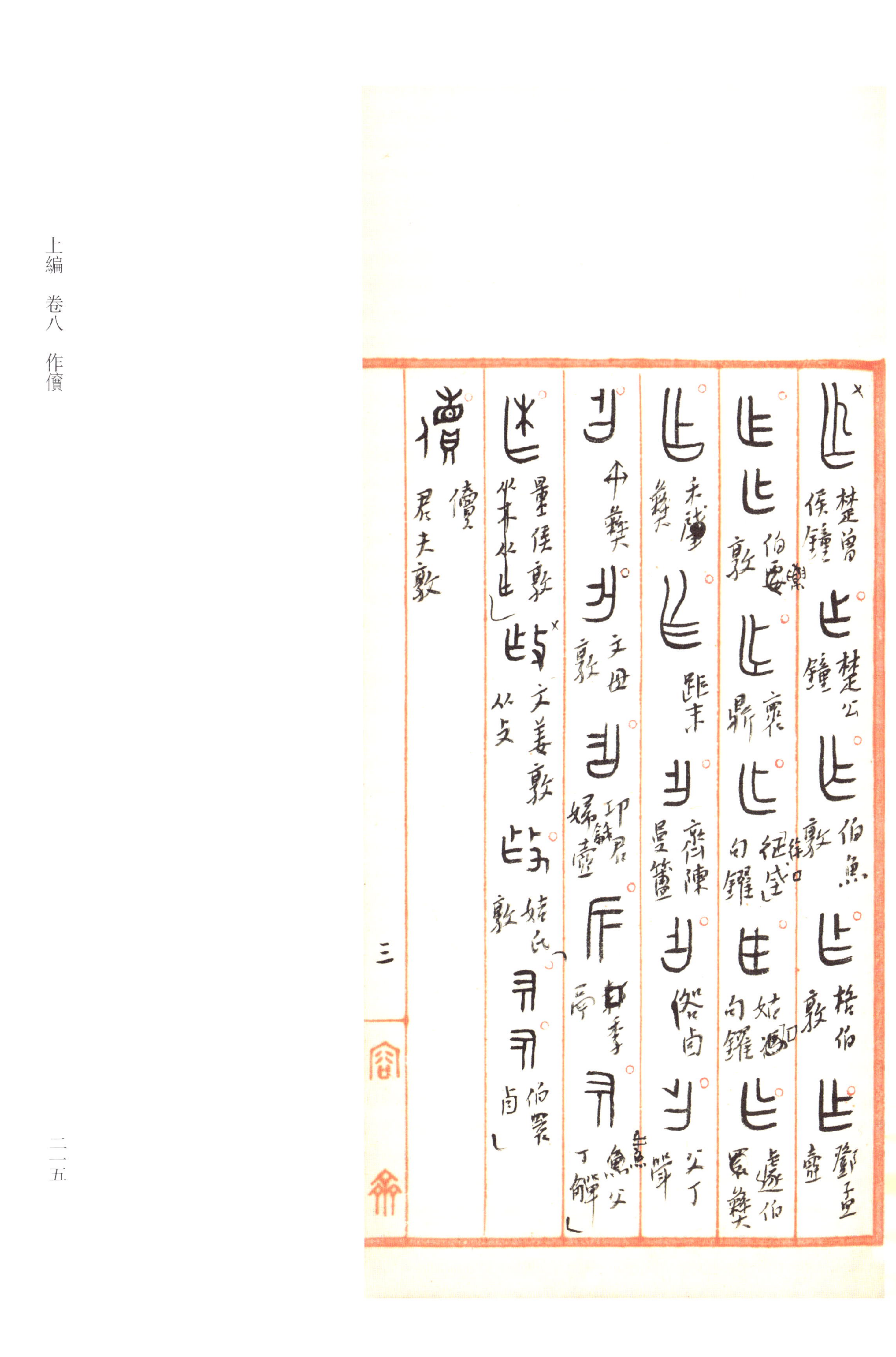

楚曾侯鐘

楚公鐘

伯魚敦

格伯敦

鄦子盙

伯要敦

褱鼎

征城句鑃

姑馮句鑃

遽伯睘彝

禾敦彝

跙來

齊陳曼簠

㝬卣

父丁斝

中彝

文母敦

卲鐘君婦壺

季宮

魚父丁觶

量侯敦 从木从乍

文姜敦 从攴

姞氏敦

伯㝬卣

僨

僨 君夫敦

三

併　說文：送也，从人𢍏聲。吕不韋曰：有侁氏以伊尹併女。今經典字作媵（媵說文所無）。左傳五年傳：以媵秦穆姬。楚辭天問：媵有莘之國。字通賸。說文：賸，一曰送也。賸字重文，又通朕。朕字重文，又通賸。賸字重文。

[seal] 儥　不从人
曾鼎　𧶠字重文

[seal] 俗
毛公鼎

[seal] 俗
佰俗甬季
㠯鼎

[seal] 俾　不从人
大敦　卑字重文

[seal] 陸借爲俾。周書曰：罔不率俾。
俾史頌敦　作師𩁹

[seal] 使　不从人
守敦　王使
小臣守　使（事）字重文

[seal] 傳
傳尊

[seal] 師田父尊

[seal] 散盤

[seal] 併
（媵）季宮父
作中姬媵姬併簠

[seal] 至閑敦　用併
又見考事

[illegible]

移飒

佃 揚敦
克鐘
格伯敦
魏三體石經

佃甸爲一字
左哀十七年傳良夫乘衷甸
作甸

侈 不从人 韓仲侈壺 戰國策公仲侈或作仲朋或作仲明皆多之譌也

伐 从戈从丮象兩手執戈形 丁未戈 商角
丮
畢敦
代 太保
虢季子白盤

不嬰敦
鄂侯鼎
𨙸伯彝
禽彝
公伐邻鐘

公伐邻鼎

俘 不从人 師寰敦
𨙸伯彝
貞敦
鼎

四

佃甸爲一字 說文中也从人田聲 春秋傳曰乘中佃一轅車 左哀十七年傳良夫乘衷甸兩牡 注一轅卿車 作甸 魏三體石經 侯甸古文作佃

佩

俘 𦝲尊彝

俘 卯敦 俘我家室用喪

俘 曶鼎 吏寽以告 移寽

俗 集俗 俗敦彝

俗 俗卣

俗 或从疒 首齋侯觚

毋俗 毋癮

侶 侶从召从卩 羅振玉說 說文卩象人跽形即人字也 許書誤析侶卩爲二字 公寢敦 王在周康侶宮 經典通作昭

侶 頌鼎

侶 宗周鐘

侶 鼎 吳公

侶 敦 寰伯

侶 刺鼎

化 中子化盤

侶 周公敦

侶 卲王敦

侶 卲敦

侶 秦石

匕 匕辛彝 乳爲妣

妣辛彝

妣

匕 鼎 伯匕

妣 樗

說文廟侶穆父爲侶南面子爲穆北面从人召聲 經典通作昭 周礼小宗伯辨廟祧之昭穆注父曰昭子曰穆 段玉裁以爲旁人所竄入 此字屢見于金文經典釋文亦時偁之非也

樗昭

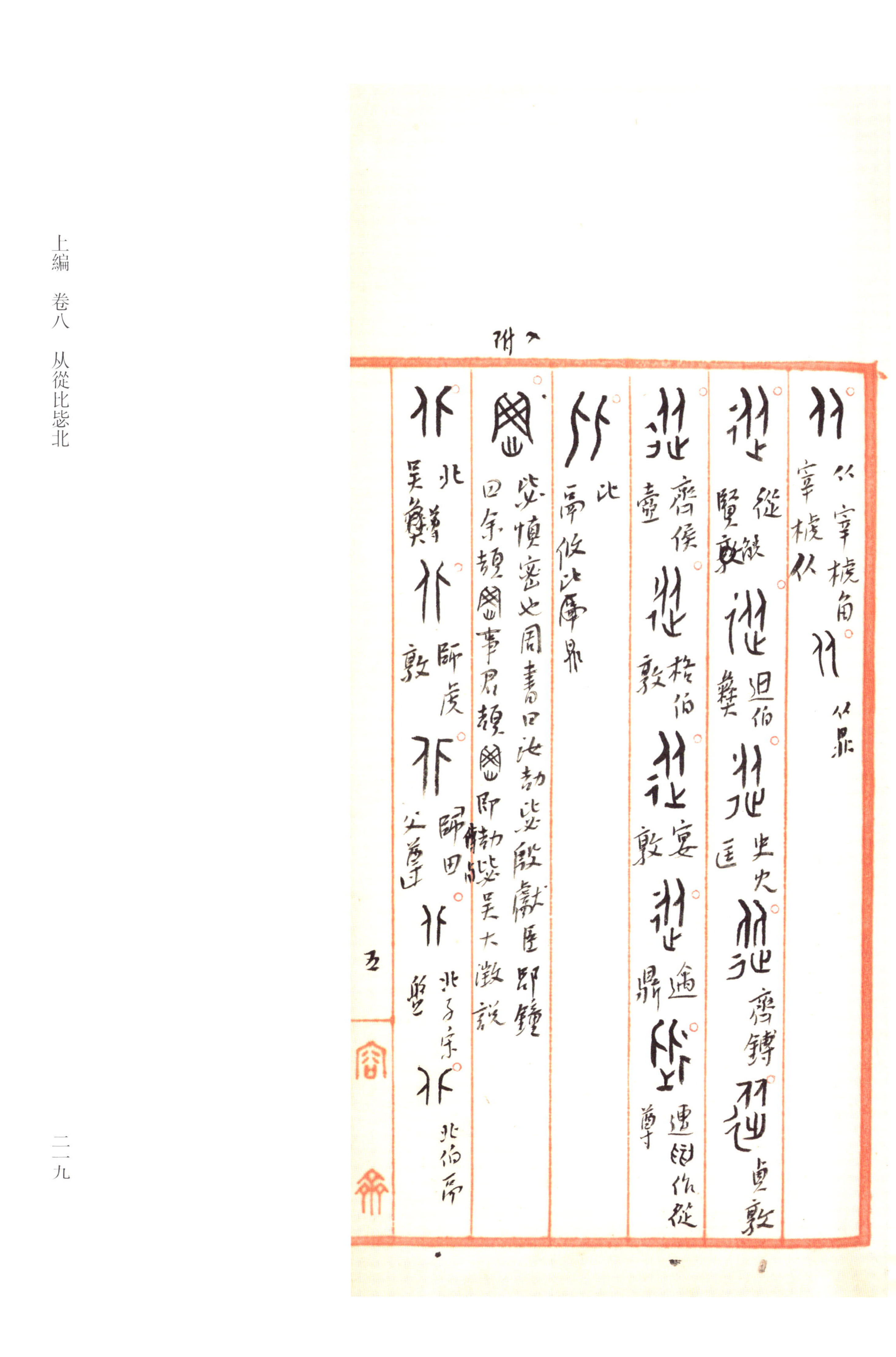

附入

从 宰椃角
宰椃从
从鼎

從 賢敦
退伯彝
史光匡
齊鎛
貞敦

齊侯壺
格伯敦
宴敦
過鼎
遣尊
遣卣作從

比 鬲攸比鼎

毖 慎也 周書曰汝劼毖殷獻臣 邾鐘 曰余頡毖事君 頡毖即劼毖 吳大澂說

北 吳尊
師虎敦
師田父尊
北子宋盤
北伯鬲

五

量

㐺 商丘叔簠

子禾子釜

眾 師寰敦

曶鼎

𢜩鼎 似省字

朢 庚羆卣

師田父尊 傳卣

獻伯 [illegible]

史族敦

曶鼎

鄦惠鼎 既望 从𧾷

師虎敦 从臣

師望壺

師望鼎 从耳

楚嬴伯敦

宰鼎 既望

監 頌鼎

頌敦

頌壺

鄧孟壺

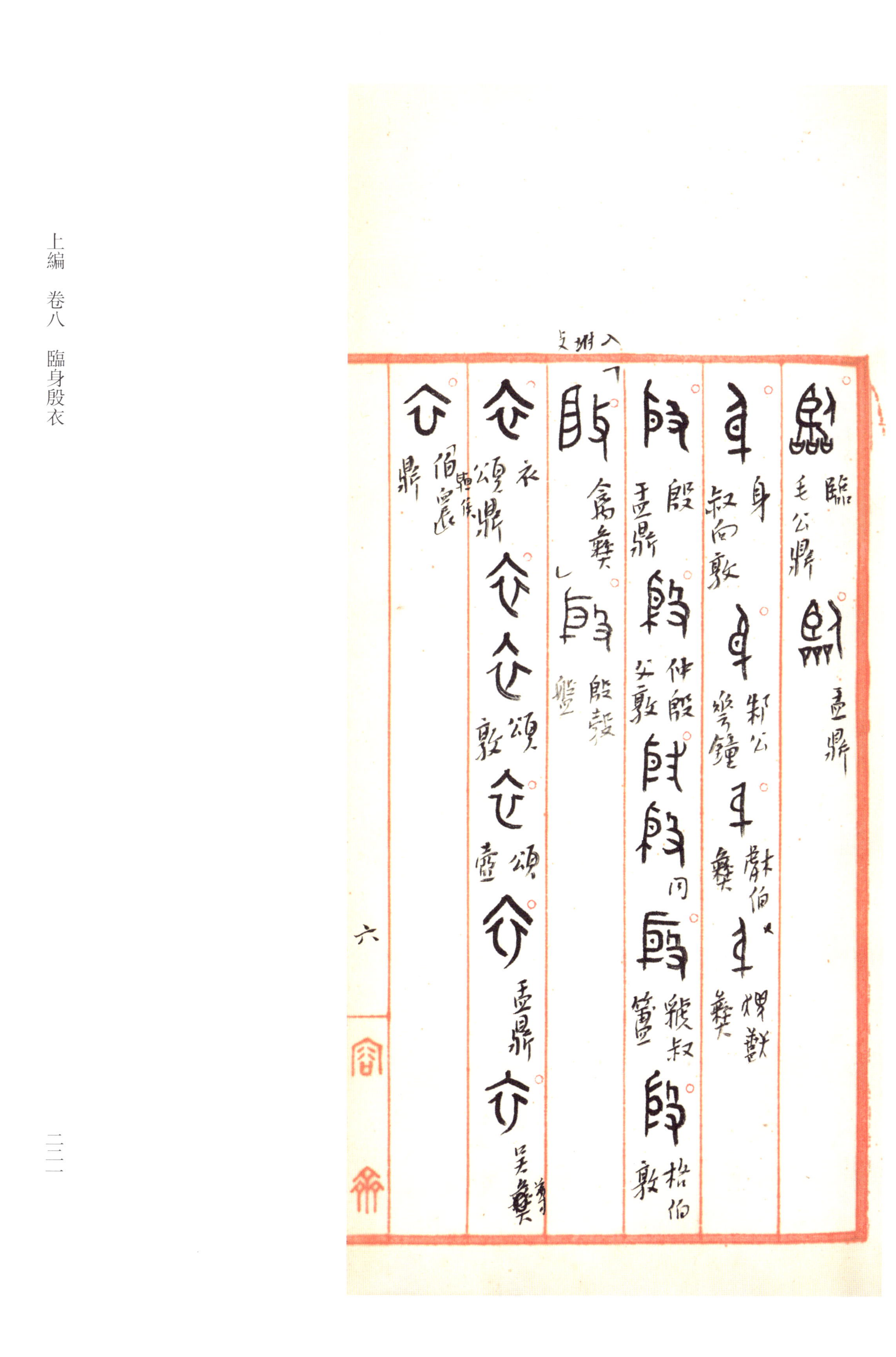

入卅文

臨 毛公鼎

盂鼎

身 叔向敦

邾公牼鐘

獻伯彝

𢔶獸彝

殷 盂鼎

仲殷父敦

同

綏叔簠

格伯敦

禽彝

殷穀盤

衣 頌鼎

頌敦

頌壺

盂鼎

吳尊彝

輈侯

伯晨鼎

六

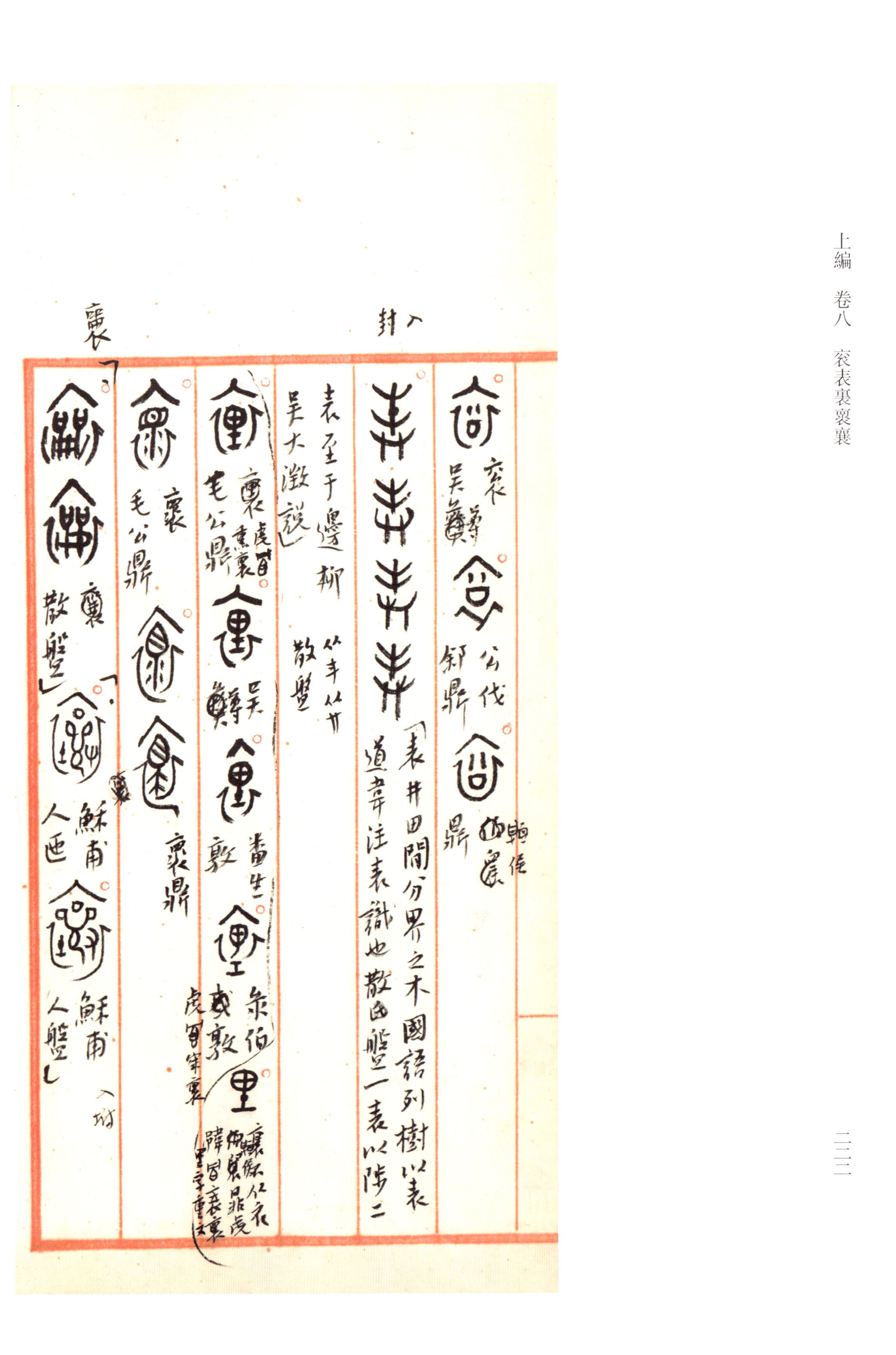

衮 吴尊
公伐郐鼎
輔伯 鼎

入封

表 井田間分界之木。國語列樹以表道，韋注：表，識也。散氏盤一表以陟二

表 至于邊柳 从丰从卄
散盤
吴大澂說

裏 虎冟熏裏
毛公鼎
吴尊
番生敦
彔伯戎敦
里 虎冟宋裏
裏 从衣从里 師兌敦 虎冟 韓冟 衮裏 里字重文

褎 毛公鼎
褎鼎

襄
散盤
鮇甫人匜
鮇甫人盤
入坿

褻 古文以爲埶字又通暬詩曾我暬御傳暬御侍御也國語居寢有暬御之箴 毛公鼎 師氏虎臣雩朕褻衣事 褻事即暬御

吳大澂說

衰 象艸雨衣形 徐同柏說

衰作父癸鼎

裛 又卣 錫馬錫裘

裘 䊄伯敦 錫女□裘

君夫敦 裘衣不不

齊鎛

番生敦

老 季良父壺

齊鎛

歸父盤

耇 耇不从老省 師鄂父鼎 句字重文

甲𠦪冑壽黃耇吉康

師奎父鼎

曾伯簠

買敦

七

壽 師𩞀敦
壽 杲同敦

壽 壽頌敦
壽 畢鮮敦
壽 趩亥鼎
壽 虘司寇壺

壽 商叡敦
壽 頌鼎
壽 王孫鐘
壽 楀妃彝
壽 豆閉敦

壽 邾公牼鐘
壽 頌壺
壽 郜伯祀鼎
壽 曾伯霥簠
壽 弡伯敦

壽 邾公釛鐘
壽 邿遣敦
壽 杜伯簠
壽 陳公子甗
壽 伯其父簠

壽 遟簋
壽 𠂤生敦
壽 遟簋
壽 齊鎛
壽 齊侯壺

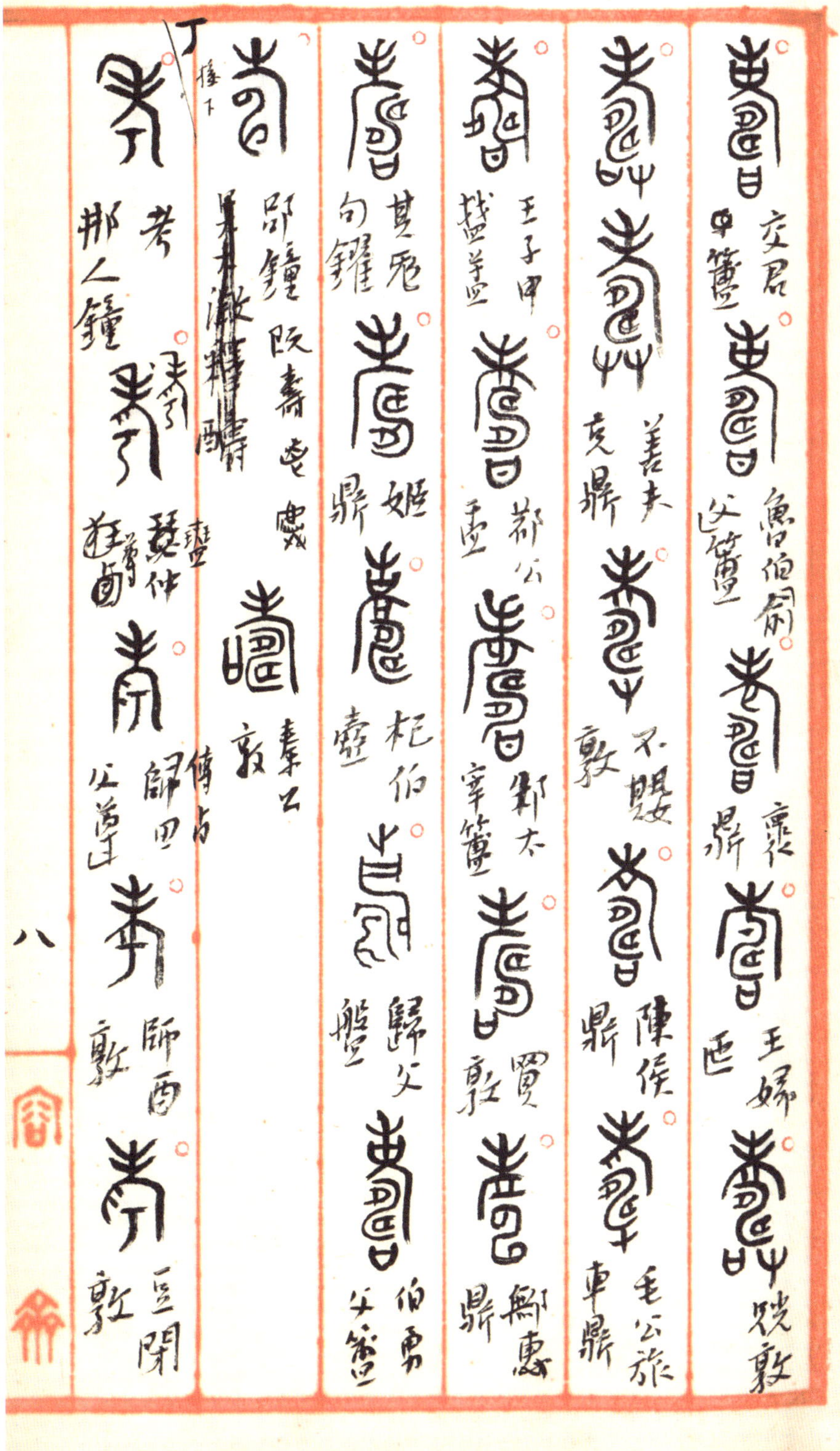

交君子簠

魯伯俞父簠

寰鼎

王婦匜

虢敦

善夫克鼎

不嬰敦

陳侯鼎

毛公旅車鼎

王子申盞盂

鄀公壺

鄭太宰簠

買敦

鄦惠鼎

其次句鑃

姬鼎

杞伯壺

歸父盤

伯勇父簠

丁　接下

邵鐘　既壽壺虡

秦公敦

考

邾人鐘

[illegible]仲 [illegible]

傳卣

師田父簋

師酉敦

豆閉敦

八

考 頌敦
考 頌鼎
考 寰敦
考 仲辛父敦
考 大敦

考 王孫鐘
考 叔向敦
考 毛公旅車鼎
考 師望鼎
考 識都鼎

考 伯中父敦
考 叔氏鐘
考 录伯𢦚敦
考 罟卣
考 邾公牼鐘

考 伯考父鼎
考 友敦
考 齊陳曼簠
考 叔皮父敦
考 召伯虎敦

考 旂作父戊鼎
考 師害敦
考 史族敦
考 毛公旅車鼎
考 [illegible]敦

考 卿卣
考 杜伯簋
考 師嫠敦
考 叔角父敦
考 匡卣

孝 師𩛥父鼎
孝 鄀公𥂴
孝 宗鼎
孝
孝 豐兮敦 用高孝他器

或作孝孝考二字通用
孝 遲簋
孝
孝 仲𣪘父敦
孝 其次句鑃

孝 魯遵鐘
孝 仲師父鼎
孝 邸鐘
丂 考不从老
𢦏者𦣻司土司敦
作孝考寶尊彝 丂字重文

丂 多父盤
孝 周公敦

孝 孝詹鐘
孝
孝 虞司寇壺
孝 兮仲鐘
孝 買敦

孝 王孫鐘
孝 頌鼎
孝 頌壺
孝 頌敦
孝 陳𣄰敦

九

伯孝簋

陳侯因𬯀敦

伯據敦

鄀公鍾

姬鼎

曾伯霥簠

公食

毛

毛公鼎

毛公旅車鼎

尸　古夷字　曾伯霥簠

夷字重文

舟　象形

父壬尊

父丁卣

俞

不𡢁敦

魯伯俞父簠

魯伯俞父簠

屖　伯頵父鼎

彝卣

屖尊

鄀公簠

彤

俞 說文所無 魯伯愈父鬲俞 从心愉字重文

~~愈古通用 魯伯俞父~~

猶左傳宋公茲父公穀作慈父 公孫茲公穀作慈也

艅 頌鼎　鄭叔上匜　拍舟　善夫克鼎　𧃍伯彝

頌敦　敦　大鼎　大敦　𣏟伯敦　師遽敦

師田父尊　傳卣　叔向敦　豐兮敦　伯晨鼎　頌侯　師酉敦

宗周鐘　曶鼎　買敦　師嫠敦　封仲敦

𡨦鼎　仲辛父敦　宴敦　追敦　先獸鼎

十

三 艅尊 隹王十祀又五彡日 羅振玉釋彤 唐寫本玉篇引爾雅 彤 又祭也 商曰彤 郭璞曰書曰高宗彤日是也 白虎通作日祭之 祭祀有不備故復祭也

三 邑斝 隹王六祀彡日在四月

盂鼎
鄦𡨦敦
𢦏叔朕鼎
朕觶
中伯壺　孳乳為賸
按賸補

般趞曹鼎　王在周般宫
利鼎　王各于般宫
般作父乙甗

孳乳為槃　苦伯盤　按槃
槃字重見

服　盂鼎
趩尊
毛公鼎
克鼎
番生敦

方　盂鼎　匍有四方
公伐邻鼎
公伐邻鐘
毛公鼎
鄂侯鼎

乙亥鼎
朱中子尊
曾伯霥簠
曾伯霥簠反文
不𡢁敦

移 敓

彔伯㦰敦 古闢四方

兕 余義鐘

沇兕鐘

居彝

小臣兕卣

允 不𡢁敦 嚴允

詩作玁狁 又作㺨允字重文

虢季子白盤 嚴允

兮田盤

兌 師兌敦

兄 季𢼄壺

剌卣

余義鐘

龙姞彝

𠬪季良父壺

齊鎛

余義鐘

沇兒鐘 从兄从生

王孫鐘

叔家父匡

十一

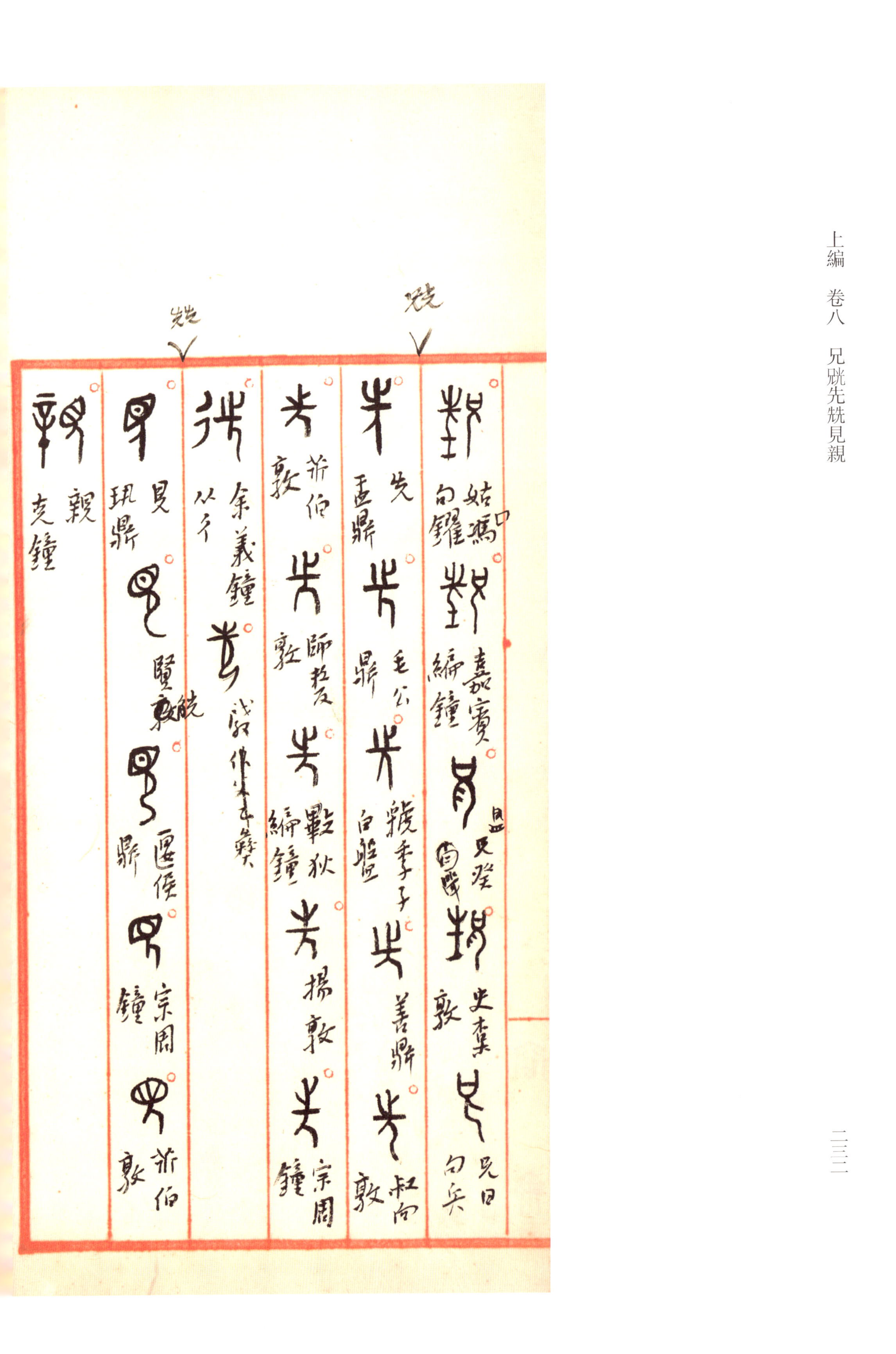

兟　兟

姑馮句鑃
嘉賓編鐘
見盄 白盨
史棄敦
兄日句兵

先 盂鼎
毛公鼎
虢季子白盤
善鼎
叔向敦

沇伯敦
師㝨敦
戲狄編鐘
揚敦
宗周鐘

余義鐘 从二
戎敦作先生彝

見 珷鼎
賢敦 覾
匽侯鼎
宗周鐘
沇伯敦

親 克鐘

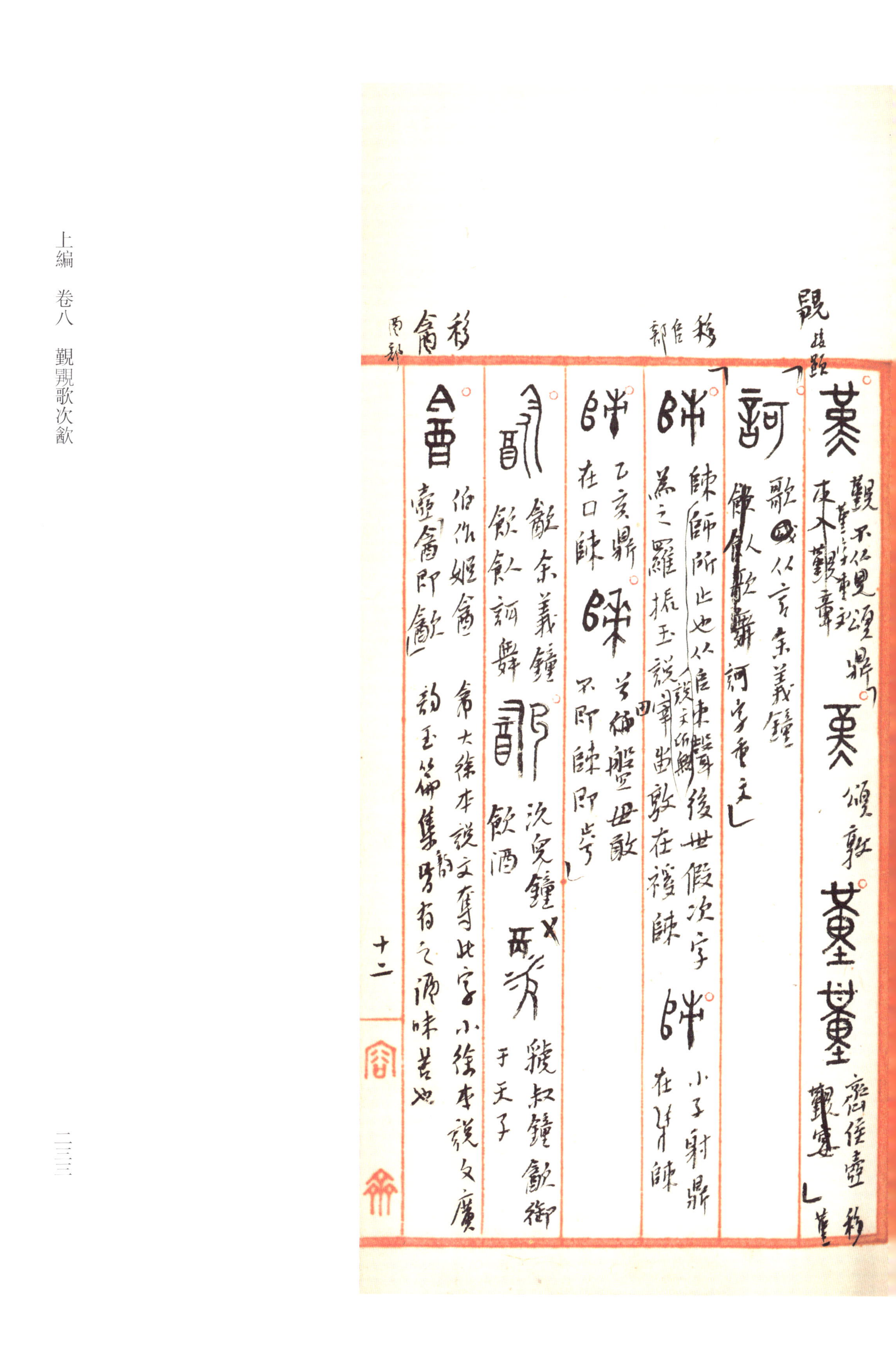

覞 接頭

覲 不从見 頌鼎
本作覲 覲章

頌敦

齊侯壺 覲𡨦
移堇

移 㱃部

歌 从言 余義鐘

飲人歌舞 訶字重文

餗 師所止也 从𠂤朿聲（說文所無） 後世假次字為之 羅振玉說 見 𢦏敦 在𨻰餗

小子射鼎 在𨻰餗

乙亥鼎 在口餗

𪓐盤 毋敢不即餗即𡉈

歓 余義鐘 飲飲人 飯舞

沇兒鐘 飲酒

𩞁叔鐘 歓御于天子

移 酉部

伯作姬酓壺 酓即歓

酓 大徐本說文奪此字 小徐本說文廣韵玉篇集韻皆有之 酒味苦也

附入

金文編卷九

東莞容庚輯

頌　頌今經典通作容　頌鼎

頌　頌壺

頌　頌敦

頌　史頌盤

頌　史頌匜

頌　史頌鬲　周禮鄉大夫四曰和容司農鄭注与頌同

顛　顛仆也从頁从乇象顛沛之形詩小宛哀我填寡桑柔倉兄填兮瞻卬孔填不寧皆當作顛今詩作填誤乇為土吳大澂釋

毛公鼎我弗作先王[顛]

王國維曰疑即古羞字象以手掩面形殆羞恥之本字也書康王之誥毋貽鞠子羞春秋左氏傳毋作神羞與此文例正同

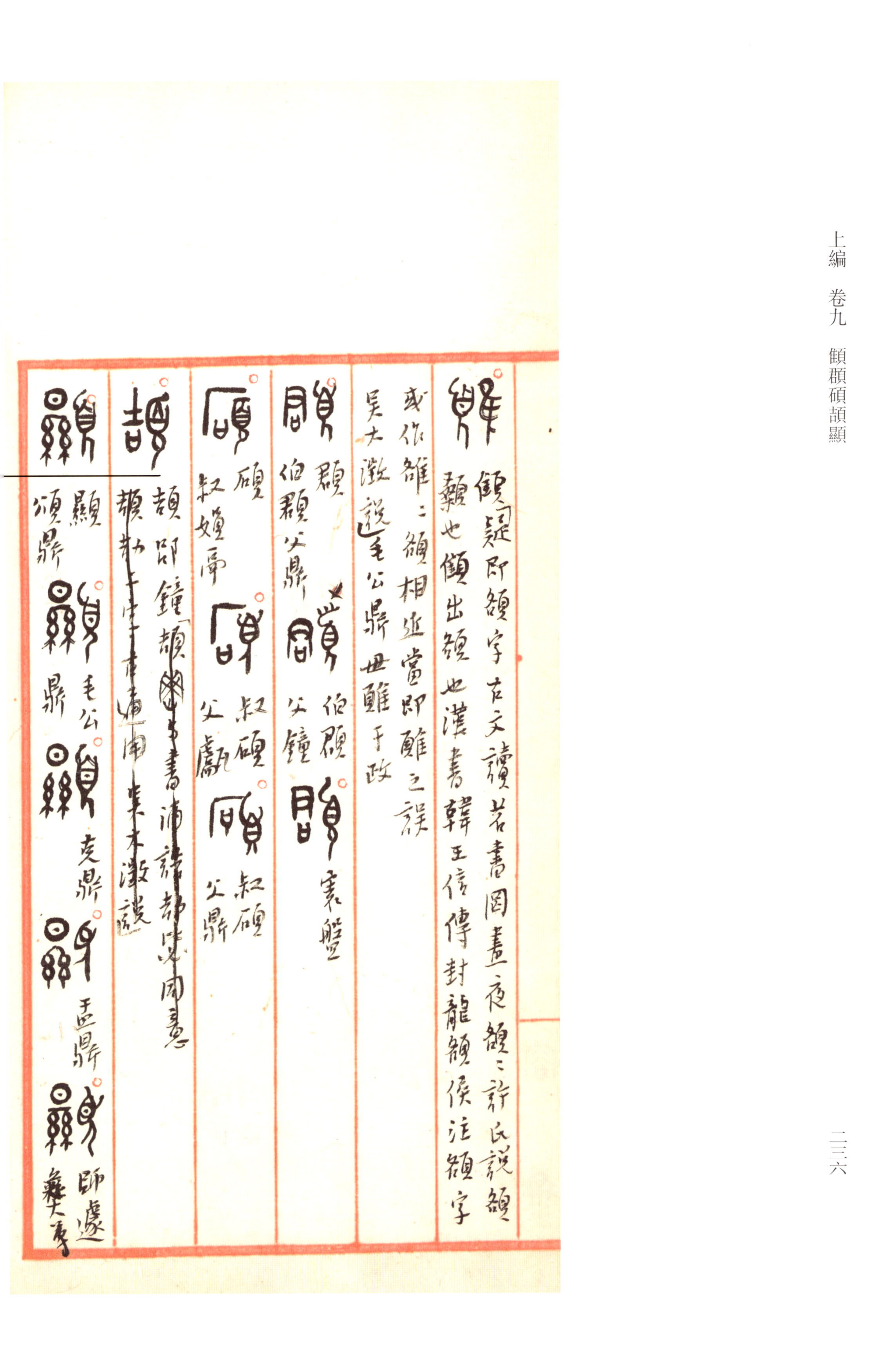

頔疑即頟字古文讀若書圖畫之頟〻許氏說頟顙也頟出頟也漢書韓王信傳封龍頟侯注頟字或作雒〻頟相近當即雒之誤

吳大澂說毛公鼎毋雒于政

頵 伯頵父鼎

伯頵父鐘

寰盤

碩 叔嬗鬲

叔碩父甗

叔碩父鼎

頡即鐘「頡 書通譯部此周意

頡勒十世吉蒲南宋本澂說

顯 頌鼎

毛公鼎

克鼎

盂鼎

師遽彝尊

師遽敢對揚天子丕丕休　与彔伯師酉敦對揚天子休不顯休命句正同　故知丕為顯字

見附入

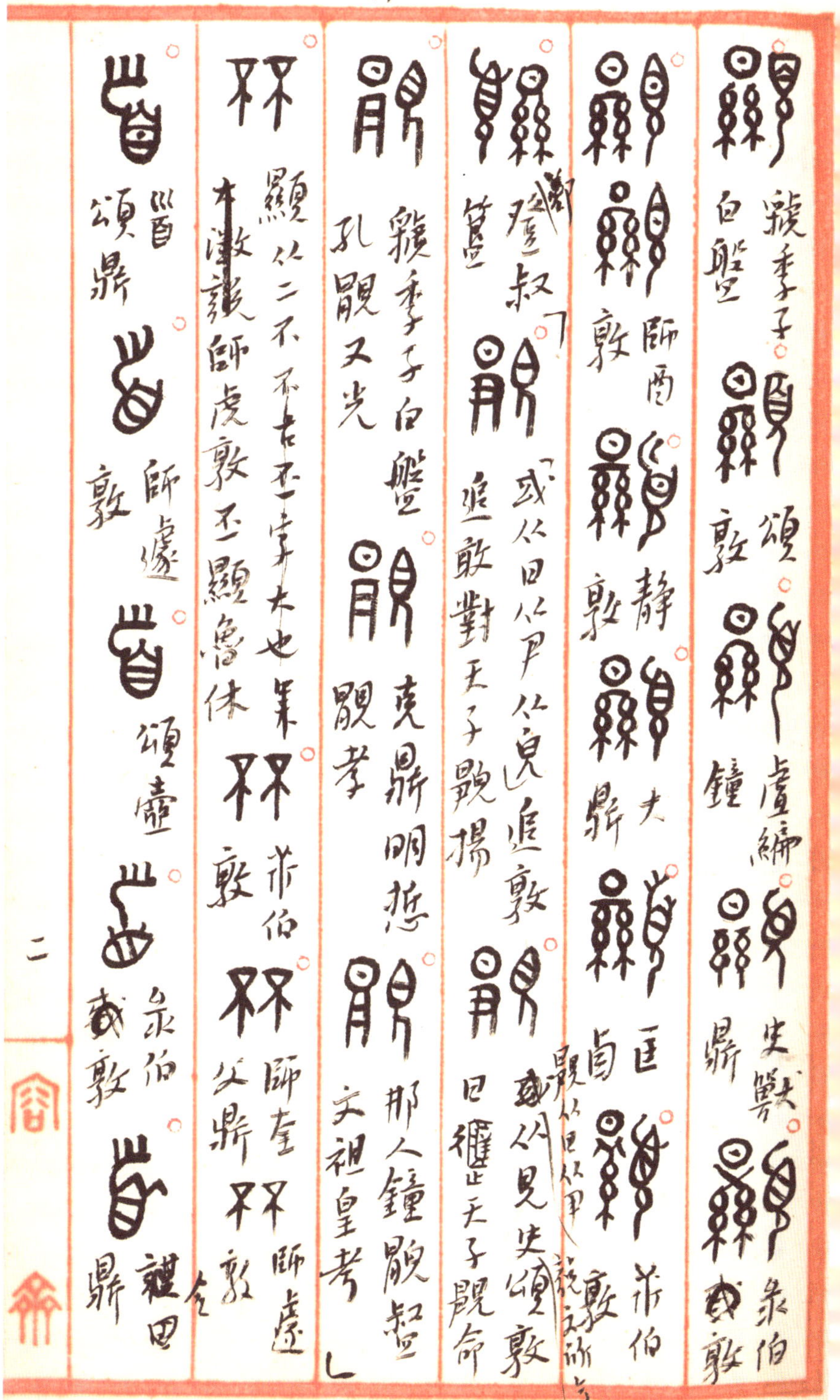

𦣻 曾鼎　𦣻 克鼎　𦣻 頌敦　𦣻 虢季子白盤　𦣻 大鼎 敦

𦣻 師寰敦　𦣻 伯晨鼎 䡅作　𦣻 師酉敦　𦣻 師艅敦　𦣻 不嬰敦

𦣻 師奎父鼎　𦣻 鄂侯鼎　𦣻 克簋　𦣻 史懋壺　𦣻 師[illegible]敦

𦣻 休盤　𦣻 大鼎　𦣻 靜敦　𦣻 芾伯敦　𦣻 師遽彝尊

𦣻 鄭[illegible]敦　𦣻 周[illegible]鼎　𦣻 周[illegible]敦

䭫 䭫今經典通用稽 師遽敦　䭫 頌鼎　䭫 頌壺　䭫 頌敦　䭫 趩尊

禮記射義再拜稽首釋文徐本作䭫

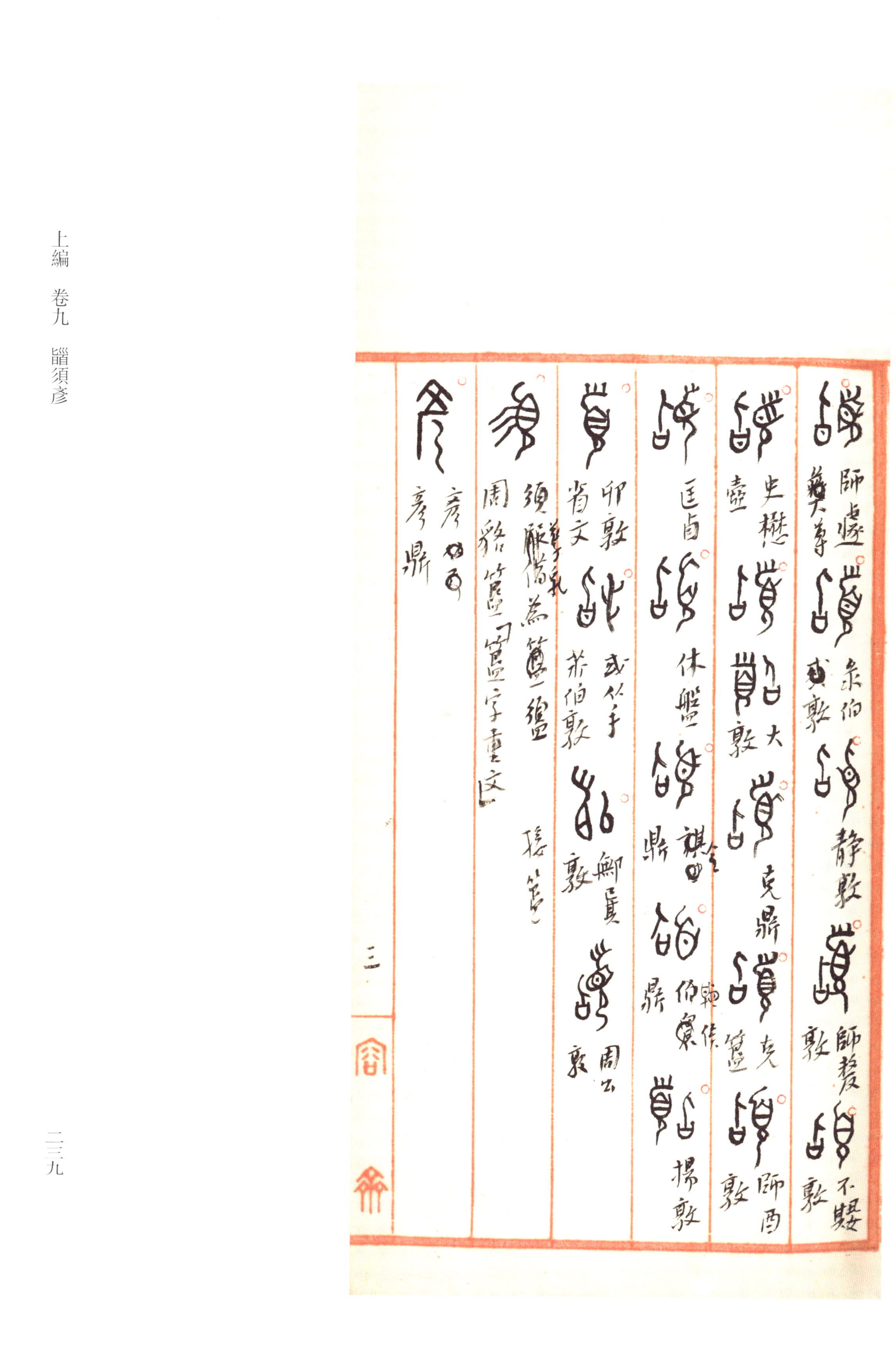

師遽彝又尊

彔伯戎敦

静敦

師嫠敦

不嬰敦

史懋壺

大敦

克鼎

克簋

師酉敦

匡卣

休盤

諆田鼎

伯䢅鼎

揚敦

卯敦省文

或从手 芥伯敦

鄦𠑽敦

周公敦

須䁐僞爲簋一盨

周雒簋一簋字重文也

孫簋

彥婦

彥鼎

三

文

聃敦

戜都鼎

君夫敦

利鼎

麦尊

趞罍

旂鼎

睘卣

文父丁匜

左敦

師害敦

段簋

是□敦

師酉敦

師趛鼎

彔敦

邢人鐘

彔敦

叔向敦

毛公鼎

趠鼎

曾伯霥簠

使族敦

虢文公鼎

王孫鐘

析尊

盂鼎文王之文从王从文

旂伯敦

婦闆卣

彔卣

司

𤔲 𤔲从𤔔从司有 許氏說𤔔治也讀若亂同 吳清卿大澂說𤔲象兩手理絲形理則治否則亂又治絲之器也疑司治二字本一字 毛公鼎

𤔲 頌鼎 𤔲 𤔲 𤔲 頌敦 𤔲 頌壺

𤔲 卯敦 𤔲 𤔲 𤔲 師嫠敦 𤔲 靜敦 𤔲 司徒司彝

𤔲 吳尊 𤔲 鄭𤔲鼎 𤔲 免卣 𤔲 毛公鼎从𤔔从司 𤔲 曶鼎

𤔲 揚敦 𤔲 師酉敦 𤔲 伯司敦 𤔲 𤔲曶大司徒匜 𤔲 空鼎 𤔲仲有𤔲小子師氏虎臣

𤔲 齊侯壺 𤔲 𤔲 𤔲 散盤 𤔲 師奎父鼎 𤔲 虞司寇壺

四

𤔲 从𤔔从司毛公鼎雩朕有𤔲小子師氏虎臣經典通作司 說文从𤔔之辭从司作𤔲與此同 𤔲移在𤔲下

南公有𤔲鼎

司寇良父壺

公伯田盤

諆田鼎　王射有𤔲眔師氏小子卿射

令

毛公鼎　司

余小子

叔向敦

大𤔲工簠

令華乳鼎

帝太保敦

盂鼎

睘卣

師田父尊

傳卣

克鐘

公代𨙶鐘

公代𨙶鼎

師酉敦

頌敦

諆田鼎

雝伯鼎

鮮㠱敦

太保克𠭯此遣

卯敦

師嫠敦

父辛卣

附入

乙亥鼎

太保敦

辛巳彝　以上三字皆古令字　象旂下持卩形　吳大澂說

移厄

卲　卲侶爲一字經典通作昭

毛公鼎侶字重文

厄　厄烏蠋也詩𠈃革金厄毛公鼎曰右厄畫轉

厄　彔伯戎敦　金厄畫轉

厄　番生敦

印　印从爪从卩象以手抑人而使之跽其誼如許書之抑其字形則如許書之印意印抑爲一字羅振玉說

曾伯霥簠　印燮鄉湯

印　毛公鼎　用印

卲皇天

卿　毛公鼎卿事寮大史寮

卿　鄦公鐘　樂我嘉賓及我正卿

卿　伯卿鼎

卿　卿卣

移下一行卿字後

主

卿爲鄉大夫禮記冠義遂以摯見於鄉大夫以鄉爲卿儀禮冠禮同古國相合也

匔

卿

卿象兩人相向就食之形 公卿之卿 鄉黨之鄉 饗食之饗 皆為一字 羅振玉說

宰峀簋 王卿酒

卿字重文 接饗

吳彝 北卿

卿尊

辟 盂鼎

克鼎

毛公鼎

善夫克鼎

師害敦

獻伯彝

子禾子釜

辟尊

鄀公匜

匍 盂鼎

匍有四方 即書金縢作敷佑四方

釋卣 伯辟父

勻 勻彝

包从子在口中象形 子即巳字 金文所記干支有乙子丁子者即乙巳丁巳也 爵文

父辛敦

爾雅釋宮 兩階間謂之鄉 注人君南鄉當階間

接向

岡

敬象人共手致敬也 吳大澂說 盂鼎

師虎敦 从口

毛公鼎 从口从攴

余義鐘

師酉敦

克鼎

邾公釛鐘

鬼从示 陳肪敦 鬼神

鬾方戈 鬾方蠻 今經典通作鬼方 鬼方國名

盂鼎 鬼方

从戈从由

畏

盂鼎 畏天畏

毛公鼎 敃天疾畏

或从攴 王孫鐘 畏忌趩趩

山象形 山父乙觶

山旦 壬爵

山父丁觚

克鼎

白叔山父簋

六

入附

移尨

[廏 seal form]

廏 从广从僕 周禮四馬有二百十四匹為廏 廏有僕夫 [illegible]讀 四鼎

[廚 seal form]

周禮地官州長以禮會民而射于州序 孟子序者射也之序 王國維謂皆廚字之譌 說文所無 新附

从木作榭 虢季子白盤 王在宣廚

爾雅榭亦謂之序 唐韻古者序榭同

[廣 seal form] 廣 廣彝

[廣 seal form] 不嬰敦

[廣 seal form] 叔向敦

[廣 seal form] 晉公盦

[廣 seal form] 叔彭 匜敦 廣

[廣 seal form] 番生敦

[廣 seal form]

[廣 seal form] 叔氏寶 [illegible]鐘

[龐 seal form]

龐 从大不从犬 許氏說龐高屋也 尨石大也 尨犬之多毛者 後人混龐字為一字 而龐字廢 是大徵 說 虘鐘

[廚 seal form]

廚 說文所無 錢大昕新附作榭 經典譌作序 禮記鄉飲酒義疏 無室謂之序 爾雅釋宮 無室曰榭 榭亦謂之序 序榭古音同在遇韻 聲類皆同 故知序為廚之譌 而周禮地官州長以禮會民而射于州序 孟子序者射也之序 亦皆當作廚也 廣韻古者序榭同 蓋久已相混而莫辨矣 虢季子白盤 王在宣廚

又陝甲謝在宮 十六年傳 成周宣謝火

移在廚下

龐　虘編鐘

龐姞彝

龐侯匜

龐侯戈

庶　盂鼎

伯庶父敦

沇兒鐘

毛公鼎

邾公牼鐘

伯庶父簋

伯庶父盨

魯子仲大司徒匜

廟　史敦

吳鼎

師兌敦

虢季子白盤

師酉敦

同敦

鄦惠鼎

趞伯敦 宗朝字重文

廟不从广

廟省作朝

厂　散盤

筍伯之从干

趞卣 王在厈

農卣

七

厤 厧 厦

厰

厰 厰玁北狄也今詩作玁狁（采薇傳北狄也）釋文玁本作獫漢書匈奴傳作獫允[redacted]㝨 季子白盤

厰

兮甲盤

厰 厰

不嬰敦

厲

厲 仲姞匜

厤

厤 毛公鼎 厤自今出入尃命于外 彔中氏簋 厤

厝

厝 厝父鼎

石

石 己侯敦

長 否 冔長鼎

肆 肆陳也列也凡縣鐘磬半為堵全為肆左氏傳歌鐘二肆注縣鐘十六為一肆郘鐘曰大鐘八肆吳大澂說

肆 或从金齊侯壺 鼓鐘一肆

勿 勿 盂鼎

勿 師酉敦

勿 齊鎛

勿 伯寛鼎 魯侯

勿 曩侯敦

勿 毛公鼎

勿 師嫠敦

昜 昜 昜叔盨

昜 曾寏伯鼎

昜 追叔彝

昜 𤼈子卣對昜王休孳乳為揚

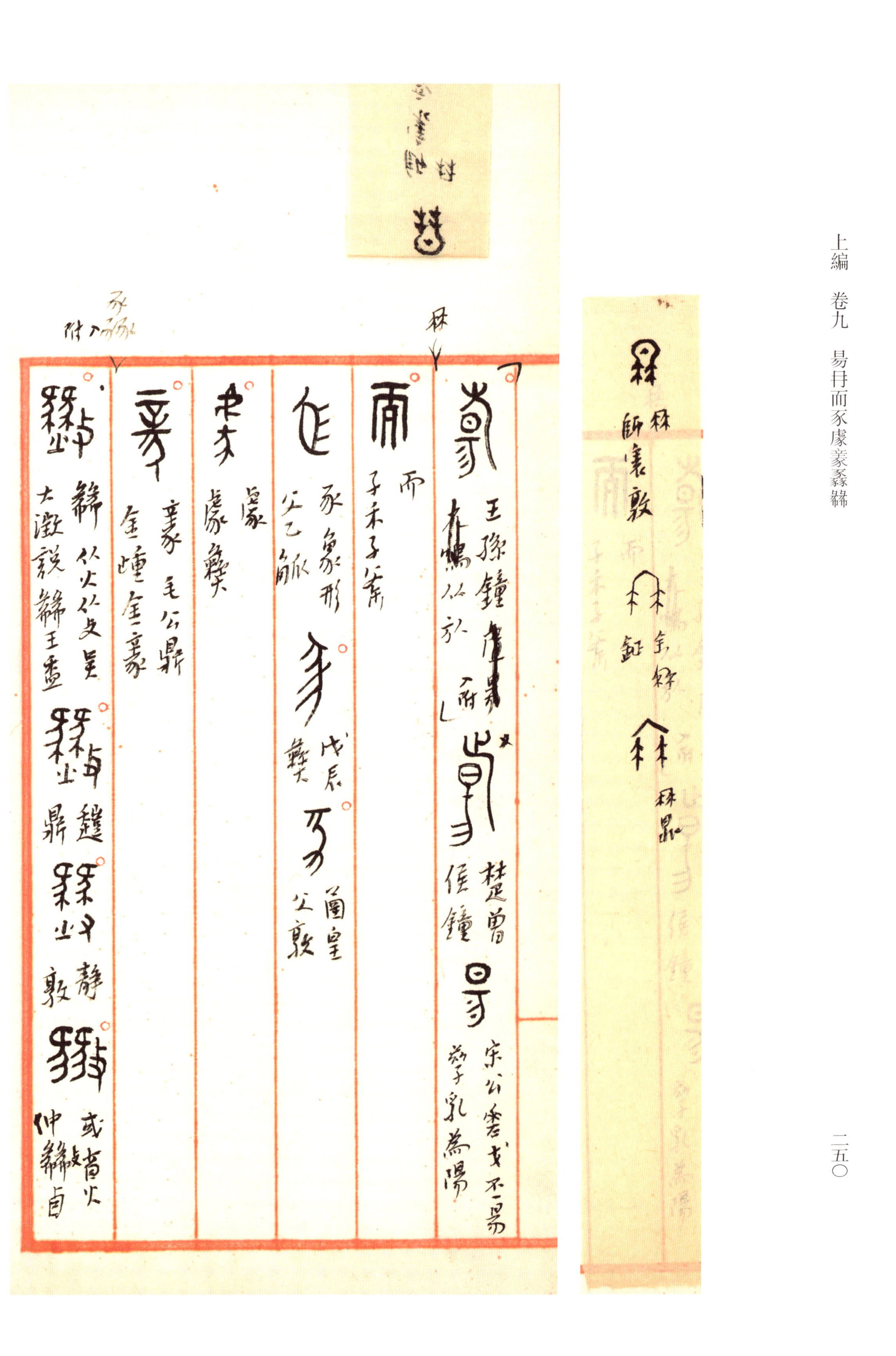

附入豕部

林

王孫鐘

从放

入附

楚曾侯鐘

宋公差戈　不昜

字乳為陽

而

子禾子釜

豕　象形

父乙甗

戊辰彝

函皇父𣪘

豦

豦彝

豪

毛公鼎

金墉金豪

从糸从火从攴

大𣪘　說　王盉

趞鼎

靜𣪘

或省火

仲卣

林

師寰𣪘

鉦

林鼎

貗　或省攴　瑀貗簋

豚　豚卣

亞　豚鼎

貉　周貉簋

貉子卣

己侯簋

昜　象形　毛公鼎

蔡子乳爲鍚

鍚甲酉女

接鍚

周公簋

象　象形　象且辛鼎

金文編卷十

東莞容庚撰集

馬　象馬頭髦尾四足之形　毛公鼎

彔伯𢦚敦

克鐘

師奎父鼎

玑鼎

盂鼎

散盤

叉卣

舀鼎

史頌敦

師兑敦

吳彝

豆閉敦

[illegible]鼎

卯敦

戊寅乍丁鼎

格伯敦

公伐郐鼎

虢季子白盤

大敦

鄦[illegible]敦

公貿鼎

右走馬嘉壺

趩鼎

守敦

駒　師奎父鼎

盠駒尊

駒侯御晨鼎

附入

馮　姞馮句鑃

驅

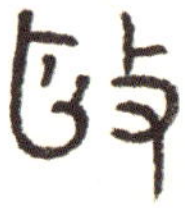
驅从攴　師寰敦
毆孚士女牛羊

薦　鄭楙伯作叔帶薦鬲

卅八

瀘　季匜鼎　瀘保先王　与万瀘朕

命之瀘　同瀘　㿻為一字　盤之重文

鹿　貉子卣

鹿　說文　象形頭角四足之形　是也　又云鳥鹿足相似　从匕非

麋　師害敦

麋　麋侯鐘

麗　陳丽戈

㲋　冊季㲋卣

說文　辨書　㲋　㲋鼓　傳寫之譌　玉篇　有㲋　與㲋可證

逸　齊陳曼鼎　不敢逸康

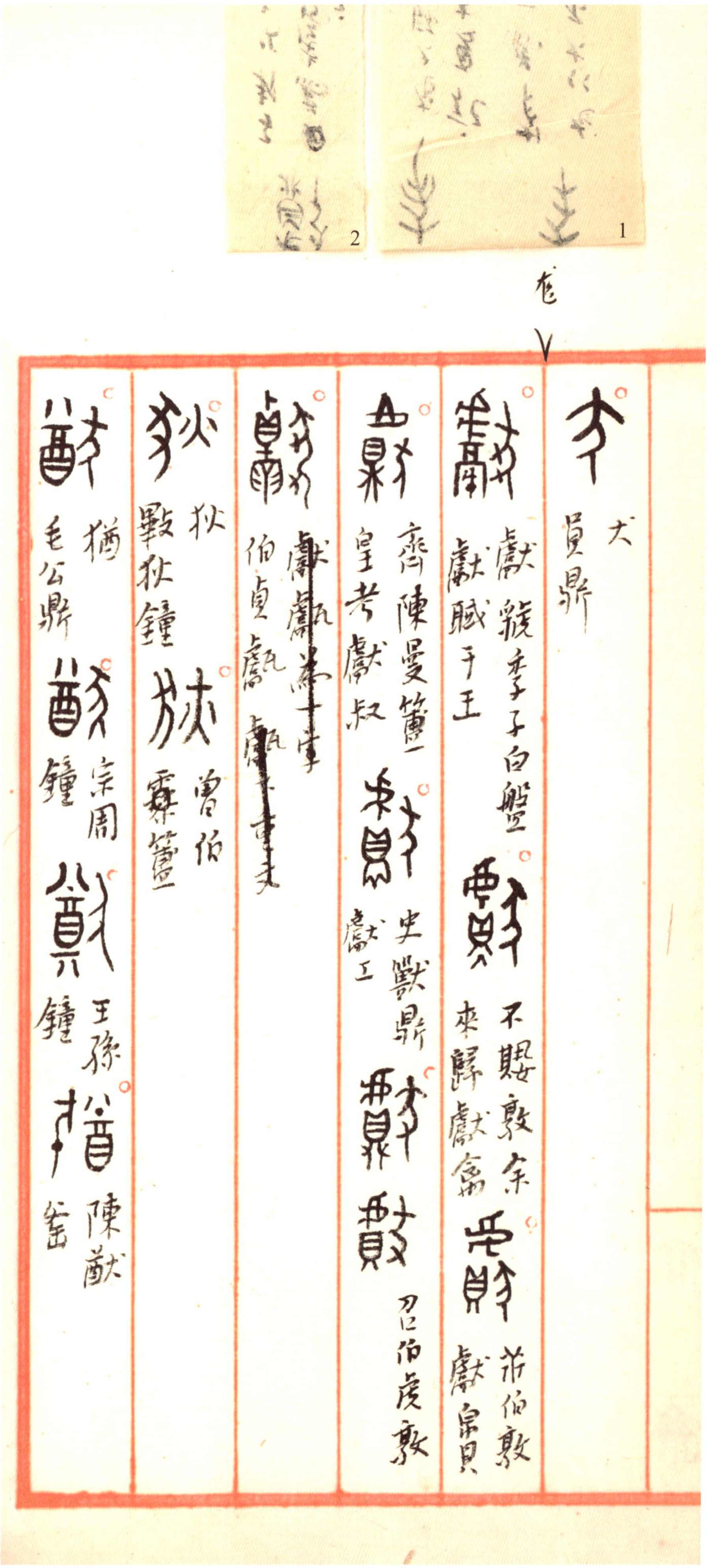

犬
員鼎
尨
獻
季子白盤
獻于王
不嬰敦
來歸獻禽
獻帛貝
齊陳曼簠
皇考獻叔
史獸鼎
獻工
召伯虎敦
狄
戰狄鐘
曾伯霖簠
猶
毛公鼎
宗周鐘
王孫鐘
陳猷釜

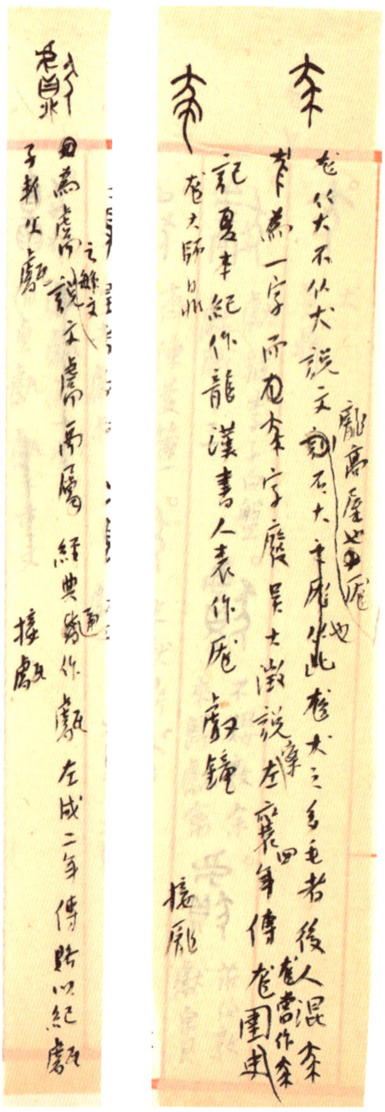

2
1
據獻
據尨

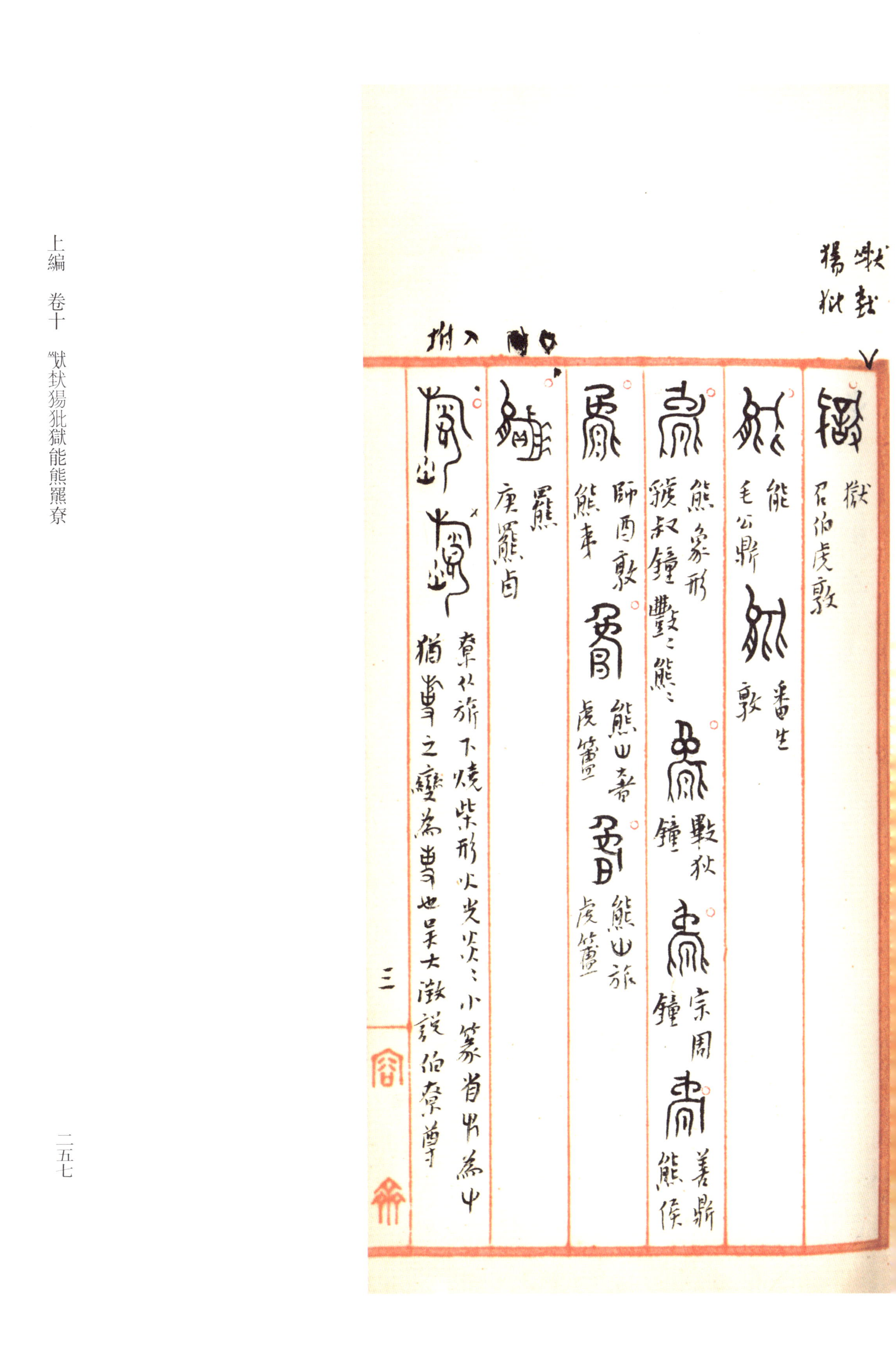

𤞞犾
猲狘

附入

獄　召伯虎敦

能　毛公鼎　番生敦

熊　象形　猴叔鐘　豐豐熊熊　戰狄鐘　宗周鐘　善鼎　熊侯

師酉敦　熊車　熊山簋　虘簋　熊山旅　虘簋

羆　庚羆卣

尞　从旅下燒柴形火光炎炎小篆省火爲巾　猶𡘋之變爲𡘋也　吳大澂說　伯尞尊

三

移烝

然　然虎敦　羅振玉釋　入附錄

燔　从火从采省　采古番字　吳東發說執膰以祭謂之燔　鄦惠鼎　燔于圖室

烝　从米从豆兩手持之以獻也　吳大澂說　盂鼎　有𠂤烝祀

烝　盂鼎　烝四方　省廾

烝　段簋　王鼒畢烝

烝　大師虘豆　作烝障豆

烝　陳侯因資敦　以烝以嘗　或从米从火

烝　姬鼎　用烝用嘗　或从米从火从艸　从米

烝　陳侯午敦　以烝以嘗

移登

熬　熬　芍熬壺

媵
燅
入附

光 庶字从比 毛公鼎
亦毛公鼎文
虢季子白盤
齊伯彝

編鐘

咸不从火 今經典通用減
師寰敦 咸淮夷

熙不从火
齊侯敦 熙字重文

黑
鑄子叔黑匠簠

㥯从丨在心上示心之多遽㥯㥯也 許書（說文）云从心从㐭㐭當是丨之變 又云㐭亦聲 不由指事而變為形聲矣 克鼎㥯𨺅

乃心又云錫
蔥 萬生敦 蔡子乳為蔥 錫朱市㥯黄
宗周鐘 蔡子乳為鏓
蔥 萬生（重文）
鏓（重文）

女叔市參冋莽㥯

四

蔡子乳為蔥 毛公鼎朱市蔥㥯黄即禮記玉藻三命赤韍蔥衡 再蔡子乳為纔 說文帛青色也

又蔡子乳為鏓 宗周鐘倉倉鏓鏓 說文云鏓鎗鏓也 謂鐘聲

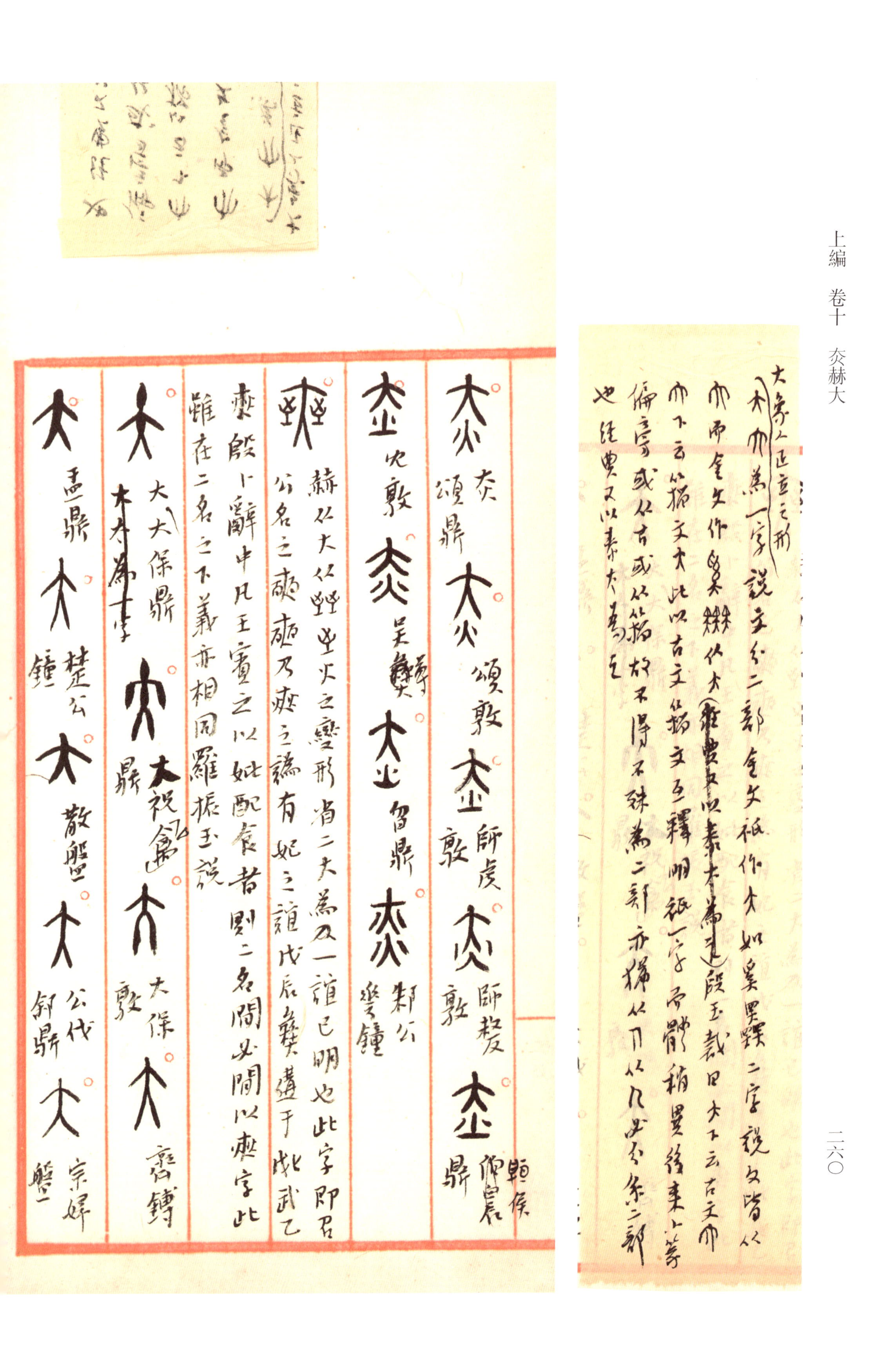

大象人正立之形　大亣爲一字，說文分二部，金文祇作大，如奚昊二字，說文皆从亣，而金文作奚𡘋从大。段玉裁曰：大下云古文大，亣下云籀文大，此以古文籀文互釋，明祇一字而體稍異，後來小篆偏旁或从古或从籀，故不得不殊爲二部，亦猶从儿从人必分系二部也。經典又以泰大爲之。

夵　頌鼎　頌敦　師虎敦　師嫠敦　鼎　𩰫侯　御宫

伯敦　吳彝　留鼎　鄭公𦉾鐘

赫从大从㚘，㚘火之變形，省二大爲及，一誼已明也。此字即召公名之奭，奭乃奭之譌，有妃之誼。伐辰彝遣于𣪘武乙奭，殷卜辭中凡王賓之以妣配食者，則二名間必間以奭字，此雖在二名之下，義亦相同。羅振玉說

大　大保鼎　大亣爲一字　鼎　大祝禽鼎　大保敦　𪓉鎛

盂鼎　楚公鐘　散盤　公伐郘鼎　宗婦盤

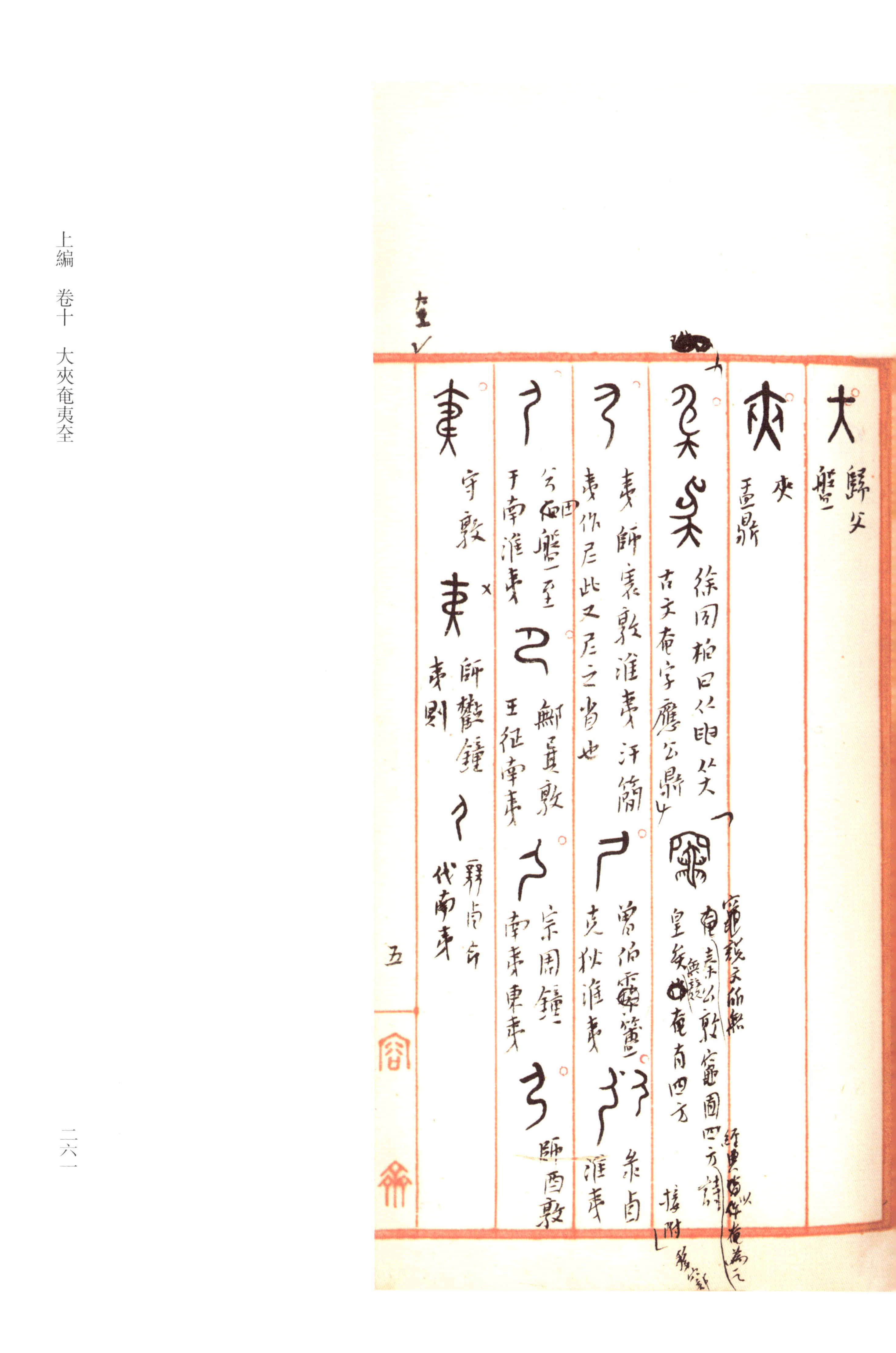

大
歸父盤

夾
夾
王孟鼎

徐同柏曰从申从大古文奄字
應公鼎

皇矣（無錫鼎）奄有四方
秦公敦 宜奄固四方
宜　錢文所無　經典皆以奄為之
接附

夷
師袁敦 淮夷 汗簡
夷作尸此又尸之省也
曾伯霥簠 克狄淮夷
彔卣 淮夷

公伐盤 至于南淮夷
鄦𡡉敦 王征南夷
宗周鐘 南夷東夷
師酉敦

守敦
師𩐀鐘 夷則
彝卣 伐南夷

五

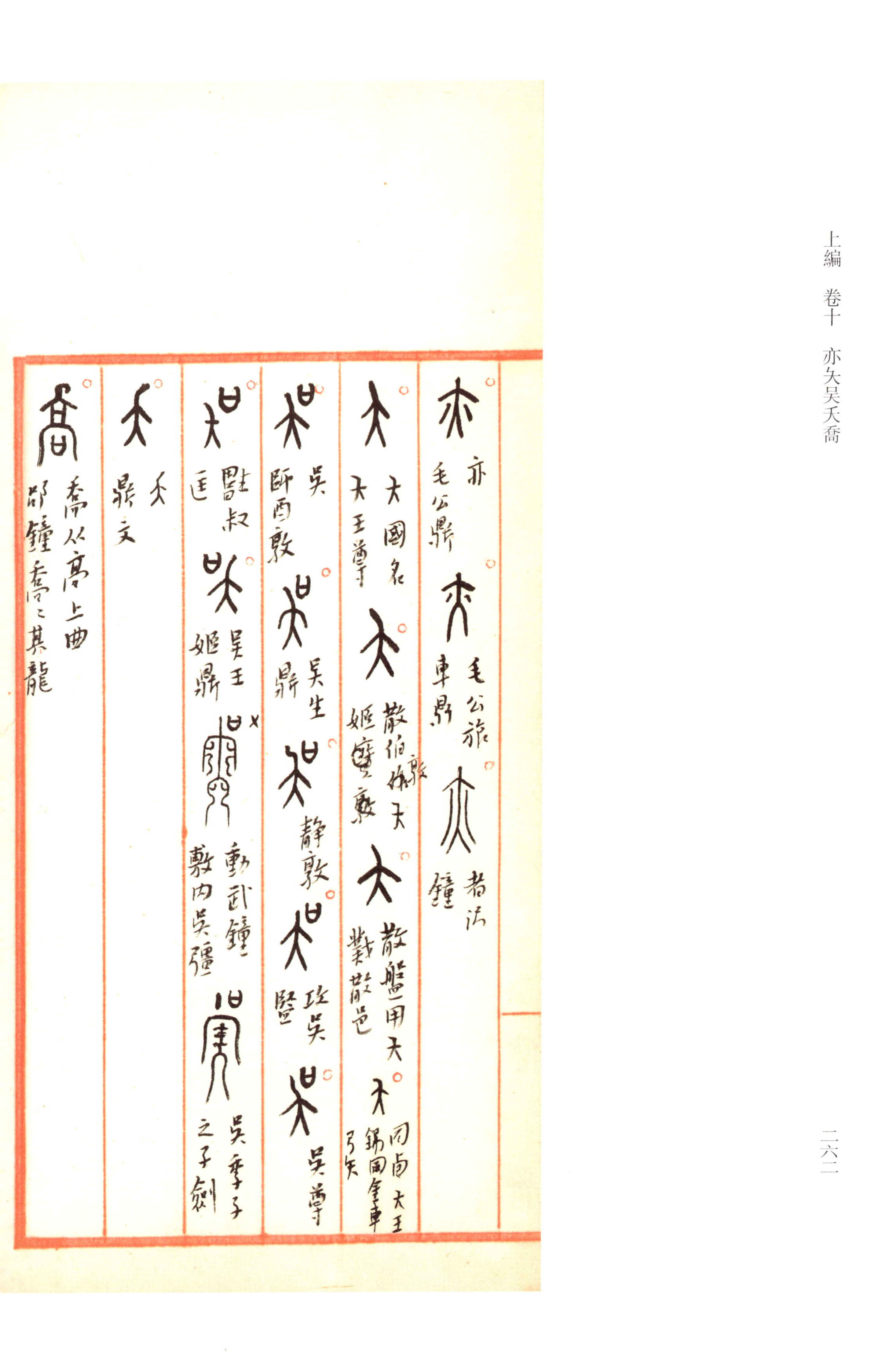

亦　毛公鼎

毛公旅車鼎

者沪鐘

夨國名　夨王尊

散伯作夨姬寶敦

散盤用夨撲散邑

同卣夨王錫同金車弓矢

吳　師酉敦

吳生鼎

靜敦

班吳盨

吳尊

醫叔匜

吳王姬鼎

動武鐘敷內吳疆

吳季子之子劍

夭　鼎文

喬从高上曲　邵鐘喬喬其龍

奔 从三走省 壺鼎

效卣

克鼎

龍伯戟

交 交君子簠

交𦰡

周公𣪘

壺 中伯壺

鄭孟壺

師望壺

虞司寇壺

芮公壺

魯侯壺

觴 韓仲侈壺

宰𢔶氏壺

呂王 曩鄙壺

齊侯壺

山 公壺

公熱壺

杞伯壺

司寇良父壺

天姬壺

或从金 盦皇父敦

或从攴 伯壺

周[illegible]壺

執
[illegible]田盤

父甲鼎

散盤

虢季子白盤

或从丮
師寰敦

或从女𡢁
不𡢁敦

盩
史頌敦
盩于成周

報
召伯虎敦

奢
奢虎簠

曰奢敦从大从者
者當即者之省

附

𢀭 从㚔从中 新氏說文
虢季子白盤
徽執

盩孳乳為盩，与戾通。說文盩弼戾也，讀若戾。漢書凡戾多作盩。爾雅釋詁：戾，至也。史頌鼎盩于成周。

姑

吳 吳从口从大 師吳父敦 吳 單伯吳生鐘

奚 爵文 奚 卣文象人戴𡗗形奚隸之役也周禮奚四人注奚女奴也漢書東方朔傳注師古曰寠數戴器也以盛物戴於頭者則以寠數薦之今賣白團餅人所用者也 吳大澂曰古㚇字与奚同意當亦象女奴戴器形故寠數皆从㚇 奚 觚文 奚 丙中角

㗊 㗊从三夫 艾伯鬲㗊地名

夫 夫 盂鼎 夫 散盤 夫 邾公牼鐘 夫 善夫克鼎 夫 大敦

七

竝
𢙐
立 父丁卣
立 爵
立 羊
頌鼎 立中廷 王各大室即立
竝 爵文
𪕦 師寰敦 余用作𢆶男𪕦𪕦障敦
孫詒讓說曰以𪕦當為臘之省 禮記鄭注臘謂以田獵所得禽祭也
心 齊鎛
克鼎
王孫鐘
散盤
悳 陳侯因資敦
慎 邾公牼鐘

1

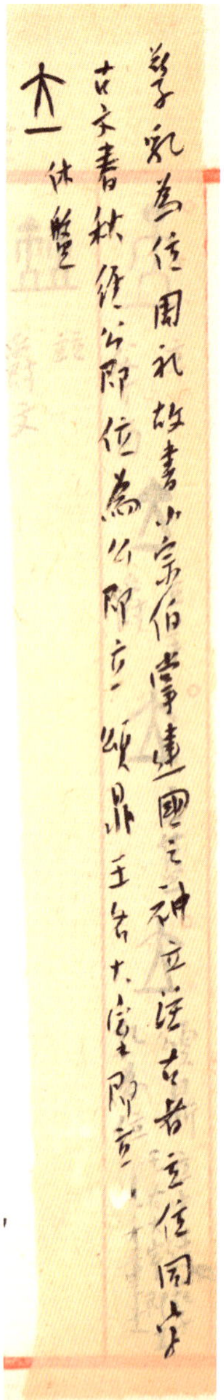
古者立位同字
古文春秋經公即位為公即立
頌鼎王各大室即立
立 休盤

2

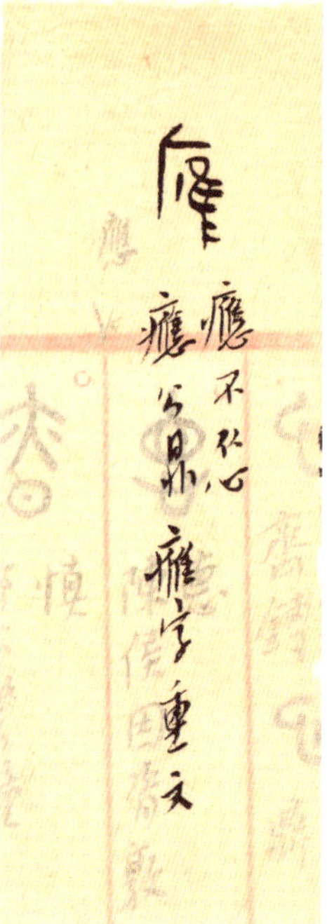
𢙐
應 不从心
應公鼎

念 單敦

毛公鼎

周公孫子鼎

父辛卣

夌鼎

者沪鐘

憲 憲省心 不从心 召伯父辛鼎

邦人鐘

伯憲盉

憲志角

慶 召伯虎敦

𢦏叔慶父鬲

愙从客从心 春秋傳曰以陳備三愙 愙當即客之異文 二王之後謂之客 周封三客虞夏商之後也 吴大澂說 周愙鼎

懋 史懋壺

卯敦

宂卣

宰寰

慕　陳侯因資敦

惄　取脩淑……亦淑　爾雅釋詁思也
沇兒鐘　郘……　攆叔

恁　王孫鐘

悆　經……用悆……
無悆……　季悆鼎
鄭虢仲鼎

愉

惷　从舂省　毛公鼎

忐　陳侯午敦

嬰　嬰从其从嬰　嬰古文丮字象人跽而執事之形　古文以爲忌字王國維說　王孫鐘畏嬰趩趩

嬰　不嬰敦　嬰

忌　邾公牼鐘　戴龏威忌

忌　邾公華鐘　威忌盄穆

忌　歸父盤

慇　慇不从心　毛公鼎敃字重文

愉　愉　詩唐風他人是愉　傳曰愉樂也　今本作偷　以爲病瘉之瘉　此且　魯伯愈父鬲

慈

九

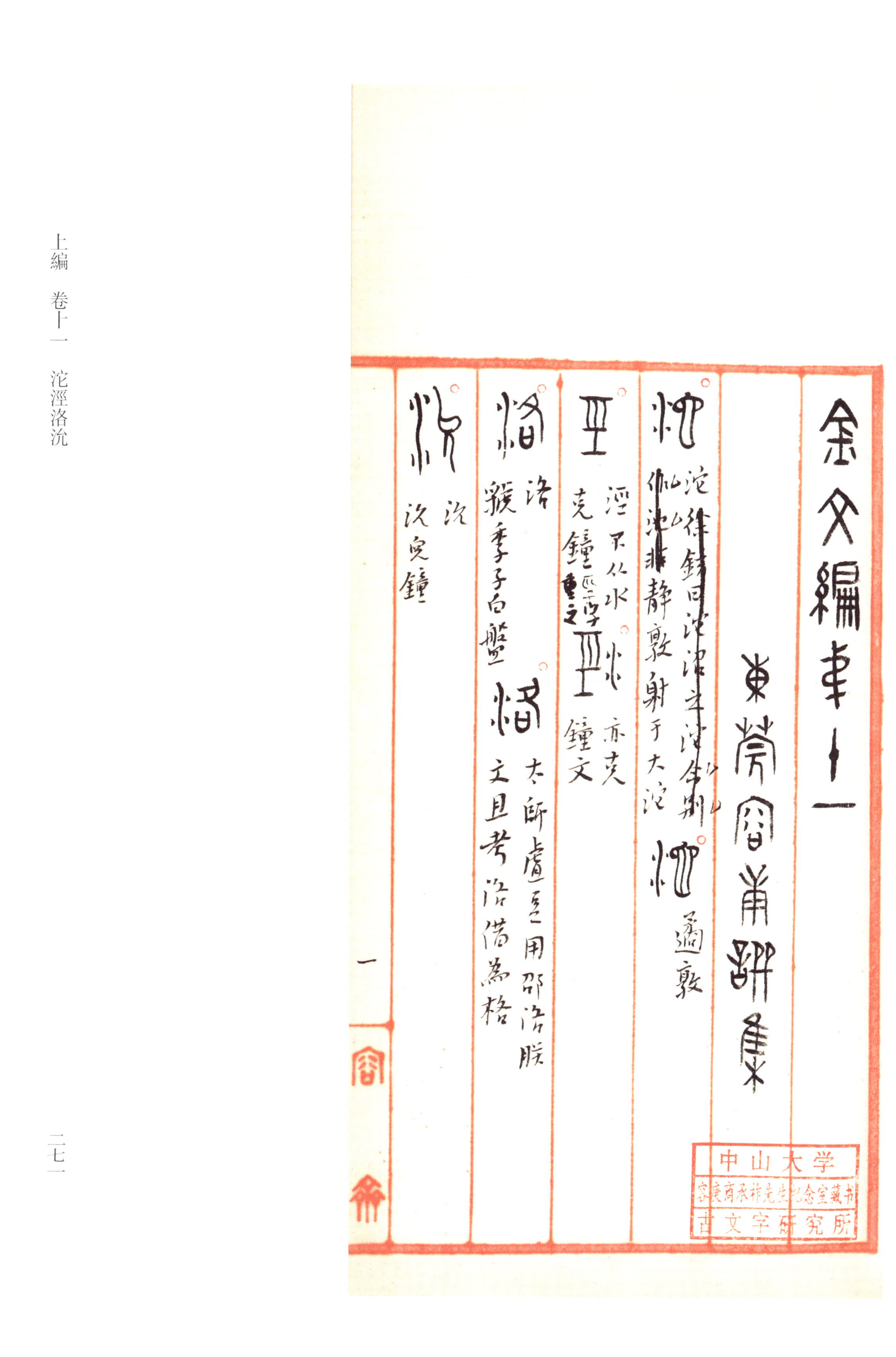

金文編卷十一

東莞容庚譔集

沱　静敦　射于大沱

遹敦

涇　不从水　克鐘

亦克鐘文

洛　虢季子白盤

太師虘豆　用邵洛朕文且考　洛借為格

沇　沇兒鐘

一

[篆] 灌不从水 周禮大宗伯注祼之言灌灌以鬱鬯 説文祼灌祭也 是灌即祼 御尊灌京即詩祼將于京也 鄭業斆説

[篆] 效卣 王灌于嘗

[篆] 淮 散盤 [篆] 兮田盤 [篆] 師寰敦 [篆] 或从水从唯 曾伯霥簠

[篆] 濼 濼邢侯尊以爲樂字 虘鐘 樂字重文

[篆] [篆] 洹 齊侯壺 洹子孟姜 今左傳作桓子

[篆] 沽 散盤至于大沽 舊釋作湖 嘗釋作湖

稿下

淖 潮 朝為一字 陳侯因資敦 朝𬁡重文

滔 滔□口罍

浧 浧伯卣

淑 不从水 寡子卣 叔字重文

清 國差甔 俾旨俾清 清从水之靜 讀清清為青之

[illegible] 說文 [illegible] 古書以 任賢

沙 寰盤 𦃝必彤沙

休盤

鄦惠鼎

湛 毛公鼎

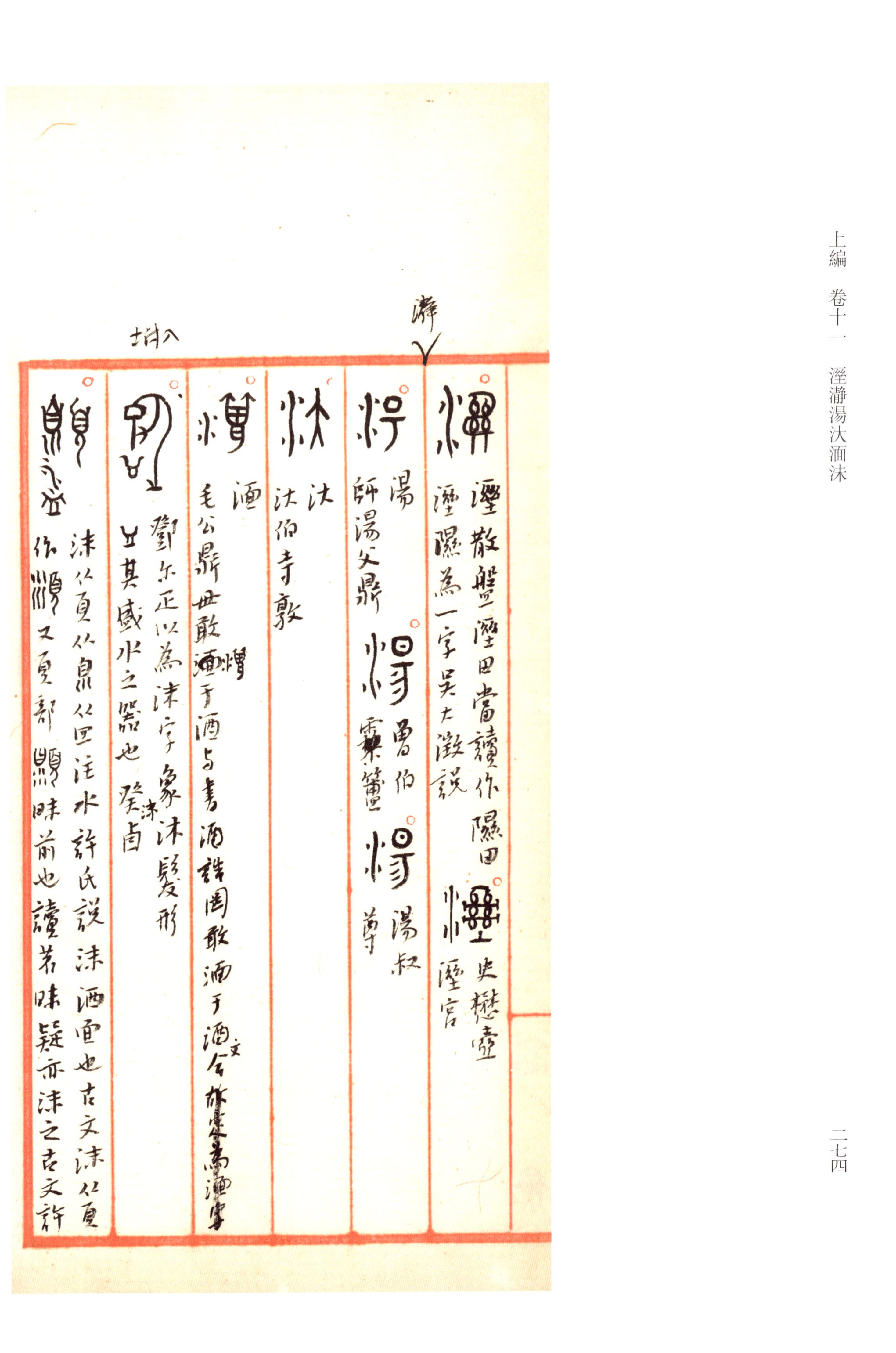

滯

卅八

涇　散盤　涇田當讀作隰田

涇隰為一字吳大澂說

涇　史懋壺

涇宮

湯　師湯父鼎

魯伯　霝簠

湯叔　尊

汏　汏伯寺敦

湎　毛公鼎　毋敢湎于酒與書酒誥罔敢湎于酒文合故定為湎字

劉尔正以為沫字象沫髮形

皿其盛水之器也　癸卣（沫）

沫从頁从臬从皿注水許氏說沫洒面也古文沫从頁

作湏又頁部顋昧前也讀若昧疑亦沫之古文許

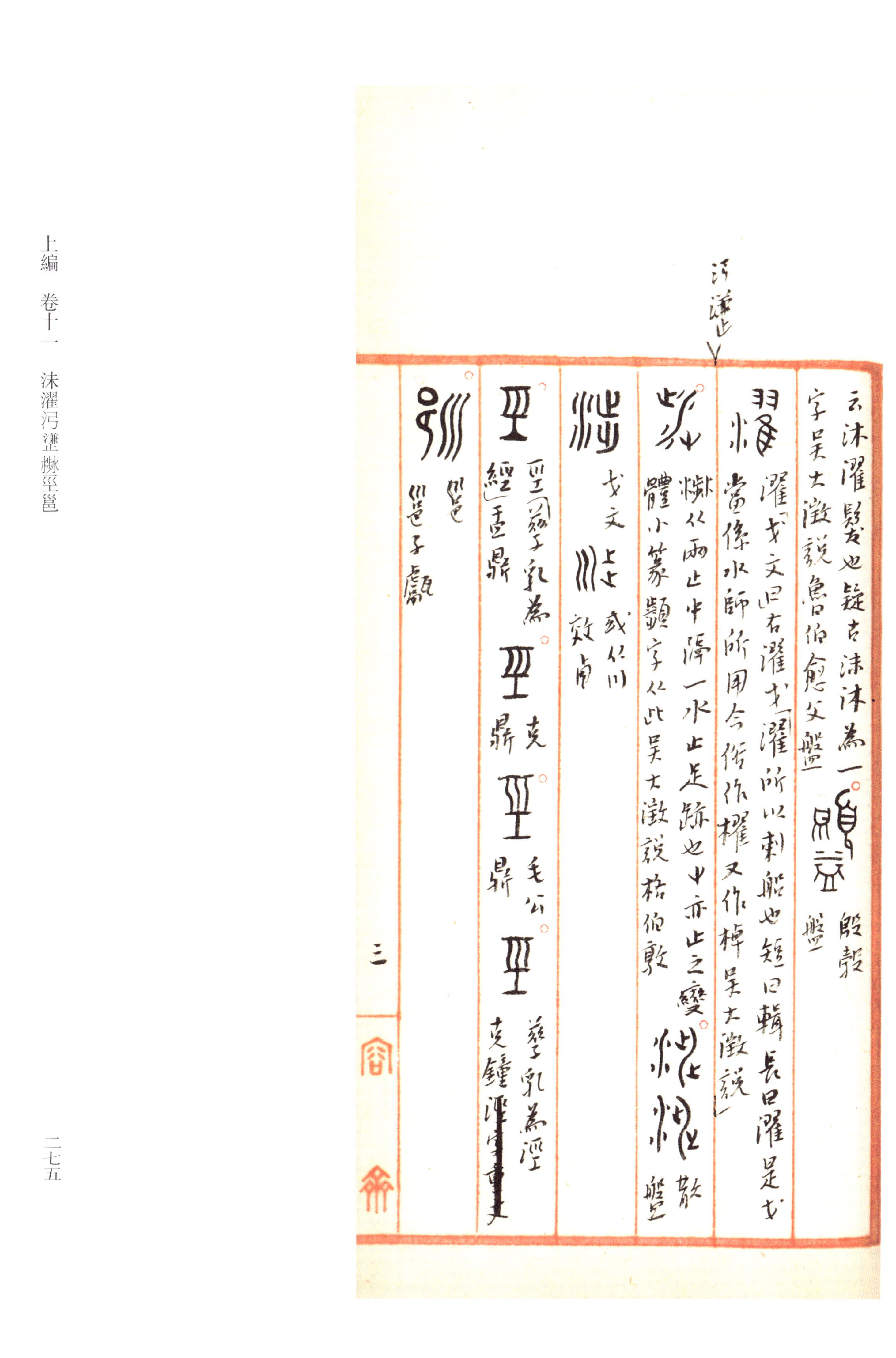

云沫濯髮也疑古沬沐爲一　殷敦

字吳大澂說魯伯愈父盤　盤

濯古文曰右濯古濯所以刺船也短曰楫長曰濯是古

當像水師所用今俗作櫂又作棹吳大澂說

汅湹止

𣽅从雨止中滯一水止足跡也中亦止之變　散盤

體小篆顯字从此吳大澂說格伯敦

古文　或从川　效卣

巠孳乳爲經　盂鼎

克鼎

毛公鼎

孳乳爲巠　克鐘

邕

邕子甗

三

侃 兮仲鐘 用侃喜前文人

𪒠狄鐘

叔氏鐘

吴生鐘 或从水

侃嬶 戈

叔娀 敦

州 象水中可居之地 散盤

伯州 戈

周公𣪘 州人

原灥原 从泉 散盤

克鼎

永 史頌敦

毛公鼎

師虎敦

史𡛤鐘

頌鼎

頌壺

沇兒鐘

王子申㽙盖

𡨦鼎

子璋鐘

楚子簠
干氏叔子盤
公代郐鼎
伯司敦
史頌匜

鄀公䀇鐘
陳侯簠
宗婦鼎
叔台敦
虘鐘

曾鼎
師杢父敦
齊陳曼簠
季念鼎
齊鎛

仲𠂤伯匜
鄦侯敦
鄭南姬鬲
庚羆卣
鄀友父鬲

伯孝𩠹簋
大舍公姬敦
格伯敦
量侯敦
姑口句鑃

𥝌伯匜
剌鼎
中伯壺
己侯敦
鄀討鼎

四

敄叔敦

魯伯俞父簠

楚公鐘

鄭饔邍父鼎

䣄伯達敦

杞伯敦

永宮鬲

呈彝 第

大敦

仲殷父敦

番君鬲

格伯作晉姬敦

南旁敦 戒理毋

散伯敦

叔賓父簠

王人甗

姞氏敦

条敦

或从止　不嬰敦

杞伯敦

杞伯鼎

叔向父敦

伯七鼎

或从羊作羕

鄦子簠

子縈舟

陳逆敦

羕

羕通永 与羕為一字 詩漢廣江之羕矣毛詩作永 又說文永与羕同訓

羕史尊 水長羕為永之或體

谷

谷

格伯敦

雨

雨

楚公鐘

雷

雷靁之如連鼓

楚公鐘 楚夜雨雷

電

雷

番生敦 廣雅釋言霝令也

霝

霝頌鼎 霝終猶言令終古吉語也

霝

頌敦

霝

追敦

霝

霝尊 敦

五

雽

入卅

霝　鄀公釗鐘

霝　歸父盤　霝命難老

霝　伯𠱾中父盨　孝孔煮鐳

零　零从雨从卩　格伯𣪘　零谷地名

扁　扁　聿扁壺

雩　雩經典皆作粵　尔雅釋詁粵曰也又於也　盂鼎　雩殷正百辟　粵字重文　接粵

魚　魚象形　魚父庚尊

魚　伯魚鼎

魚　伯魚卣

魚　伯魚𣪘

魚　伯魚𣪘

魚　魚父癸壺

魚　魚父癸鼎

魚　魚父乙尊

魚　魚爵

王國維曰雩之為粵猶霸之古文譌為𩃬也許君不悟因以雨之譌爲於雨部收雩字於亏部又收粵字失之矣

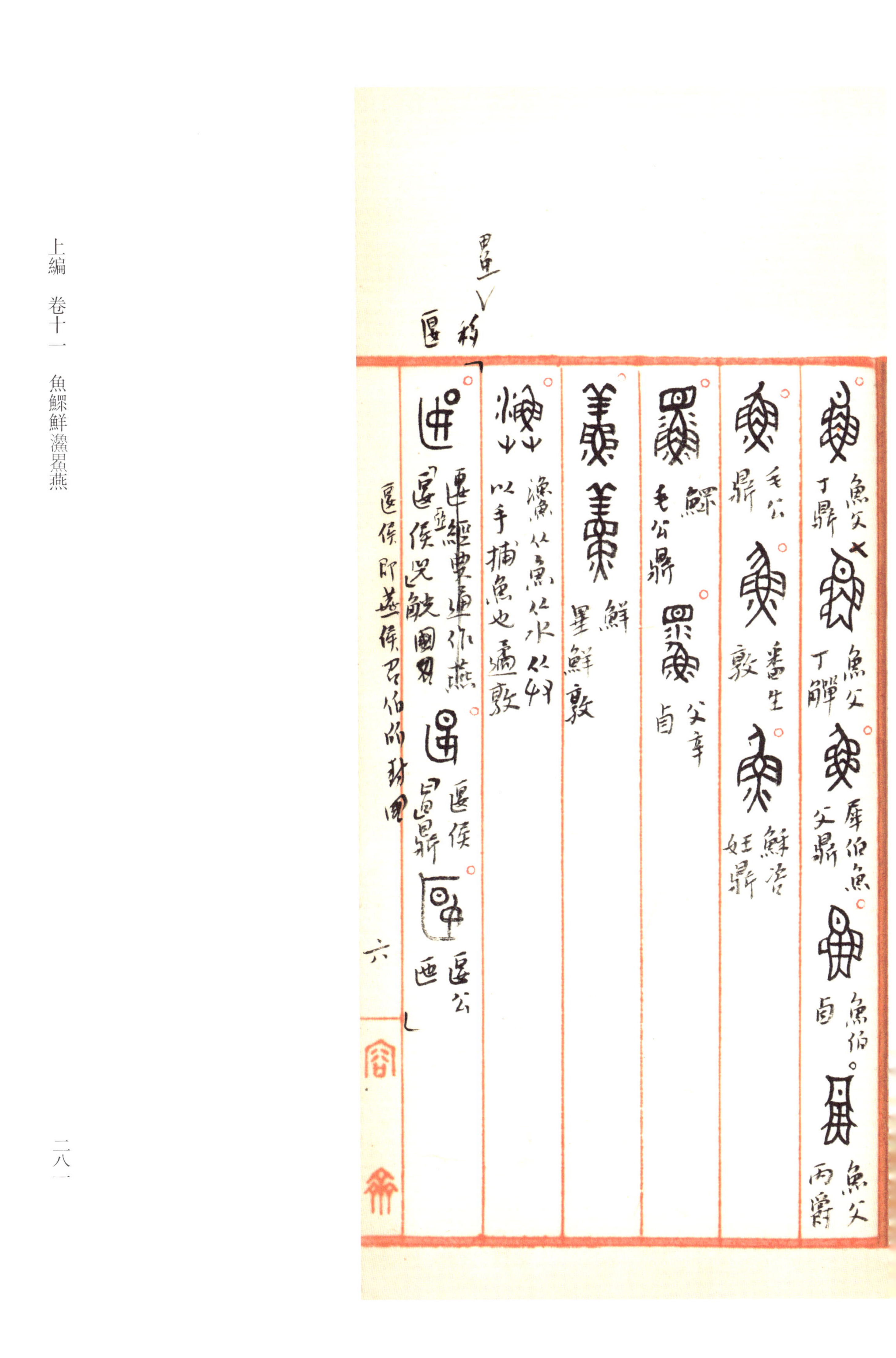

匽　移　曐

魚父丁鼎　魚父丁觶　犀伯魚父鼎　魚伯卣　魚父丙爵

毛公鼎　番生敦　鮮𠱾姪鼎

鱳　毛公鼎　父辛卣

鮮　曐鮮敦

瀪　从魚从水从廾，以手捕魚也。瀪敦

𩵦　經典通作燕　匽侯旨鼎　匽侯旨鼎　匽公匜

匽侯即燕侯，召伯所封國

六

（篆）龍 郘鐘　（篆）龍伯 戟

（篆）龔不从龍異字重文 盂鼎 敄未从龔異器

（篆）（篆）號叔鐘儼在上龔在下　（篆）邾伯 敦

移異

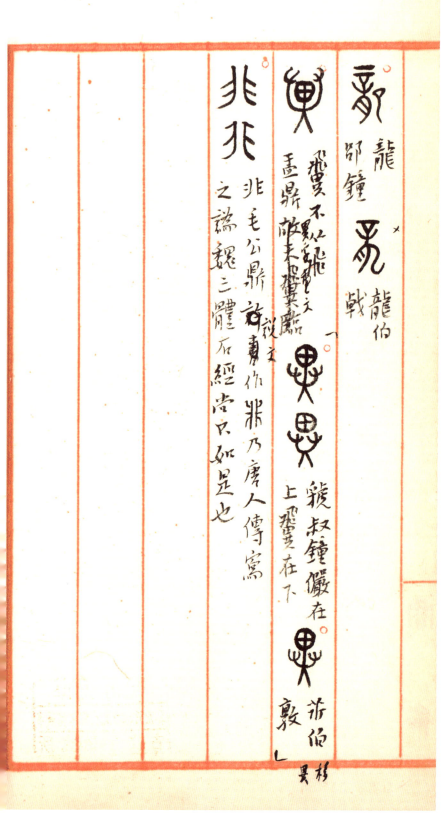

（篆）（篆）非毛公鼎 許說文書作非乃唐人傳寫之譌魏三體石經當只如是也

金文編卷十二

東莞容庚編集

孔　孔鼎

曾伯霥簠

虢季子白盤

史孔和

不　孳乳為丕　孟鼎

虢季子白盤

頌鼎

邾公牼鐘

井人鐘

虢叔鐘

齊陳曼簠

齊陳曼鼎

王孫鐘

鄦侯敦

不巨

不降

斉

毛公鼎　王若曰父厝不顯文武

書文侯之命作王若曰父義和丕顯文武

振玉

2

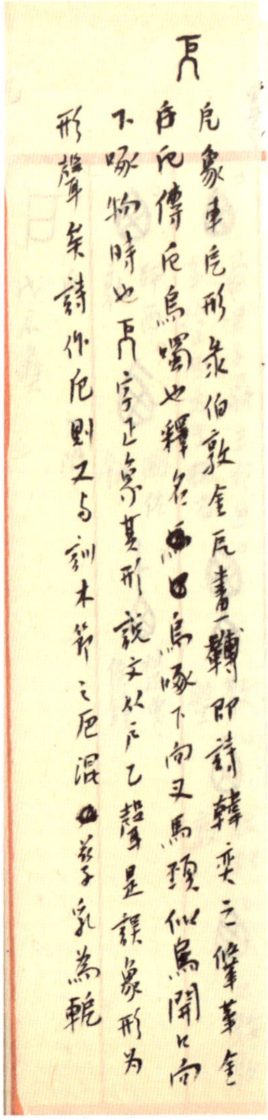

1

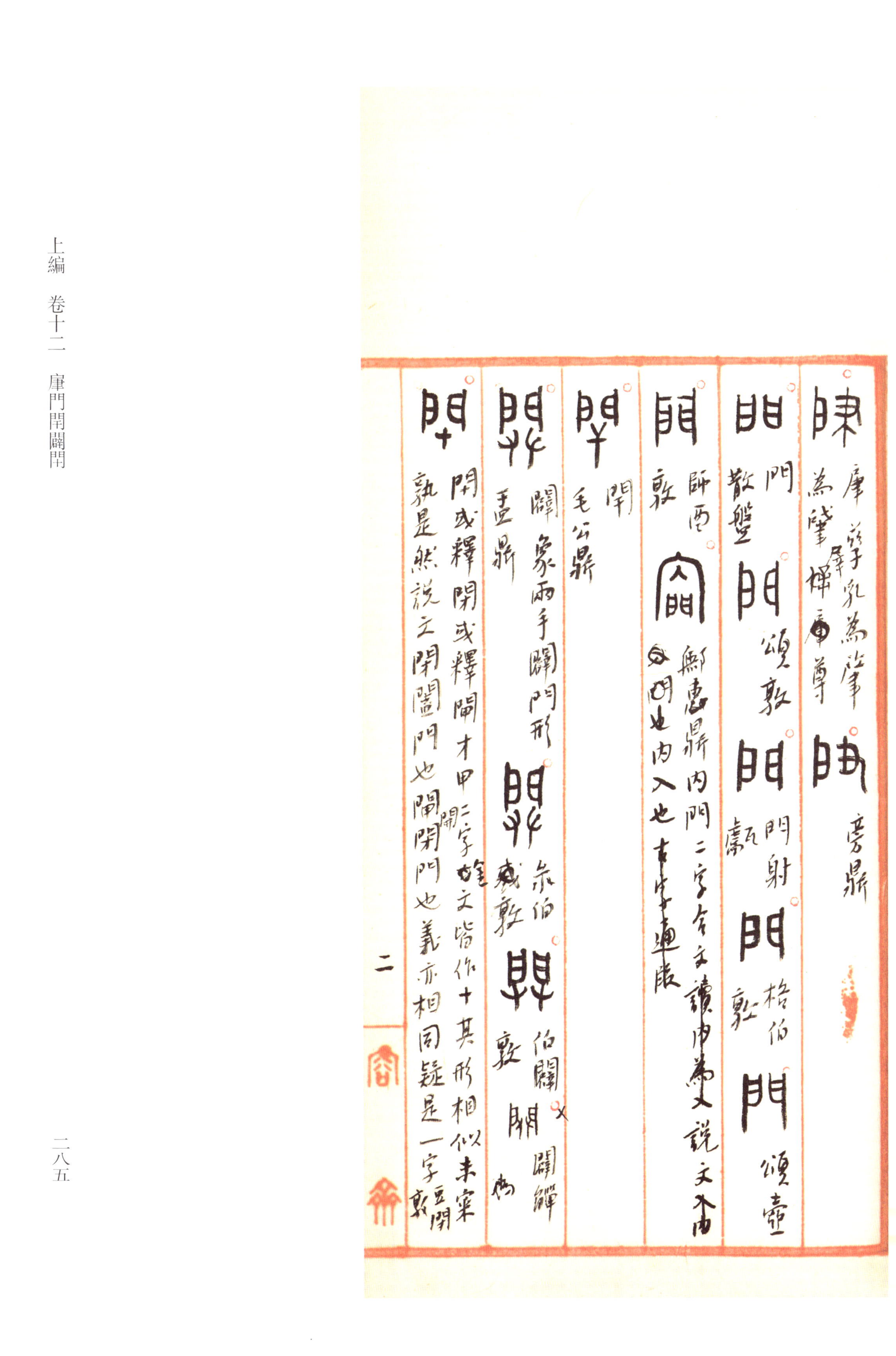

庫 孳乳為肇 為肇 肇 庫尊

旁鼎

門 散盤

頌敦

門射 甗

格伯 敦

頌壺

師酉 敦

鄦惠鼎內門二字合文讀內為入說文入內也內入也古字通用

閈 毛公鼎

闢 象兩手闢門形 盂鼎

彔伯 戎敦

伯闢 敦

闢 闢鐸 鬲

閈或釋閑或釋闡才甲二字閈合文皆作十其形相似未審孰是然說文閈閭門也闡閑門也義亦相同疑是一字 豆閉 敦

二

闟闗

附入

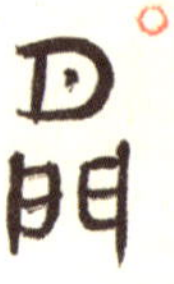

閒

宗周鐘

闌

王孫鐘

闌=龢鐘

鄂侯鼎

馭方休闌

或从閒从柬

宰椃角王在闌

燡獸彝

王客于闌

闗

陳猷釜

左闗之釜

陳介祺曰古聑字聑敦

武王世系毛叔聑所作

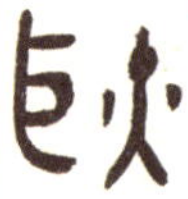

耿

毛公鼎

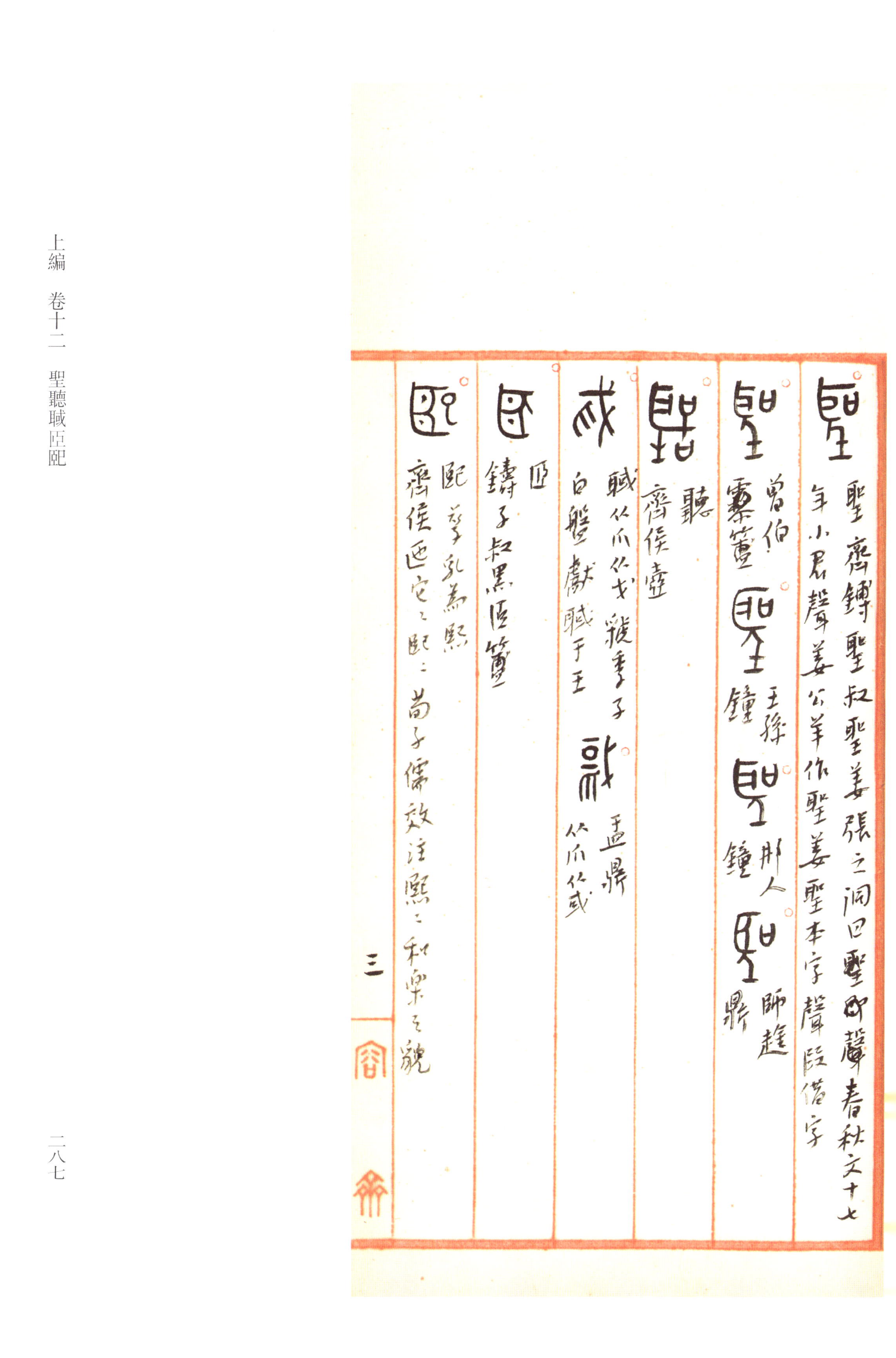

聖　齊鎛　聖叔　聖姜　張之洞曰聖即聲春秋文十七年小君聲姜公羊作聖姜聖本字聲叚借字

曾伯霥簠　王孫鐘　邢人鐘　師趛鼎

聽　齊侯壺

聝　从爪从戈　虢季子白盤　獻聝于王

盂鼎　从爪从或

匜　鑄子叔黑匜簠

配　𦵹乳為熙　齊侯匜　它之配之　荀子儒效注熙之和樂之貌

三

手 師嫠敦 彔伯戜敦 不嬰敦 卯敦 泝伯敦

捧 頌鼎 師奎父鼎 伯晨鼎 頵作 褀田鼎 气 師遽彝 尊

師遽敦 吳彝 宄鼎 泝伯敦 不嬰敦

大鼎 大敦 師酉敦 寰盤

曶鼎 克鼎 趠鼎 鄭𠭯敦 靜敦

師嫠敦 彔伯戜敦 友敦 从頁 匡卣 周公敦

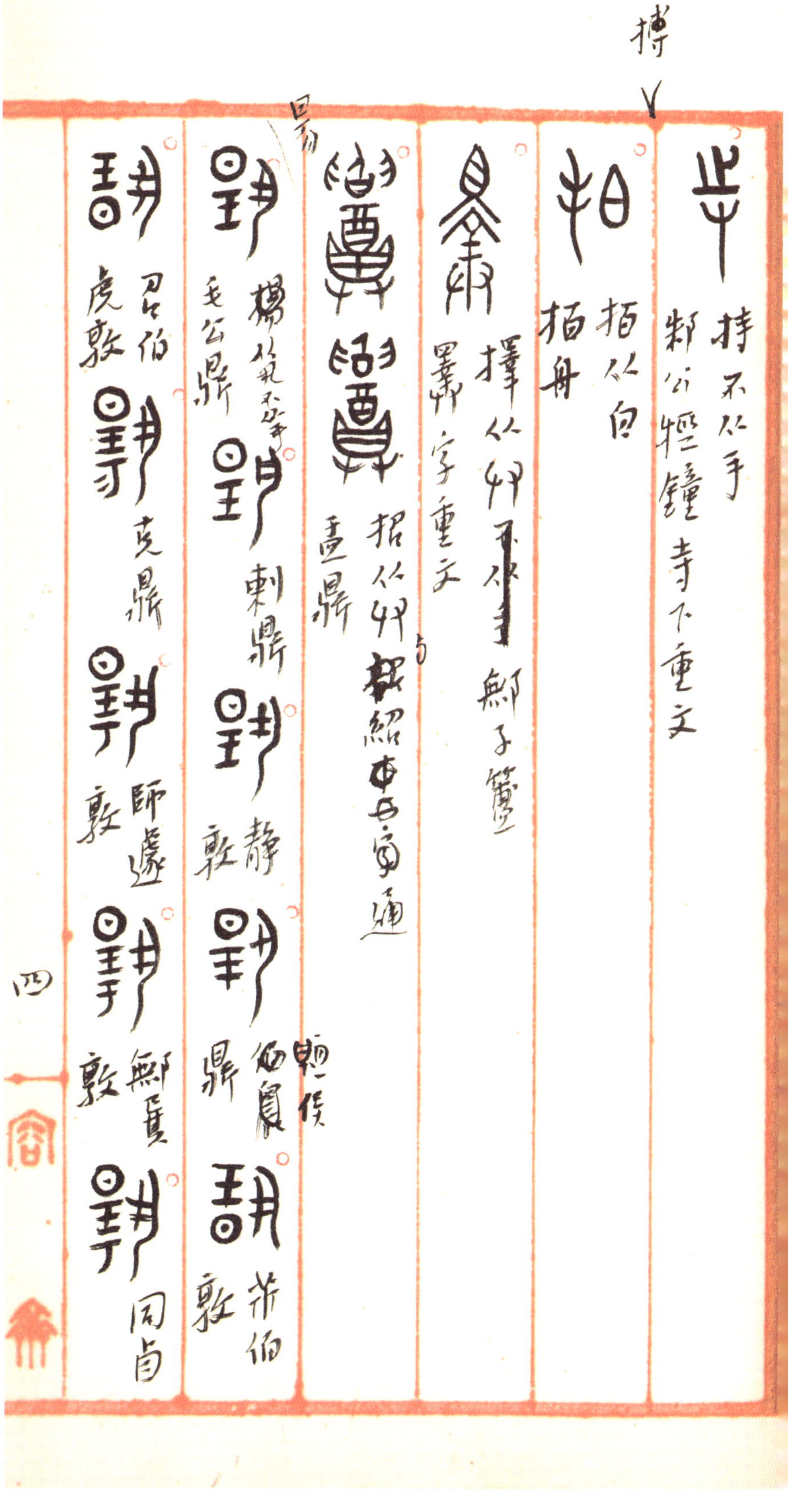

搏
持不从手
邾公牼鐘
寺下重文
拍从白
拍舟
擇从廾不从手
鄦子簠
睪字重文
招从廾
盂鼎
揚从丮不从手
毛公鼎
刺鼎
靜敦
芮伯敦
召伯虎敦
克鼎
師遽敦
同卣
四

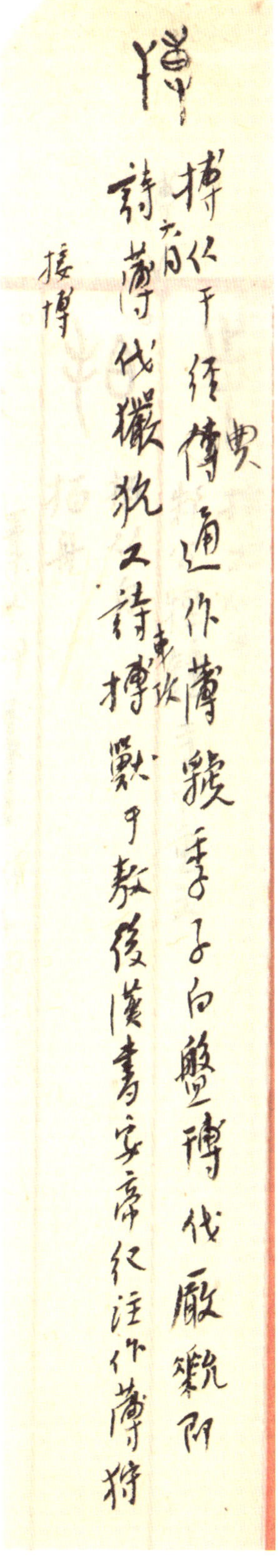

搏从干
經傳通作薄
虢季子白盤
搏伐玁狁
詩薄伐玁狁
又詩
搏獸于敖
後漢書安帝紀注作薄狩

善鼎
𣪘敦（殷）
君夫敦
叉卣
令鼎 羣宮（盉父）
史敦
史卣
虘鐘 編
頌鼎
大敦
吳彝
寰盤
虢叔鐘
頌壺
師遽彝
頌敦
望敦
誅鼎（簋）
師嫠敦 王
王大鼎
趩鼎
邾公鐘（釗）
封敦
師酉敦 从女（丮女）
陳侯因資敦
𣪕𣪕尊 从丮
𣪕揚中休
揚長鼎
𨚕子卣 不从手（揚）
昜字重文

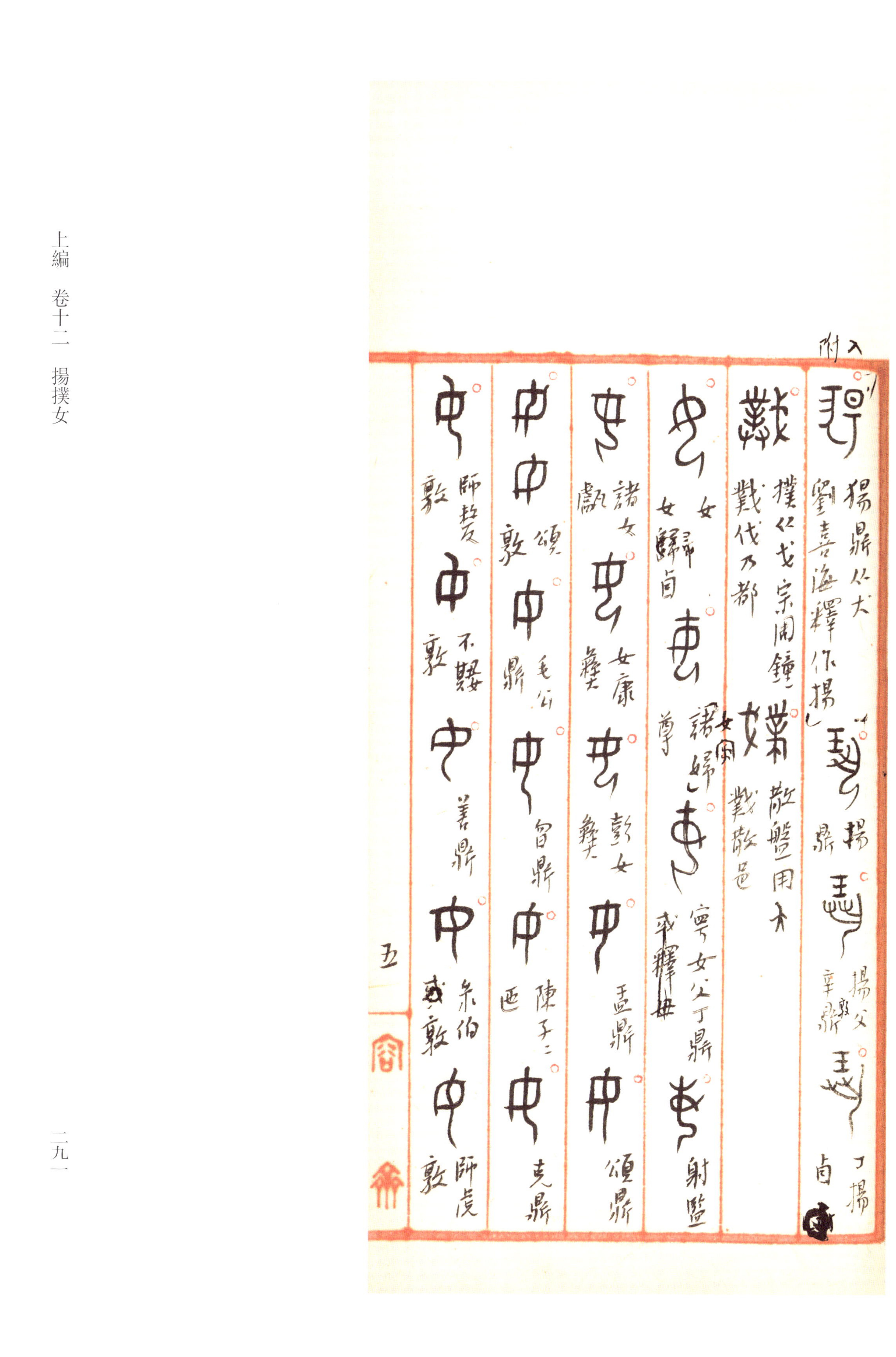

附入

揚鼎 从犬　劉喜海釋作揚

揚鼎

揚父辛鼎

丁揚卣

撲 从戈　宗周鐘　戭伐乃都

散盤 用大戭散邑

女

女歸卣

諸婦ㄥ尊 女寅

寧女父丁鼎 或釋毋

射盤

諸女甗

女康彝

彭女彝

盂鼎

頌鼎

頌敦

毛公鼎

曶鼎

陳子二匜

克鼎

師嫠敦

不嬰敦

善鼎

彔伯戎敦

師虎敦

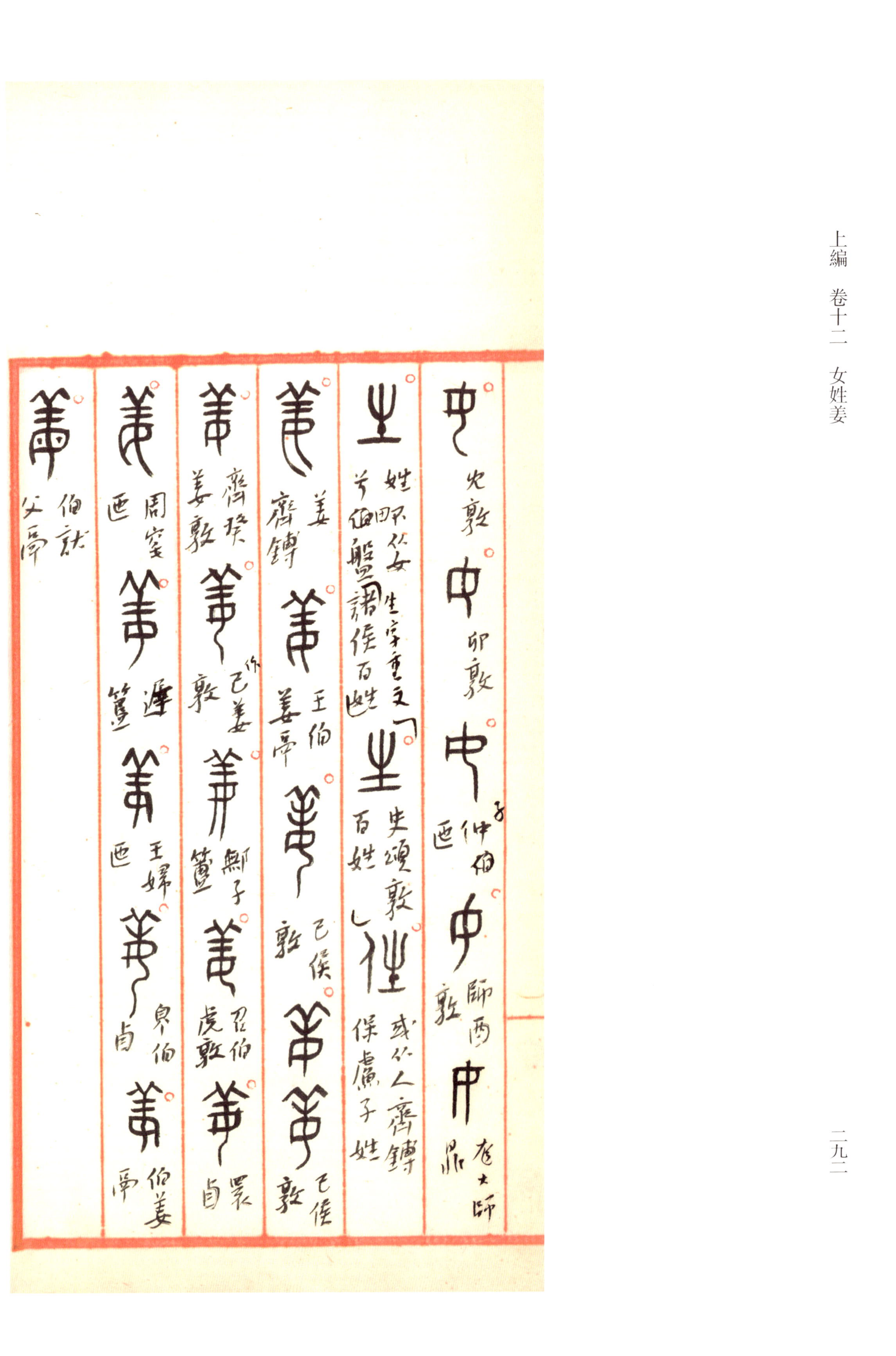

先敦

卯敦

仲伯子匜

師酉敦

屯大師鼎

姓 从女

兮伯盤 諸侯百姓 生字重文

史頌敦 百姓

或从人 齊鎛 保虘子姓

姜 齊鎛

王伯姜鬲

己侯敦

己侯敦

齊癸姜敦

作己姜敦

鄦子簠

召伯虎敦

睘卣

周室匜

遅簠

王婦匜

臭伯卣

伯姜鬲

伯試父鬲

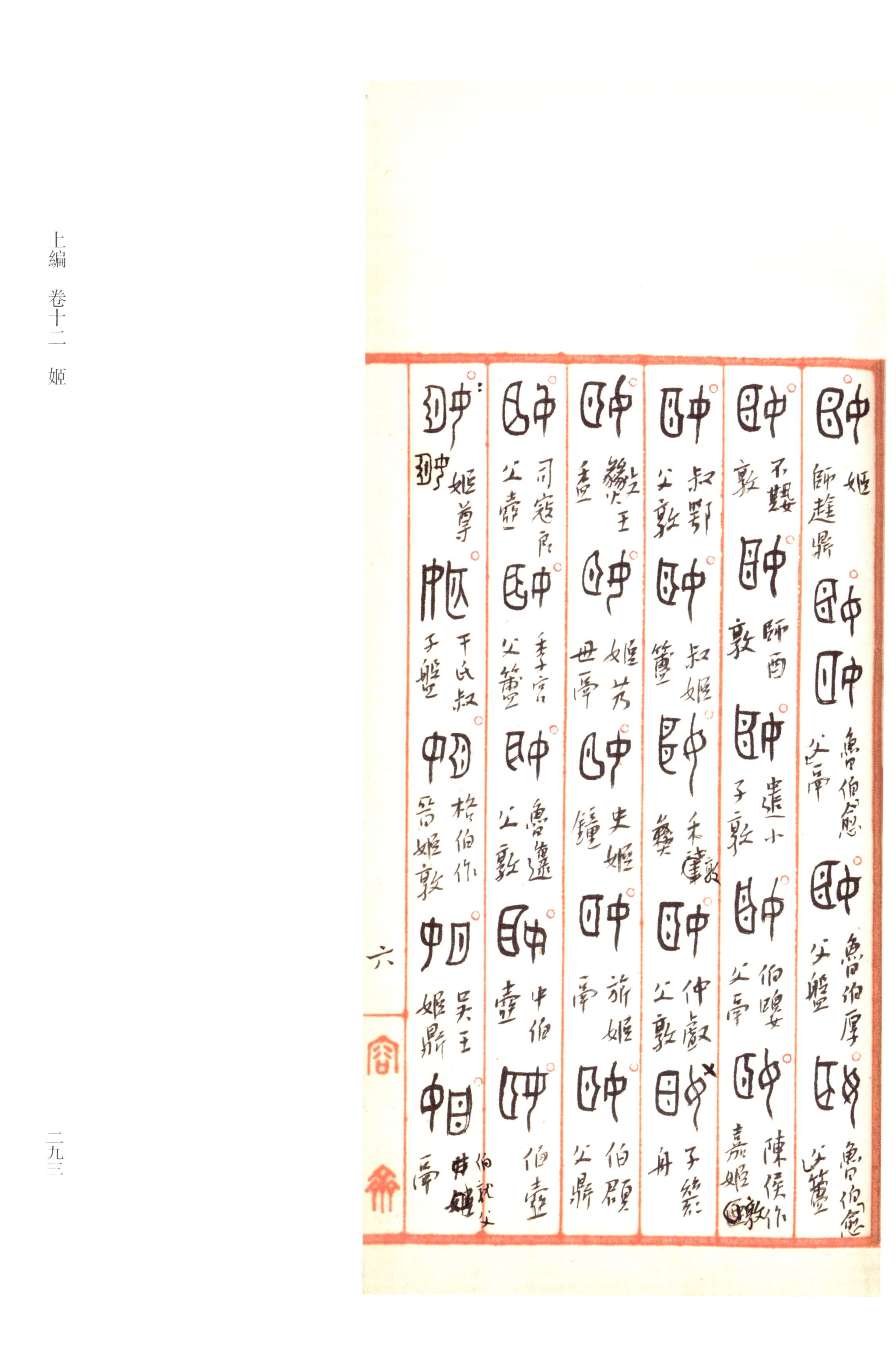

姬

師趛鼎

魯伯愈父鬲

魯伯厚父盤

魯伯愈父簠

不嬰簋

師酉簋

遣小子簋

伯嬰父鬲

陳侯作嘉姬簋

叔鄂父簋

叔姬簠

禾簋彝

仲叡父簋

子䜌舟

繼王盉

姬芳母鬲

史姬鐘

旂姬鬲

伯頵父鼎

司寇良父壺

季宮父簠

魯遵父簋

中伯壺

伯壺

姬尊

干氏叔子盤

格伯作晉姬簋

吳王姬鼎

伯戠父鬲

井姬

六

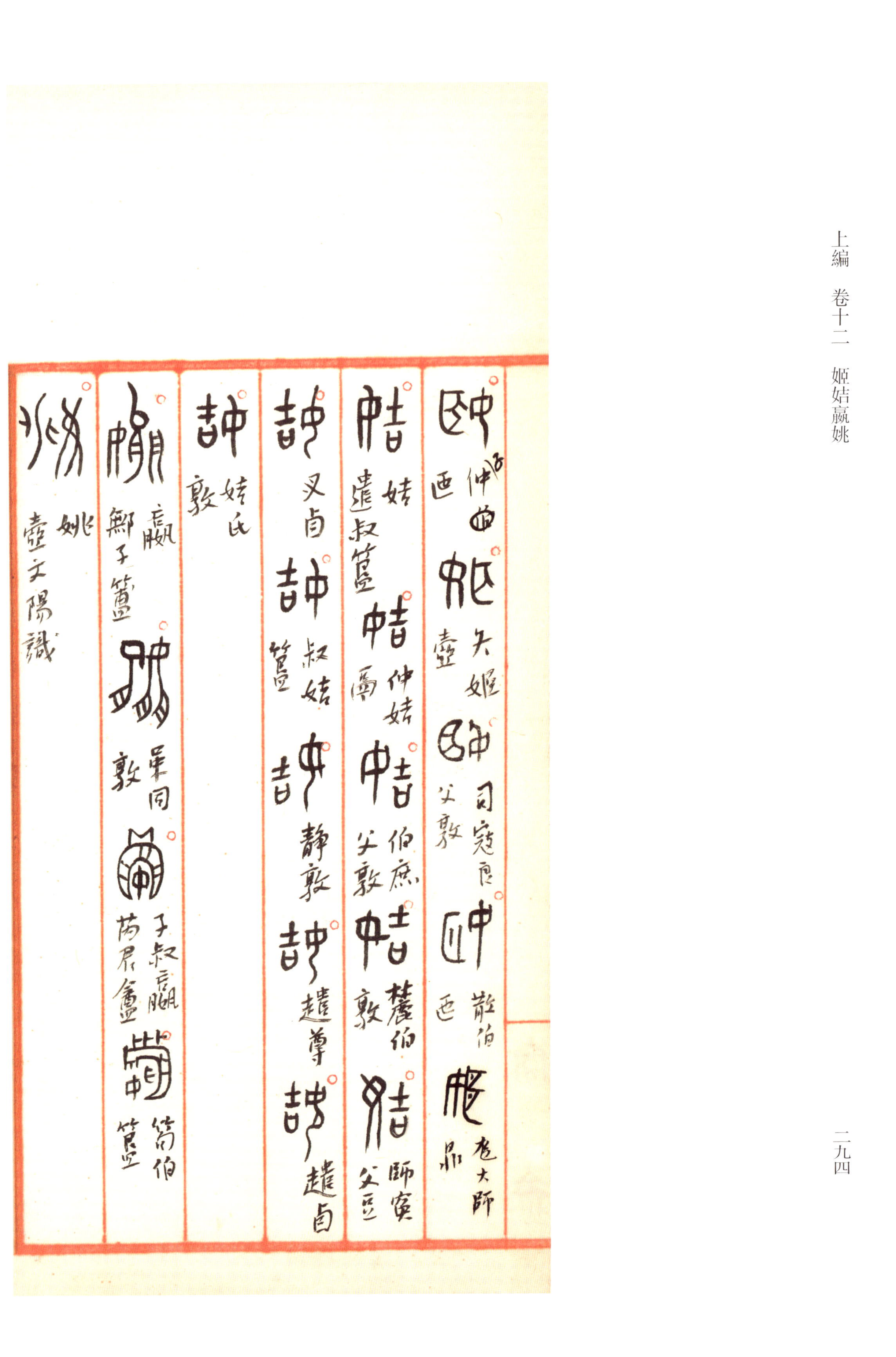

仲𠂤匜

矢姬壺

司寇良父敦

散伯匜

魯大師鼎

姞 遣叔簋

仲姞鬲

伯庶父敦

蘇伯敦

師寏父豆

叉卣

叔姞簋

吉 静敦

趞尊

趞卣

姞氏敦

嬴 鄦子簋

嬴同敦

子叔嬴 芮君盨

筍伯簋

姚 壺文陽識

嫣不从女 為字重文

陳子匜作匊弃孟嫣穀女匜

妘从員

圅皇父敦

季良父簠

周棘生敦

王仲皇父盉

輔伯鼎

叔上匜

昏氏為一字

婚与父盤一見

弔諸子婚媾

殳季良父壺用享孝

克盨

婦不从女 比𢑚

自帚當釋伯婦

婦𨽸

旅婦

婦姑

帚字重文

七

婚与昏氏為一字 說文䎽从籀文婚 即此之譌變 又車部轙字解說䎽古昏字 經典亦多以昏為婚 如左傳隱十一年 如舊昏媾 昭廿五年傳 姻亞 詩我行其野 昏姻之故 是

婦 婦鼎 乙丑且丁父癸

齊婦 鬲

宗婦 鼎

宗婦 敦

楢妃 彝

卬君婦龢壺

多父 盤

邑君 壺

邑君 鼎

晉邦 盦

妃 楢妃彝

齊侯 鬲

召樂 父匜

蘇甫 人匜

𤔲文 公鼎

妊 𡢁妊壺

蘇冶 妊鼎

叡孖 妊 敦

鑄公 簠

睽侯 匜

龔妊 甗

杞伯 敦

卷 母 亞母癸鼎

母乙 王作母癸甗（母乙為一字）

杜觶 母章

母辛 鬲

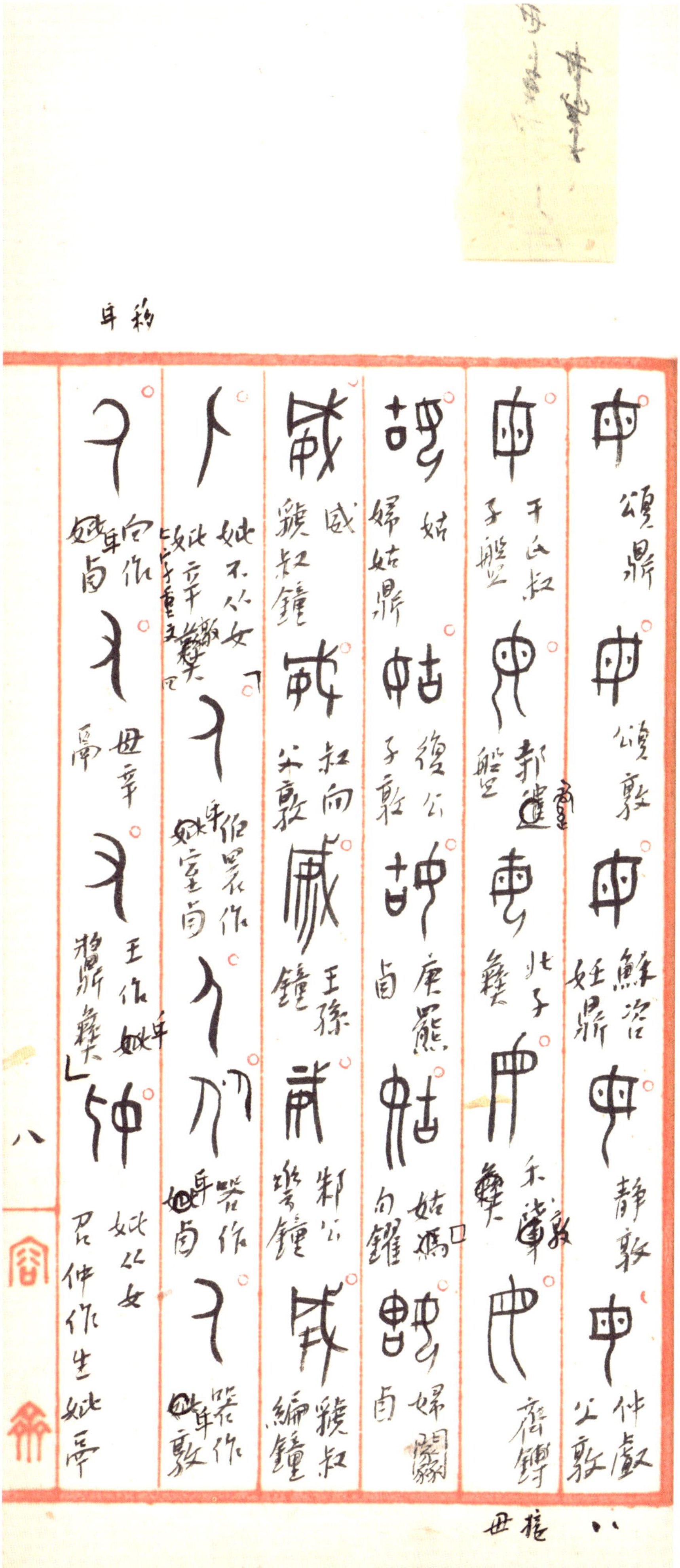

移匕

作義妣鬲　陳侯午敦　鄦侯敦　妣从示　齊鎛　秕字重文

戊辰彝　妣戊合文　作妣己觶　妣己合文　弋妣　辛鼎　妣　乙爵

妹　徐王[illegible]桐盂　盂鼎妹辰舊釋為妹昧也　昧冒殷借字

入附

宛所聘妻當即嫂字隸書與嬰相近一嬰變而从宴義不可通矣吳大澂說　宗婦盤　王子剌公之宗婦鄀嬰　為宗婦簋　宗婦鼎亦有　[illegible]甲　永

媾不从女　多父盤　嬪媾　婧字重文　衍伯敦　借遘為媾　遘字重文　克簋

或从頁　見季　良父壺

奴

女奴鼎

農卣

說文妃匹也改女字也二字皆己聲一在左一在右改當是妃之譌

鄦侯簋改女作皇妣孔君中妃祭器

陳侯午敦作皇妣孝大妃祭器

始婦之長者爾雅女子同出謂先生為姒凡經典姒字皆當作始古文台以為一字許書無姒字是大澂說

頌壺

頌敦

季良父壺

師[illegible]父鼎

叔向父敦

叔彝

彝　喜敦　姒

師旦鼎

叔[illegible]　始敦

匽侯鼎作始[illegible]彝

九

移下

姝　𡛟說文所無

~~从女朱聲 从女朱聲 節文 華書~~

~~姜鬲 杞長 說~~ 杞伯鼎

京杞伯鼎文

杞伯簋

杞伯敦

杞伯壺

鄭左父鬲

伯匕鼎

好　旂伯敦

仲𠂤父敦

杜伯盨

仲𠂤

𠭯鐘

虘鐘

同

媐　周棘生敦

妝　鄦子妝簠

孌　从女　中伯盨　中伯作孌姬簠

妄　毛公鼎　女毋敢妄寧　孫詒讓曰妄寧當讀作荒寧　由此證書無逸不敢荒寧之僞亦毋荒寧

嫼　接附

媿　姓也　左傳狄人伐廧咎如獲其二女叔隗季隗　昭王奔齊王復之又通於隗氏　隗與媿通　後世借為慚愧　媿字而媿之本義廢　吳大澂說　鄭同媿鼎　壺　君　鼎　叔媿　復公子敦

毋　毋與母同為一字　趩尊　毋敢彖　芮伯盤　毋敢　或入蠻宄　毛公鼎　女毋敢妄寧　又四方以毋動　毋字重文

妥　廣雅釋詁　妥　安止也　詩楚茨　以妥以侑　說文捝佚　偏旁有之　儀禮士相見禮　妥而後傳言　注　古文妥為綏　姞敦　用妥多福　接綏

毛公旅車鼎

拍舟敦 毋星

國差𦉜 毋眢毋痛乚

民 盂鼎

齊侯壺

王孫鐘

齊鎛

秦公敦

弗 毛公鼎

師寰敦

不嬰敦

𩰫弗生甗

大敦

也 魯大司徒匜

它為一字 子仲為匜

匜 它它重也

取膚匜

匜

氏 毛公鼎

散盤

不嬰敦

姞氏敦

頌鼎

頌壺

頌敦

師遽敦

令鼎

伯庶父敦

齊鎛

芮公鬲

戈象形徐同柏曰戈柄下垂所以植也戈内下垂飾也鼎文

彝文

觶文

尊文

卣

家戈父庚

卣

器作氒

父丁敦

師奎父鼎

伯鼎

鄀侯

寰盤

鄦惠鼎

启帰

戈

戊竹金

陳金造戈

司馬

望戈

戈卣

宅敦

叔向敦

肇通

鏄子鼎

禾肇敦

魯士商

叡敦

十二

氒說文云木本从氏大於末讀若厥莊子若厥株拘列子作若橛株駒盤敔嬇曰橛說文作氒是知氒為橛之古文亦為厥之古文

唐人寫本隸古定尚書厥皆作氒

直鼎　既正氒民

静敦　䢔氒僕学射

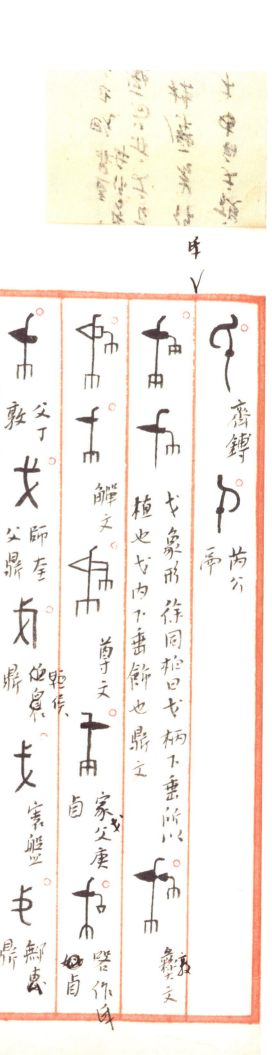

接乃接紙

齊陳曼簠
師望鼎
彔伯𢦏敦
不嬰敦
毛公鼎

曆鼎
宗周鐘
譴鼎
善鼎
㠱土肇家鬲

本鼎

戎壴鼎
虢季子白盤
不嬰敦
鄭伯筍戎鼎

俿戎敦
動武鐘

戟

師奎父鼎
袁盤
休盤
鄦惠鼎
龍伯戟

戍　戍敢尊　敢從師雝父戍于古官

戍　遹鼎　師雝父戍在古自

戍　且子鼎

戰　戰　不从戈　戰字重文　公代邾鐘　攻戰無敵

戰　公代邾鼎

戰　虘鼎　攻戰無敵

戰　楞敦彝　移單

戲　戲　戲伯鬲

戲　戲仲鬲

戲　豆閉敦

戲　師虎敦　左右戲　三軍之偏也　說文戲

或　或　从子亂為國　毛公鼎　國字重文　康能四國

或　兮田盤　毋敢或入緣宄

或　曾鼎　曾用田二

或　齊鎛

域　或从邑　疆如疆域之域　小篆从土　師寰敦

或　宗周鐘　南國

戋　戋　戋叔鼎

十二

或

或从子亂為域又从子亂為國　廣雅釋詁　域國也　段玉裁曰　或國在周時為古今字　古文祇有或字　既又復製國字　以凡人各有所守　皆得謂之或　各守其守　不能不相疑　故孔子曰或之者疑之也　而封建日繁　以為凡人所守之或字未足盡之　乃又加口而為國　既有國字　則國訓邦而或但訓有

入附

戕从犬　戕尊

戕卣

武　毛公鼎

戊辰彝

曾伯霥簠

邵鐘

沂伯敦

虢季子白盤

王孫鐘

武生鼎

伯武史彝

散盤

陳侯因資敦

宗周鐘

格伯敦

動武鐘

盂鼎武王之武从武从王

沂伯敦

秦公敦

戠　兹子卣　為識織幟

華道趩尊　錫趩　幟衣　接織

格伯敦　識

格伯敦

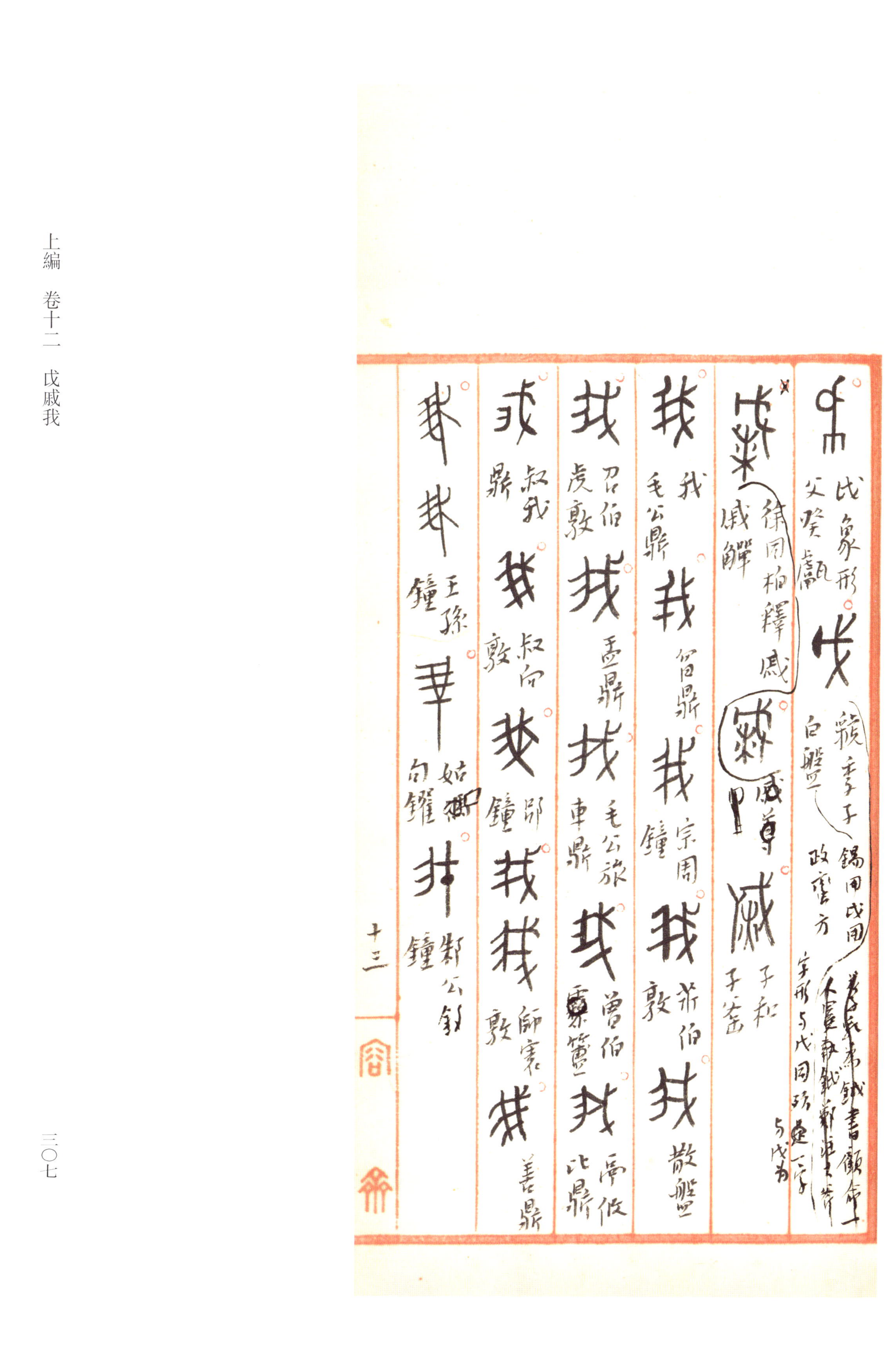

戉象形　父癸甗

戉　號季子白盤　錫用戉用政蠻方

[illegible]　字形与戉同殊是一字　与戉为

戚　徐同柏釋戚

戚觶

戚尊

子和子釜

我　毛公鼎

留鼎

宗周鐘

兮伯敦

散盤

召伯虎敦

盂鼎

毛公旅車鼎

曾伯霥簠

鬲攸比鼎

叔我鼎

叔向敦

邾鐘

師寰敦

善鼎

王孫鐘

姞氏句鑃

鄀公敄鐘

十三

義　叔向敦

虢叔鐘

仲義父鼎

仲義父鼎

鄭義羌父盤

鄭義羌父簋

齊鎛

虢季子白盤

沇兒鐘

王孫鐘

邾王義楚耑

陳介祺釋瑟

瑟　仲狂卣

經典通作無

附

亾闡盨　毛公鼎

亾不閈于文武耿光

萬年亾疆

亾吏（？）師虘

師望鼎

芮伯盨

盤

經典通作無　又無字亦爲罔　爾雅罔無也　虞書罔水行舟　詩抑罔敷求先王

乍 乍孳乳為作 盂鼎 作字重文 [illegible]作

望 望通䀢 廣雅釋天月御謂之䀢舒 鄉惠鼎 䀢重文 [illegible]望

驛 驛不从乍 盂鼎 驛[illegible]重文

囟 囟通乃 師奎父鼎

囟 克鐘

囟 己侯敦

囟 頌鼎

囟 頌壺

囟 頌敦

囟 師遽彝大尊

囟 不嬰敦

囟 善夫克鼎

囟 追敦

囟 杜伯簠

囟 樝伯敦

囟 封仲敦

囟 [illegible]季良父壺

十四

囟 師奎父鼎用囟眉壽 經典皆段乃為之 詩七月以介眉壽

戜𨥩鼎（戒）

區　子禾子釜

王盉鼎

匿　王盉鼎

匽　匽通燕（經典作）　子璋鐘用匽以喜

沇兒鐘以匽以喜

王孫鐘

克鼎　地名

匹　單伯鐘逨匹先王

兮甲盤（田）馬四匹

曶鼎

鄭真敦

毛公鼎　馬　四匹合文

史頌敦

師兌敦

彔伯戜敦

以毛公鼎之例則賁甬馬四匹鼘之當爲

燕拯

移它

卯敦 十匹

匡 尸氏匡

史火 匡

師麻 匡

䵼叔 匡

匡卣

曾鼎 地名

匜 取膚匜

它[redacted]字重文

叔男父匜

甬皇父匜

𦚯侯匜

伯正父匜

師伯匜

黃仲匜

周窒匜

鄭義羌父盤

仲伯匜

長湯匜

王婦匜

叔上匜 从皿

匽公匜

秊伯匜

十五

或从金　史頌匜

或从金从皿　陳子子匜

或从尸　伯庶父匜

鮮甫人匜

甾仲艾匜

散伯匜

鄭伯匜

呂仲匜

甾嫚[illegible]伯匜

曲　公代鄀鼎　錫公寶鼎　大曲彤矢大曲弓名

公代鄀鐘

虘　聯虘盤

甗从犬通獻　伯貞甗　甗獻字重文

子邦父甗

陳公子甗

叔父甗

伯姜甗

鄭大師甗

仲龍父甗

[illegible]甗从犬从鼎

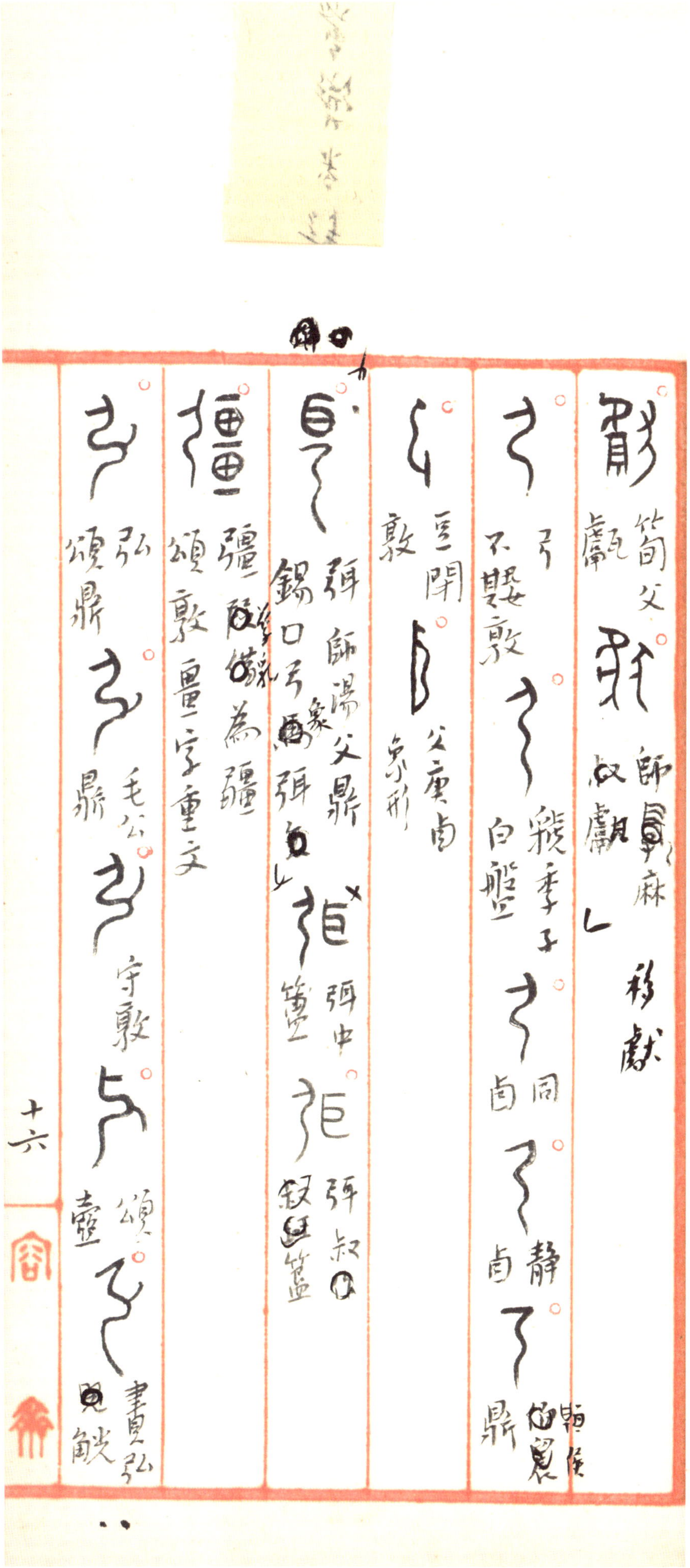

詩采薇象弭魚服毛傳象弭弓反末也所以解紒也

彊 伯姞彝

齊鎛

發 陳猷釜

弫

弜 戊辰彝

弻 毛公鼎 簟弻魚葡 詩采芑簟茀魚服 韓奕簟茀錯衡 箋云簟茀漆簟以為車蔽今之藩也 茀當作弻 古文弻字 弻以蔽車有輔弻之義 吳大澂說

番生敦

孫 頌鼎

頌壺

匽皇父敦

史姬鐘

公代郐鼎

師嫠敦

杞伯敦

籚鼎

子璋鐘

王孫鐘

姞氏敦

楷妃彝

季姜彝

邵鐘

宂鼎

麃侯鬲

己侯敦

輈侯伯寬鼎

兮仲鐘

遲簋

格伯敦

格伯作晉姬敦

陵畢敦

邾公釛鐘

飤父辛宮鼎

姒理母南宮敦

取尊

楚公鐘

伯口彝

周窒匜

番君鬲

叔單鼎

筥鄦侯敦　吴式芬釋孝孫合文

十七

芮子
吕邿

䌛　劉心源曰繇即謠即䌛即謠亦即猷韓勑碑繇復顏氏并官氏邑中繇發謂䌛役也謠言即謠言謠一作訛說文囮或字作圝故繇謠同字猷者發語辭大誥王若曰猷馬本作繇爾雅釋詁猷言也注猷者道道亦言之幽通賦漢先聖之大繇兮注猷或作繇是也彔伯𢦚王若曰彔伯𢦚繇自乃且考有□于周邦（案）繇說文所無說文通訓定聲據偏旁及韻會補為繇之重文

散盤

金文編卷十三

東莞容庚譔集

純　不从糸　頌敦　康鼎　虎皮　右　~~常蔑作純作~~屯字重文

陳猷釜

經　虢季子白盤

齊陳曼簠

齊陳曼鼎

織　不从糸　趩尊　錫趩織衣　戠字重文

史簋

豆閉敦　段戠

紀　不从糸　紀侯鐘　己字重文

紀侯敦

紀侯敦　杞　己

一

[illegible] 納 内不从糸 師虎敦 冊伊内右師虎 内當讀作納

[illegible] 克鼎 出納朕命

[illegible] 繼 不从糸 子繼舟

[illegible] 拍舟

[illegible] 許瀚釋纘 毛公鼎 今余唯纘先王命 又云纘造大命

[illegible] 叔向敦

[illegible] 師𩛥敦

[illegible] 叀鼎 纘季𡧊

[illegible] 紹 与招韶二字並通 壺鼎 招字重文

[illegible] 絅 不从糸 師奎父鼎 同字重文

[illegible] 師酉敦 中冋絲攸勤 吳式芬釋絅

[illegible]

[illegible] 毛公鼎今余唯𤔲先王命又云𤔲司大命 許瀚釋孫詒讓釋緟 王國維曰 ~~某字从叀作𤔲~~ 𤔲疑古叀字 古从土之字亦或从田 則叀亦可作𤔲 𤔲从𤔲从叀 殆即說文緟字 陳侯因資敦緟高且 已从糸作 由𤔲變緟 由緟變纘 說文新附纘 增益也 增益之誼正与諸彝器𤔲字誼合

緟

[illegible]

附入

緟

終 不从糸 頌鼎 霝終 頌敦 克鐘 邾人鐘

縞 鄦惠鼎 䯘必盼沙 鄦大昕釋作縞緟 寰盤 休盤

纁 不从糸 毛公鼎 纁裏 番生敦 吳彝尊 入熏

綰 [中]官 从緩省 綰緩為一字 友伯彝 用蘄匄眉壽綽綰[古語]延年也見大澂說 雝公諴鼎

組 師寰敦 緟季氏子組盤 且从又与師虎敦同 緟季氏子組敦

緘 从糸从咸省 毛公鼎 毋折緘

二

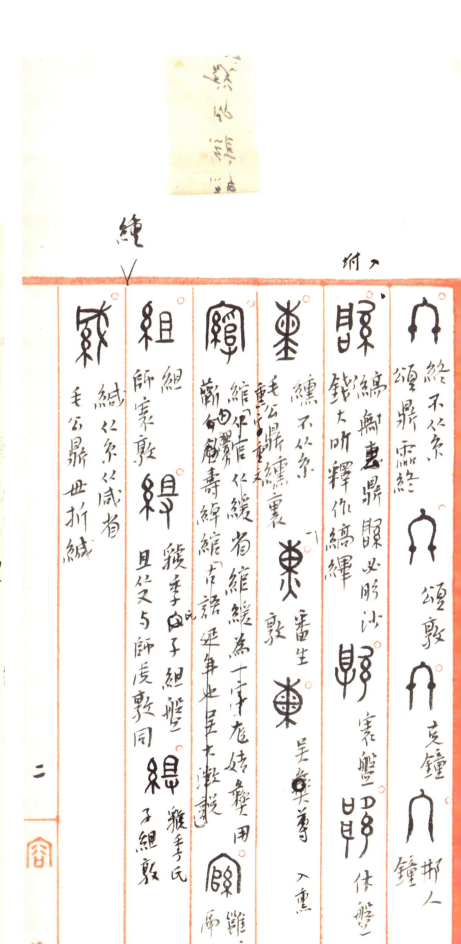

綽綰即說文繛緩 詩之寬兮綽兮 爾雅之綽綽爰爰也

維　从糸从隹从攴　虢季子白盤　經維四方

緐　叔向敦　降余多福緐釐

師虎敦

~~曾伯霥簠　印燮繁湯　[illegible]~~

入卌

緟　克鼎

辥縈　毛公鼎

辥縈敦

番生敦

安移

綏不从糸　㠯姞敦　用妥多福　詩禮皆有之　妥字重文

說文無妥字乃綏字借也

鄭邢叔綏賓鐘

戜鼎

伯綏父敦

彝　禮器之總名所以盛黍稷

彝　楊沂孫說曰古彝字从雞从廾𢍱象冠翼尾距形手執雞者守時而動有常道也故宗廟常器謂之彝禮夏后氏以雞彝鄭司農說宗伯主雞

董臤鼎

𣡕卣

季保彝

䊮彝

伯彝

卣

伯㝬

臣作且丁尊

伯矩尊

曆鼎

伯魚鼎

龢伯卣

向卣

索諆角

突甗

戒鬲

犬卣

應公鼎

保侃尊

戒叔鼎

三

䰜ㄥ偁　彝大ㄥ敦

魚父　庚尊

豚盉

冘卣

應公　彝

戲叔作父　乙彝

暨敦

旂鼎

朱中　子尊

禾戟　彝敦

史頌　敦

效父　彝

太保　敦

追叔　彝

公姞　彝

伯魚　敦

遽伯　睘彝

𡘂仲　[illegible]尊

毋卣

大矢　自鼎

丁未作　商卣

旦辛　觶

玠盉

傳尊

乙亥鼎

毌婦鼎

史作父乙鼎

父乙鼎

羛妣鬲

書旦尊

伯睘卣

矢伯卣

徇東彝

吳彝

作乃父彝

甚諆鼎

庚罷卣

鼄鼎

仲敦

豚卣

獻尊

君夫敦

叔宿敦

同卣

公違鼎

剌鼎

卯敦

衛父卣

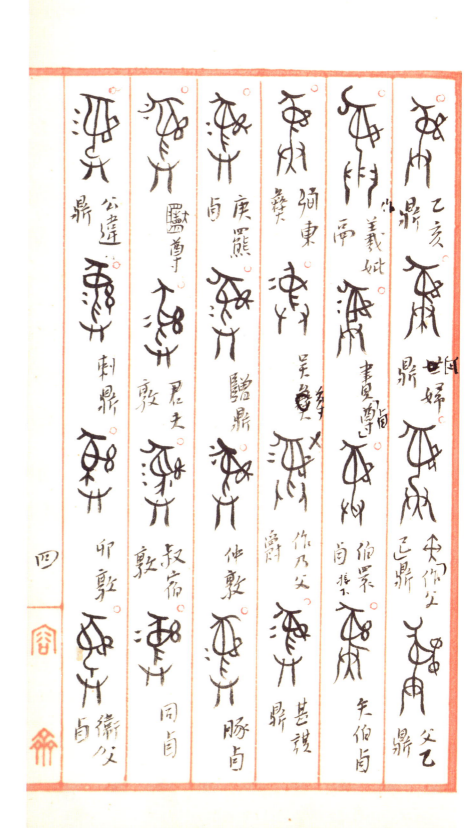

四

善夫克鼎

倗尊

孚尊　壺

父舟彝

危姞彝

芮伯壺

剌鼎

遣小子敦

父丁斝

伯罍卣

諸女匜觥

堇伯鼎

辛巳彝

剌卣

野彝

且辛爵

伯庶父斝

[illegible]卣

封仲敦

宗婦敦

姬鼎

子絲舟

師趛鼎　師趛作文考聖公文母聖姬尊彝

口作且父爵

秦公敦

辮 从糸 虘姞彝

雛公 諴鼎

絲 曶鼎

轡 公貿鼎

率 盂鼎

毛公鼎

雖 秦公敦

徐同柏釋虺 書叔仲虺 史記作中畾 象虺在田間形 畾鬳

蠻不从虫 䜌字重文

虢季子白盤用政䜌方

五

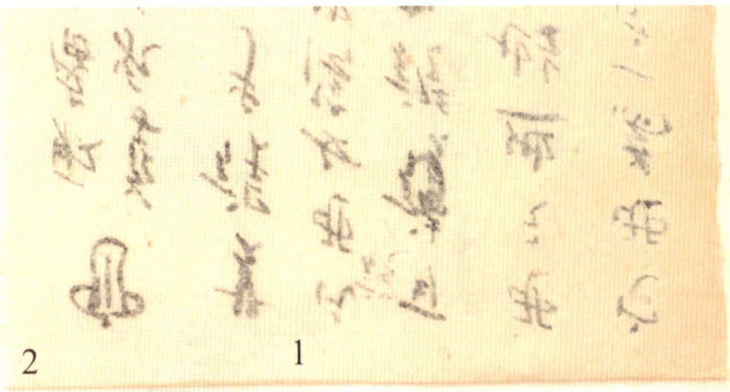

1　2

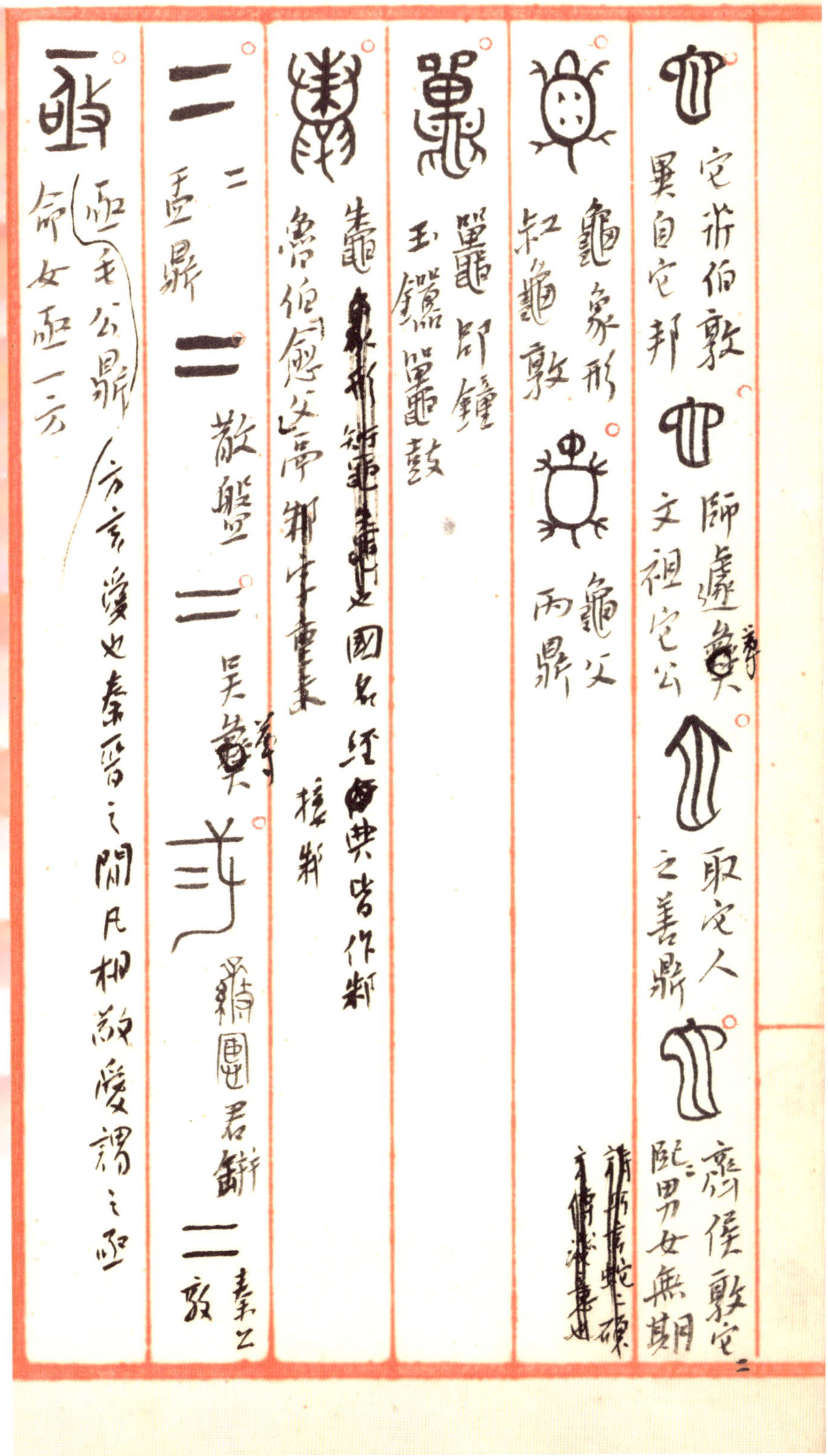
它 䢔伯敦 異自它邦
它 師遽尊 文祖它公
它 取它人之善鼎
它 齊侯敦 它它熙熙 男女無期
龜 象形 紀龜敦
龜 龜父丙鼎
二 盂鼎
二 散盤
二 吳尊
亟 毛公鼎 命女亟一方
方言 秦晉之間凡相敬愛謂之亟

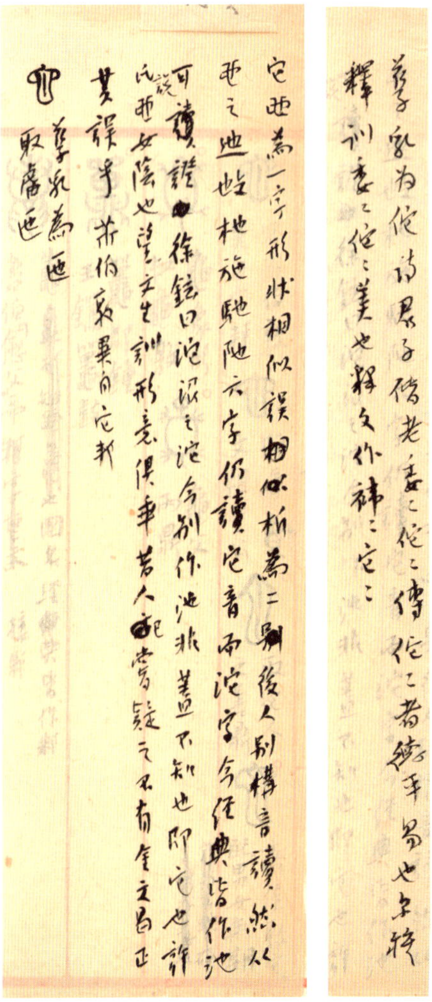

2　1

凡接附二十二頁

恒　曾鼎

凡　接附

土　盂鼎

散盤

太保敦

𤔲土　𤔲敦

宗周鐘

塍　伯庶父塍叔盤

鄭伯𠭯僕塍為塍　作塍

塍字重文

宴侯簋

基　𨸏備為期

子璋鐘　期字重文

壽無基

堵　从𦎫　凡縣鐘磬半為堵全為肆　即鐘

其竈四堵

在　不从土　才字重文

火敦　王在周

史頌敦

宰甾敦

趞卣

𪒠伯彝

移才

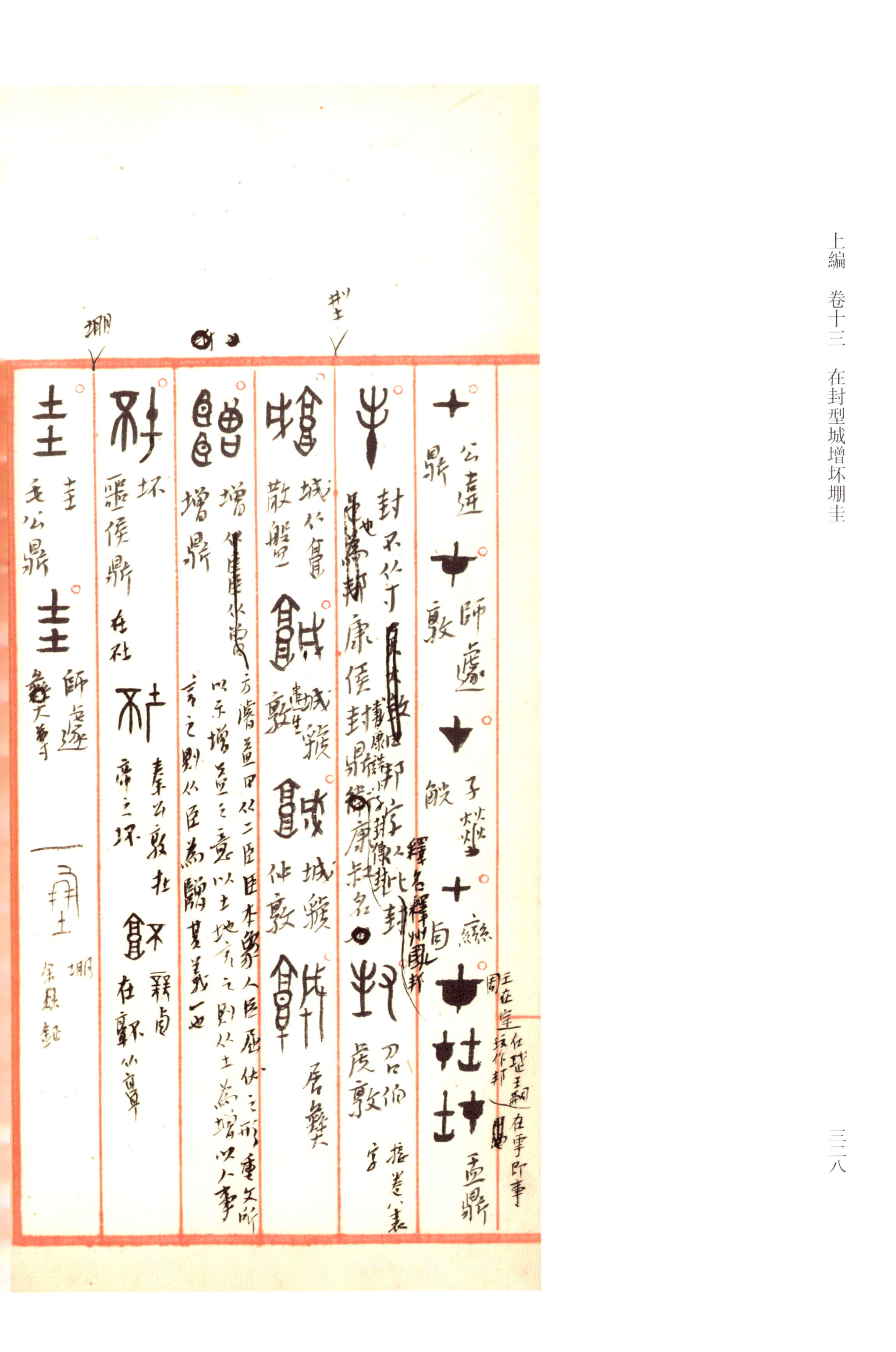

堋　型

公違鼎
師遽敦
子燮觶
緐白
王在宗周
在埜 玟作邦 王𩸁在雩師事
盂鼎

封不从寸
邦也
康侯封鼎
康誥作封
釋名釋州國邦
召伯虎敦
字 振卷八表

城从𩫖 散盤
城 遣生敦
城 虢仲敦
居彝

增 从曾
方濬益曰从二臣臣本象人臣屈伏之形重文所以示增益之意以土地言之則从土為增以人事言之則从臣為贈其義一也
增鼎

坏 噩侯鼎
在杜
秦公敦 在帝之坏
不 釋㐭
在郭 从𩫖

圭 毛公鼎
師遽 彝大尊

堋 余義鉦

堇从火　堇臤鼎

女𡠗　女

孳乳為艱　頌鼎　反入堇部

孳乳為勤　宗周鐘

堇伯　敦

勤

艱从喜　毛公鼎　女弗以乃辟陷于艱

又云　湛于艱

不𡢁敦　女休弗以我車陷于艱

里　大敦

史頌敦　里君百姓

孳乳為

釐　師酉敦

善夫克鼎

克鼎

師兌敦

𢽬鐘

叔伯　敦

鄭䢅敦

釐鼎　省文

芮伯壺

七

甸佃為一字楊敦佃字重文

釐 从冂 陳貽敦
叔向敦 降余多福緐釐
秦公敦

野 从林从土 克鼎

田 散盤
盂鼎
克鼎
傳白 師田父簋
不嬰敦

父丁告田觶
單 [illegible]

晦 肖晦盤
師寰敦
賢簋

畯 从田从允 与俊通
盂鼎 畯正乃民
頌敦 畯臣
頌鼎

䌺[illegible]

追敦　師艅敦　武从山 克鼎　秦公敦

留　留鐘

畜　秦公敦咸畜胤士

畺　畺从畕从弓一者田界也儀禮鄉射禮侯道五十弓疏云六尺為步弓之古制六尺與步相應此古者以弓紀步之證後世量地之弓周人有用之者一曰象田閒之水道也吳大澂說盂鼎受民受疆土

不𡢁敦　散盤

師遽彝　大尊　虢季子白盤　史頌敦　頌敦　陳侯簠

宗周鐘　中辛父敦　齊侯敦　善夫克鼎　齊侯壺

八

䵣

樣　橫

陳公子甗

鄭公𨚕鐘

齊侯匜

叔單鼎

仲師父鼎

曼龔父簋

番君鬲

王子啟疆 「尊」 「䵣」从土

動武鐘

黄

黄仲匜

曾伯霥簠 殷不黄耇

叔單鼎

買簋 黄耇霝壽

弭仲簠 其玄其黄

𦽚𡿪爲橫 亦通衡

毛公鼎 朱市蔥黄

黄口子 白盤

男 遣小子簋

叔男父匜

齊侯簋

寠侯簠

動 毛公鼎 不从力 𩁹童字重文

四方如母動

䵣

䵣 䵣說文作䵣 圭齒生之䵣 經典皆作䵣 䵣之變爲䵣 猶往之變爲徃也 叔家父匡悊德不亡孫子之䵣

㷭

齊鎛　閈叔又成㷭于齊邦　胡石查釋勞云

薛氏款識　堣嬰㷭衣　朕行堇㷭　是政事　皆勞字

楷　堇

堇

（勤不从力）齊陳曼簠　肇勤經德

堇

宗周鐘　堇（勤）疆土南國

堇

毛公鼎　勤大命

加

加　虢季子白盤

王孔加子白義

加

加作公戊爵

戒

勇从戈用

伯勇父簋

九

義楚

胡（石查）曰疑是勞字　古勞字从㷭　有取經營之意　是朱氏說文通訓定聲　衣系義相近　薛款識齊鎛堣嬰㷭衣　朕行堇㷭　其政事皆勞字

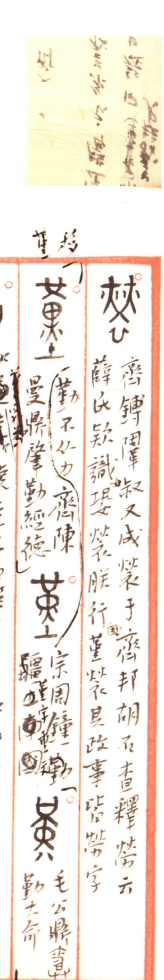

入附

金文編卷十四

東莞容庚輯

金　金　禽彝
金　仲盤
金　迴伯彝
金　仲偁父鼎
金　公違彝　師寰敦

金　陵子盤
金　彔伯戜敦
金　彔敦
金　同卣
金　毛公鼎

金　吳尊彝
金　守敦
金　曾伯霥簠
金　曾伯鼎
金　章宦鼎　鑄公

金　王孫鐘
金　沇兒鐘
金　師兌敦
金　史頌敦
金　陳侯因資敦

一

容庚

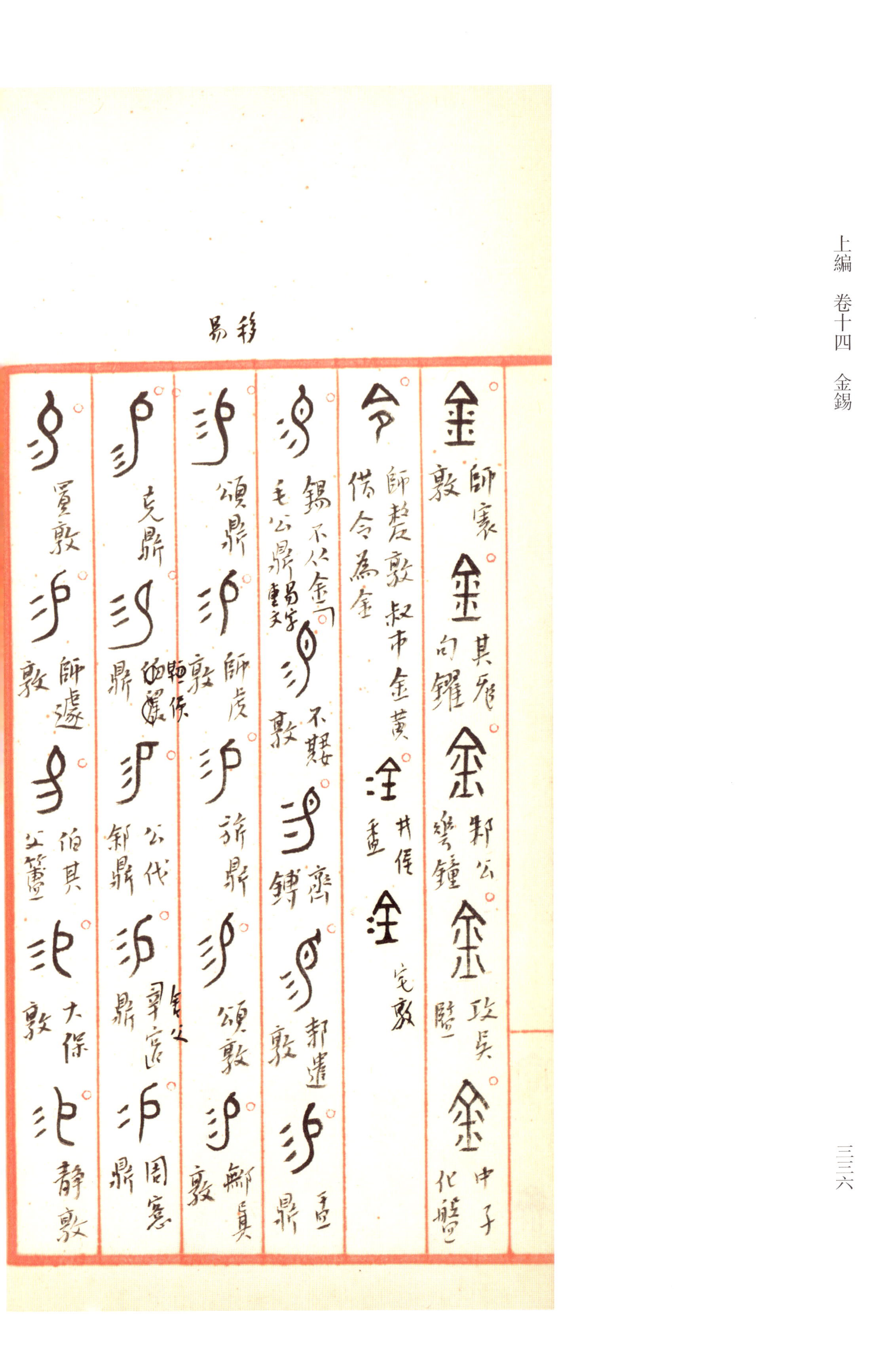

移易

師寰敦

其次句鑃

鄦公鑪鐘

攻吳監

中子化盤

師嫠敦　叔市金黃

借令爲金

井侯盉

宅敦

錫　不从金　毛公鼎易字重文

不嬰敦

齊鎛

邿遣敦

王盂鼎

頌鼎

師虎敦

旂鼎

頌敦

鄦其敦

克鼎

鼎　斬侯

公代鄧鼎

鼎　庚嬴

周窓鼎

買敦

師遽敦

伯其父簠

大保敦

靜敦

邾公違鼎 緐卣 格伯尊 匽侯旨鼎 小子師敦

邾公牼鐘 鋚 曾伯霥簠 从金从易省从賜 鄀公簠 偒賜為錫賜字重文

鋚 彔伯㦰敦 攸 鋚不从金 毛公鼎攸字重文

鑄 芮公鼎 芮公壺 楚子簠 鄦子簠 邾公牼鐘

筍伯簋 湯叔尊 仲段父敦 郾侯匜 艾伯鬲

齊侯壺 鑄子鼎 鑄子簠 取虍盤

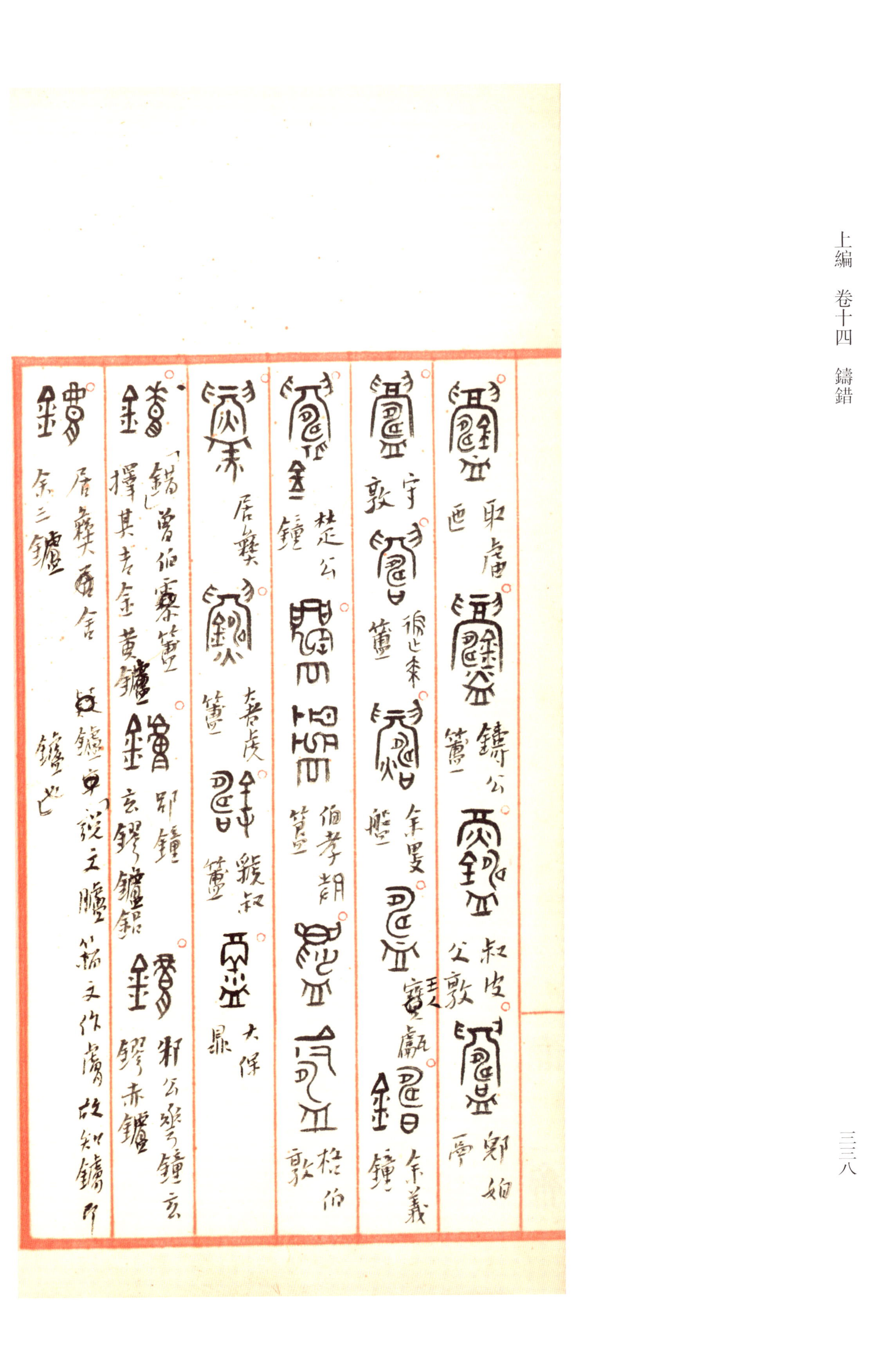

取膚匜　鑄公簠　叔皮父敦　鄭伯鬲

宁敦　徲止來簠　余畀盤　王孫䲨鐘　余義鐘

楚公鐘　伯孝䳌簠　格伯敦

居彝　大師虘簠　𧊒叔簠　大保鼎

「鑄」曾伯霥簠　擇其吉金黃鏞　邾鐘　玄鏐鏞鋁　邾公牼鐘　玄鏐赤鏞

居彝　吾金　余三鏞　鏞也

鏞卽　從之膚　籀文作膚　故知鏞所

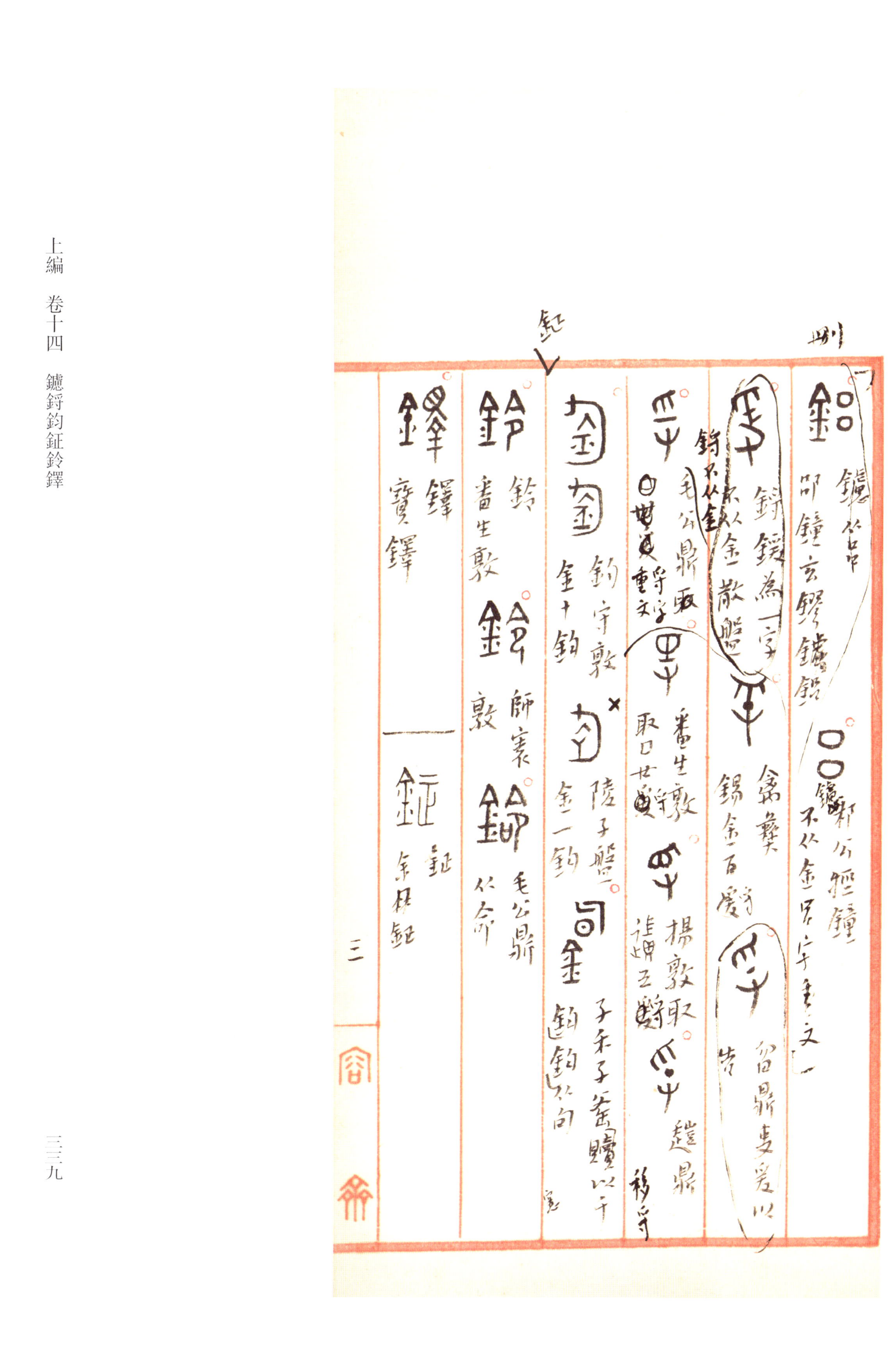

删

鉦

鑢 从呂
邵鐘 玄鏐鏞鋁

鑢 邾公牼鐘
不从金 呂字重文

鋝 鋝鍰為一字
不从金 散盤

禽彝
錫金百鋝

曶鼎 叓爰以
告

鋝不从金
毛公鼎 取

曰甘鋝
鋝字重文

番生敦
取□廿鋝

揚敦
取遺五鋝

趞鼎
移寽

鈞 守敦
金十鈞

陵子盤
金一鈞

子禾子釜 □以千
鈞 鈞从句

鈴
番生敦

師寰
敦

毛公鼎
从命

鐸
寶鐸

鉦
余林鉦

三

鎛　儀禮大射儀其南鎛　釋文鎛本作鑮　周禮鎛師　鄭注鎛似鐘而大　齊鎛

公孫班鎛

鐘

王孫鐘

子璋鐘

邵鐘

沇兒鐘

師嫠敦

叔氏鐘

虢叔鐘

公代郐鐘

邾公牼鐘

邾公釛鐘

楚公鐘

楚公鐘

齊侯壺

虘鐘

師[illegible]鐘

魯邍鐘

己侯鐘

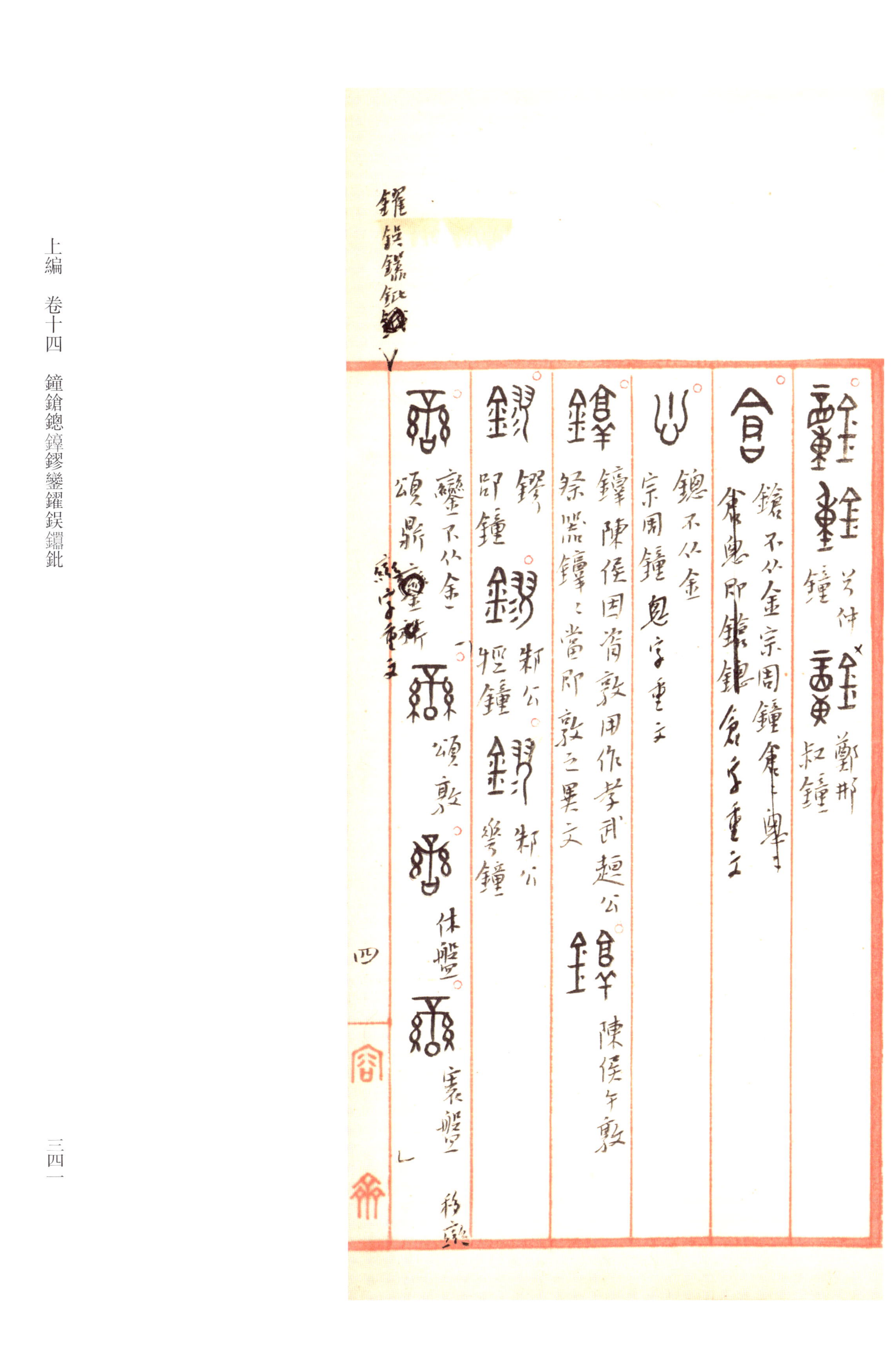

鑼 鋘 鐳 鈚

兮仲鐘 鄭邢叔鐘

鎗 不从金 宗周鐘 倉倉悤悤即鎗鎗鍯鍯 倉字重文

鍯 不从金 宗周鐘 悤字重文

鐘 陳侯因資敦 用作孝武桓公祭器鐘 ＝當即敦之異文 陳侯午敦

鏐 邵鐘 邾公牼鐘 邾公華鐘

鑾 不从金 頌鼎 頌敦 休盤 寰盤 移敦

絲字重文

四

且莊子庚桑楚與物且者釋文且始也　孳乳爲祖爾雅釋詁祖始也詩生民序疏祖者始也已所从始也自父之父以上皆得稱焉

[illegible]

尻从几从立

說文古文作居

師虎敦隹元年六月乚王在杜尻

曾鼎隹王元年六月乚王
在還尻

農卣隹正月甲
午乚王在隱尻

揚敦眔
嗣宣

處

邢人鐘

且莊子乳爲祖

盂鼎

祖乙
卣

祖己父
辛卣

趩
尊

散盤

邢人
鐘

子祖辛
尊

仲師父
鼎

中辛父
敦

邵鐘

余義
鐘

邾公牼
鐘

子且己
卣

且甲鼎

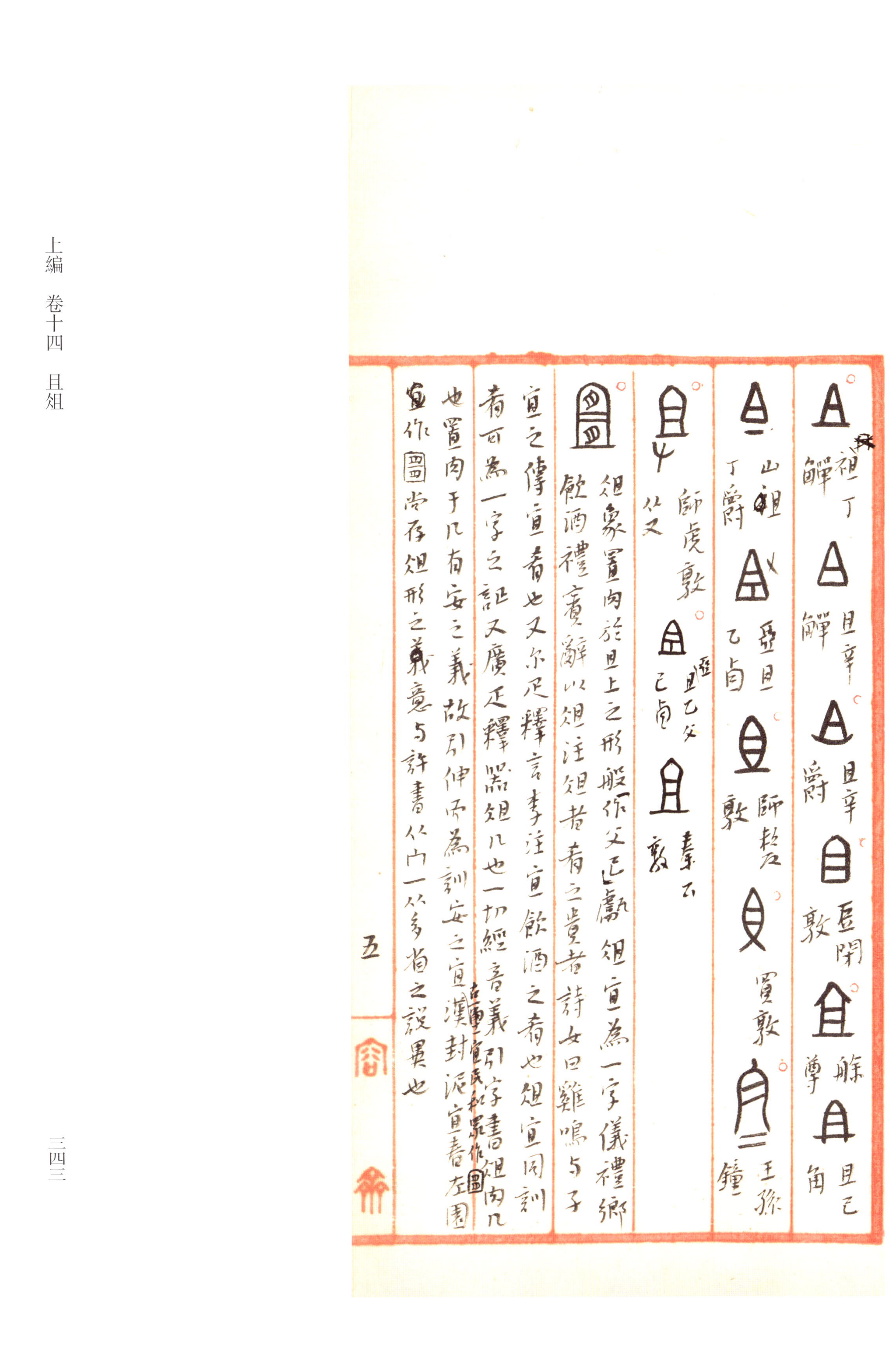

祖丁觶
且辛觶
且辛爵
亘閉敦
艅尊
且己角

山祖丁爵
壐且乙卣
師趛敦
買敦
王孫鐘

師虎敦　从又
且乙父乙卣
秦公敦

俎象置肉於且上之形殷作㚣㕚鬳俎宜為一字儀禮鄉飲酒禮賓辭以俎注俎者肴之貴者詩女曰雞鳴与子宜之傳宜肴也又尔疋釋言李注宜飲酒之肴也俎宜同訓肴可為一字之証又廣疋釋器俎几也一切經音義引字書俎肉几也置肉于几有安之義故引伸而為訓安之宜漢封泥宜春左園古匋蔡宜民和眾作圖宜作圖尚存俎形之義意与許書从宀一从多省之說異也

五

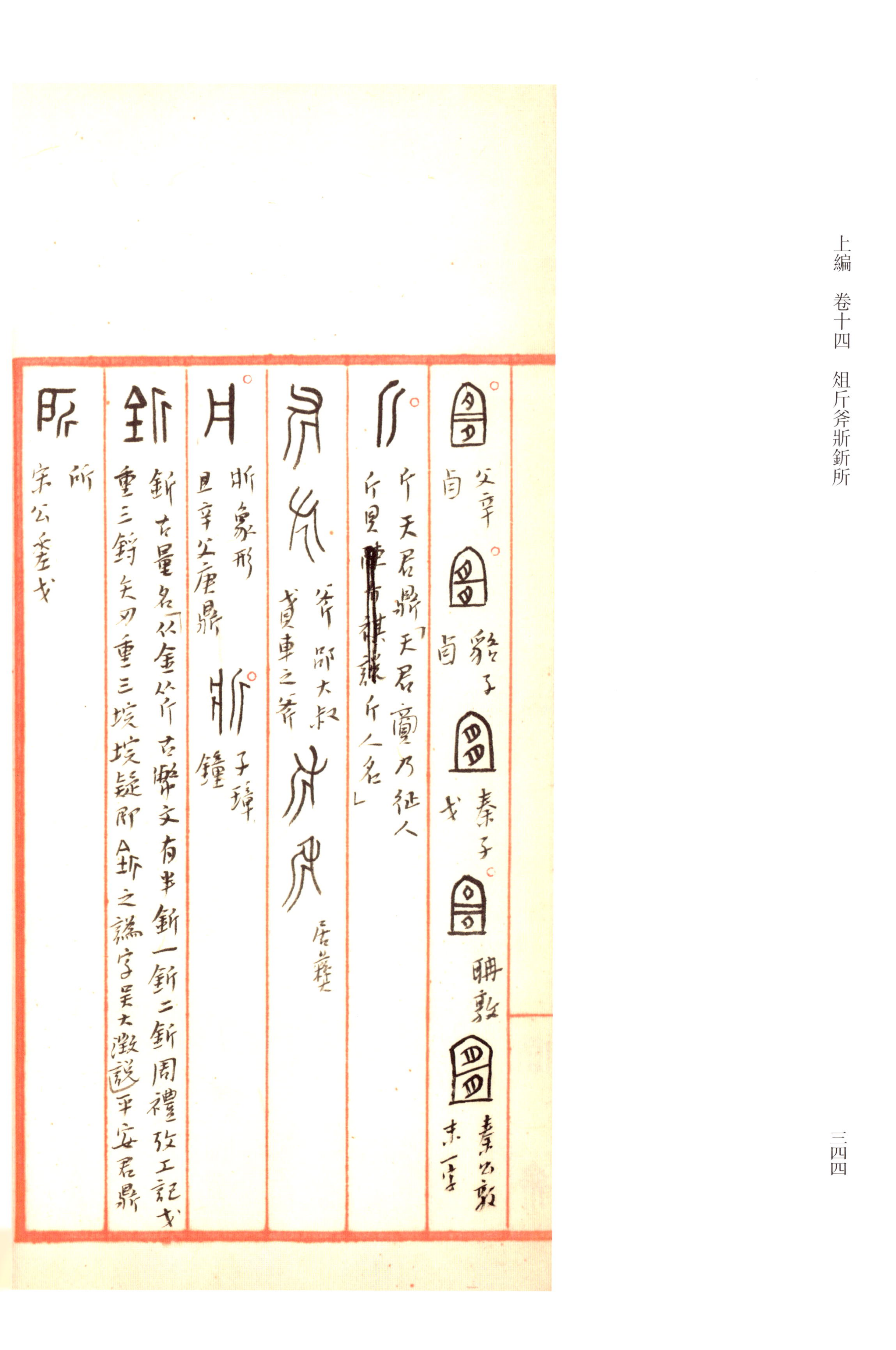

父辛卣

貉子卣

秦子戈

聃敦

秦公敦 末一字

斤 天君鼎「天君賞乃征人斤」 斤見[illegible]祺祿斤人名」

斧 邵大叔 貴車之斧

居彝

斯象形 且辛父庚鼎

子璋鐘

釿 古量名「从金从斤」古幣文有半釿一釿二釿 周禮攷工記戈重三鋝 矢刃重三垸 垸疑即A釿之譌字 吳大澂說 平安君鼎

所 宋公差戈

斯　余義鐘

新　卲家公違鐘　新　師遽敦　新　頌鼎　新　頌壺　新　頌敦

新　新　仲義父鼎　新　師湯父鼎　新　散盤　新　師酉敦　新　望敦

新　郘太叔斧

斗　斗　[illegible]朕鼎

車　車象輪轂轅輈之形許書籀文从戋乃傳寫之譌　毛公鼎　車　不嬰敦　車　盂鼎

六

入旅

立戈父丁卣 戈車

佃寅鼎 軦侯

克鐘

䣄伯彝

作父乙尊

董伯鼎

㱿卣

卣 𠙵車

車鼎

㽙尊

𠨘子彝

祖丁爵 車且丁

孔鼎

應公作旅車彝

仲龍父甗

彔伯戎敦

即大叔斧

㱿尊

瑀鼎 車叔

輅

軨 輅庶戈

較

毛公鼎

吳彝

或从文

彔伯戎敦

軶不从車
彔伯敦
軶字重文

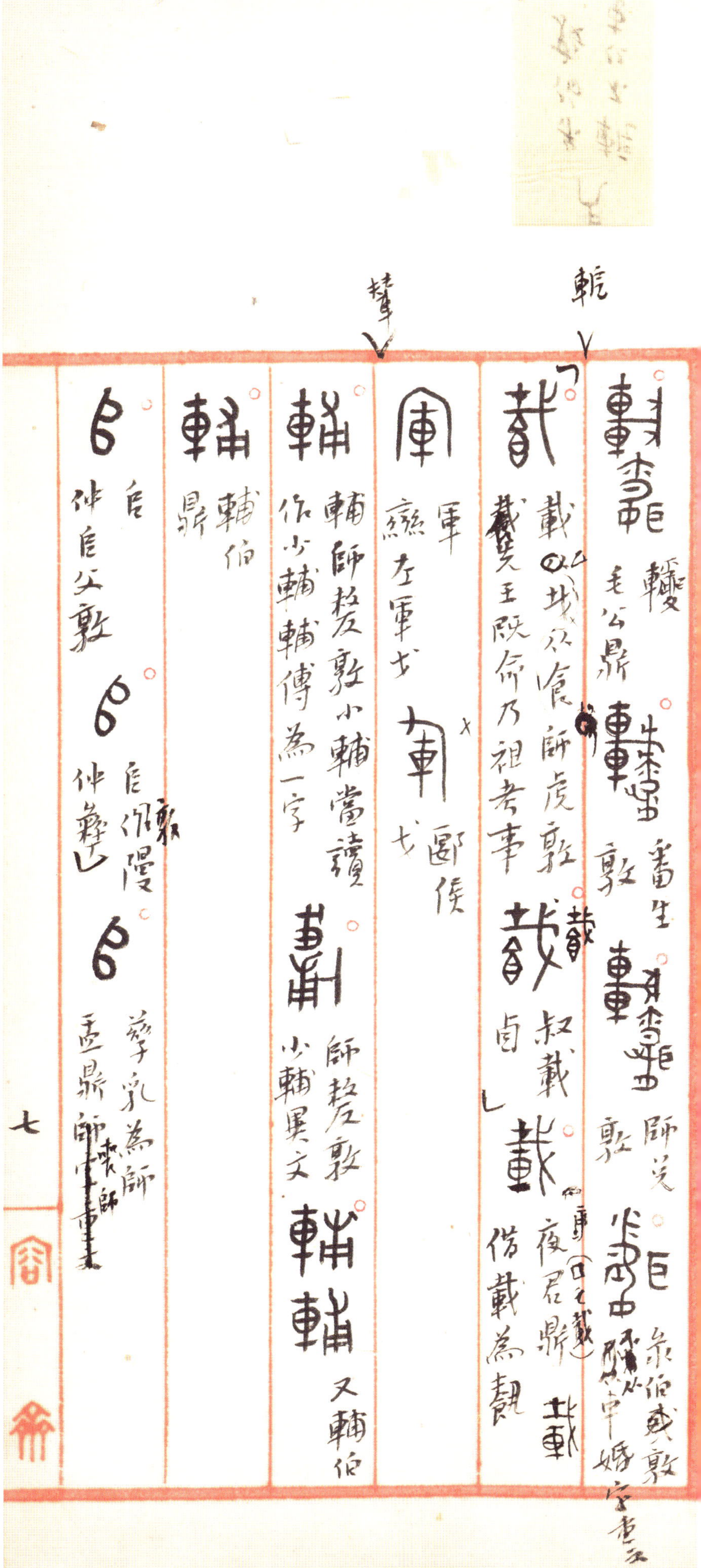
軶
輂
轙
毛公鼎
番生敦
師兑敦
彔伯敦
載
師虎敦
叔載
借載為觀
軍
左軍戈
郾侯
輔
師嫠敦
輔傳為一字
少輔異文
又輔伯
輔伯鼎
𠂤
仲𠂤父敦
孳乳為師
盂鼎
七

官 頌鼎

師奎父鼎

師虎敦

師酉敦

戒鬲

上官登

𨸏

陵 散盤 漢陵

不嬰敦 宮伐嚴久于高陵

陵子盤

陳猷釜

陵叔鼎

陵右戈

陰 上官鼎

陽 虢季子白盤

叔姬鼎

師餘鼎 對陽乃德 借陽爲揚

隅

農卣　對陽王休

不陽戈

高陽四劍

陸从𨸏从二光

陸父甲角

父乙角

父庚卣

邾公釛鐘

敀陸亐

父乙卣

阿

阿武戈

平阿右戈

平阿戈

限

曶鼎

陟

散盤

隊 不从𨸏
毛公鼎 隊字重文

降从𨸏从二足迹形 陟降二字相對 二止前行為陟 倒行為降 後人但知止為足迹 不知夂夂皆足迹也 自夂夂變為夂 夂變為㐄 夂夂變為舛 古義亡而夂㐄舛等字皆失其解矣 吳大澂說 大保敦

耼敦

散盤

虢叔鐘

𦤎狄鐘

函皇父敦

宗周鐘

叔向敦

宗婦盤

虢叔編鐘

不降矛

陳从攴 陳侯鼎

陳子子匜

陳侯作嘉姬敦

陳公子甗

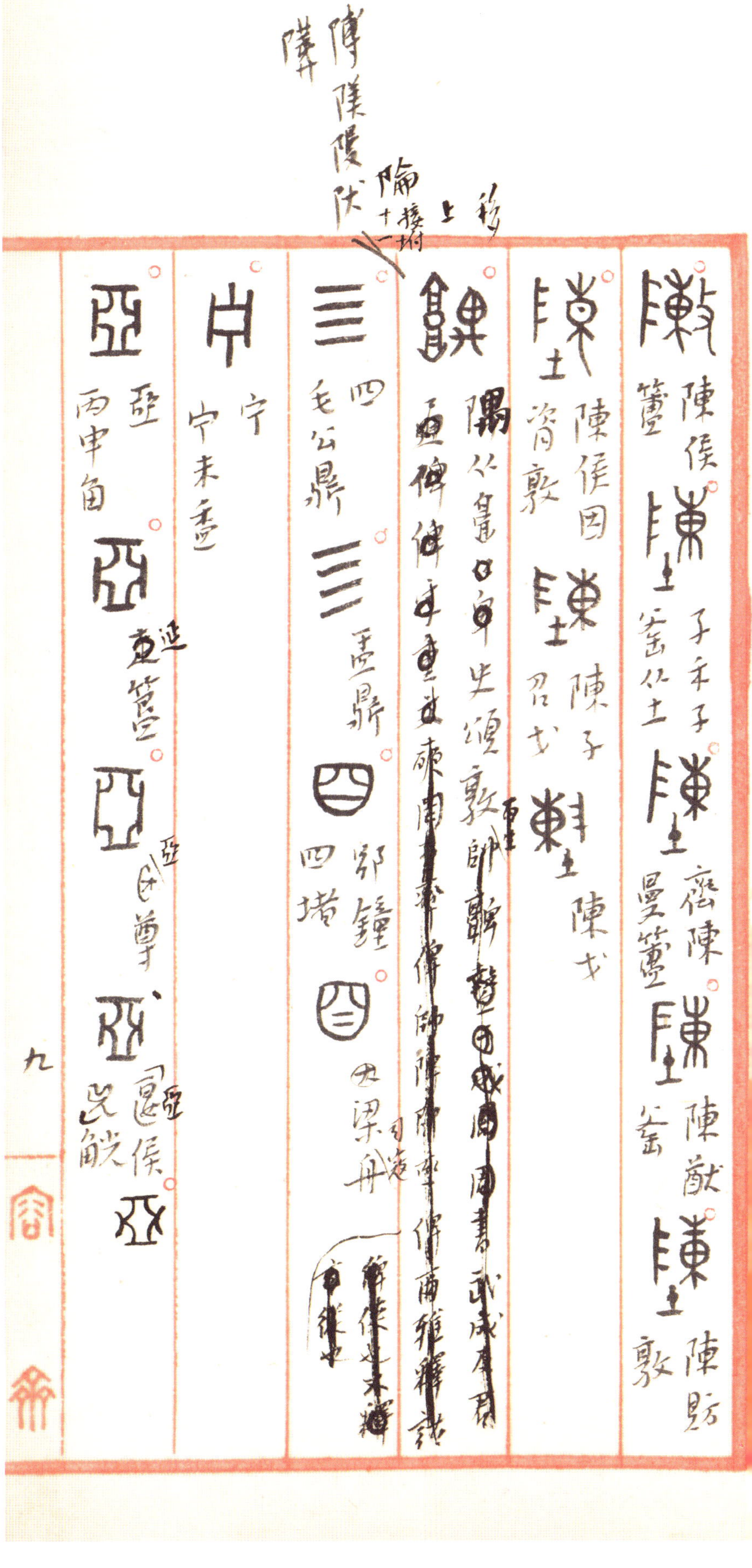

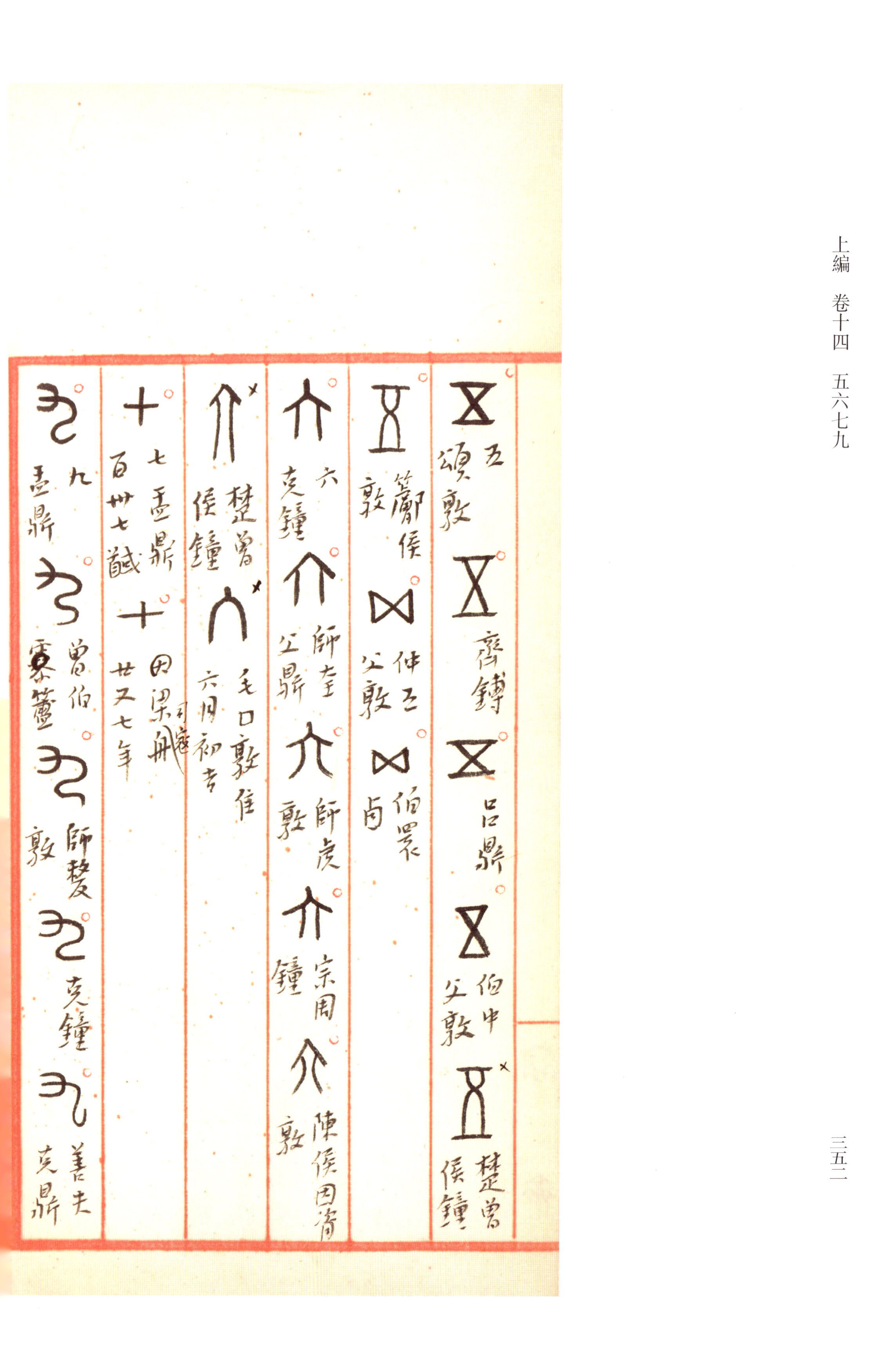

五
頌敦
齊鎛
呂鼎
伯中父敦
楚曾侯鐘

鄦侯敦
仲五父敦
伯睘卣

六
克鐘
師奎父鼎
師虎敦
宗周鐘
陳侯因資敦

楚曾侯鐘
毛口敦隹六月初吉

七
盂鼎百卌七馘
因梁司寇鼎廿又七年

九
盂鼎
曾伯霥簠
師嫠敦
克鐘
善夫克鼎

增入

禹

九 齊鎛
者減鐘
鄦惠鼎
師趛鼎
芥伯敦

余義鐘
散盤
罳卣
揚敦
鄧公敦

敦文以幣背紀數字證之當是九字
宅敦

禽 禽彝
太祝禽鼎
不嬰敦
惠叔鼎

萬 頌鼎
師趛鼎
屖伯鼎
史頌敦
伯田父敦

邾公代鐘
邾公代鼎
我叔鼎
伯闢敦
鑄公簠

十

虢叔鐘
鄭伯鬲
虢季子白盤
虢季氏子組盤
史卣
壴敦
王孫鐘
虢叔簠
伯庶父簠
師奎父鼎
鄭叔上匜
仲師父鼎
[illegible]句鑃（徐□）
魯伯俞父簠
追敦
[illegible]生敦
伯其父簠
仲□匜
陳公子甗
陳侯簠
封敦
静敦
齊癸姜敦
仲皀父敦
辛鼎
番君鬲
仲敦
[illegible]文
畢鮮敦
卯敦

番君鬲

仲𠭰父敦

陳侯因資敦

楚公鐘

鄂侯敦

杞伯壺

叔彭父敦

其次句鑃

鄀公盂

吳王姬鼎

函皇父敦　或从辵

師趛父敦

陳侯作嘉姬敦

彔伯戜敦

叔向敦

伯疑父敦

善夫克鼎

仲師父鼎

伯頵父鼎

大鼎

先獸鼎

亶敦

姞氏敦

寰盤

寶甗　王人

量侯敦

鬲攸比鼎

鄭饔邍父鼎

庚羆卣

十一

周夢壺
師寰敦
趩鼎
叔妣敦
望敦

王婦匜
師嫠敦
仲惪父敦
叔宣敦
吳同敦

伯考父鼎
曼龔父簋
史頌匜
史頌鬲
己侯敦

中伯壺
伯孝鼓簋
杞伯匜
杞伯壺
曾伯霥簠

邾公釗鐘
邾公䥾鐘
邾公牼鐘
散伯敦
秦公敦　萬民是敕

罟郘鐘
師寰敦
王母鬲
交尊
散盤

嘼　鑄戈

獸　獸與狩通左氏襄四年傳獸臣司原注獸臣虞人周禮獸人官名先獸鼎先姓獸名取守備之義或以官名爲人名吳大澂說

獸　史獸鼎

獸　宰甾𣪘

獸　父甲鼎

獸　獸作父戊爵

十　甲杞毌田甲觶

十　頌鼎

十　祖甲鼎

㐁　虘彝　孫詒讓釋甲冑之甲字从介从甲者

⊕　摭附十九頁

乙　乙䜌卣

乙　旦乙爵

乙　小子師𣪘

乙　䀠乙斝

乙　邾公牼鐘

乙　師酉𣪘

乙　鄭叔上匜

乙　伯冊

乙　曾鼎

乙　子乙爵

且乙爵
作父乙敦
父乙甗
父乙卣

丙
丙父丙鼎
𠦪父丙爵
乃且丙觶
僉且丙觶
王君鼎

丙止卣
父丙觶
適鼎
伯晨鼎　𨸔侯
子禾子釜　月丙午

鄦侯敦
靜彝
𣏌父丙卣

丁
父丁爵
齊鎛
余義鐘
戊寅父丁鼎
師嫠敦
善鼎

王孫鐘
歸父盤
戈父丁敦
余卑盤
國差𦉜
徐王之□盂

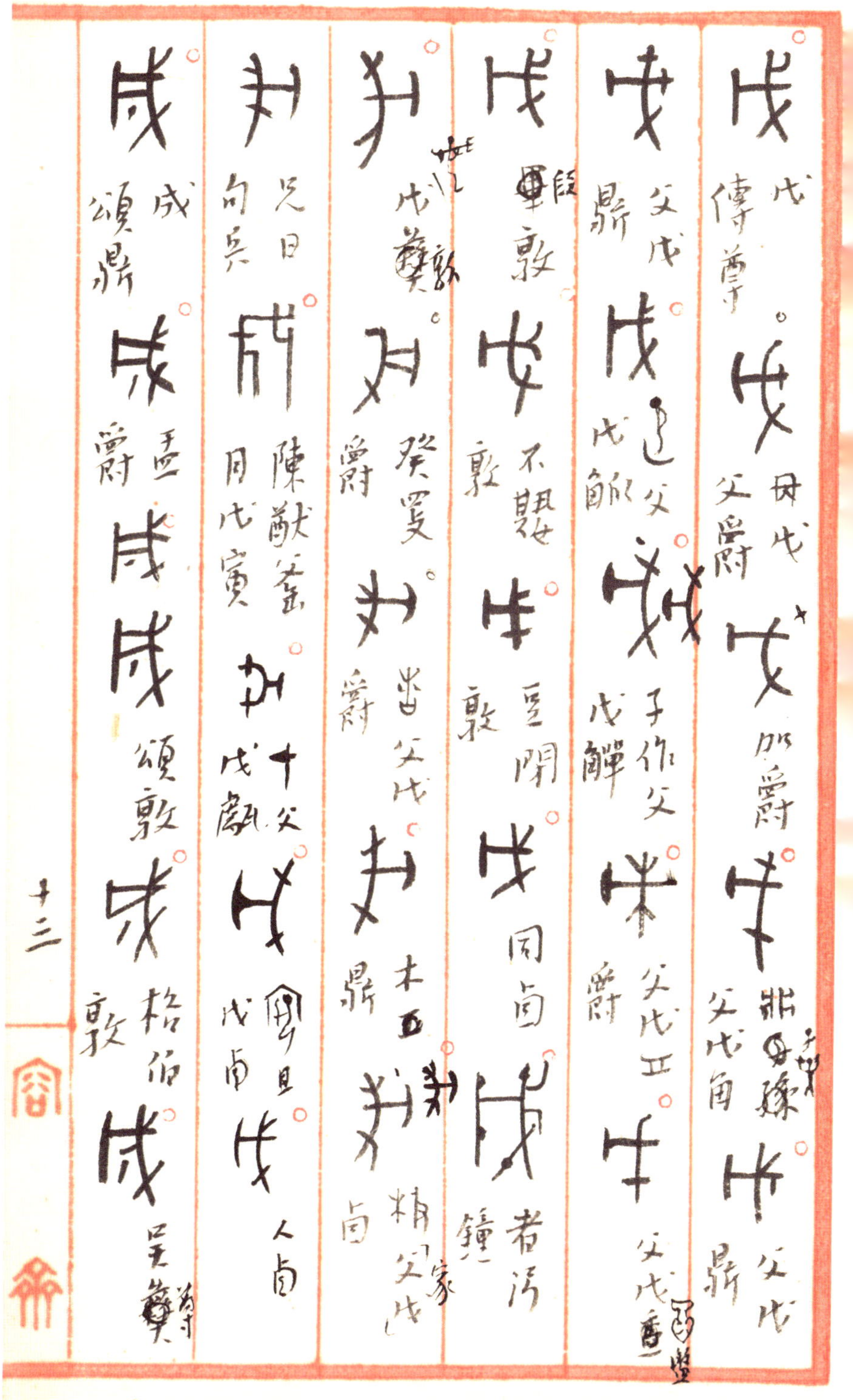

成 史頌敦
成 格伯敦
成 成王鼎
成 善夫克鼎
成 召伯虎敦

成 史獸鼎
成 師害敦
成 陳侯因資敦
成 沇兒鐘
成 朱中子尊

成 頌敦成周 借以成為成
成 孳乳為盛 叔家父匡用成稻粱

己 己□觶
己 子且己卣
己 禾簋敦
己 秉作父己鼎
己 宴敦

己 取八卣
己 四且乙父辛卣
己 己侯鐘 孳乳為紀 接紀 廣雅釋言釋名釋天己紀也

㠱 八
㠱 八 師寰敦 㠱
㠱 八
㠱
己
㠱 曾鄦㠱敦 㠱

㬥 王婦㬥孟姜匜

庚 史父庚鼎

魚作父庚尊

冊陸父庚卣

家戈父庚卣

子父庚觶

𧾷父庚尊

且辛父庚鼎

子父庚爵

冊且庚爵

、庚爵

庚䣄

豚卣

彔伯𢦏敦

庚羆卣

且庚敦

賢𣪘、庚敦

𥈭仲敦

𢦏叔鼎

玘鼎

沇兒鐘

楚子簠

徐王口句鑃

十四

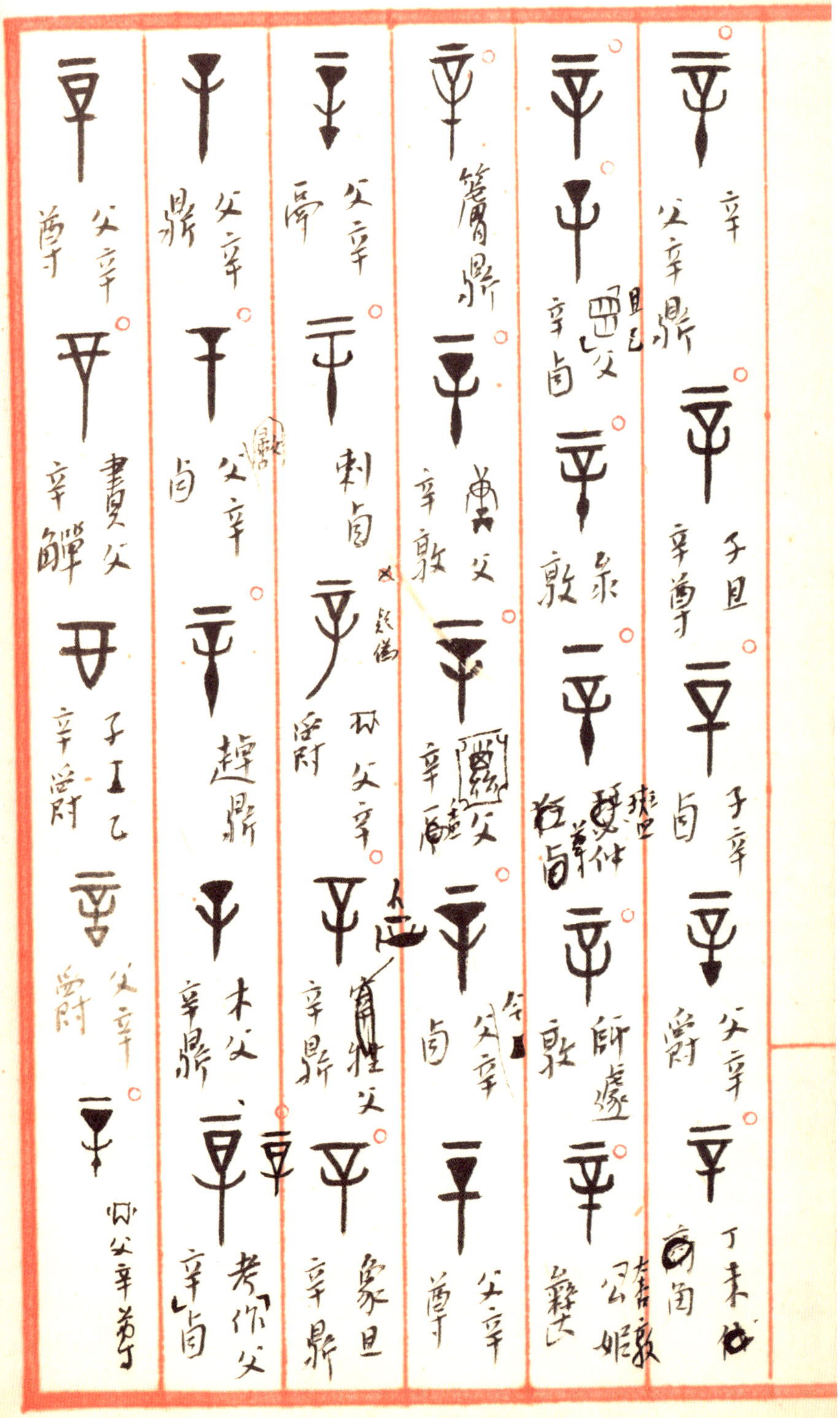

辭　「辭」吳大澂曰辭辭皆从辛義亦相同書金一滕我之弗辭釋文辭治也宗婦盤以降大福保辥鄗國「辥」亦當訓治許書辭部辭辟治也引周書我之不辟辟治也引虞書有能俾辥乂疑辥辟辥皆辭之異文故皆訓治

辭　宗婦敦

辭　毛公鼎譬辥乃辟又曰命女辥我邦我家

辭　晉邦盦保辥王國　又曰𤔲辥爾家

辭　克鼎諫辥王家

辭　辭从台說文从台之字籀文通作辝如枱枲是也台又通㠯齊鎛「是辝」可使辝即㠯之異文（又大都大辝）葉萬至于辝孫子

辭　邾公牼鐘　鑄辝龢鐘

𤔲　辭从司　毛公鼎司字重文

十五

辭　辭毛公鼎譬辭乃辟又曰命女辭我邦我家王國維曰說文辭字辭部辭治也从辟乂聲虞書曰有能俾辭是辭本古文乂作辭又辭与辭形相似字本作辭後譌為辭後人又因辭讀与辭讀不同故於辭下加大以為聲又古者作乂書君奭之用乂厥辟即此鼎之口辭厥辟也克鼎之辭王家即克鼎之辭王家也康誥之用保乂民即多士君奭之保乂有殷康王之誥之保乂王家詩小雅之保艾爾後保乂保艾即克鼎宗婦敦晉邦盦之保辭也

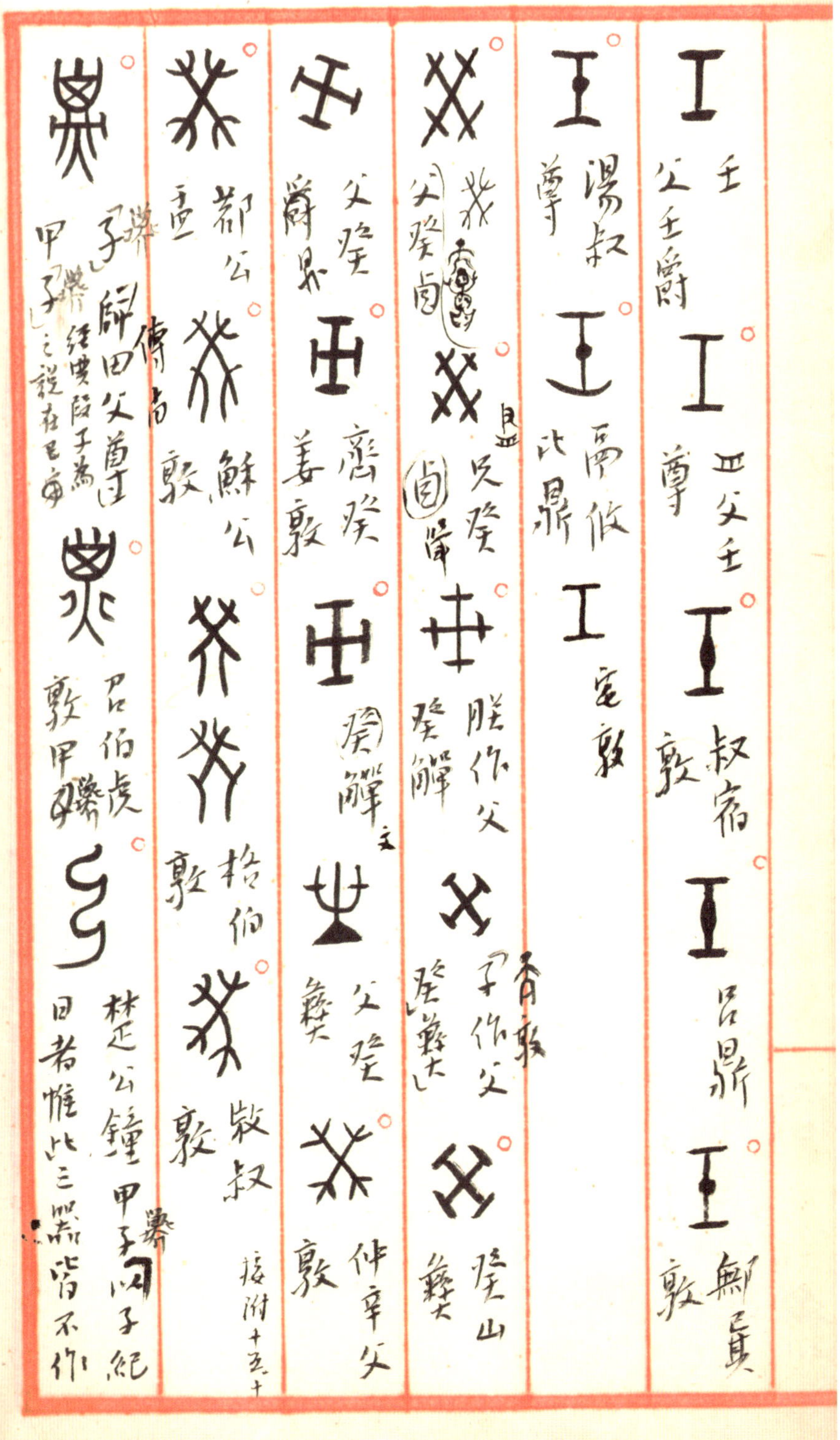
壬
父壬爵
父壬
尊
叔宿
簋
吕鼎
湯叔
尊
鬲攸比鼎
宅簋
父癸卣
朕作父
癸觶
子作父
癸山
彝
父癸
善簋
癸觶
父癸
彝
仲辛父
簋
穌公
簋
格伯
簋
叔
簋
師田父尊
吕伯虎
簋
楚公鐘

補口

子与子孫之子字異 說在巳字下

且子鼎

子𧊒父乙觶

子丁爵

子且乙卣

子父庚爵

仲𦉜彝

仲父丁 甲𠷎

子𡆥觶 陽識

諸女酉觥

發子卣

㠯子作父丁乙觶

王孟鼎

史頌匜

𠭯皇父匜

封敦

邾鐘

杞伯敦

史頌敦

王子申盞盂

子𡢁迖 子壺

許子簠

齊敦

楚公鐘

沇兒鐘

齊鎛

簷鼎

征盛 作口

向鑵

刺鼎

宗婦敦

十六

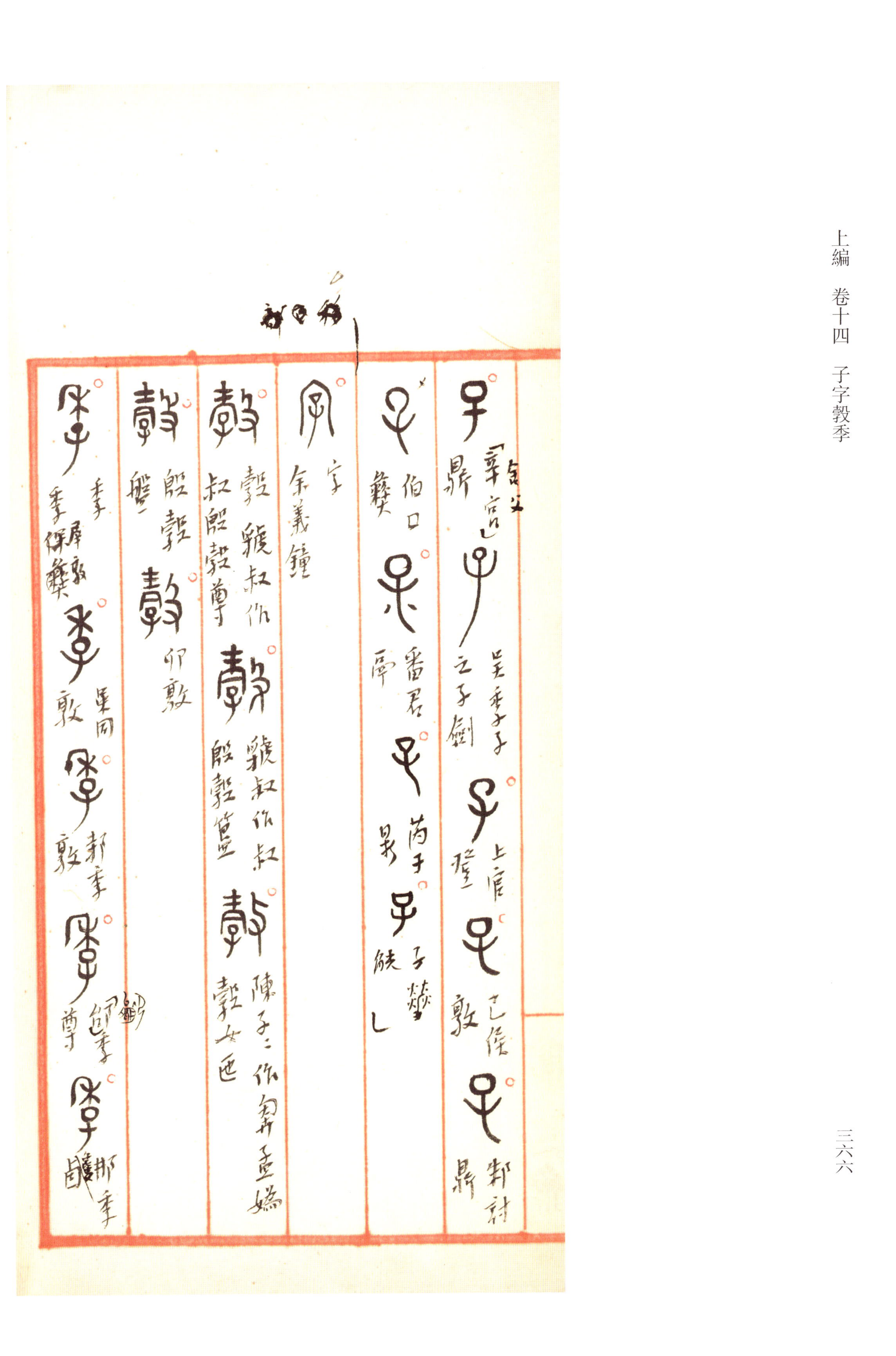

金文

子 「辛宫」鼎
子 吳季子之子劍
子 上官登
子 㠯侯敦
子 鄦討鼎

子 伯口彝
子 番君鬲
子 筍子彝
子 子䄂鉠

字 余義鐘

㱿 甤叔作叔盤㱿尊
㱿 甤叔作叔盤㱿簋
㱿 陳子子作嫊匜女㱿匜

㱿 盤㱿盤
㱿 卯敦

季 季屖保彝
季 季同敦
季 鄦季敦
季 鄦季尊
季 鄦季䰜

虢季子白盤

保侃寶 商孟

季隻敦

鄭異敦

虢季氏盤

庚午孟

魯邍父敦

季悆敦

孟[illegible]簋

孟辛父鬲

不嬰敦

師趛父敦

王婦匜

鄧孟壺

孟上父壺

齊侯壺

齊侯盂

許子簠

陳子子匜

孟申鼎

子仲伯匜

禾肇 鑄公簠

伯家父敦

疑 从牛不从子

伯疑父敦

十七

孴　从二子从口
獻孴口妊敦

丑　庚羆卣
同　敦
都公敦
貉子卣
拍舟

羞　从又从羊
鄭始鬲
齊侯壺
不嬰敦
仲姞鬲

伯匕鼎
鼎文
鄭叔蒦父鬲
戎从艸兩手共獻也
魯伯愈父鬲

邿遣鼎

寅　宴敦
師趛鼎
彔伯戎敦
師奎父鼎
遹鼎

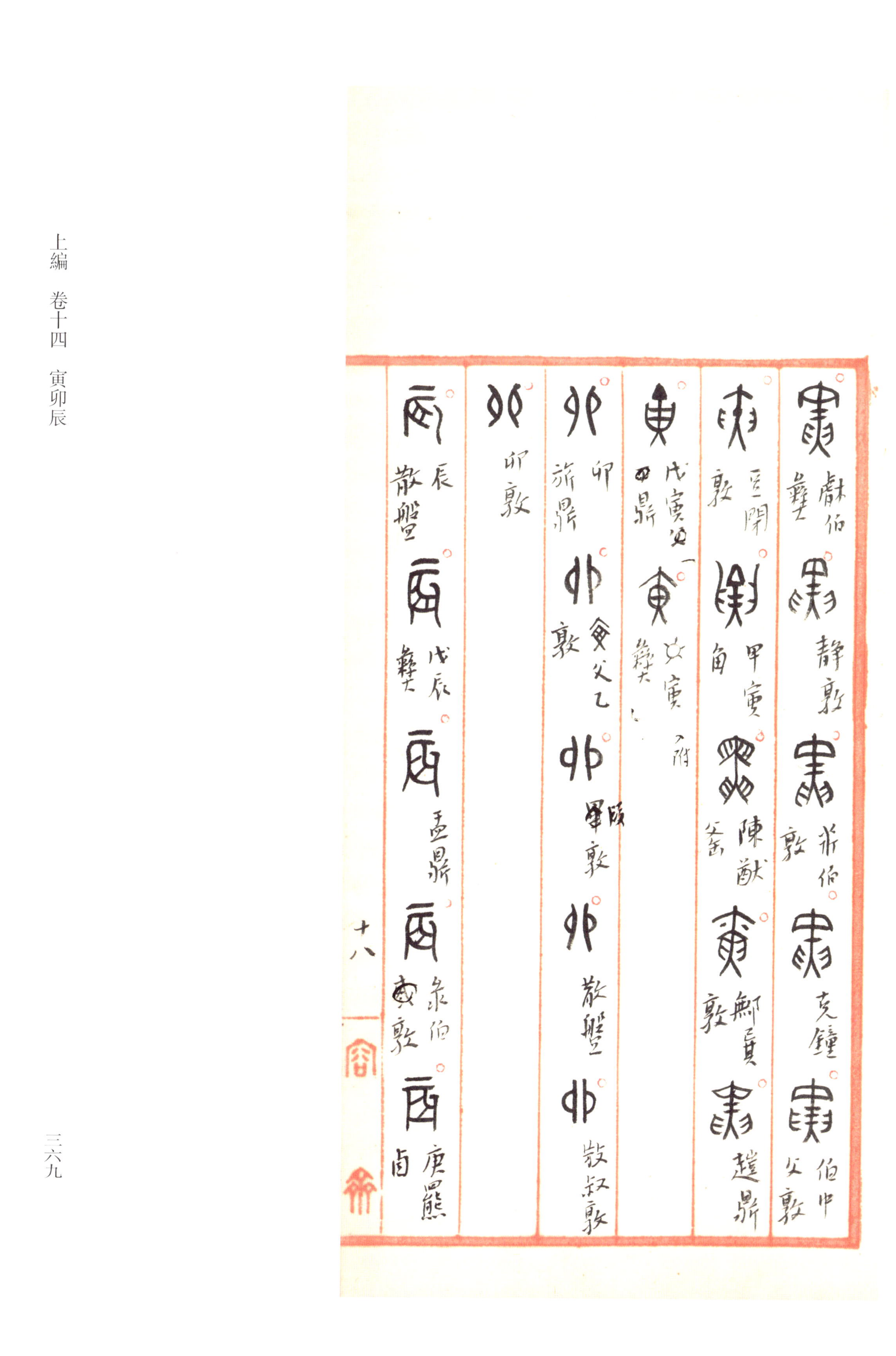

獻伯彝　靜敦　旂伯敦　克鐘　伯中父敦

豆閉敦　甲寅角　陳猷釜　鄦莒敦　趩鼎

戊寅父丁鼎　父寅彝　附

卯旂鼎　命父乙敦　師旋敦　散盤　散叔敦

卯敦

辰散盤　戊辰彝　盂鼎　彔伯戒敦　庚羆卣

十八

小子傳斝殷　語辭
盂鼎巳女妹辰又大服

殷段
輦殷
豆閉殷
伯晨鼎　䡅侯
善鼎
伯中父殷

旂鼎
宅殷

巳　史頌殷
丁巳　甲骨刻辭中有連書干支列如表式者如巳巳辛巳皆作子金文亦然遂得確定為巳字

格伯殷　癸巳
馭八卣　辛巳
鄭叔上匜　乙巳
辛巳　𡠀嬴殷

宰鼎　乙巳
穌尊　丁巳
辛巳　彝
盂鼎　語辭
毛公鼎　巳曰

㠯　散盤
毛公鼎
子璋鐘
沇兒鐘
公伐鄶鼎

巳

辛巳殷辛巳甲骨刻辭中有連書干支列如表式者如巳巳辛巳巳皆作子金文亦然遂得確定為巳字朱駿聲曰象子在包中形子方生順出為古未生在腹為巳是也倒古為巳後又改辰巳之子為子丑之子遂以巳然之巳為辰巳之子金文子丑作㜽辰巳作子巳然作巳二字秩然不亂子孫之子乃辰巳之子而非子丑之子子巳似也二字同形雖……為相混之一證

楚子數

辛巳

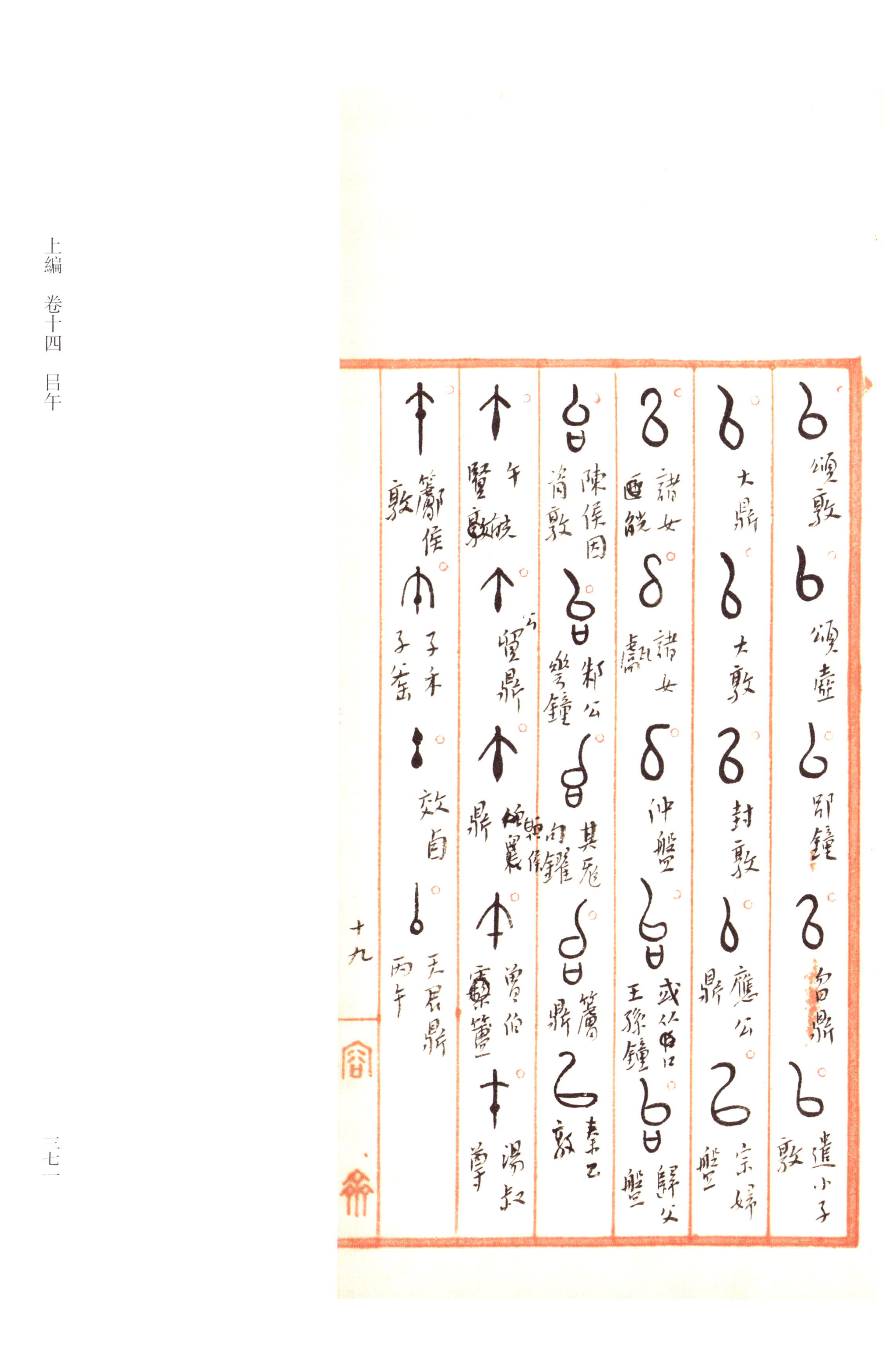

頌敦
頌壺
邵鐘
曶鼎
遣小子敦

大鼎
大敦
封敦
應公鼎
宗婦盤

諸女匜觥
諸女甗
仲盤
王孫鐘 戎从中口
歸父盤

陳侯因資敦
鄀公䛒鐘
其次句鑃
簠鼎
秦公敦

午醫侯敦
公貿鼎
[illegible]鼎
曾伯霥簠
湯叔尊

鄦侯敦
子禾子釜
效卣
天君鼎 丙午

十九

未

丁未伐商角

守敦

小子師敦

鄀公鍾

申

宰椃角

丙申角

公仲彝

𢦏叔鼎

不嬰敦

杜伯簋

簫鼎

王子申簋蓋

黃韋俞父盤

庚申　編鐘

楚子簋

酉　師遽敦

辛酉

師酉敦

師遽尊

丁酉

酉卣

酒　不从水　毛公鼎

毋敢湎于酒

盂鼎

宰甫敦

王鄉酒

乙亥鼎

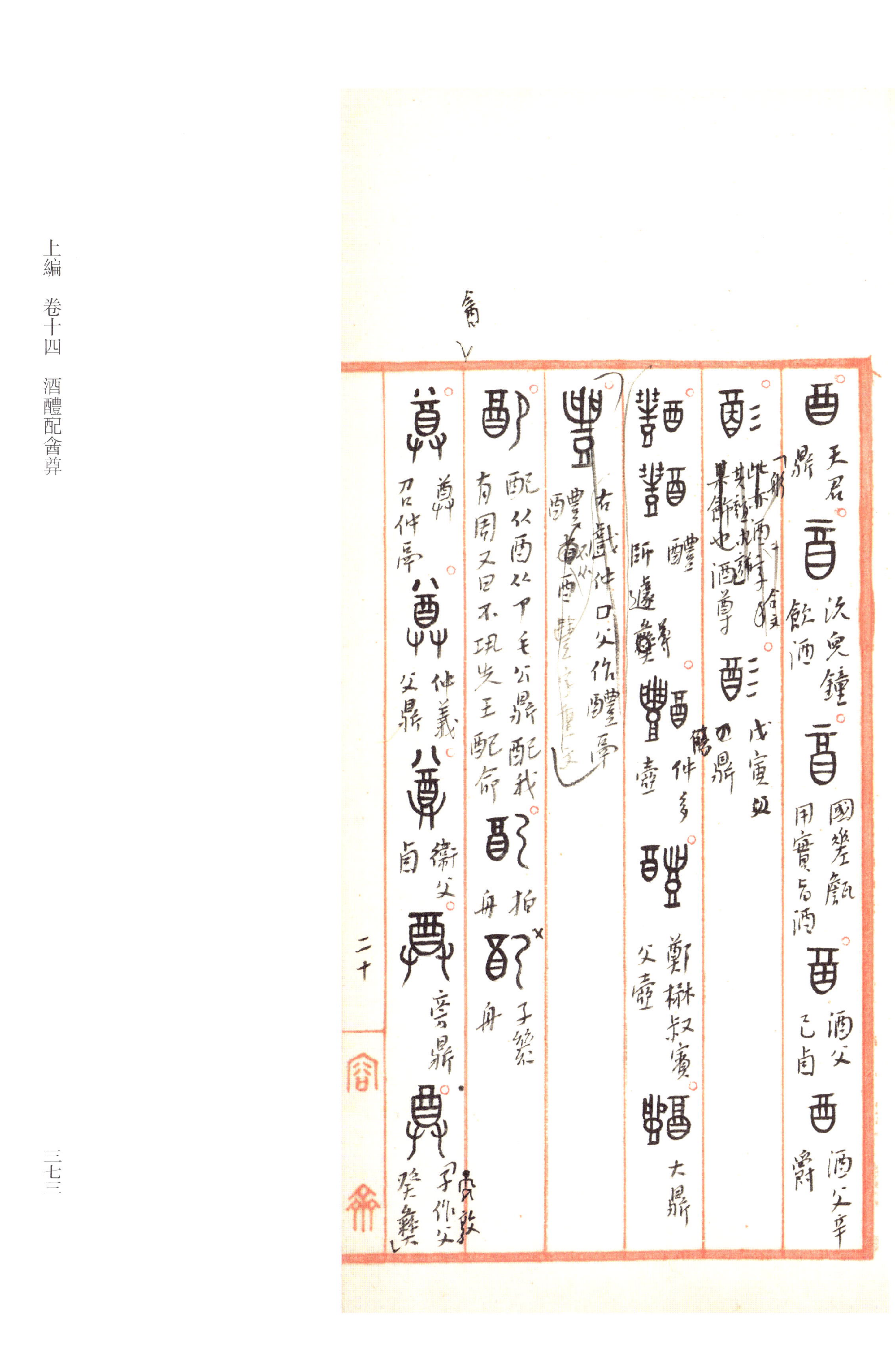

天君鼎

沇兒鐘 飲酒

國差甔 用實旨酒

酒父乙卣

酒父辛爵

戊寅鼎

醴

斯遷彝

仲多壺

鄭楙叔賓父壺

大鼎

古戲仲口父作醴壺

配 从酉从卩 毛公鼎 配我有周 又曰不巩先王配命

拍舟

子燚舟

尊 召仲鬲

仲義父鼎

衛父卣

㝬鼎

子作父癸彝

二十

中彝

父戊丌爵

醫匜

[illegible]舟

公巳觶

豐兮敦

或从𨸏

頌壺

頌敦

師趛鼎

師酉敦

師嫠敦

叔向敦

南姬鬲

倗卣

父丁敦

王母鬲

姞氏敦

追敦

寂[illegible]壺

靜敦

師虎敦

[illegible]卣

大敦

趠鼎

周棠壺

鄭孟壺

芮伯壺

仲師父鼎

吳生鼎

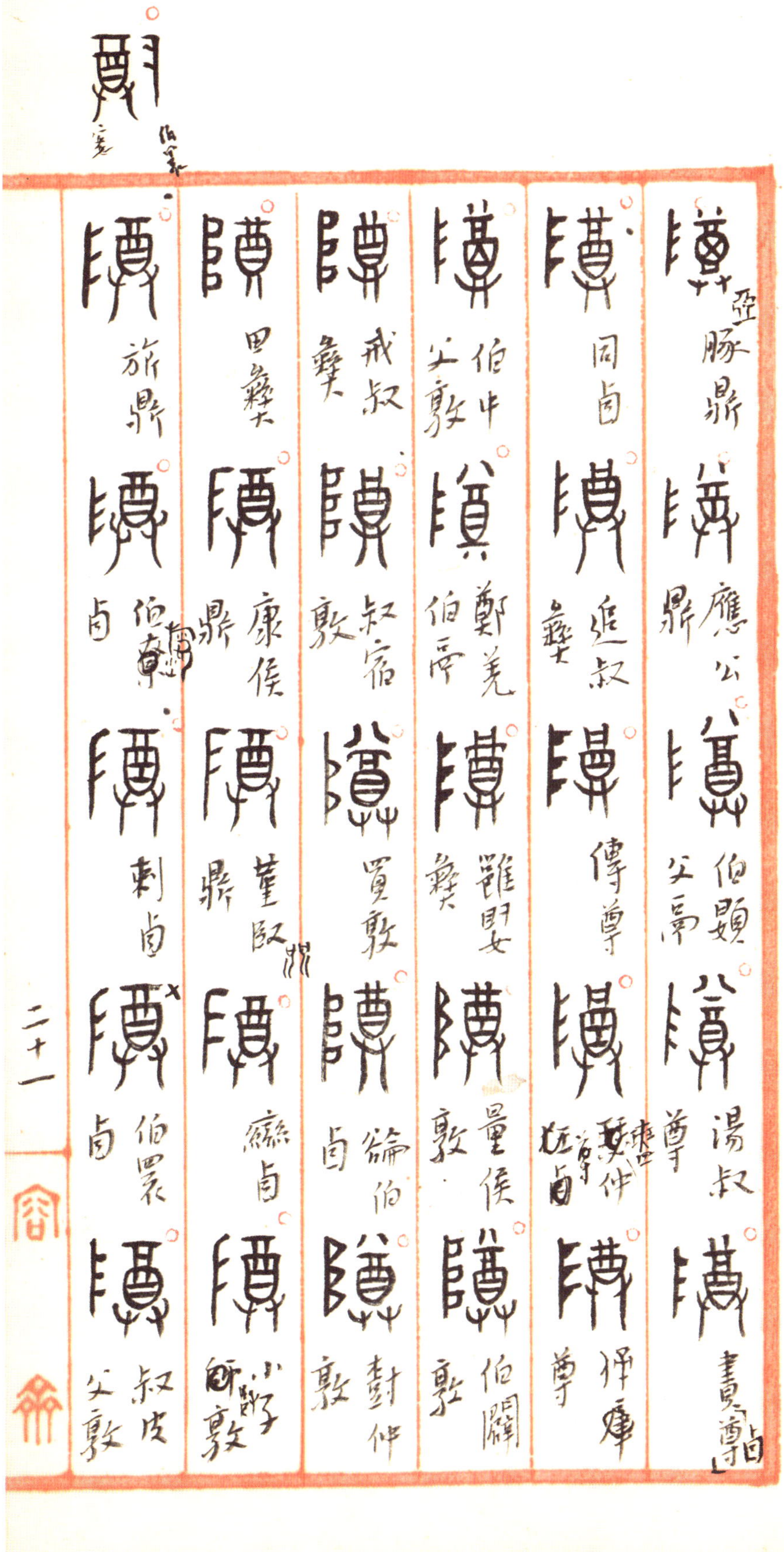

二十一
亞豚鼎
應公鼎
伯頵父鬲
湯叔尊
同卣
追叔彝
傳尊
伯中父敦
鄭羌伯鬲
雝毌女彝
量侯敦
伯闢敦
戒叔彝
叔宿敦
買敦
綸伯卣
封仲敦
田彝
康侯鼎
堇臥鼎
小臣子師敦
旂鼎
剌卣
伯睘卣
叔皮父敦

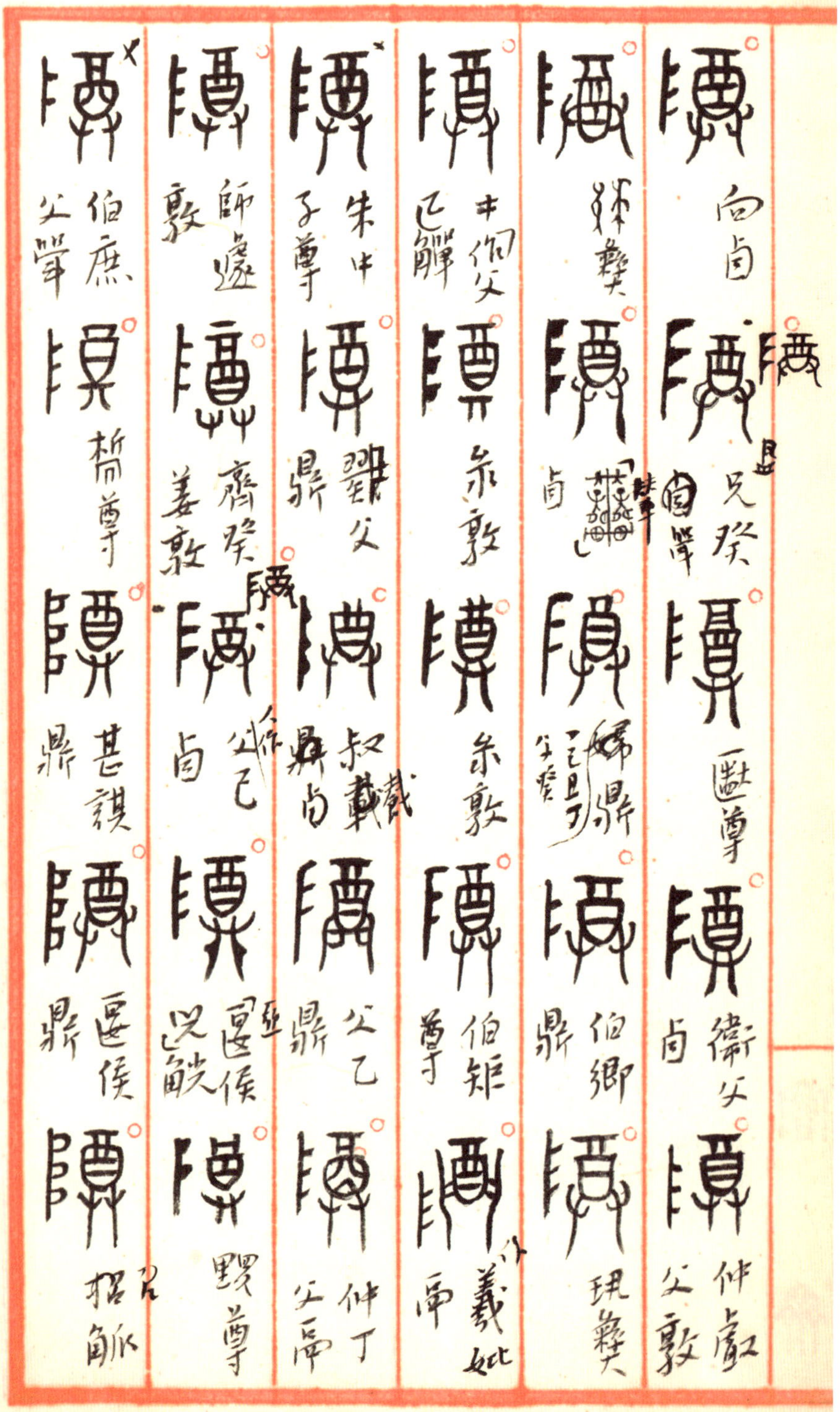

尊 剌鼎
尊 是𩰫
尊 不嬰敦
尊 呂王鬲
尊 畢鮮敦

尊 仲敦
尊 𩰫叔匜
尊 作父丁尊
尊 鄀公匜
尊 伯魚鼎

尊 𤔲土𤔲彝
尊 季保彝
尊 魚作父己尊
尊 伯婦鼎
尊 西卣

尊 中𠔙卣
尊 伯卣
尊 𢦏都鼎
尊
尊 叔狀敦

戌 戌頌鼎
戌 頌敦
戌 頌壺
戌 鄦惠鼎
戌 師虎敦

戌 寰盤叔姞
戌 鄭𩜧仲敦
戌 呂鼎
戌 休盤
戌 頌敦甲戌　或作成而戌

二十二

周戌作戌

亥　乙亥鼎
玑鼎
聃敦
君夫敦
師嫠敦
史旌敦
封敦
吴彝
卯敦
匄白鼎
善鼎
大敦
麓伯敦
王孫鐘
次卣
[竹鬲]鼎
師旦鼎
利鼎
大鼎
虘鐘
陳侯鼎
郘鐘
齊鎛
沇兒鐘
子璋鐘
余義鐘一
邾公牼鐘
姑馮□句鑃
禾肇敦彝
陳侯簠一

虢季子白盤

虢季氏盤

陳公子甗

歸父盤

陳子子匜

晉邦盦

鄦子簠

其次句鑃

鐘伯匜

邾公牼鐘

陳貯敦

二十三

金文編拾遺

造　夢戈

詔　說文所無　吕不韋戈

讐　二年寺工戈　龍言

攻　鄦王戈　攻

寇　司寇良父敦

飤 ○ 飤 龍節

韋 ○ 韋 邑不韋戈

倗 倗 叔[illegible]敦

戈 戈 賓戈

城 城 城陽左戈

亜 亜 亜戈

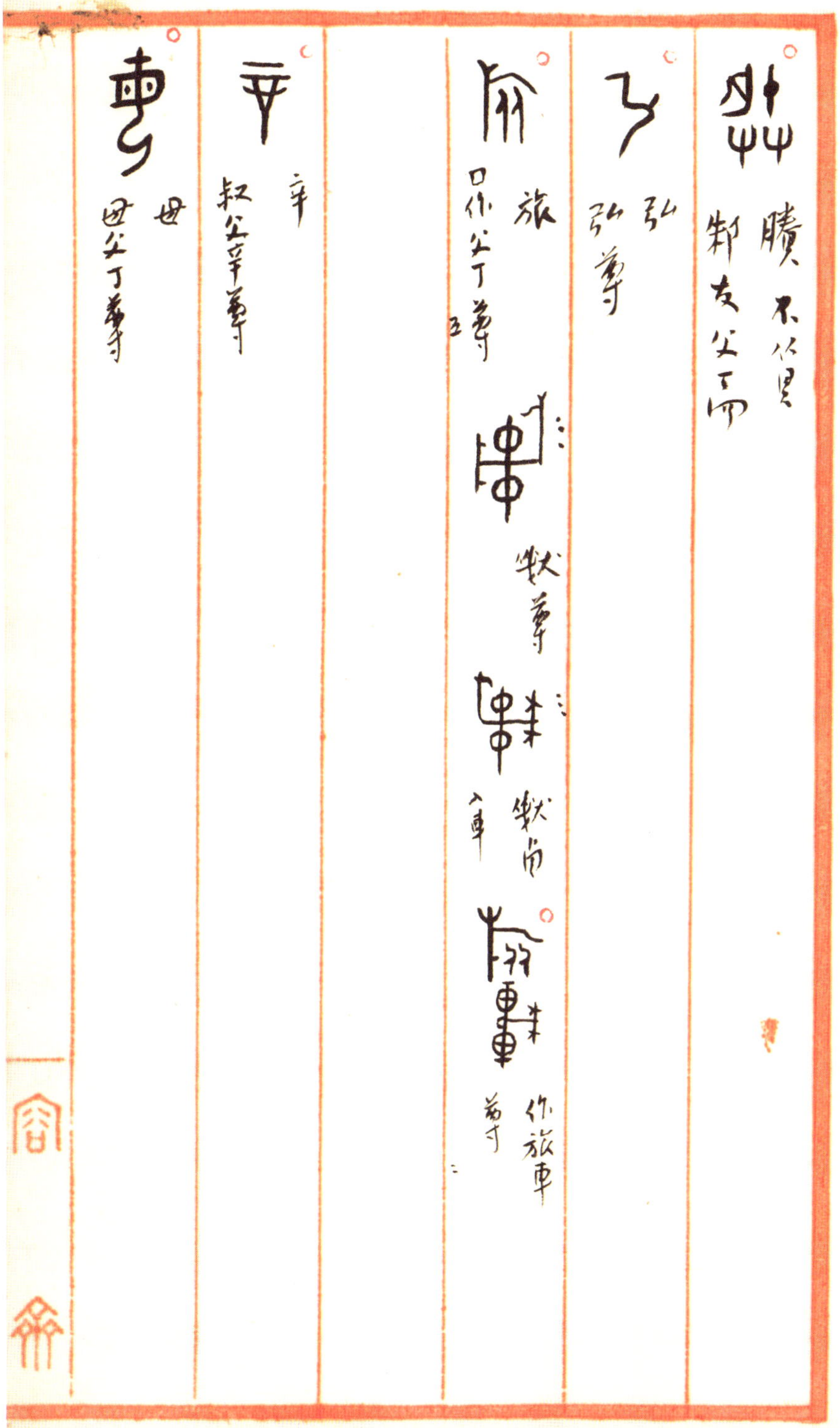
賸
不从貝
弘
弘尊
旅
口作父丁尊
五
獸尊
獸卣
作旅車
辛
叔父辛尊
母
母父丁尊

守
亞守尊

彝
大壴

徲
徲鼎

兒
陽兒戟

從
井侯壺

禞

金文編附錄卷一

東莞容庚撰集

禞 郾侯彝

接附四

子禾子釜

禽彝 孫詒讓云當為禨之省書舜典歸格于藝祖馬

郾王壽並釋為禞說文無禞字

王居鼎

一

入瑁

入玉

[illegible] 宰峀敦

[illegible] 𢦏都鼎

丰 乙亥𣪕玉十丰 象三玉相連之形 二玉曰珏 三玉曰丰 許氏說玉象三玉之連丨其貫也 知古有三玉一貫者 吳大澂說

瑁 師遽彝 瑁圭一 瑁古文作瑁 汗簡引作瑁

珪 毛公鼎 玉環玉珪

瑹 番生敦

玗 𢾊窠 師𠭰 子錫𢾊窠玗一

史 轄正

入 芻

散盤地名 羅振玉釋芻 从又持斷草

番生敦 金茦上鈴

庚午鼎

英[illegible]鼎

口叔蒦父鬲

周公敦 王令𤇾眔内史曰井侯服

二

華

湯叔盤

金文編附録上二

東莞容庚集

□ 入附七

盂鼎我□殷述令羅振玉釋爲書盤庚鄭注爲讀曰勖勖勉也爲殷述令猶言勉殷之民循天之命也

谷

穌谷敦

男

邾公牼鐘不男于朕身

疑褱字孝子乳爲隊

米

米卣

疑釆字

八丂

眉脒鼎

疑八升合文

㖡

毛公鼎

金㖡金雁

𣊫

毛伯敦

一

容庚

疑字

口部

毛公鼎
嘽朕立

番生敦
嘽王立

孫詒讓曰此當爲譔之古文說文言部譔巡譔聲而言部無譔字蓋譔撰也譔从言此从口者小篆从言之字古文多从口

伯晨鼎（䢅侯）

召伯虎敦

召伯虎敦

咏
田𢦔尊

日子
據正

姑馮口句鑃

徐口
征盛句鑃

辛鼎

鬵鼎

戊辰彝　隹王廿祀　曰　曰　者甲骨文屢見

虞司寇伯知作寶壺

周窻鼎　疑古之古文古合二字相對此从日象古之形如器之有蓋合則日在下古則日在上也吴大澂說

太保敦

大子　作父丁簋

二

[illegible]敦

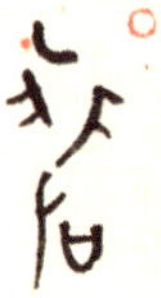
攻吴監

克鼎

散盤

臤[illegible]鼎

鄙王[illegible]戈

不嬰敦　余命女御追于[illegible]

䍜　趩　趄　赶　趚

毛公鼎

䍜作姒敦

䍜作姒卣

趩亥鼎

王孫鐘　皇皇趄趄

居彝

邢人鐘

伯中父敦夙夜事趚考

三

大𣪘

鼎

尊

同

卣

邿𨖍敦

邿𨖍盤

邢人鐘

中子化盤

居𣪘　舊釋此

釋征　或說反正爲乏

引林罕集字　鐀作追

汗簡

盂鼎

魏三體石經

釋述

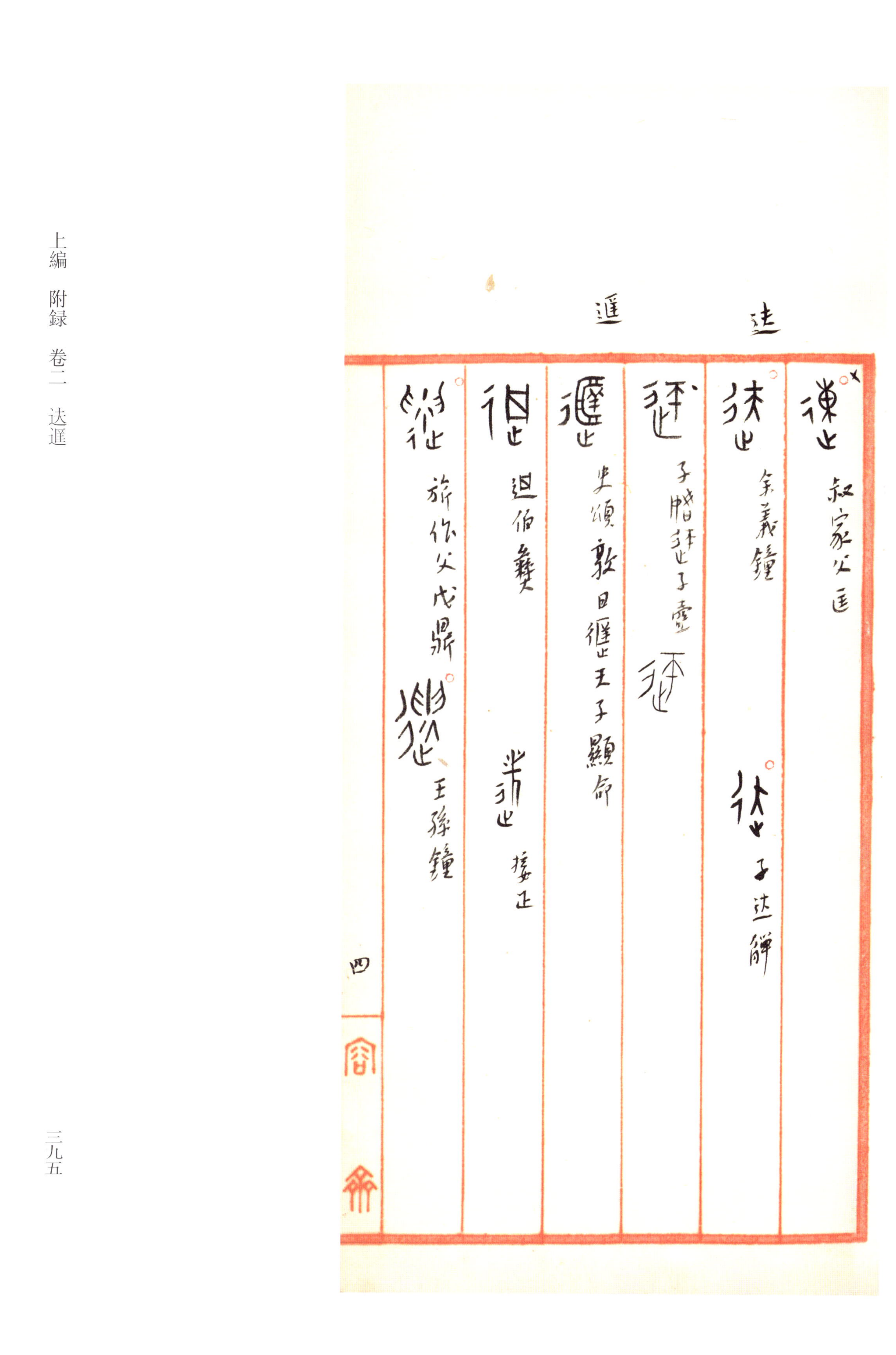

迖　遟

叔家父匡

余義鐘

子迖觶

子[illegible]遟子壺

史頌敦　曰遟王子顯命

迡伯彝

接正

旂作父戊鼎

王孫鐘

四

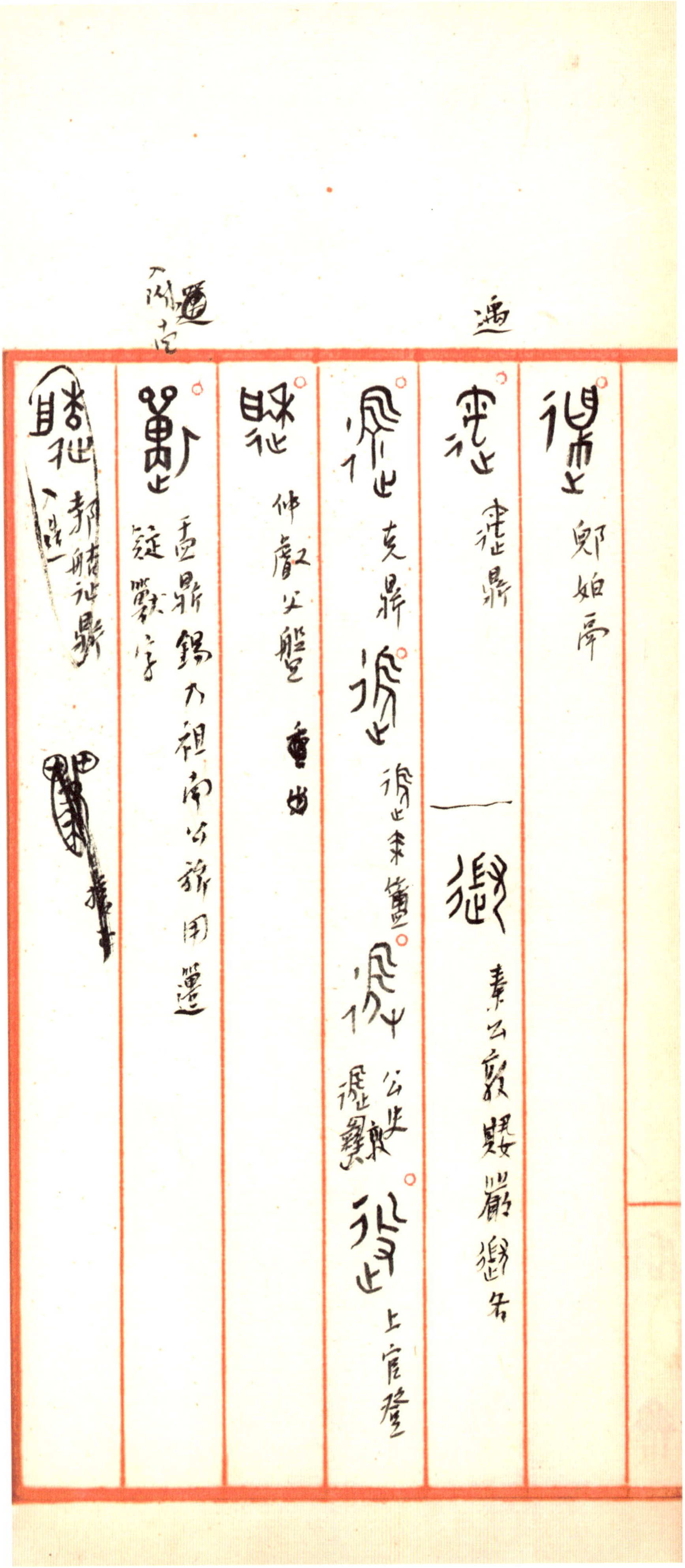
克鼎
仲叡父盤
上官登

復　鄦惠鼎

德　寧甶遅敦

德　上接正

德　鮑侯鑄寶鼎

𦫵　接正

衛　盂鼎

𢕌　齊鎛　侯氏從𢕌之日

𢕌　史頌鼎　从言

𢓊　𢓊　史頌敦　命史頌𢓊穌　恐疑即遭　字从𦥑　𦥑古文睦

五

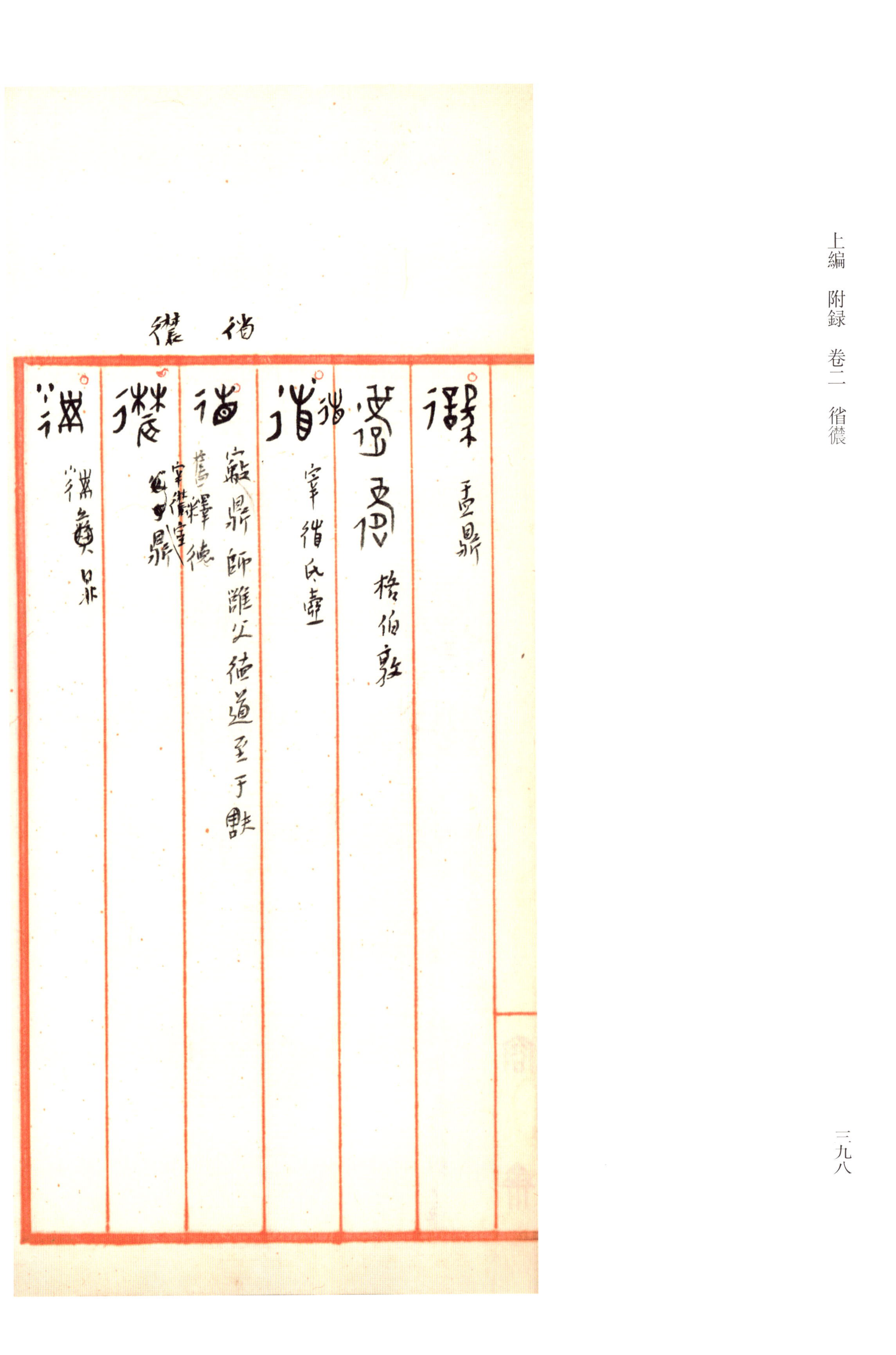

省儂

盂鼎

格伯敦

省

宰省氏壺

𤔲鼎 師雝父循道至于䵼

舊釋德

宰儂室父鼎

儂尊鼎

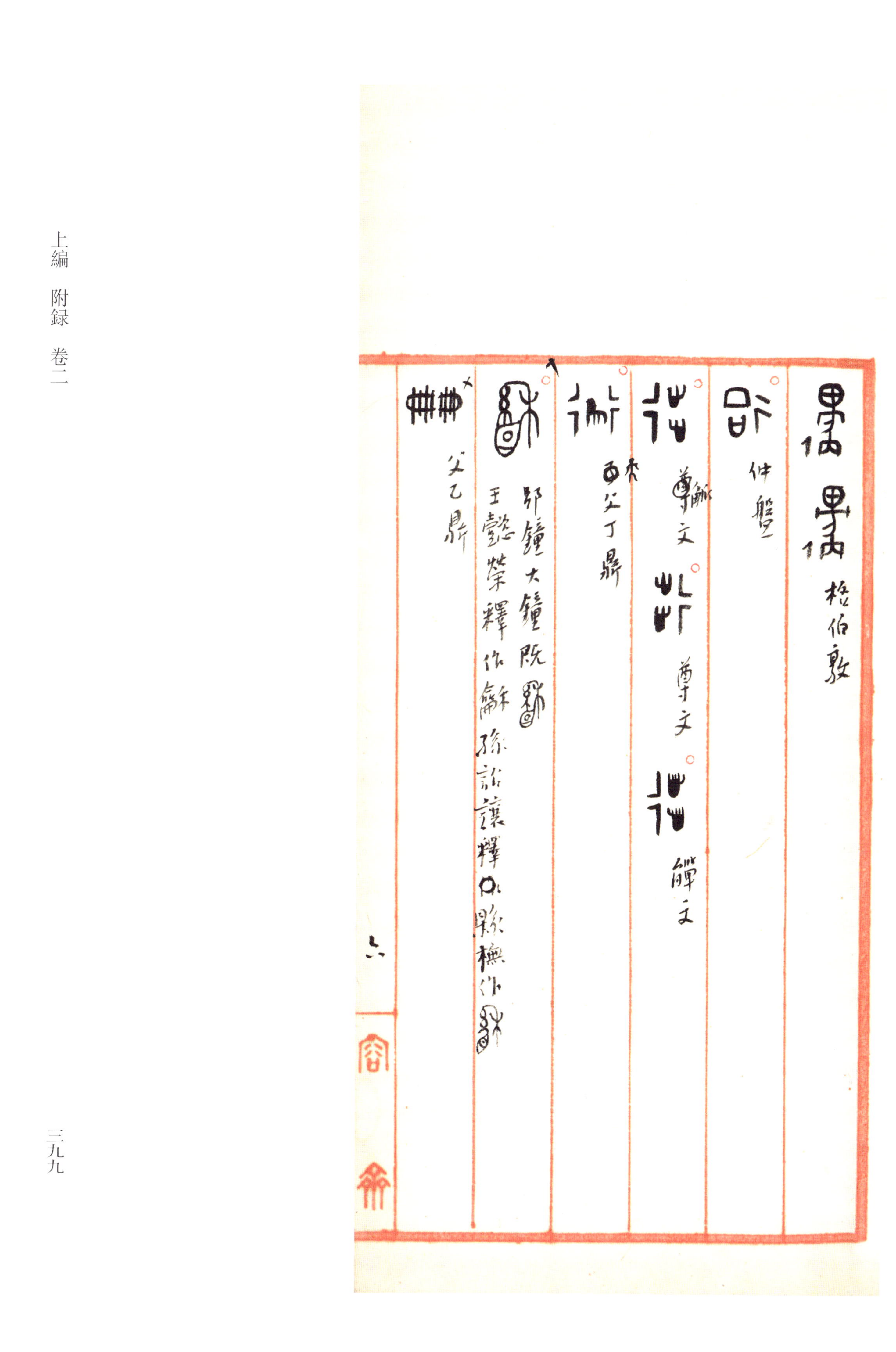

格伯敦

仲盤

尊觚文

尊文

觶文

父丁鼎

邾鐘 大鐘既

王懿榮釋作龢 孫詒讓釋

父乙鼎

六

金文編附録卷三

東莞容庚撰集

毛公鼎　朱鑒宗斵叏　吳尊下
彔伯𣪘師兌𣪘均作宗朱旂新
番生𣪘作

丙申角

番生𣪘　車電轙
華轙

乙亥鼎大

平安君鼎

疑古字　鼎師
雝父戍在古𠂤

𣪘卣　𣪘從師雝
父戍于古𠂤

臤尊　臤從師雝
父戍于𠂤

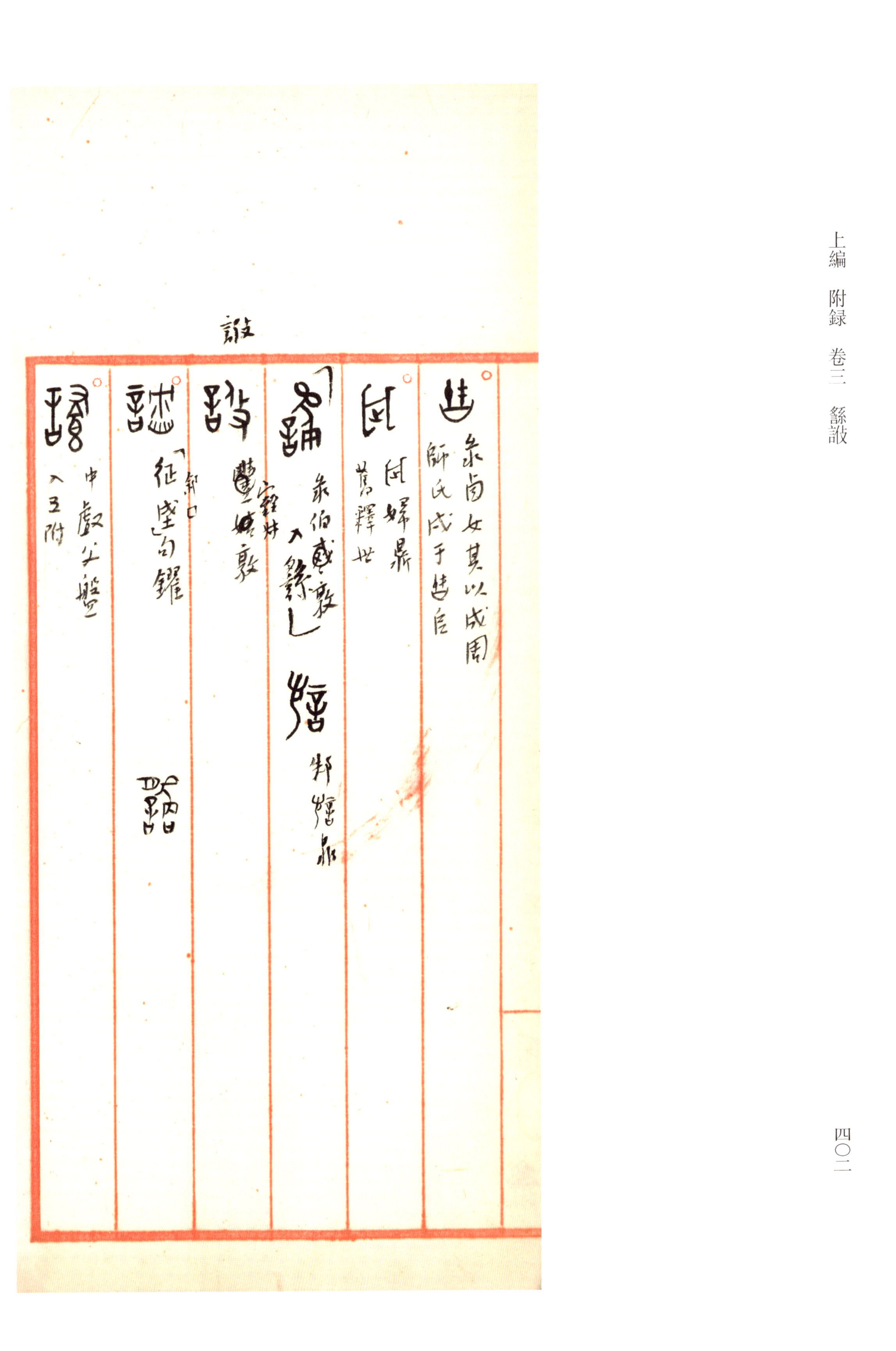

詖

彔卣　女其以成周師氏戍于□𠂤

□婦鼎　舊釋世

彔伯□敦「入繇」

鄦□鼎

□姞敦　容釋妦

「征□」句鑃　邾□

中叡父盤　入五附

戠

衆鼎　孟戠父壺

召伯虎敦　釋肖　疑䜴字

毛公旅車鼎　肆毋有　弗䜴　疑䜴字

觶尊

毛公鼎　䜴董大命

彔伯戎敦　自乃且考有䜴于周邦

王國維曰　釋䜴　象兩手奉爵形　古之有勞者奉爵以勞之　故从兩手奉爵

孫詒讓曰　䜴　巡奴巡古文昏省聲　說文所無　此當即播之異文

散盤

二

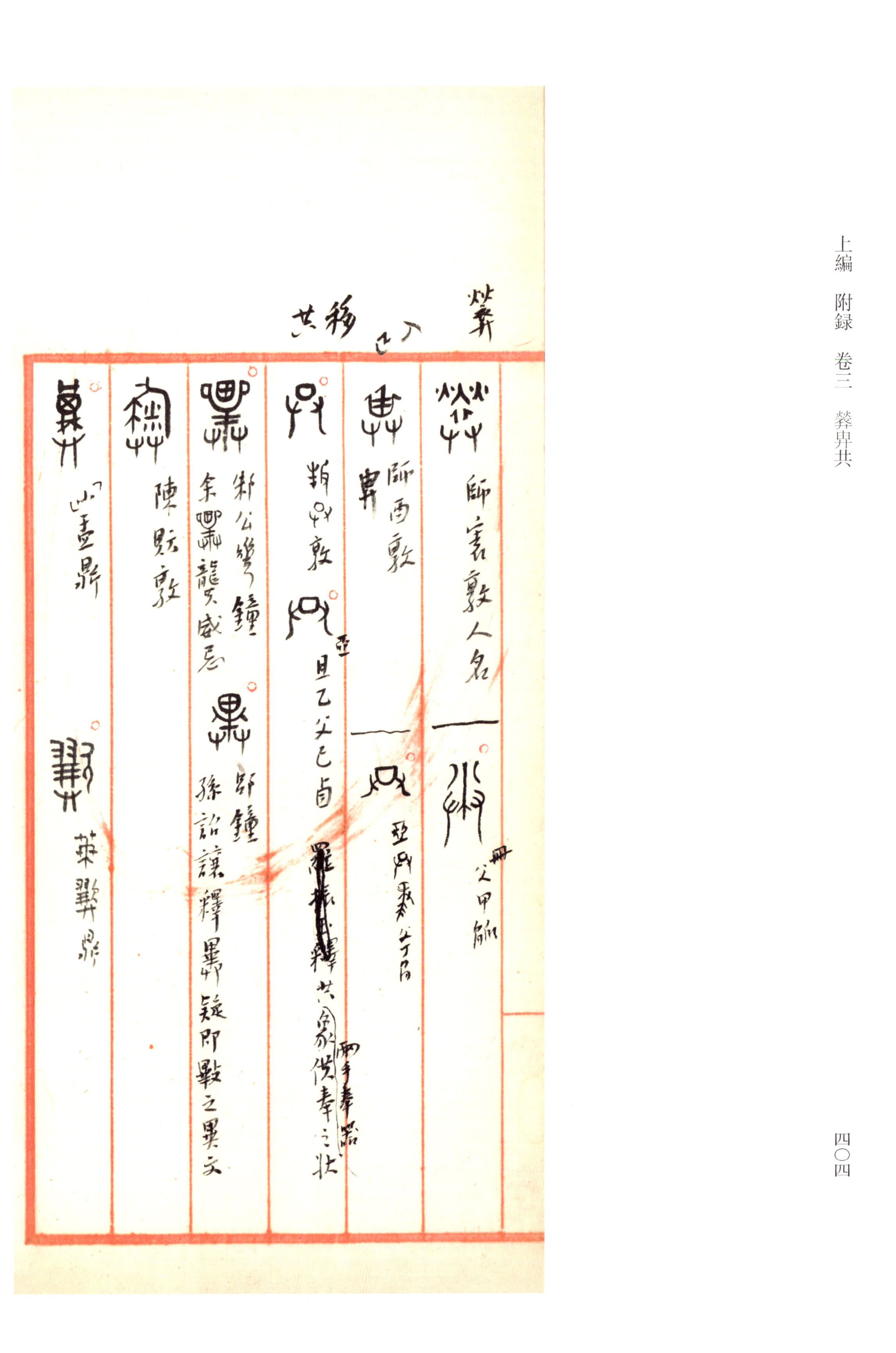

𢍜　移共

師害敦人名

父甲觚

師酉敦　畁

亞𠬝乘父丁卣

𨻰𠬝敦

亞且乙父己卣

~~羅振玉~~釋共，象兩手奉器供奉之狀

邾公牼鐘　余畁龔威忌

邾鐘　孫詒讓釋畁，疑即斁之異文

陳財敦

山壺鼎

𦽃𢍜罍

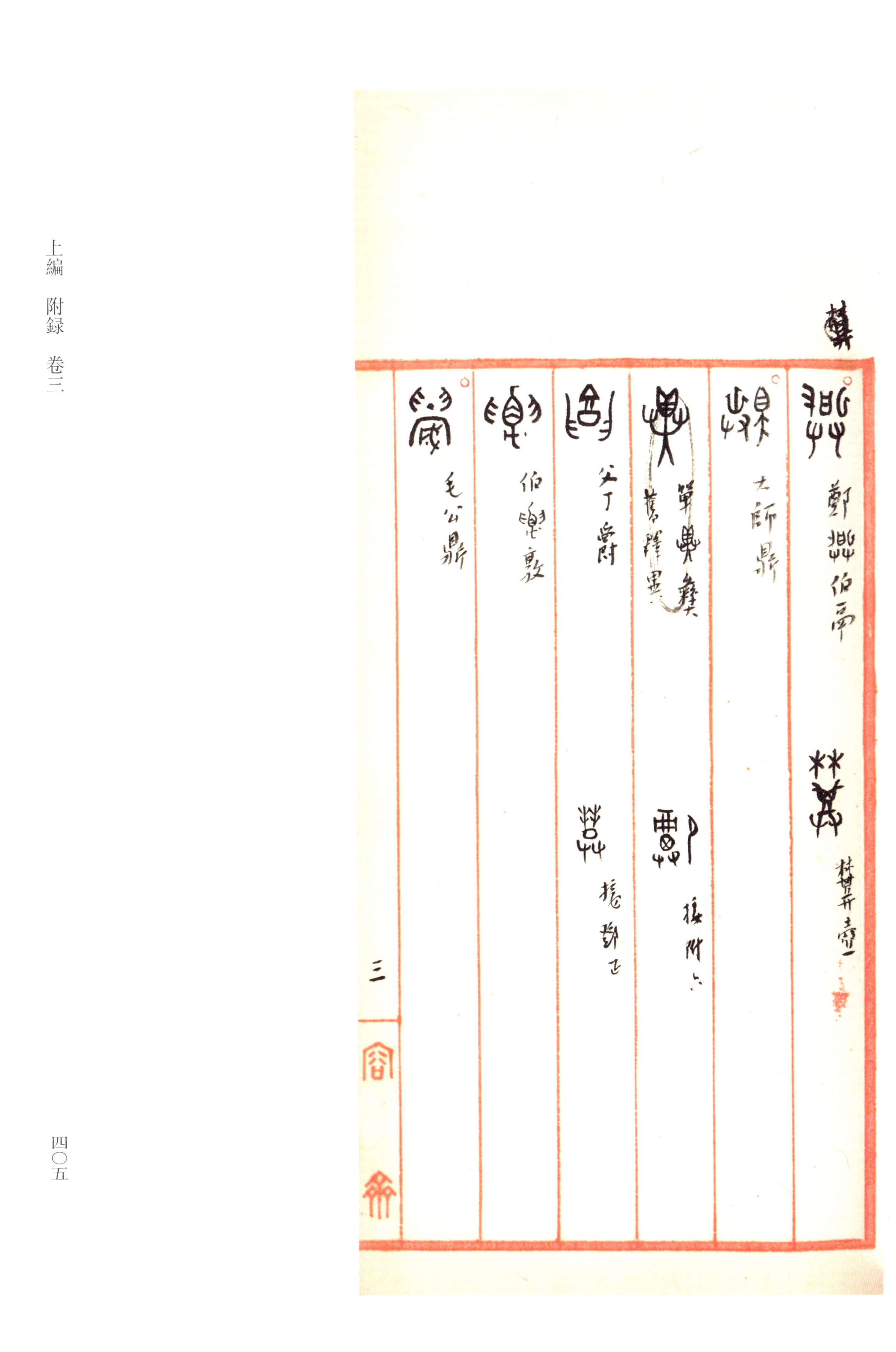

鄭𣪘伯鬲

林甘弁古壹一

太師鼎

單冀彝

舊釋異

據附六

父丁爵

據鄧正

伯𩰫敦

毛公鼎

三

散盤

鄀公壴皇祖公

入

霸邦盦

散盤

單同敦

冋壴鼎

鬲攸比鼎

疑鬲字

捃下

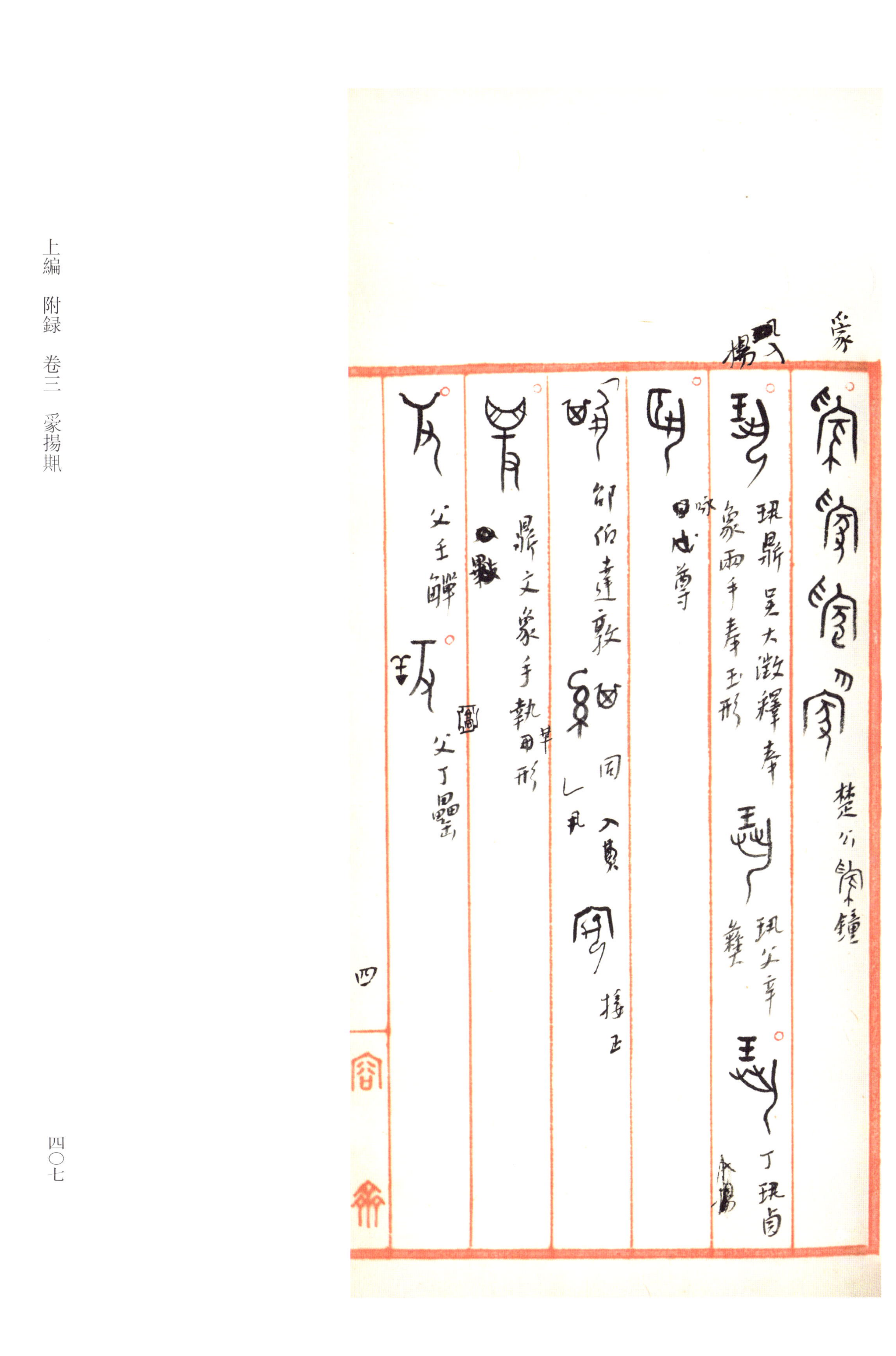

豕

楚公豕鐘

䰂入揚

琱鼎 吴大澂釋奉 象兩手奉玉形

琱父辛彝

丁琱卣 承揚

咏 父戊尊

邵伯達敦

同 入貝

乙丮

接正

鼎文象手執册形 畢

父壬觶

父丁罍

四

叔

觚文

亞及觶

父乙卣

叔卣

宗周鐘

伯孝期簋

格伯敦 格伯取良馬乘于倗生 移上

疑取字或孚字

[illegible]侯戈

戍叔「作父乙彝」敦

史八

父乙卣

䜌卣

彝文
舊釋叔

萬ナ文

曾鼎从廾持禾
舊釋秉

壺
舊釋友

父乙卣 象兩手奉中形
史字

䜌卣

師望鼎 不敢不㒸不妻

五

𢿳

伯㦰父鼎
舊釋臧

格伯敦
疑臣字

亞鼎
薛氏説人手卻一寸動脈謂之寸口
疑寸字从匕示寸口處也

𢿳狄鐘
𢿳𢿳熊熊
邢人鐘
虢叔鐘
叔氏鐘

宗周鐘

般仲父匜𣪘
毛公鼎
迺敄鰥寡
敄

孫詒讓曰敄从攴矛聲此左从矛即古文矛字矛爲刺兵故作
是形敄孜𢿳類同爾雅釋詁務侮也詩小雅常棣外禦其
務毛傳同左僖廿四年傳引詩務作侮

敷　黴　肞　黻

敷父辛鼎

叫敄彝

接正　縛

貉子卣

沇兒鐘

旗田鼎

守敦

守簋

大敦

六

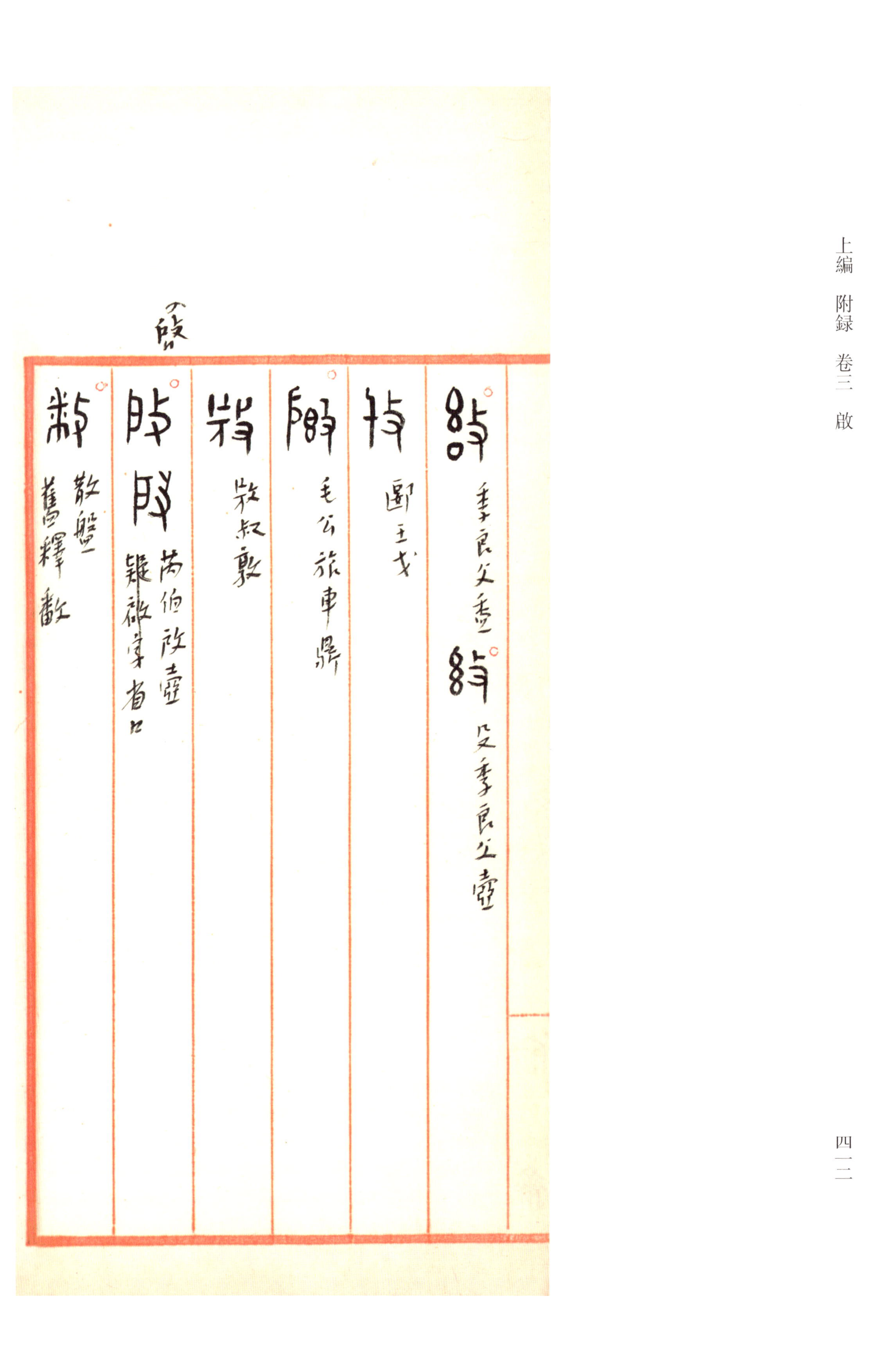

啟

季良父壺

又季良父壺

鄙王戈

毛公旅車鼎

敔叔敦

芮伯啟壺　疑啟字省口

散盤　舊釋徹

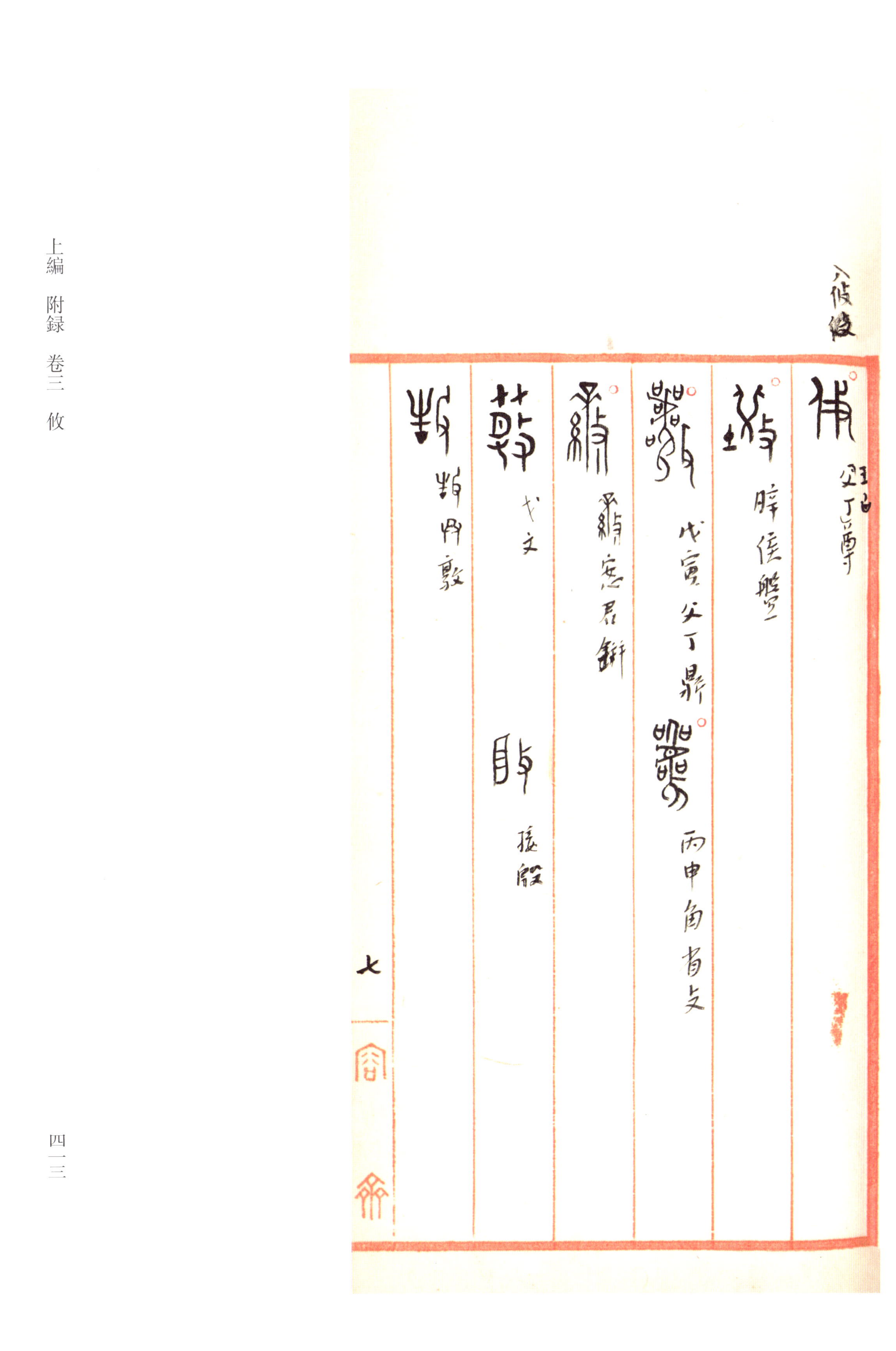

入攸 攸

父丁尊

辟侯盤

戊寅父丁鼎

丙申角省文

[illegible]安君鉼

戈文

擾敦

[illegible]丹敦

七

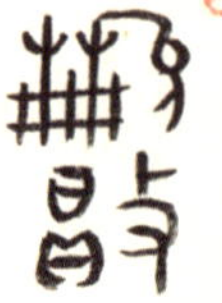

曾鼎

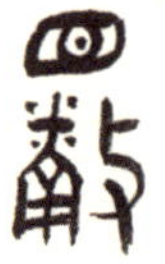

父甲鼎王獸于氏嚴

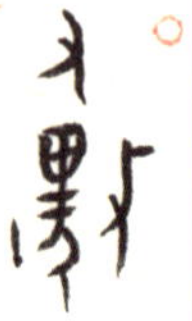

𠂇斅鼎

餕陸彝

虢季子白盤

舊釋庸 楼正

魯邦盦永甯寶

吳大澂釋甯

入旻

金文編附錄卷三

東莞容庚輯

旻 中伯御人[illegible]父鼎

[illegible] 據冊

睽 [illegible] [illegible] 大敦 睽从明

入正

[illegible] [illegible]朕鼎 疑冒字

[illegible]

𠂤 𠂤伯卣

𠂤 公史[illegible]彝 敦

一

隻

臯棘鬲

毛公鼎

季隻敦　䧿季子白盤經維四方　維字从隻此从隹从又疑即雔字　凡本从又之者鳥与隹二部互通

盂鼎

辛鼎　入隹部雝

宗周鐘

晉邦盦　推今小子

父乙鬲　鄭云足曰象高
雞象尾形疑是雞字

且甲卣

父甲卣

父乙觶

父癸爵　陽識

隻伯卣从又持隹
疑隻字

父癸爵

[illegible]伯敦

「
索諆作有羔日辛角
疑羔字上从羊下象火形」
入羔

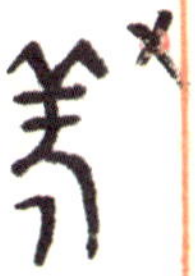
鄭義羌父盤

攈羲

二

鷙

鷙　丰中觶　作且乙鷙　僕叔簋

㫃（入附一）　盂鼎　王曰㫃命女盂　疑旅字古文与冡字相近（疑示字）　吳大澂釋同

畢　畢公彝　舊釋入畢

胤　胤子作父丁觶

衛　衛鼎　舊釋惠

受　鐸文　舊釋受

胅

胅　賢胅鼎

胅　古胅鼎

 上官鼎  梁上官鼎  平安君鼎

 郾王戈

 [illegible]戈

 父癸卣 八十五 疑刀字象形

 利鼎 疑利字 入利

 格伯敦

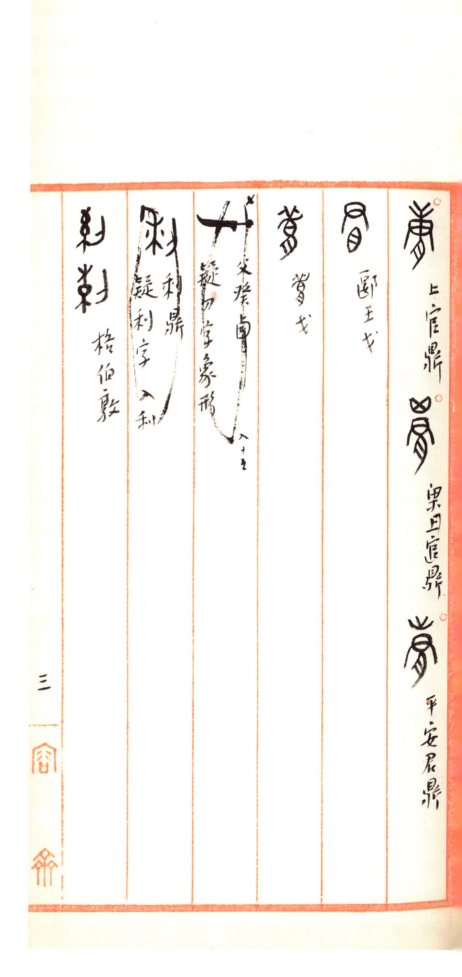

剳

姒乙爵

剳叔簋

剳伯鎣

剳敦

歸田父簋 傳卣

雷剳父彝

散盤 疑屠字 說文屠刳也从尸者聲 从尸疑从刀之譌

宗周鐘 剳其萬年

鑄鑊剳 假借為匋

大敦 大賓豕剳章馬 兩賓豐剳章帛束

梯尊 疑剳字 古文从木 所史游急就篇簡札檢署槧牘家之槧同 即契与川字相近 疑古剳字

本作𠕁或作冋也周禮小宰注傳别劵書也不从木吳大澂説

〇耤

諆（令）白鼎王大耤農于諆田昊武壯労釋耤上作人推耒形下从昔

〇寅丁

魯侯角　△雒陽郭　舊釋角

簷

金文編附録卷五

東莞容庚撰集

 簷鼎。孫詒讓曰：當即簷之變體。說文臚籀文作膚，是膚即臚之省，與盧聲類同，古字可通。

 吳大澂曰：从竹从𣶒，𣶒當即淵之異文。𥳑與簡相似，詩降福簡簡，簡簡疑即𥳑𥳑。水經穀水注云淵澗字相似（王仲達也），時有字錯為淵也。說文引詩（山薛氏）鼗鼓鼝鼝，今詩作淵淵。齊鎛𥳑𥳑義政，保盧子姓。齊侯鎛作𥳑𥳑義政，本字重文，或釋肅。

 史懋壺

陳戈

寡子卣　束乃邦　舊釋策

父癸甗　象盛矢在器中形　羅振玉釋箙

父乙尊

幽爵

丙申角

且子鼎（入附十五）

[illegible]父乙尊

[illegible]霊君鉼

沓生敦　不習日德

王[illegible]　父丁尊

象盛矢在器中形，疑是医字。說文医，臧弓弩矢器也，从匸从矢，矢亦聲。春秋國語曰兵不解医。

入医附

丂　静敦　眔丂僕學射
鼎乃宰　八年

丂　散盤　疑丂字
丂　同上

羲　作羲姒鬲　吳大澂曰古羲字从義从丂丂當即兮之省
文鄦安釋羲兮二字

釆　釆陽斤
舊釋平

旨　舊釋旨

豊　郾王戈
豊　郾王喜戈

二

虒　盧　䶂　盄

虒　己侯虒鐘　虒　司土虒敦　鄉侯虒鼎　舊釋饒通轉

盧　兮甲盤　冒盧　盧地名　據正吾

盧　郘鐘　既壽𦉢盧　吳大澂曰當即盧字从虍从象其不足許書云異象其不足異乃象之譌

䶂　虒尊　䶂　據𡨄

盄　女康盄鼎　趩尊　四盄　盄　公盄觶

盄　杞伯盄

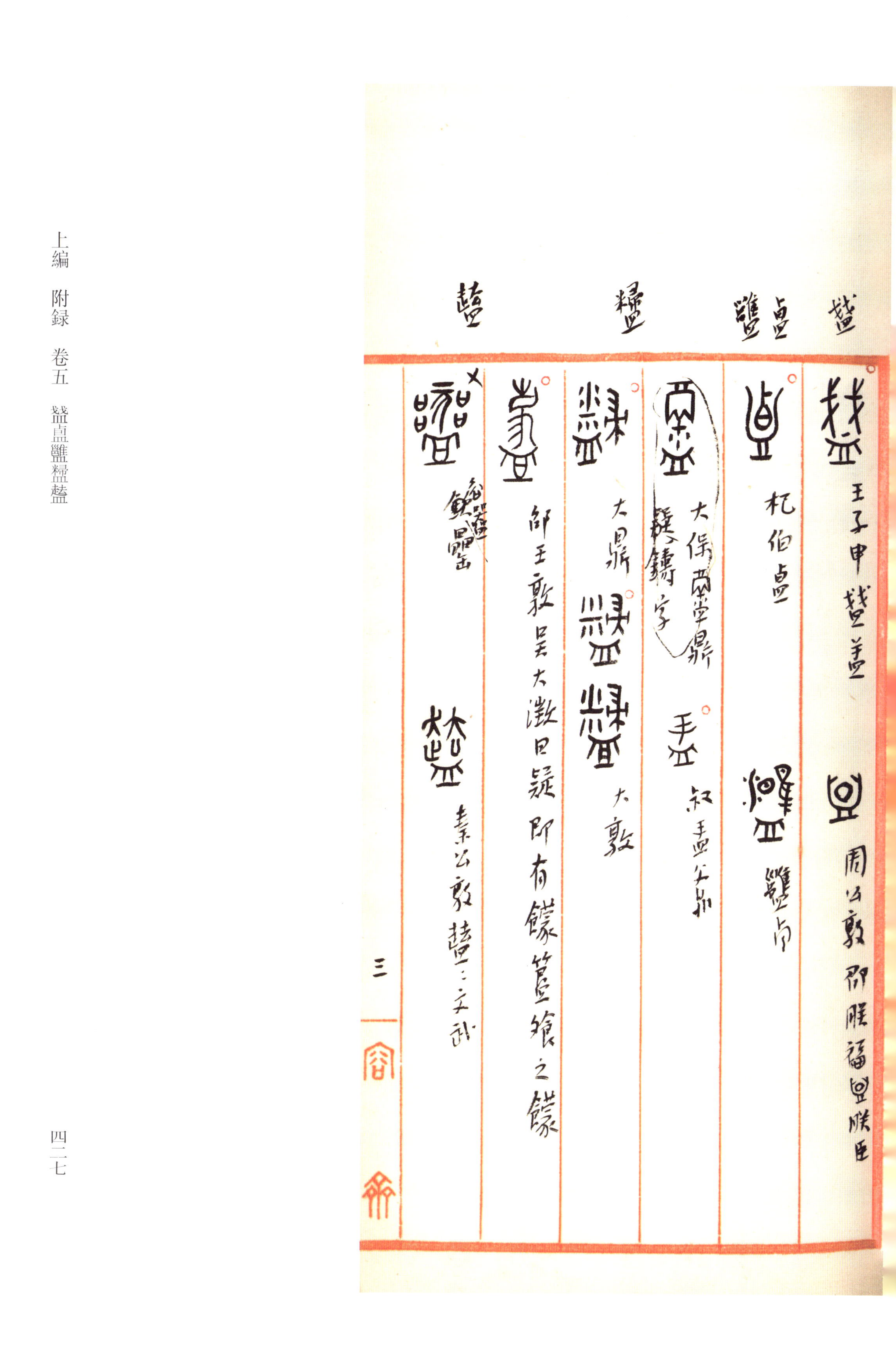

盄　皀　饎　糧　盩

王子申盞盂

周公敦　卲朕福皀朕臣

杞伯皀

饎皀

大保𩃬𡧊鼎

疑鑄字

叔𫝑父鼎

大鼎

大敦

邰王敦　吴大澂曰疑即有餱筐飧之餱

𩜁㗊

秦公敦　盩盩文武

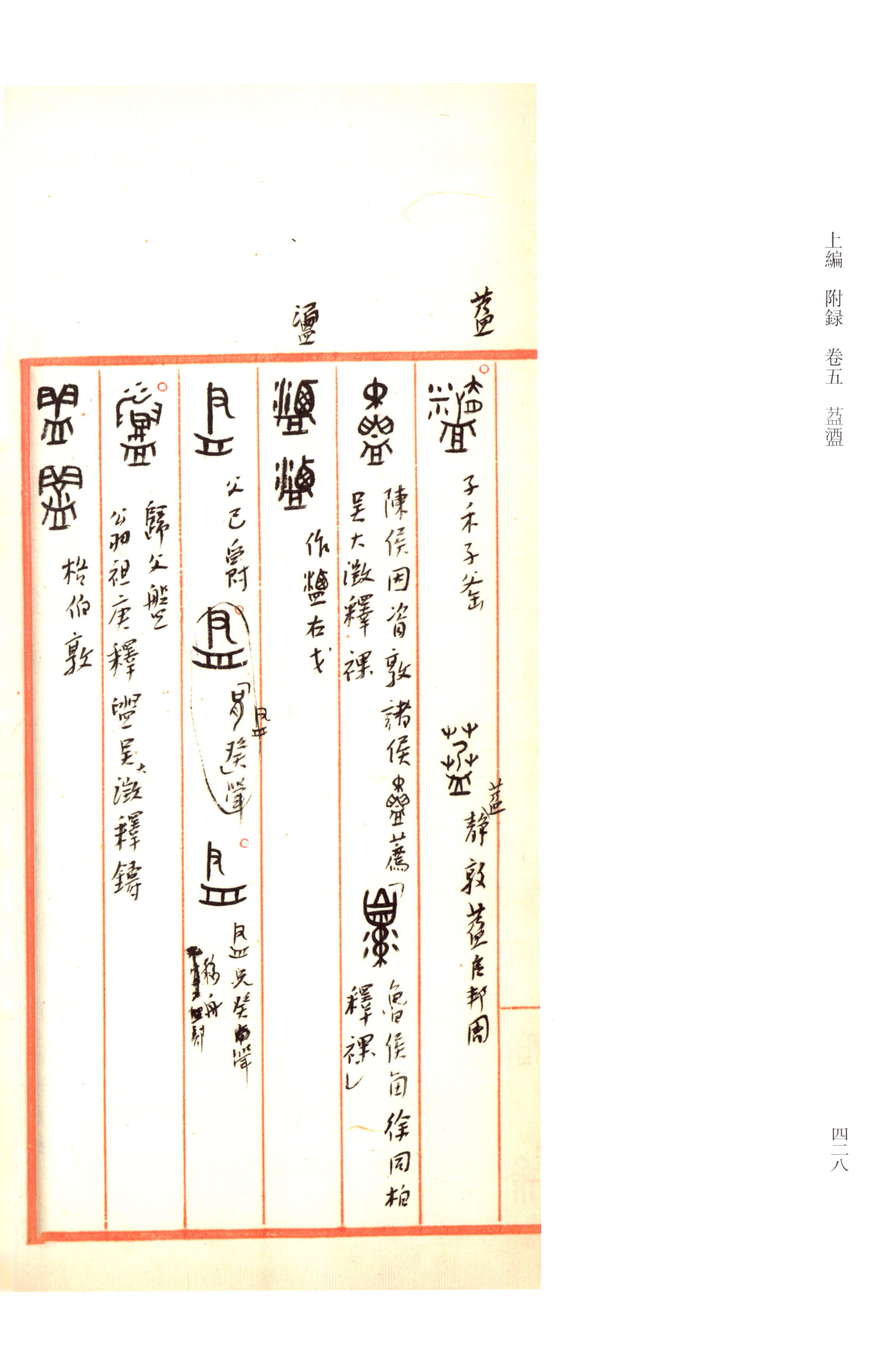

盄

盨

子禾子釜

靜敦　盄庄邦周

陳侯因資敦　諸侯薦

吴大澂釋祼

魯侯角　徐同柏釋祼

作右戈

父己爵

吴榮光

歸父盤

公和祖庚釋

吴大澂釋鑄

格伯敦

盂　盆　䰞

㿽弘卣　旧釋㿽
沕觶　盨仲尊　陳介祺釋瑟

盂觶
祖日卣　祖日庚㿽用作父辛　傳彝

盌父丁甗　手執瑚簋之器　盌字从此吴大澂説
盌父丁觶

沂伯敦　盆公　旧釋盆
盆公鐘
畢鮮敦

次𠂤一錫次卣百隱
疑鬯字　胃甲文有作者
秦公敦　保䰞
秦

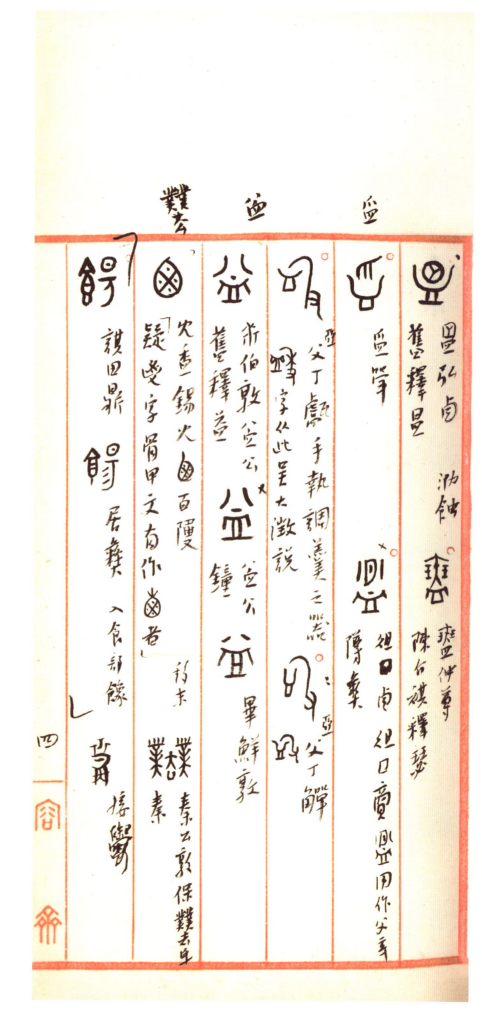

韻田鼎
居彝　入食部饎
接彝

飠樂

中飠樂父簋

鄦侯彝

中𢾊父盤

毛公旅車鼎

辛巳彝

太保敦

中𢾊父盤 孫詒讓說[為]飠樂當為饙之異文呂氏春秋云惟甚厚而及饙也明古饙字有作饙者說文失載集韻有飽或作饙

搖簋

[illegible]　余冉壺

[illegible]　曾鼎

鐱　國差鐱

昊　許昊鼎

[illegible]　父鼎

甹　兮甲盤毋敢不即餗即甹　孫詒讓釋甹

鐱　昊　入甹

五

𦎫

𩫖

𦎫鼎　疑𦎫字

甲寅卣　人名

父辛盤　疑京字

師芺敦　鬻𩫖乃命

師嫠敦

歬盤

伯𩫖父敦

歐作史𦎫尊　疑亯字異文

父乙爵

□　魚且丁甗

「□」　仲𠭯父盤　吳大澂釋來」　入附二

□　仲𠭯父盤　吳大澂釋麥　象手打麥形

□　諫敦　□𤔲王宥

□　毛公鼎　命女□𤔲公族

□　師𠭯敦　□𤔲走馬

□　克鼎

□　揚[illegible]

六

金文編附録卷六

東莞容庚撰集

米[illegible]鼎　或釋木或釋本

動武鐘　或釋木或釋末

[illegible]杜

史桒敦

中子化盤一

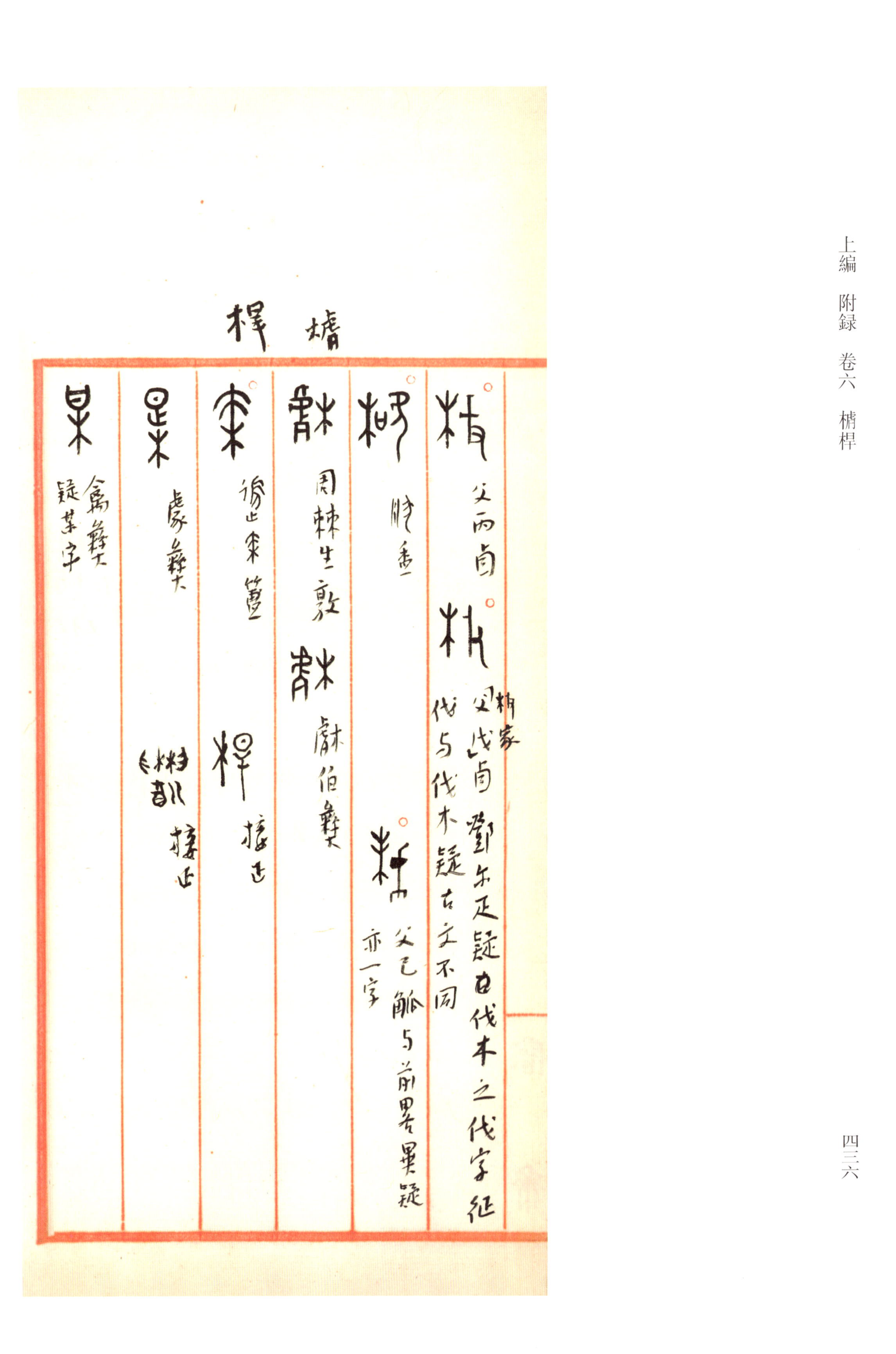

楕　桿

父丙卣

父戊卣 楕家

鄧尔疋疑古伐木之伐字征

伐与伐木疑古文不同

餗壺

父乙觚与前器異疑

亦一字

周棘生敦

歔伯彝

遣止宋簋

插正

虘象彝

插正

翕彝

疑某字

格伯敦

楢妃彝

龍節

[illegible]罍君鉼

散盤

梁上官鼎　入子附

毌卑觶　杜
或釋木工二字

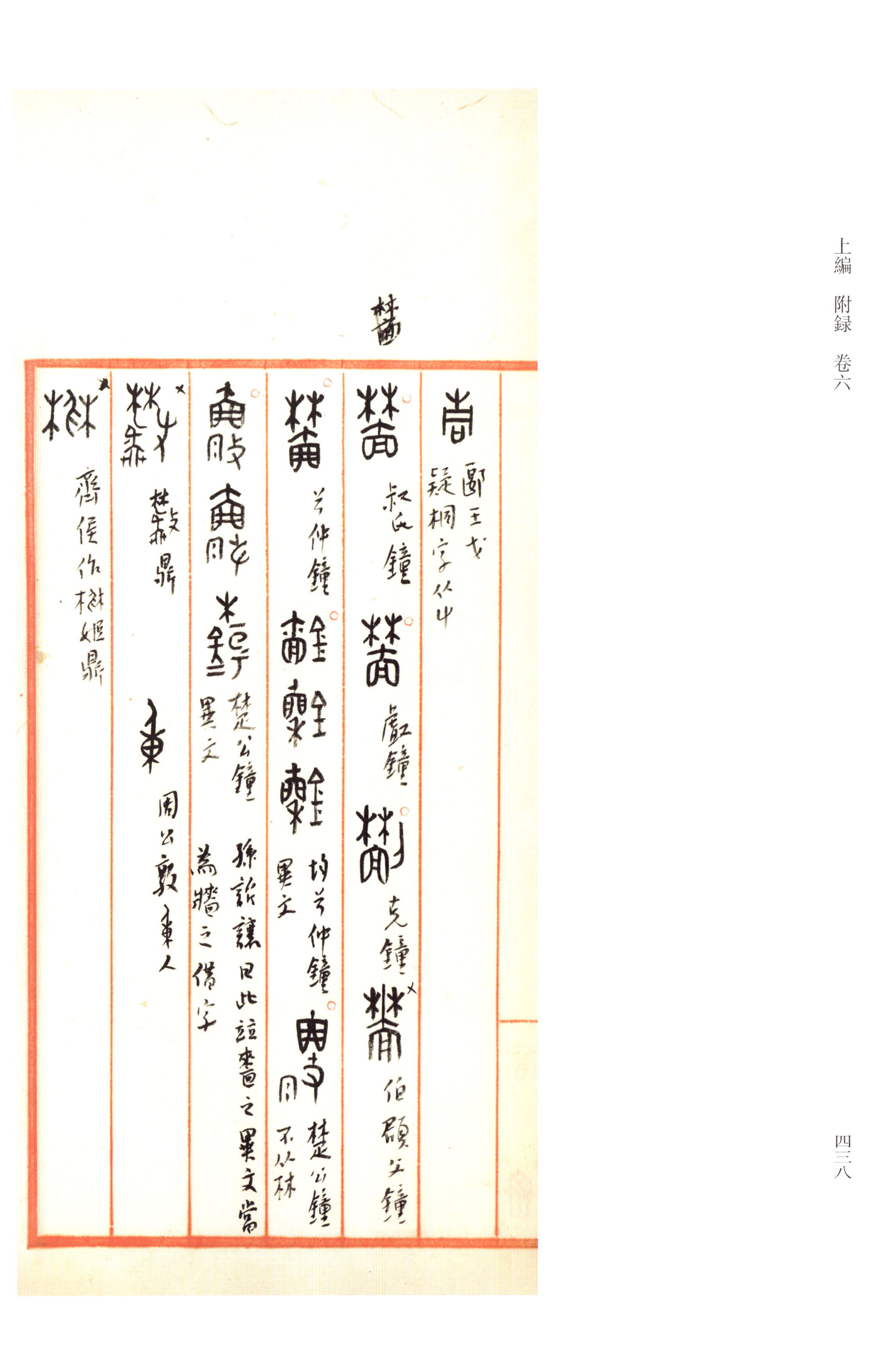

楚

[...] 鄀王戈 疑桐字从屮

[...] 叔氏鐘

[...] 虘鐘

[...] 克鐘

[...] 伯頵父鐘

[...] 兮仲鐘

[...] [...] [...] 坸兮仲鐘 異文

[...] 楚公鐘 不从林

[...] [...]

[...] 楚公鐘 異文

孫詒讓曰此疑楚之異文當爲牆之借字

[...] 楚殷鼎

[...] 周公敦 東人

[...] 齊侯作楙姬鼎

䩛　㮼入　賣

楚居簠一

師寰敦

遣小子敦

擾匜

壺爵　隹王初桒于成周

静敦　吴甫人名

鬲東敦

父乙彝

疑束字

東父辛爵

庚午鼎　錫賣貝

疑賣字異文

戊辰彝

賣貝

三

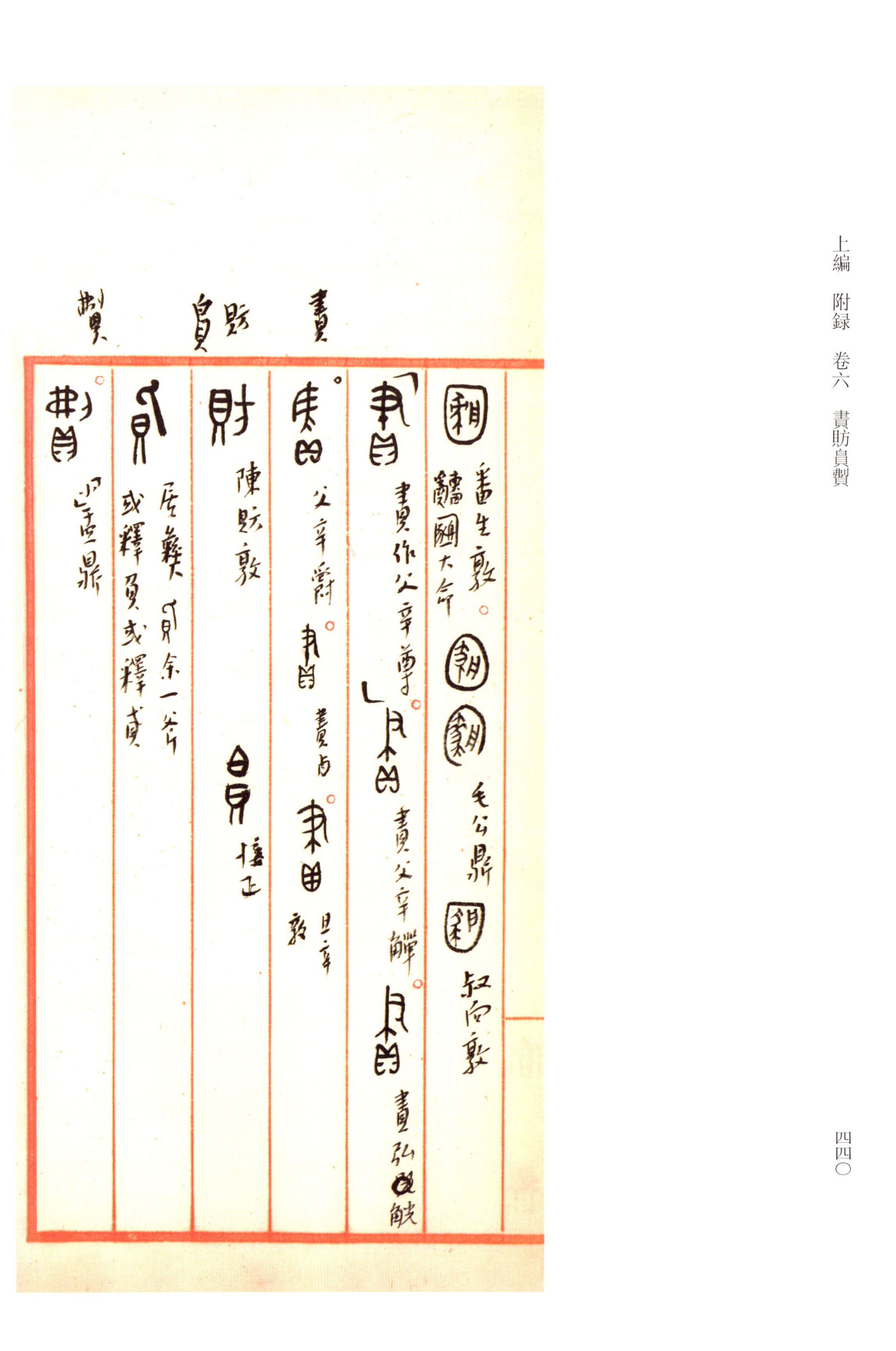

賁　眆　員　贊

畨生敦
𩵦𩵦大命
毛公鼎
叔向敦

賁作父辛尊
賁父辛觶
賁弘觥

父辛爵
賁卣
且辛敦

陳眆敦
攈古

虘彝　貟余一斧
或釋負　或釋貴

小子□鼎

貣　貸　贇　眆

公貣鼎

毀尊　卜盂 接正　七月 接正

趙鼎

毛公鼎 取責世鋝

趩鼎 取𧶠七五鋝　从走

曶鼎 舊釋償

曾伯鼎 眆小臣金　疑賜字異文　入鍚

四

鄀　鄁

鄀說文所無左傳僖公二十五年秦晉伐鄀注本在商密秦楚界上小國漢書地理志南郡若下云楚昭王畏吳自郢徙此注春秋傳作鄀是鄀本作若也字林鄀楚邑

郘　鄉　鄺　鄰

鄀公敦

鄀公鐘

鄀公簠

宗婦盤

鄁國

郘鐘

郘見廣韻

曾伯簠印燮鄉湯

鄺侯敦

鄰鼎

□ 齊鎛与□之民人都鄙　是大徵曰□即邶　左襄二十八年与晏子邶殿其鄙六十　注邶殿齊别都

劉心源曰骨甲文謝字从言从兩手持席作□ 㛰 諸形　或省言或省□（因）作□　此字從□与□形相近　當釋謝邑名

邶 伊敦　□ □□矛

□□□ 格伯敦

鄙 司寇矛　□ 接附七

□ 定□左戈

五

王國維曰說文舁部䙴升高也从舁囟聲䙴䙴或从卩䙴䙴形与
䙴近其或體遷字从䙴从人疑即䙴字乃人部之僊陊从卩又从
人字尤繁贅實亦䙴字也䙴字疑即䙴字

入附之

䙴 毛公鼎䙴圭
或本即䙴字省文

僊 鄂侯鼎乃僊之

郘 郘 郘伯𨖍敦
舊釋郘

台 口台鼎
省口

羅振玉曰台疑嗣字齊鎛業萬至于辝孫嗣作辝从台故知台亦嗣字非郘也

䣙 鄂侯鼎王南征伐角䣙
吳大澂疑古䣙字从邑从卩古本通用

湩 湩𠭯甗
舊釋鄭

㕣吐

入量

金文編附錄卷十

東莞容庚撰集

[illegible] 仲𠭴父盤 用明𧾖仲氏𩟔 疑風字从日

量 量侯敦

量 克鼎

吐 拍舟

㕣 仲義㕣敦

㕣 仲義㕣彝

[illegible] 日[illegible]爵

一

容庚

旆　斿 旅 入

祀伯匜

舊釋祀

摭附二

觚文

敦彝文

疑斿字

卣文

觚文

觶文 觚

父辛觚 劉氏定爲疑旅之

觶文旅彝器多作𣃘

廣彝

象三人執旂形从㫃眾字亦雜

婦鼎

釋詁旅眾也詩北山旅力方剛毛傳左隱五年傳入而振旅杜注皆曰旅眾也

祖辛父庚鼎

吳彝 蔡

羅振玉曰旆旅名也武王伐紂斬紂首縣于小白之旆其字當如此作今廢不用矣

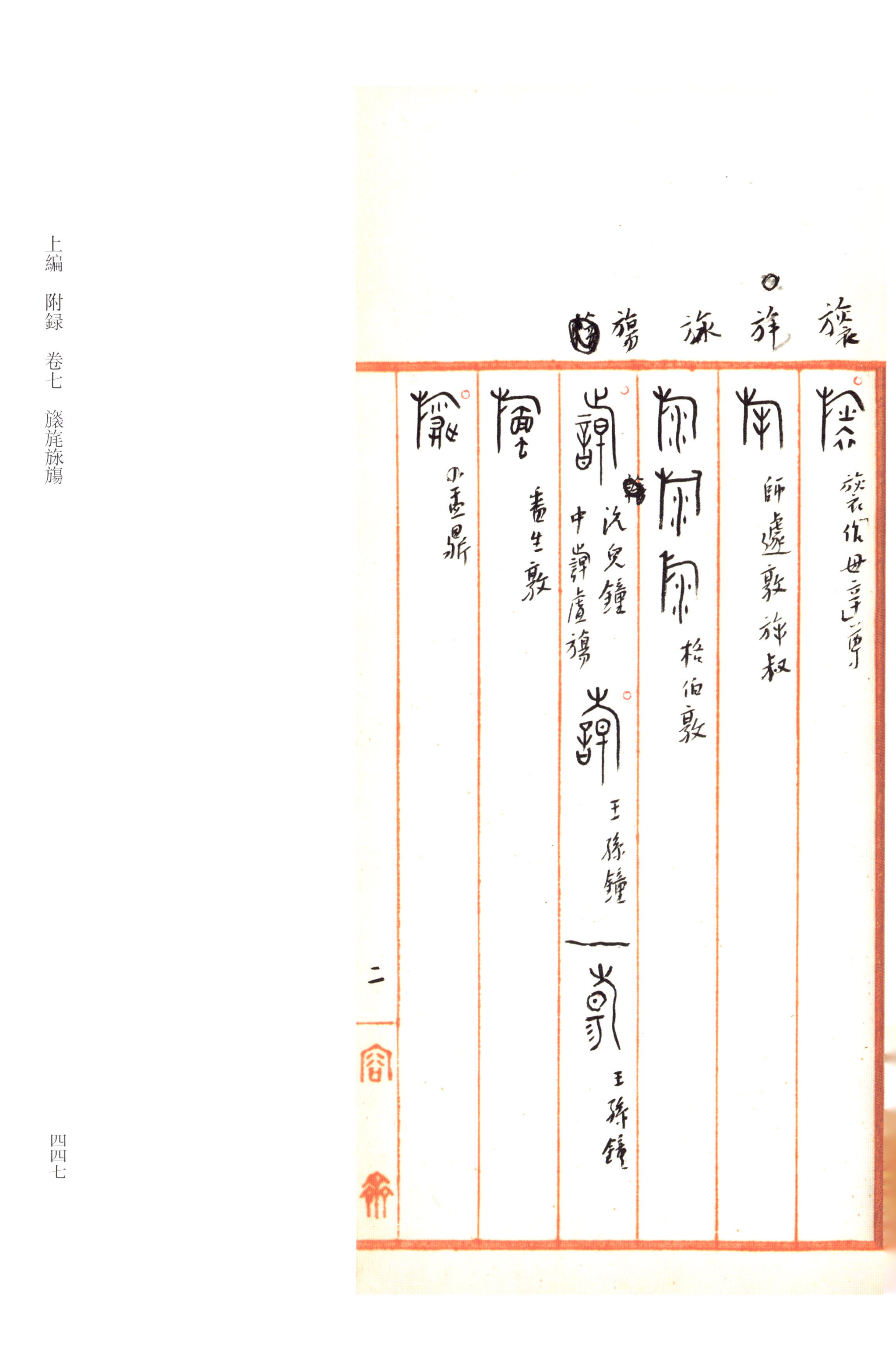

旞　旃　旅　旟

旞作毌辛尊

師遽敦　旃叔

格伯敦

沇兒鐘

中𡰥盧旟

王孫鐘

王孫鐘

畫生敦

小盂鼎

旛

旛嫼𣪘

伯旛鼎

剌卣

脺

脺侯盤　方濬益釋薛

脺侯匜

脺侯鼎

日癸尊　邵𠂤

我壺　舊釋明

𠂤井生𤼈　舊釋𠂤

王孫鐘　余𠂤龔𤔲𠑇

彔伯𢦏𣪘　惠𠂤天命又華𠂤

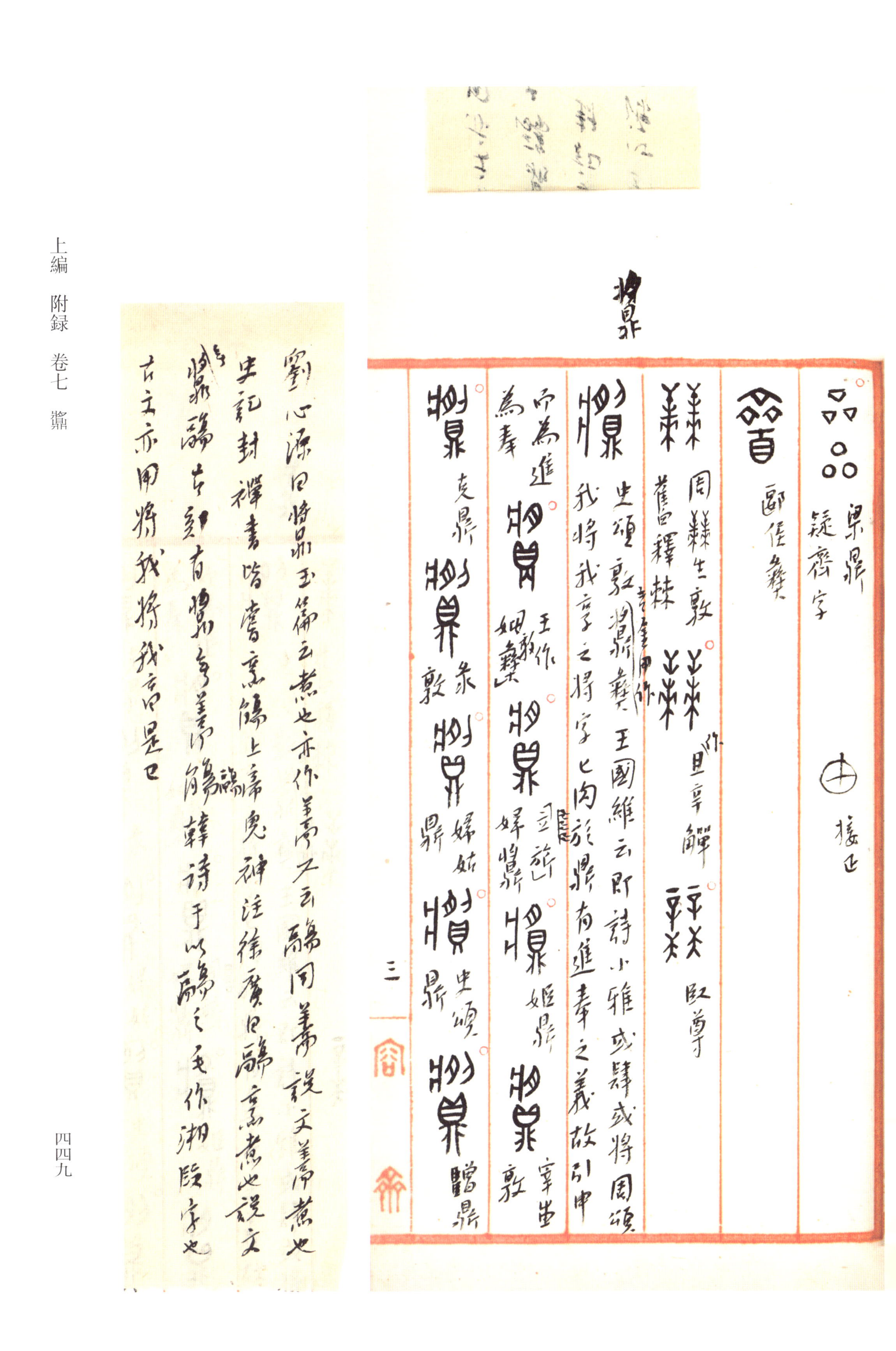

劉心源曰𪔂玉篇云煑也亦作䰞又云鬺同䰞說文䰞煑也
史記封禪書皆嘗亨鬺上帝鬼神注徐廣曰鬺亨煑也說文
𪔂鬺古今字有𪔂鬺鬺韓詩于以鬺之毛作湘假字也
古文亦用將我將我享是也

𪔂

臬鼎 疑齋字 接正

鄧侯彝

周𣎵生敦 舊釋棘

作且辛觶

臤尊

史頌敦 𪔂彝 古金用作

王國維云即詩小雅或肆或將周頌我將我享之將字匕肉於鼎有進奉之義故引申爲進爲奉

王作姒彝

𪔂旅鼎

婦𪔂鼎

姬鼎

宰峀敦

克鼎

彔敦

婦姑鼎

史頌鼎

鱅鼎

三

碨 鼦

宗婦㲃

魯内小臣鼎

史䈞

叔姬䈞

師兑㲃

遣小子㲃

伯龙姞彝

剌鼎

君夫㲃

曆鼎

索諆爵

角

陳侯作嘉匜

姜嫙媵䈞匜

孫詒讓釋䵼

碨鼎 自作飤碨鼦 羅振玉曰當即是石它 太師鐘伯侵鼎文云太師鐘伯侵自作石沱 祀伯鼎云佳祀伯□自作寶□沱 蓋石即硜 它沱匜同一字其義雖不可知然一知鼎故有石它之稱矣

裹鼎

入文附

文父丁鼎 舊釋鼎

母辛卣

木工鼎

且子鼎

入來

師趛鼎 入彝乚 新 接克

般作父乙甗 接正

召伯虎敦 接正

入附六

穌敦 从禾从頁 疑古穎字象形

入下

卣文在果疑亦从頁从禾之字是罍与穌敦同時出土或同一人所作 上一字當是郲字从來从邑

吴大澂説

敦文吴大澂曰古穗字象禾穗下垂形 𥝩字与此同意

許氏説齋禾麥吐穗上平也

四

入嗇

尊文

豊卣

毛鼎今我唯即刑㐭于文王吴大澂曰疑憲之古文周禮布憲注憲表也謂縣之也司寇正歲縣其書於象魏布憲亦縣于門閭及都鄙邦國朝士注憲謂幡書以明之此㐭字正象布憲之形立表於門閭而縣書於其上也

多父盤用錫屯彔受嗇福　都安釋祜

師嗇敦

嗇叔鐘　淳于

嗇叔敦

褱　宬　竈　盅　宰　䆊　□

褱盤

師褱敦

曾宬伯鼎

邵鐘　其竈四堵

秦公敦　竈囿四方

叔盅父敦

克鼎　非盅静于猷

疑即肆字

郘侯彝

䆊作父丙鼎

攈古

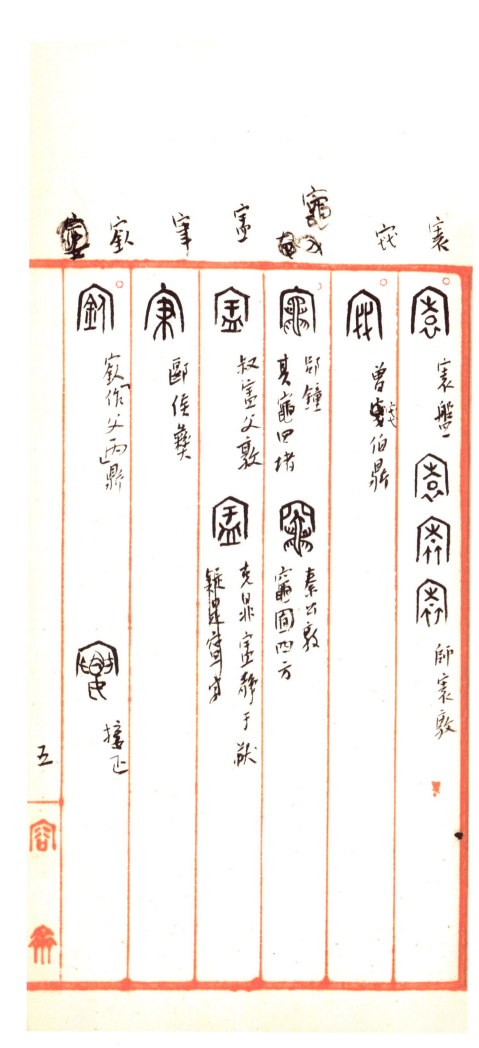

五

窒

徐王窒壽壺

召伯虎敦

豐姞敦　窒特

毌寍諸婦尊

毌寍諸婦卣

寂豐□卣

伯寴壺

父戊卣 入宗乙

周公敦

卯敦

伯寵父鬲

吕鼎 王餴口大室

寠侯簠

己侯敦

賓　敺　𥨍

褱史賓鉼　鉳

敺鼎

臬鼎

敔毁盖十二月□𥨍

齊侯敦

宂口彝

父辛卣

宅 穴

父辛觶

徐王寍高壺 以宣殷妹孫子

宣殷戈

周宅匜 疑宅鐘省

穸鼎

𦫳伯敦我亦弗穸高邦

陳戈

⿱穴畀

瘥

⿱穴畀尊

父辛觶

昆疕王鐘
羅振玉釋夷

⿸疒㬎冈丝禾戈

庇陽矛
疑瘥字省文

侃瘨戈

嚣

芾　第八

[illegible]　趩亥鼎　陳侯作孟姜媵盨

嚣　嚣伯盤　嚣[illegible]地名

芾　祈伯敦　芾于大命　說文芾相當也闕讀若宀　廣韻今人賭物相折謂之芾　朱駿聲曰此字不从羊角之𢎘疑从廿从再省

[illegible]　皀彝

[illegible]　伯晨鼎　虎韔冟裹　疑即韔字

八

倀　側

金文編附錄卷八

東莞容庚輯

大敦

大鼎

僪遜般殷盤

余義鐘

鄭𢉅鼎

舊釋側

一

容

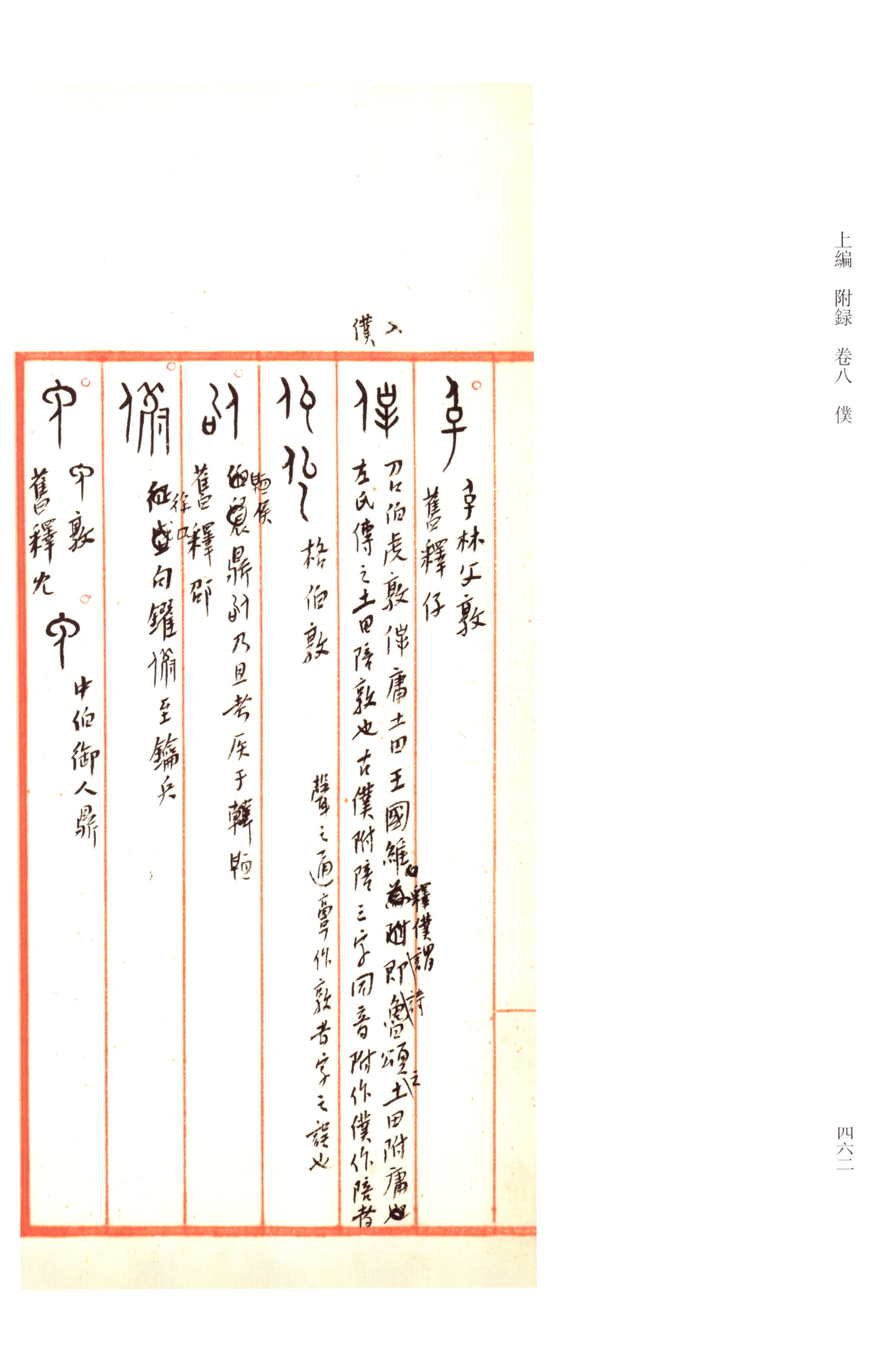

僕

𢒼林父敦

舊釋仔

召伯虎敦　僕庸土田　王國維曰釋僕謂即詩魯頌之土田附庸也

左氏傳之土田陪敦也古僕附陪三字同音附作僕作陪者

𩫖字之通亯作敦者字之譌也

格伯敦

師晨鼎　乃且考侯于韓䡝

舊釋卲　徉口

征城句鑃僕至鑰兵

中敦

舊釋允

中伯御人鼎

鼎文

父丁敦　鄭氏正以爲保字象負子形

入附十五

且子鼎

~~鄭氏未疑以爲仰字~~

散盤　疑從字

汧伯敦　王命中到歸汧伯

㒒裘

禮爵

汧伯四刻簋

據正

師寰鼎　虎韓冟衣長裏

二

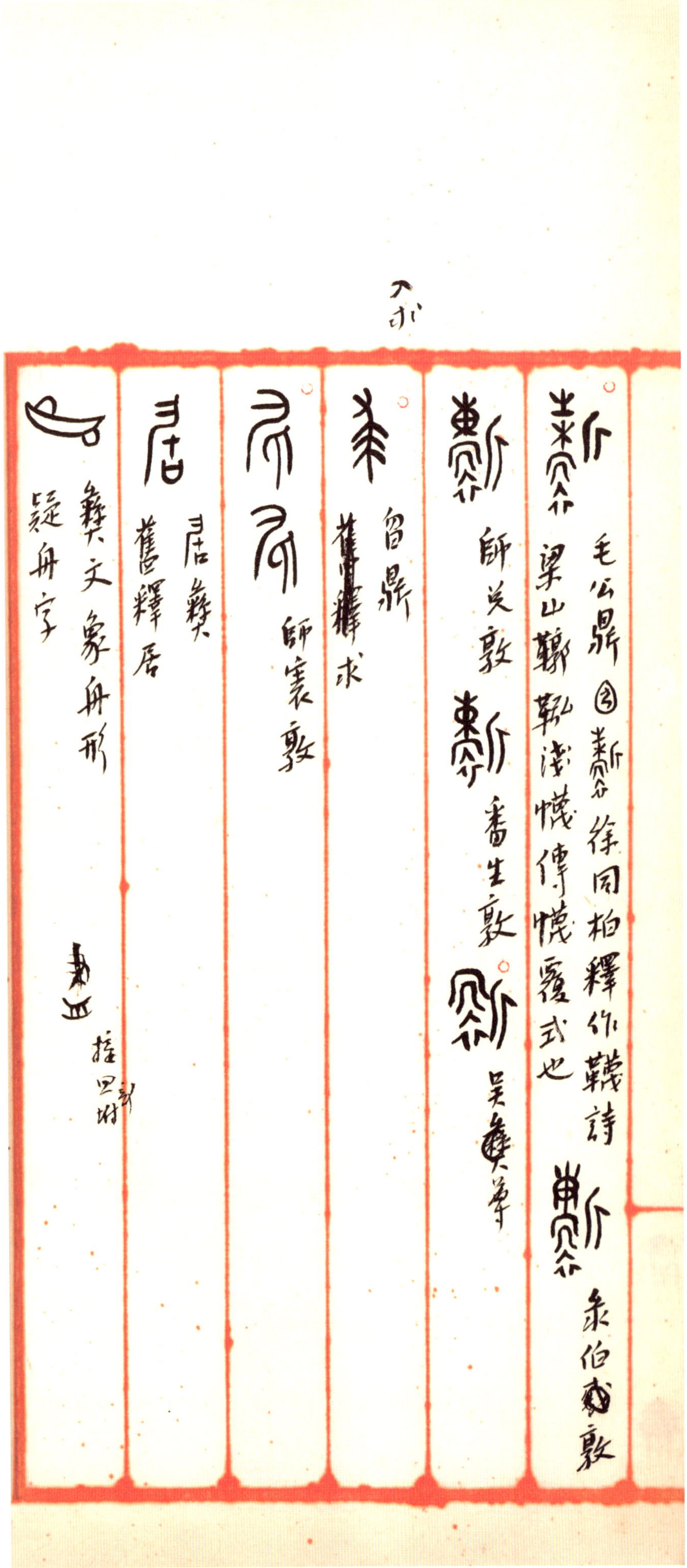
入求
毛公鼎
徐同柏釋作幭詩梁山鞹鞃淺幭傳幭覆式也
彔伯戒敦
師兌敦
番生敦
吳彝
曾鼎
舊釋求
師寰敦
居彝
舊釋居
彝文象舟形
疑舟字

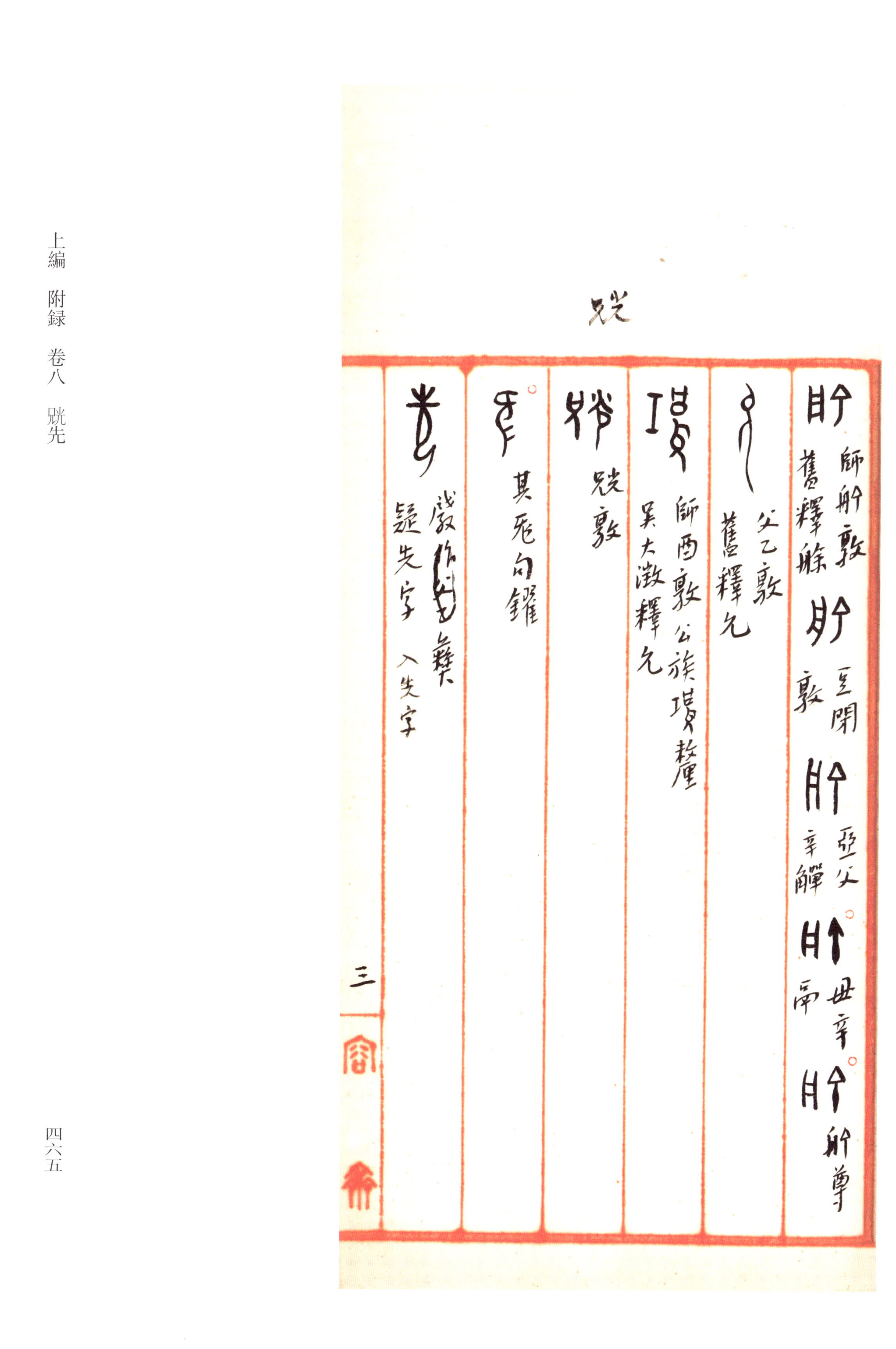

兟

師艅敦　舊釋絛

亞閉敦

亞父辛觶

毋辛帚

艅尊

父乙敦　舊釋允

師酉敦　公族墣釐　吳大澂釋允

兟敦

其𠨘句鑃

戲作㝬彝　疑先字　入先字

三

父已尊　疑兟字

敦

陷钗口罍

楚曾侯鐘　楚王章

金文編附錄卷九

東莞容庚譔集

簋　舊釋瑱孫詒讓釋璦

叔鄂父作姬旅敦　疑字

　大敦

　格乙

猶鐘　說文髟友或从首作𩑛與此相似

吴彩父敦

虘鐘用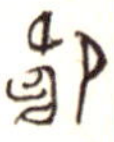大宗　疑卲字

辛巳彝

掕匜

子禾子釜

瓜侃父丁壺

鼄婦爵

米土彝　阿東敦

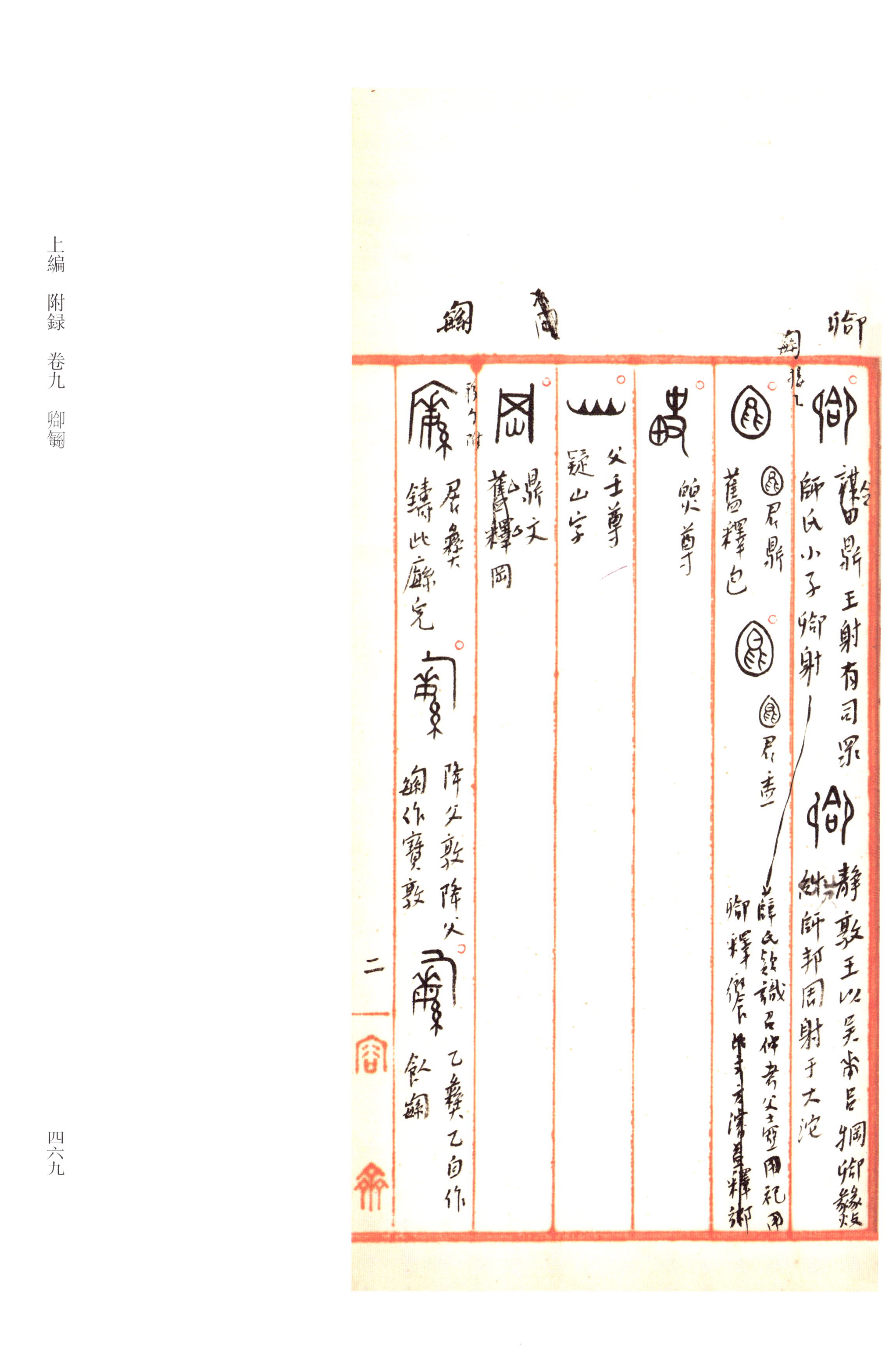

卿

鋾

令鼎　王射有司眔師氏小子卿射

靜敦　王以吳㚔吕犅卿豳𥎦師邦周射于大池

君鼎　舊釋皀

君壺

薛氏款識召仲考父壺用祀用卿

卿釋饗

嬰尊

父壬尊　疑山字

鼎文　舊釋岡

移勺附

居彝　鑄此鏖完

降父敦　降父鋾作寶敦

乙彝　乙自作飤鋾

二

庠

仲義彝　仲義君自作食䤳

豩子卣

伯要敦

陳子〻作庠孟嬀穀女匜

子圖卣

白鈇敦

⿸厂音　厧　⿸厂昊

⿸厂音 毛公⿸厂音鼎 孫詒讓曰說文厂部無此字疒部瘖不能言也从疒音聲㠯雁作雁例之當即瘖之省

[seal form] [seal form] 宴敦

[seal form] 厧叔多父盤

[seal form] 多父盤

[seal form] 㚇尊

[seal form] 𣪘伯敦

三

豩

函皇父敦　入豕
舊釋豕

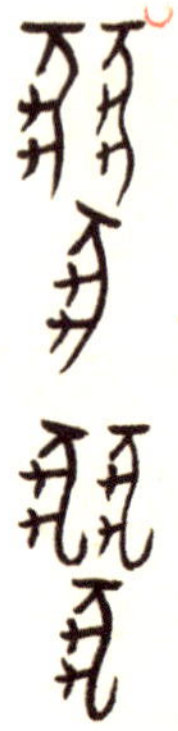
王白侯尊

聃敦

量侯敦
張之洞釋豺

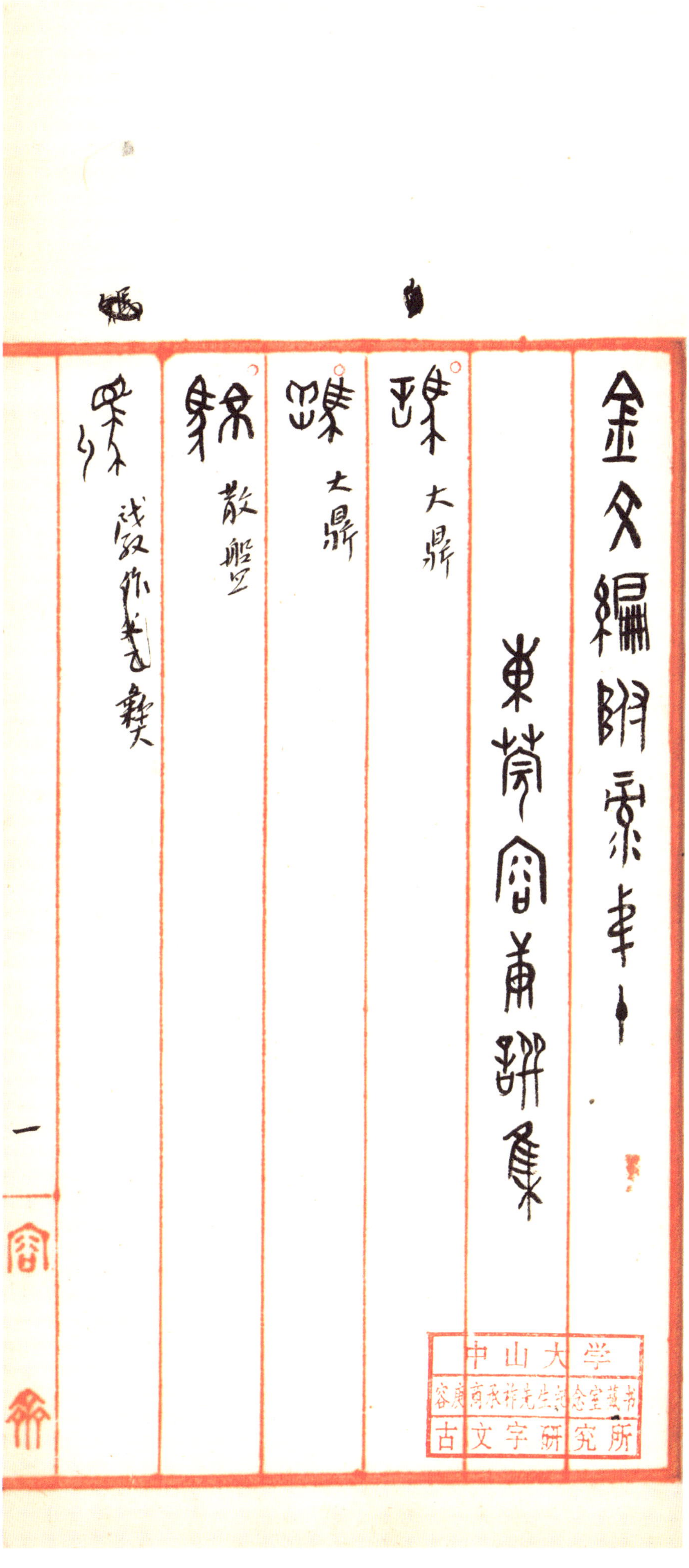

金文編附錄卷十

東莞容庚編集

大鼎

大鼎

散盤

[illegible]作父乙彝

二年羣子戈

迮 延 簋

伯其父匡

遣小子敦
从㲋从五从酉疑即㲋字

丙申角 地名

㲋婦觶

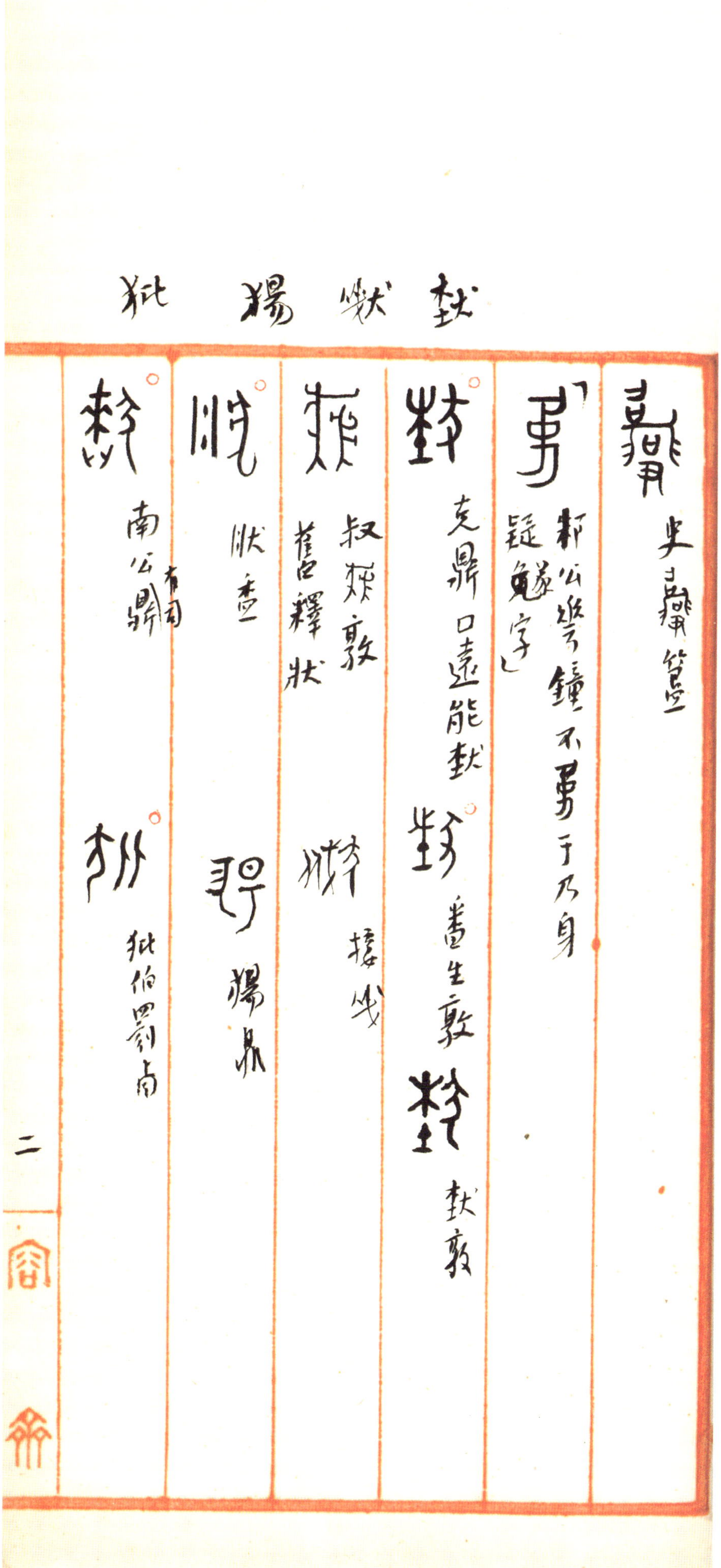
史⿰土犬簋
邾公牼鐘　不⿰土犬于乃身
克鼎　□遠能⿰土犬
番生敦
⿰土犬敦
舊釋狀
南公鼎
有司
⿰犭昜鼎
狣伯

烄

盩中烄「卣」尊

陳介祺釋狂

接附七

烄觶 作

敬盤

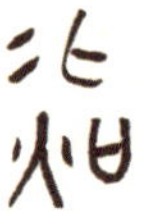

卅三年戈

臣烄山

司寇矛

魯伯厨敦

虘敦舊釋焦

羅振玉釋朕

臾尊

滕

滕侯「敦」簋

滕侯文王子叔繡之後

疑滕乃滕之譌

郳伯御戎鼎

滕姬

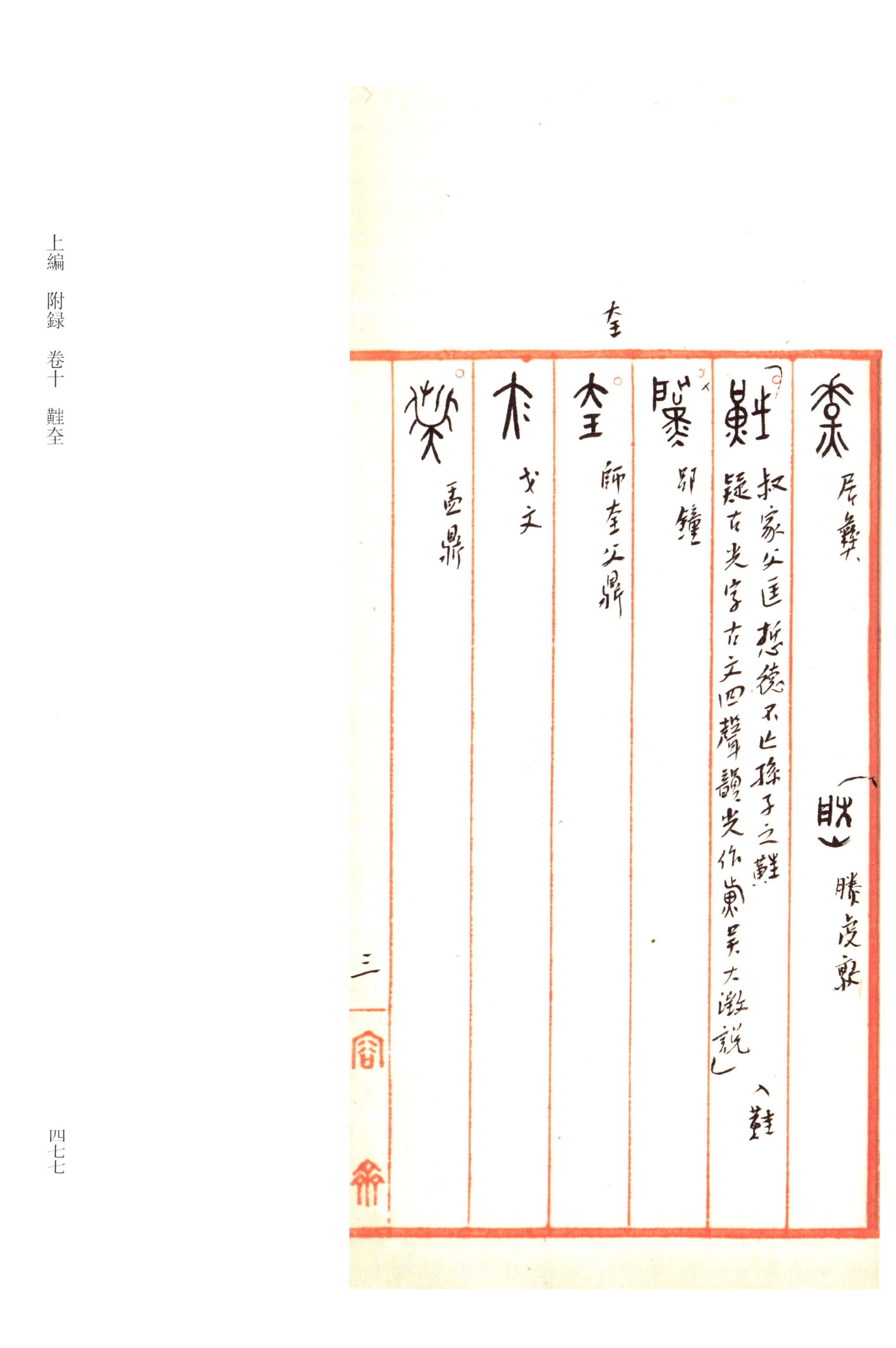

奎

居彝

滕虎敦

叔家父匡「悊德不亡孫子之鮭」

疑古光字古文四聲韻光作𡕒吳大澂說

入鮭

邵鐘

師奎父鼎

戈文

盂鼎

三

桔

鄧伯氏鼎

郘[illegible]朱鼎

大伯作父乙尊 疑夫字

摭正

桔衍敦

彔敦

遹鼎

[illegible]鼎

王孫鐘

散盤

陳侯因資敦

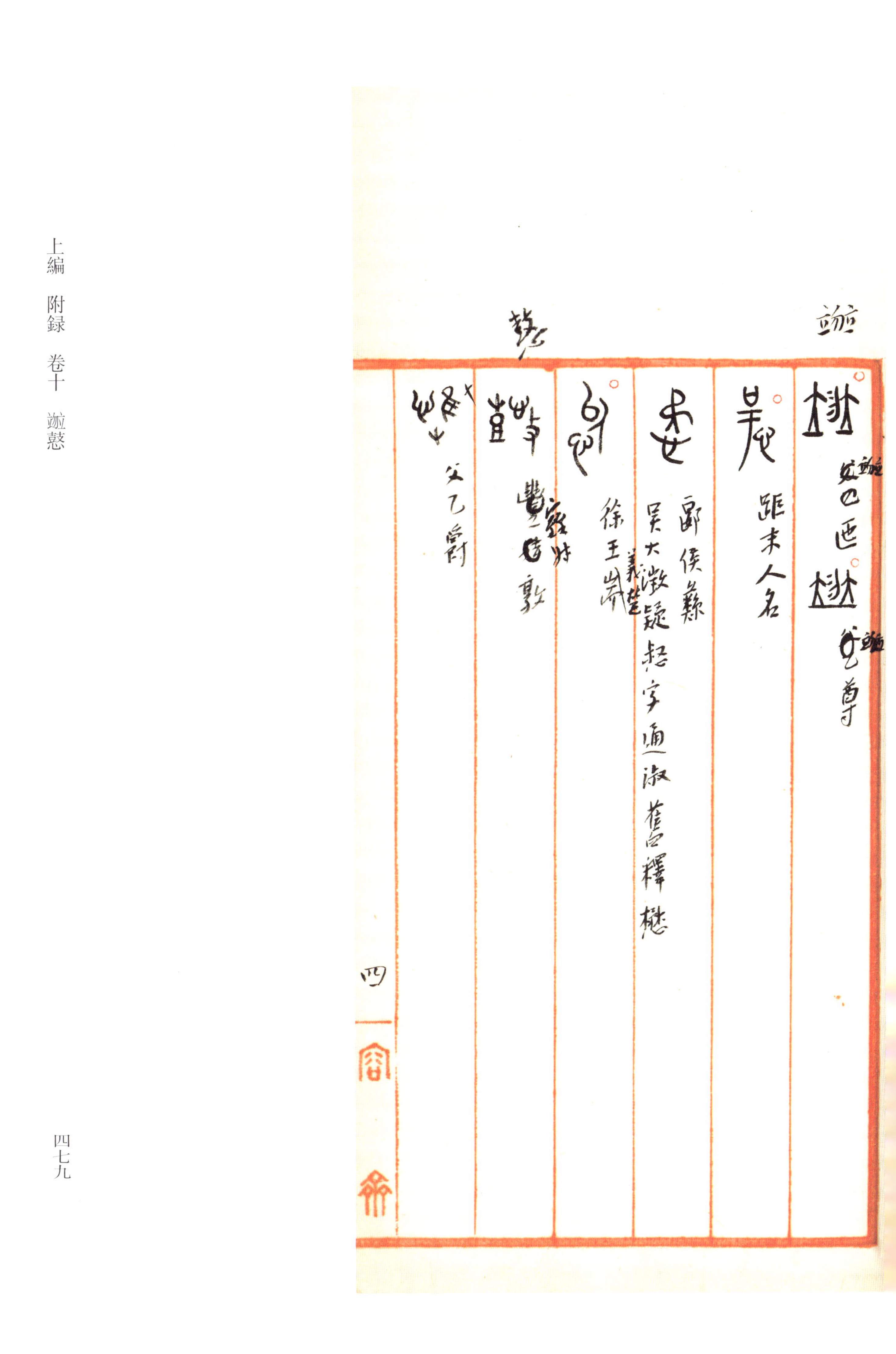

遡

慈

父巳匜　遡　父乙尊

距末人名

鄀侯鼎

吳大澂疑字通叔舊釋懋

徐王鼎　義楚

敦

父乙爵

四

○圉　毅圉居鉼

○彭　禾載彝　疑彭字

○秀　[illegible]彝

○秀　[illegible]觶　父乙辛　吳大澂釋愛云从旡从夂當即廿之變非从手也

金文編附録卷十一

東莞容庚編集

濡　散盤　自濡涉以南至于大沽　濡　又云復涉濡

淉　遲簋　淉　孟淉鼎

灋　灋　灋　史頌敦　令史頌省蘇灋友里君　吳大澂曰疑古灋字異文从廌从水廌所以觸其直範圍之使可守也灋之行如流水去之則爲廢或灋字本不从去

一

滍　汙

克鼎

散盤　舊釋原

旗田鼎　王駿滍

趩鼎　厚趩又償于滍

者汈鐘　疑淑字省文

王孫鐘　龢淑民人　疑亦淑字

者汈鐘

寰盤　史汭

惠紅鼎同

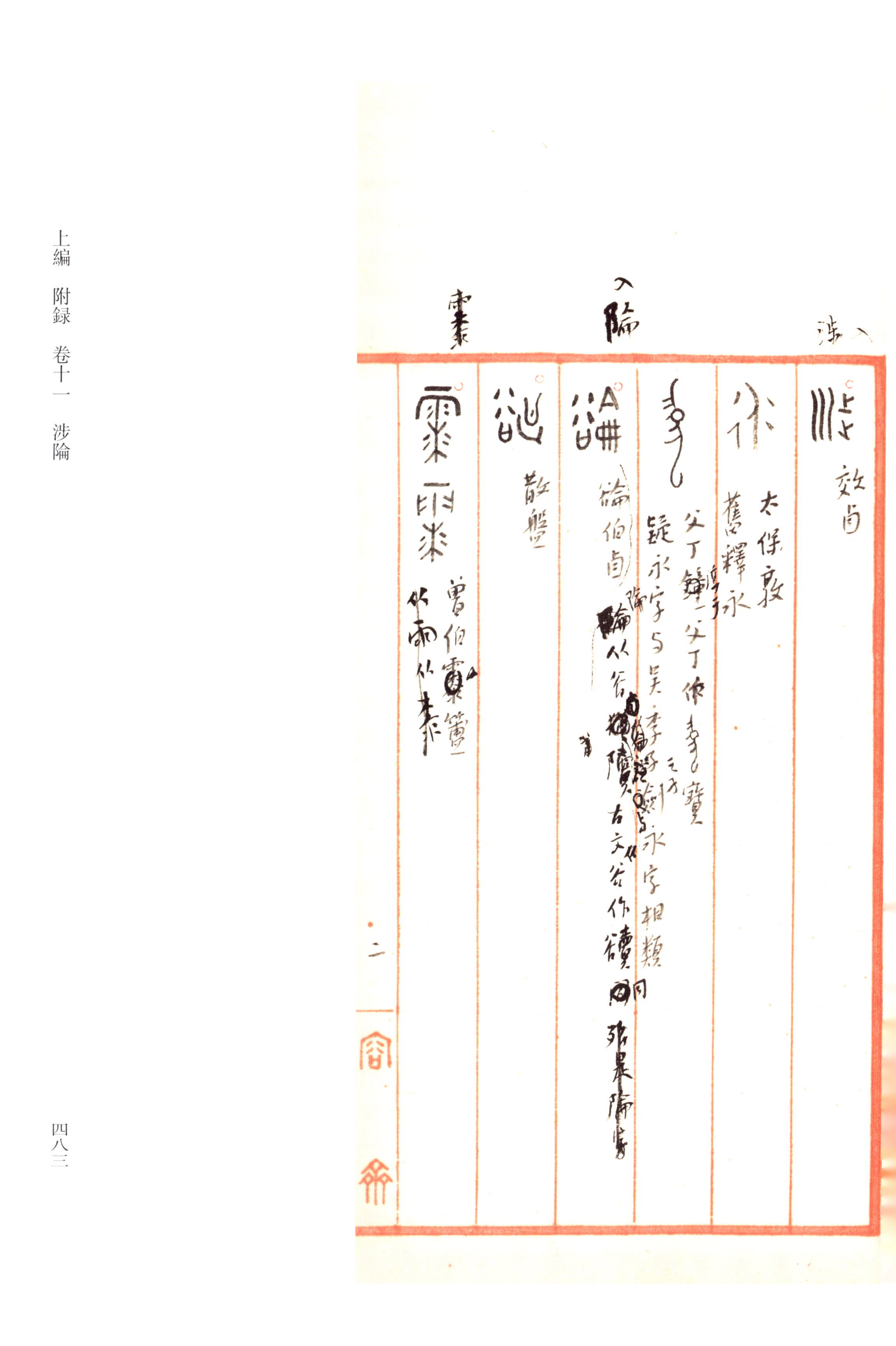

入涉　入陯　霖

涉　效卣

太保𣪕　舊釋永

父丁鐘　父丁作寶

疑永字与吴季子之子劍永字相類

陯伯卣

陯从谷　古文从谷作　同　張某陯字

散盤

曹伯霖簋　从雨从林

二

罴

大師虘

罴鼎

父丁觶

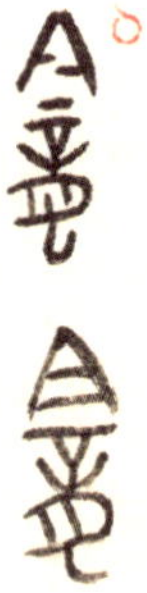

皇王眉壽編鐘

令龍事朕碎

賢殷簋

舊釋翼

金文編附錄卷十二

東莞容庚譔集

魯士浮父簠

婦闟觶卣

闟伯寧伯卣

師酉敦　史䛐

龏鼎

羅振玉釋龏

嬭

王子申盞盂

叔姬簠

廣韻楚人呼母

妓

取膚匜

仲師父鼎

妕

邶人妕鐘

婄

子婄逩子壺

伯田父𣪕

嫼 入正　㚃　㚃　㚃䀈

嫼 嫼敦
嫼敦

季宮父簠
農卣

季宮父簠

匽侯鼎用作䀈寶尊彝

仲叡父盤

叔𣪕敦
舊釋妣

[illegible]王壺

舊釋[illegible]

嫼接

多父盤

姶

鄧姶鬲

嬑

伯疑父敦

婞

叔向父敦

集韻女字

杜伯鬲

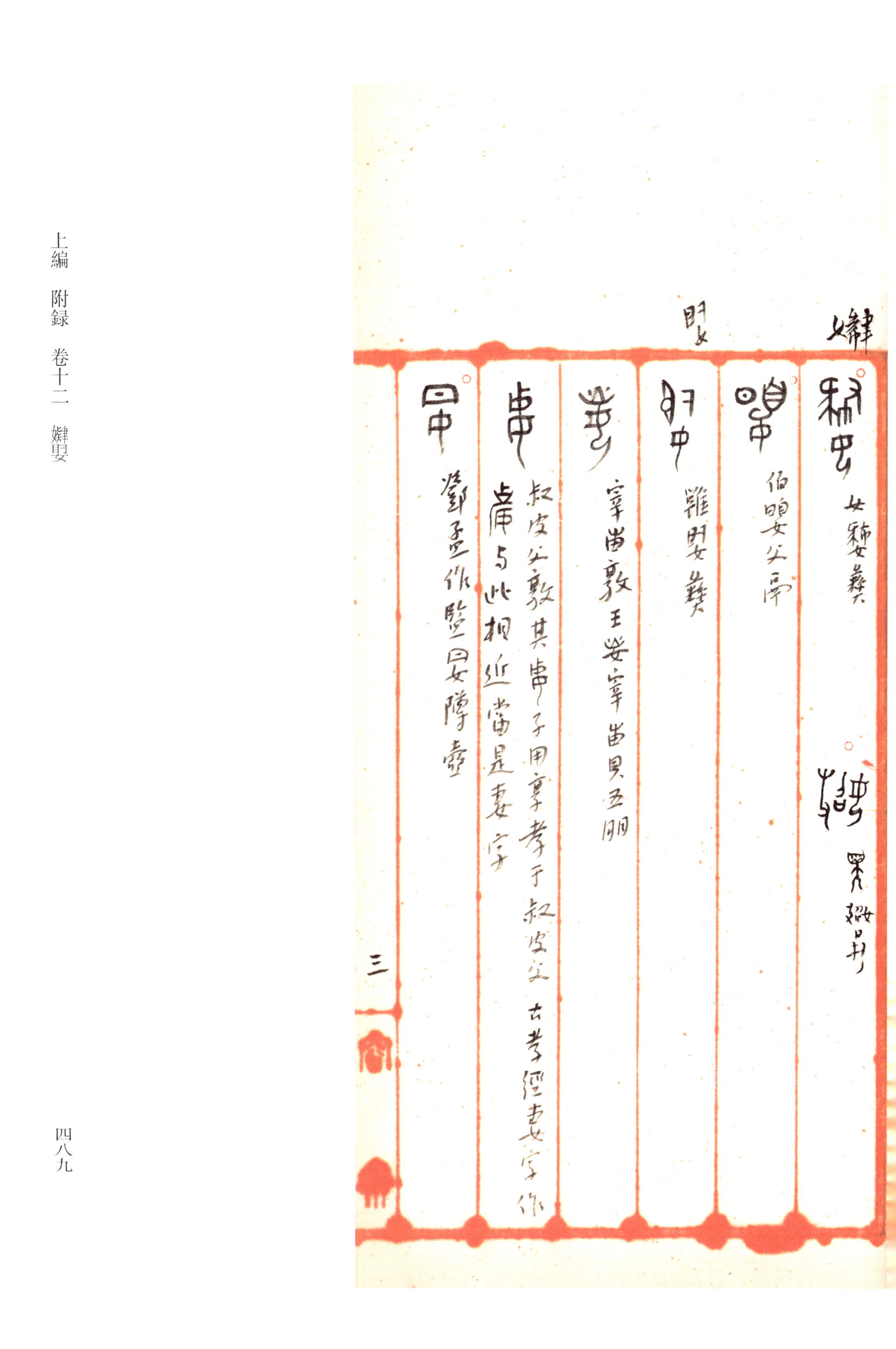

婔　嬰

女婔嬰彝

睘觶卣

伯嬰女父鬲

雝嬰彝

宰峀敦　王姿宰峀貝五朋

叔皮父敦　其嬰子用享孝于叔皮父　古孝經妻字作

與此相近當是妻字

鄧孟作監嬰女障壺

三

妥 㚤 㛣

簠鄦侯敦 集韻同㛣

[illegible]

寧𡨦敦

鄦侯鼎 疑毋字

釋文 羅振玉釋㛣 舊釋若毋二字合文

𤔲父乙彝敦

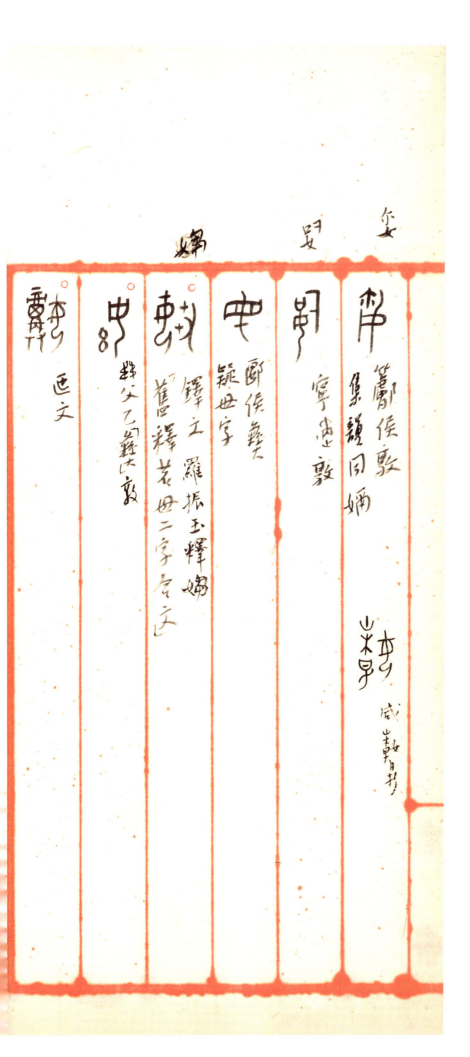

匜文

 文母敦

 筍伯簋 疑妃字

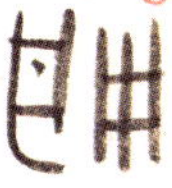 南鬲 舊釋姬

 同

  南姬鬲

 彔伯戎敦

 彔卣

 敢亏 舊釋武

戜都鼎　疑戜字

戜都敦

戜伯鼎

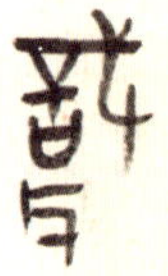

鄦王戈

棘父癸鼎　舊釋成

乙棘尊卣

棘乙卣

獻作父辛尊　从匚从凷从犬疑竹相之異文古文簋筐皆不从竹从竹後人所加吳大澂說

医　接之

小臣鼎　吳式芬釋匿

入匿

獻匿

犮父丁鼎

弤一弤

弭中簠　疑弭字

弭叔作叔班簠　入弭

上官登　字象小篆也

罍弘卣　舊釋弘　朱

公中彝　弡敦

父庚卣　疑弓字象形　入弓

家作父西鼎　疑有缺泐

五

父乙鼎 重八

緟入

金文編附録卷十三

東莞容庚撰集

□ 父壬爵 疑糸字

緟 陳侯因資敦 ~~吴大澂釋纘~~ 緟□高祖

□ 陳侯因資敦 吴大澂釋紹

□ 叔單鼎 疑紫字 □ □

一

亞乙爵　入羊

夜君鼎

雚𠙵釋墉

徐口

郐𡉚句鑃

𡒄肇家鬲

湯叔尊

圦斤戈

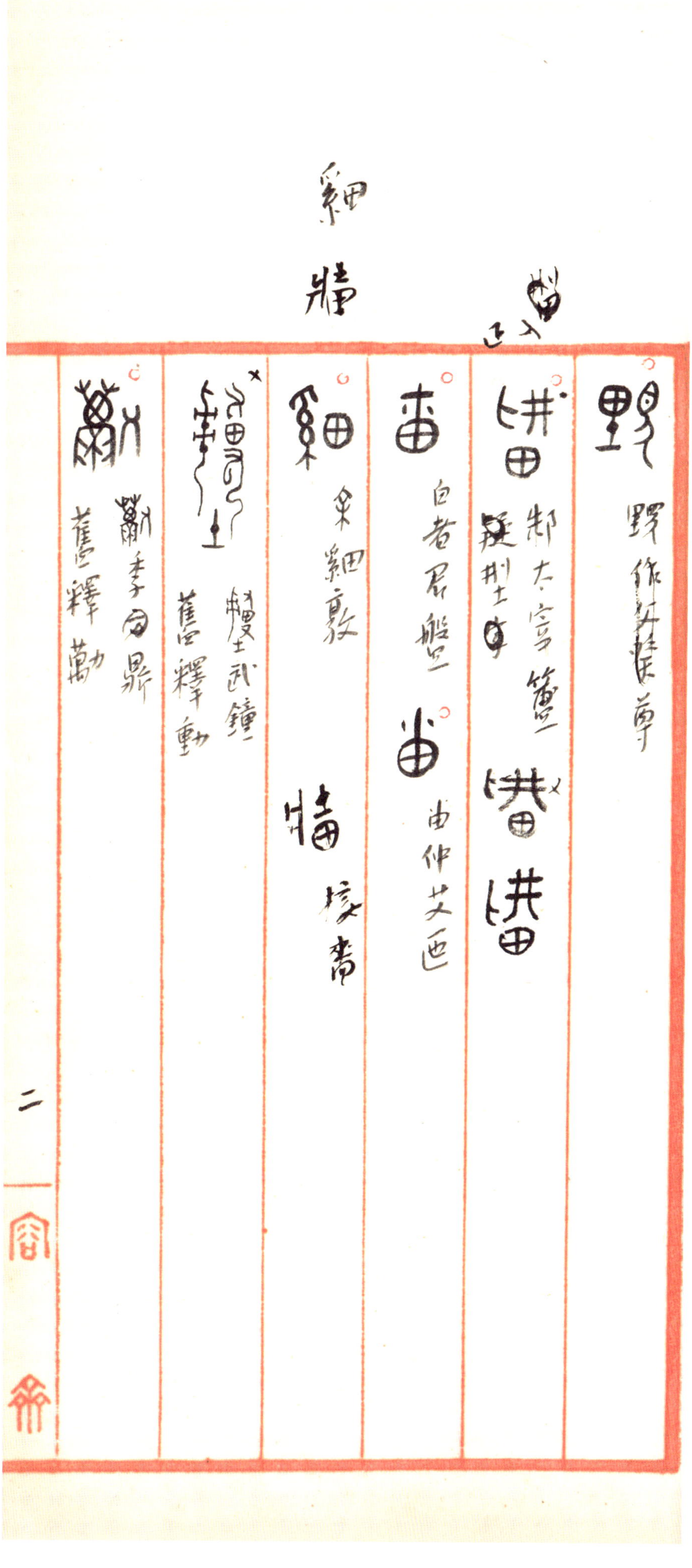
白者君盤
余綑敦
舊釋動
舊釋勸

[illegible]

金文編附錄卷十三

東莞容庚譔集

鑃

鑃

鑃鐸之大者似鐘而口向上軍中所用之器執而鳴之所以止鼓當即古鐃字許氏說鐃小鉦也是器甚大恐非小鉦矣吳大澂說　姑馮句鑃

鑃　其次句鑃

鐳

鈢　邾公釛鐘　薛氏釋釛

鐳　邾鐘　玉鐳鼉鼓

鈚

鈚　喪史寘鈚　器名

鋘

鋘　器名其制似斗匏而有流文曰左關之鋘与陳猷釜子禾子釜二器同出膠西靈山衛古城十鋘所容不滿一釜殆亦陳氏之家量敓吴大澂説

鋘　子禾子釜

鈄　上官鼎

釪　陳介祺釋欽吴大澂疑爲鈃之异文　鈃 罍 盌

鋁　上官登

銤　上官登

猇叔編鐘 舊釋鐘

伯顆父鐘

平陽戈 舊釋戈

[illegible]維愿君鉼 鉼

子鼎王命子徙西方于相有國名吳大澂疑且之異文讀若祖詩皇矣侵阮徂共疏引魯詩說阮徂共皆爲國名

父癸卣象俎形 疑俎字 六十九

二

析

从斤戈　疑斤字

𨟻侯敦　入析
吴式芬釋析

徐□
征城句鑃

番生敦

與尊

車　珥鼎

輂
入正

⿰阝尃　⿰阝美

卣　象二人輓車形

輂卣　此字有疑

鄦侯彝

父丁壺

師寰敦

克鼎　⿰阝尃原地名

散盤

三

㬅

自作㬅仲彝

自作㬅仲鼎

自為㬅仲彝

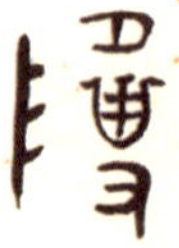

次盤匜錫次⊗百㬅

戊寅父丁鼎

辛巳彝

庀陽亏

楕妃彝

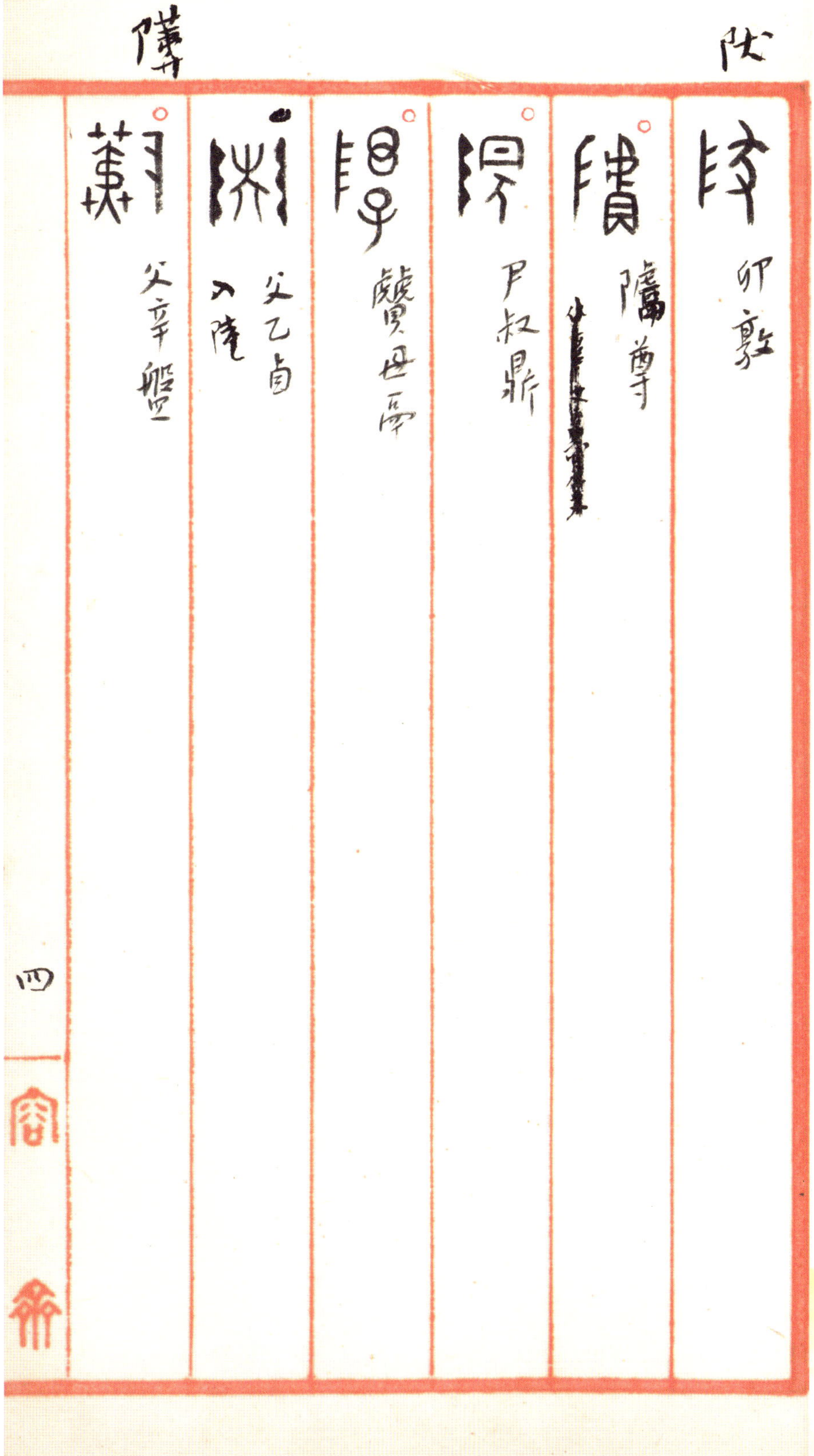
阤
隣
卯敦
尹叔鼎
父乙卣
父辛盤
四

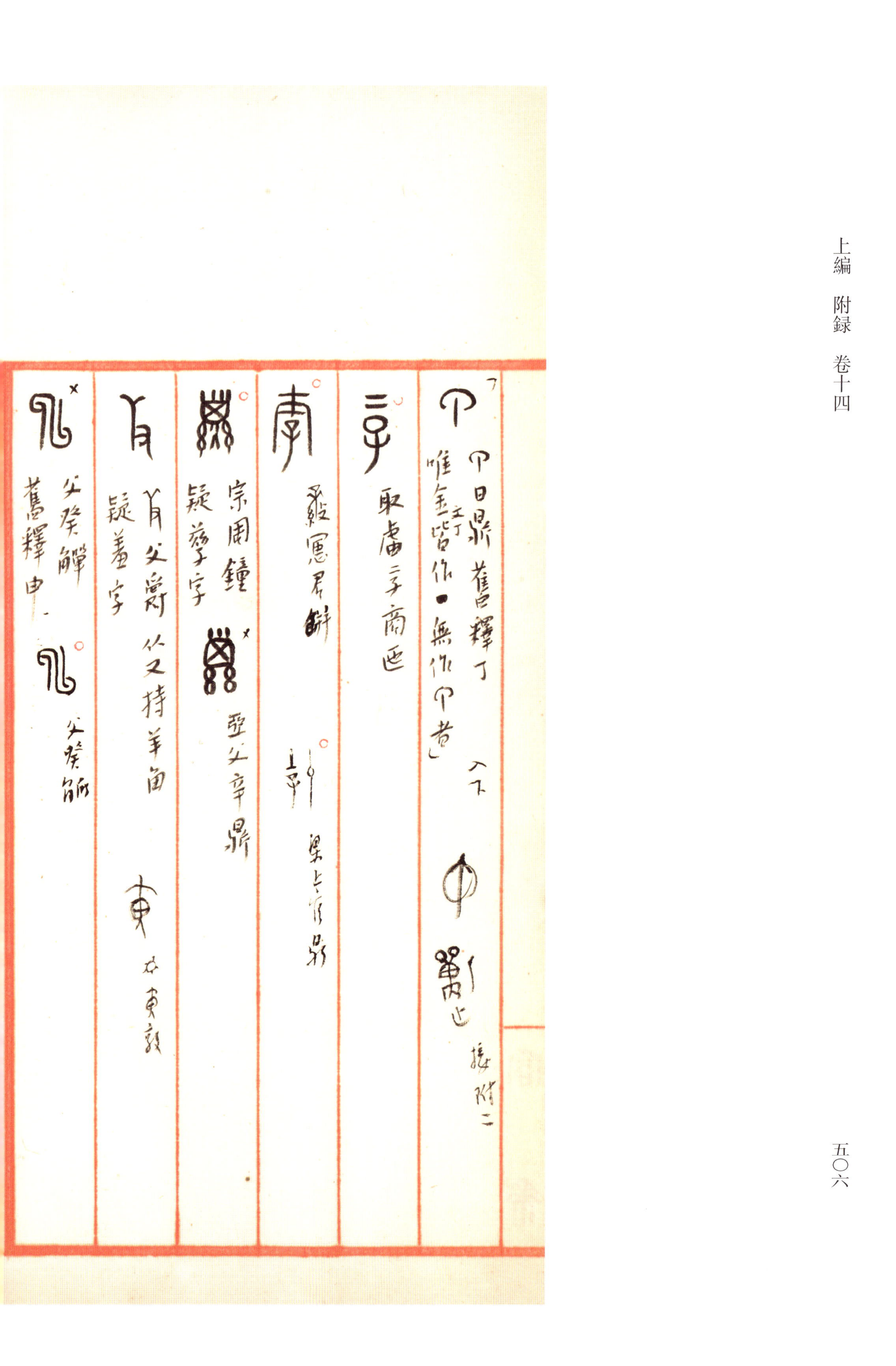

卩日鼎　舊釋丁

唯金文皆作●無作卩者

入下

據附二

取虘二字商匜

殺寔君鉼

梁上官鼎

宗周鐘

疑蔡字

亞父辛鼎

𠂤父爵

疑羞字

从又持羊角

亞東敦

父癸觶

舊釋由

父癸觚

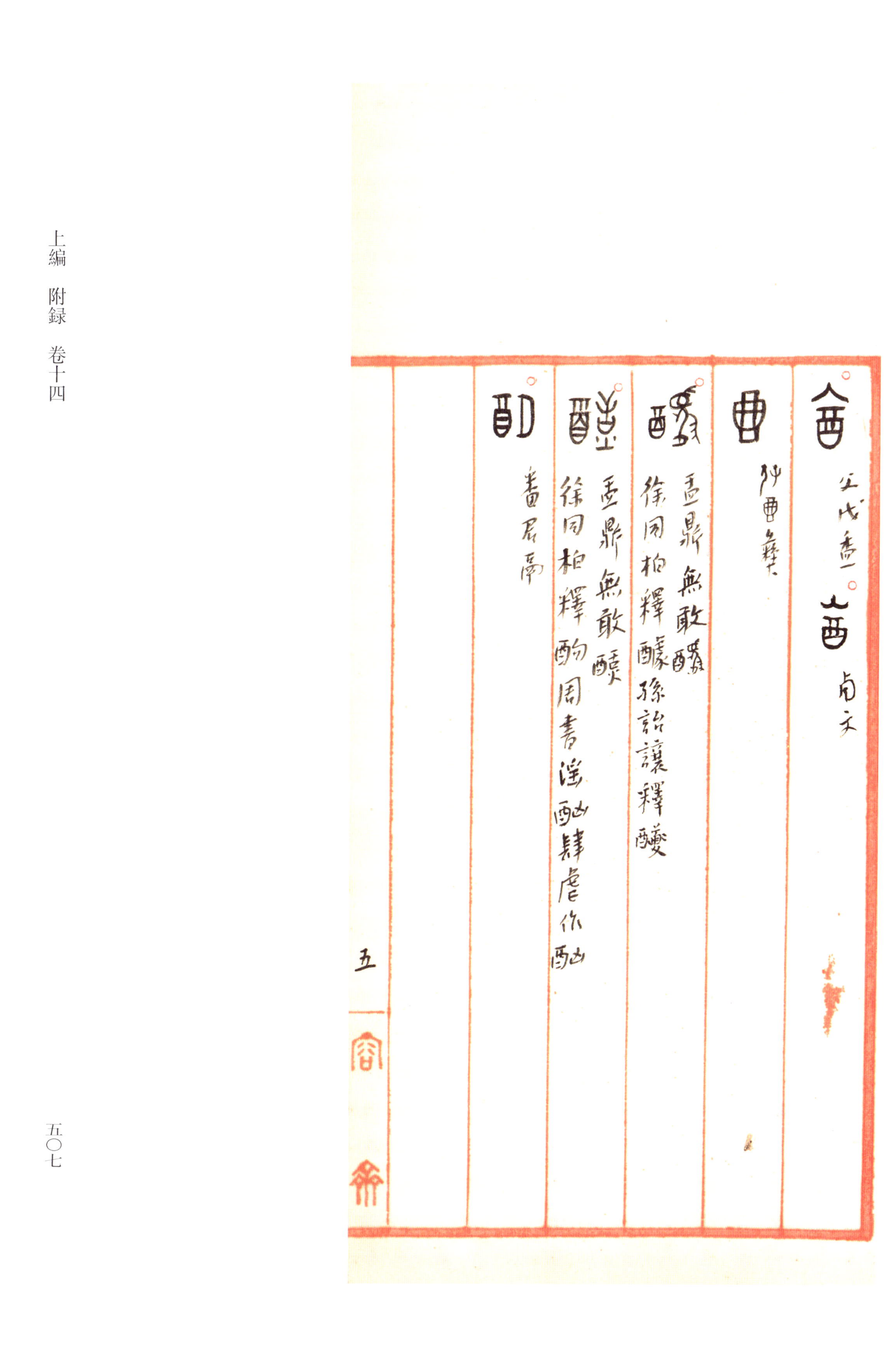

[illegible] 父戊卣一 [illegible] 卣文

[illegible] 仲酉彝

[illegible] 盂鼎無敢[illegible] 徐同柏釋醵 孫詒讓釋[illegible]

[illegible] 盂鼎無敢[illegible] 徐同柏釋酌 周書淫酗肆虐作酗

[illegible] 畫君鬲

金文編附錄卷十五

東莞容庚撰集

旅鼎

父辛卣

小子師敦

觶文

文父丁卣

且癸卣

父乙彝

父戊卣

婦姑甗

父癸卣

爵文

父丁鼎

父辛卣

一

妣己爵

田

尊

父庚爵

父辛甗

父乙觶

攈古三

父癸敦

父丁鼎

或釋寶

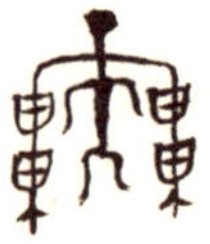

父乙盤

女鼎

且癸

爵

女觶

尊文

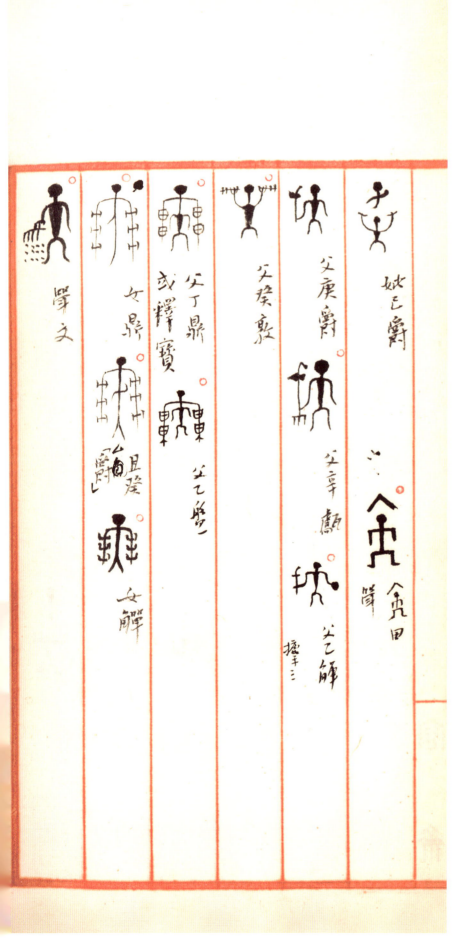

鼎文
父乙尊
戊彝
子爵
父乙觚
二

父癸彝

亞父乙觶

且乙卣

齊陳曼鼎

帚文

亞母乙帚

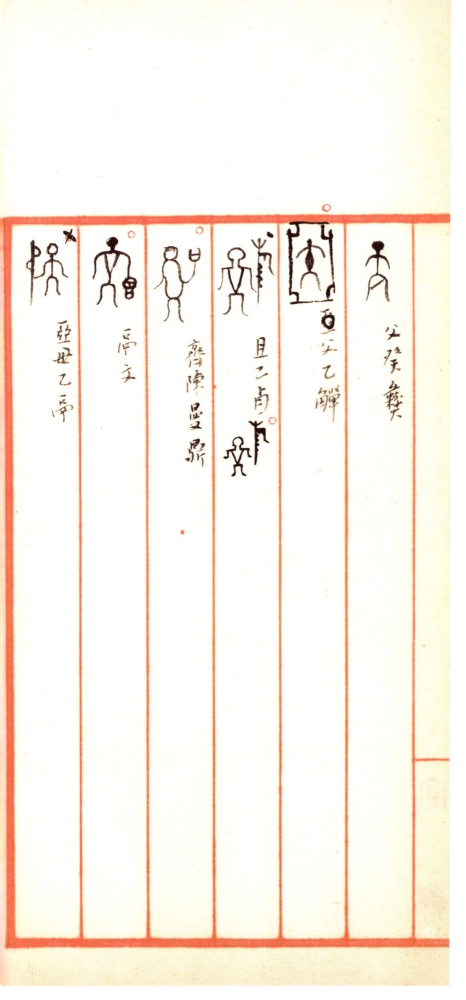

爵文

作父乙尊 四

卣爵

父辛鼎

父癸鼎

公史祈彝

父戊觚

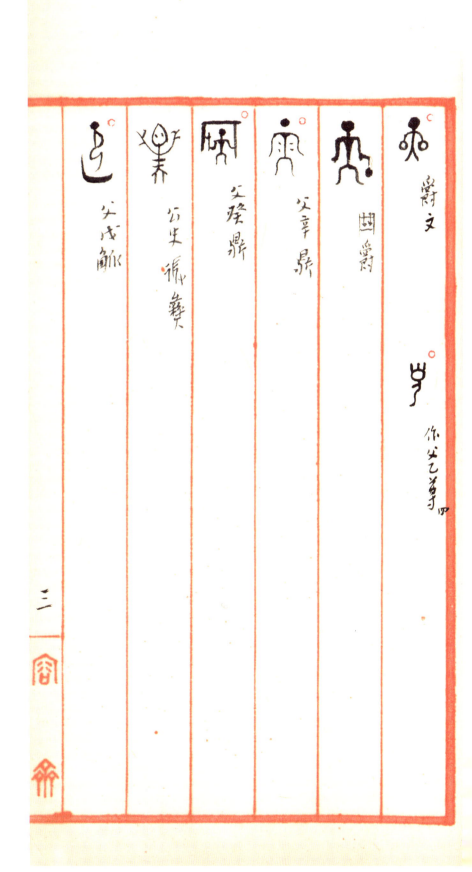

鼎文

父丙觶

爵文

作父己卣

且乙爵

孫卣八

觚文

父彝

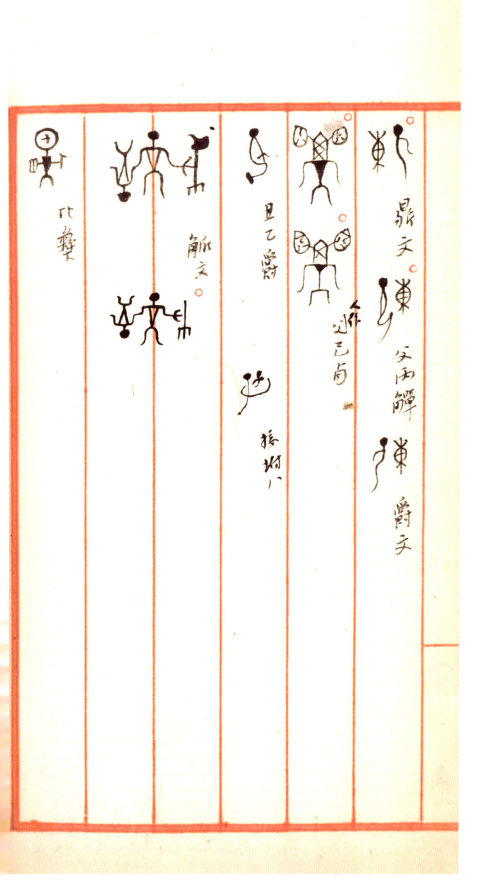

敦
冊父乙鼎
觚文
鼎文
父乙敦
四

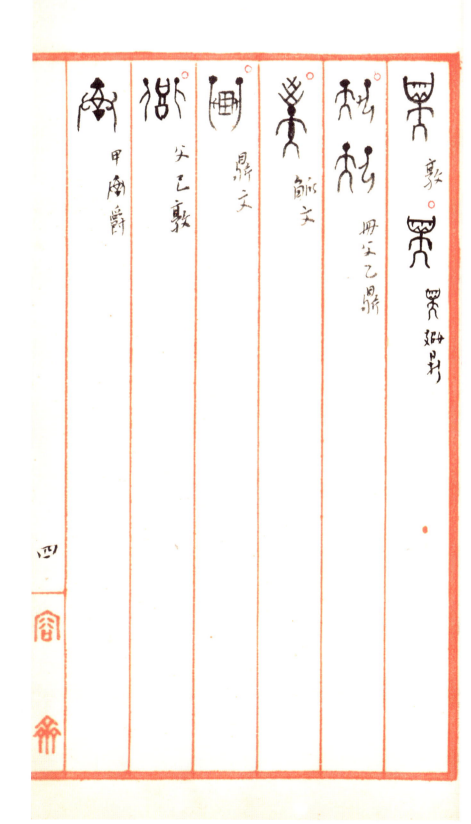

父乙卣

父乙鼎

父辛尊

作且辛觶

穌尊

孫詒讓釋夔

無父丁卣

戲御父乙彝

父乙尊

𣏟父辛觶

亞尊

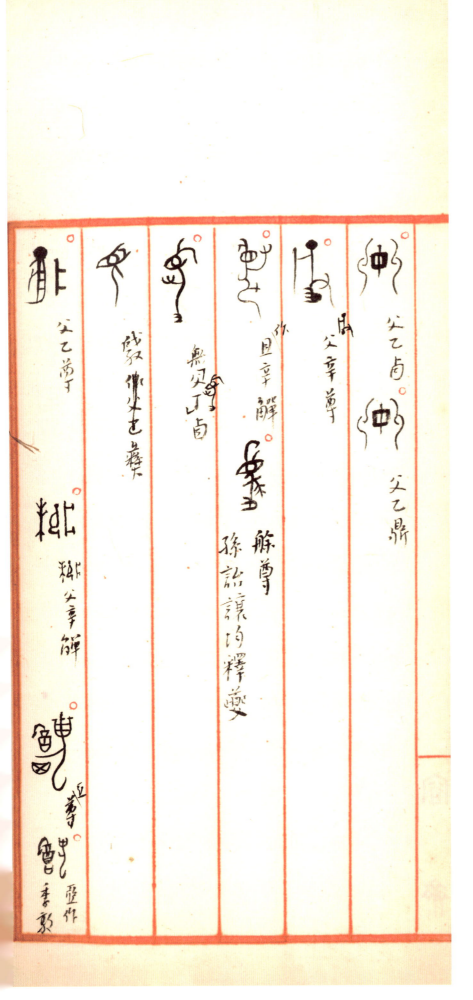

亞作季敦

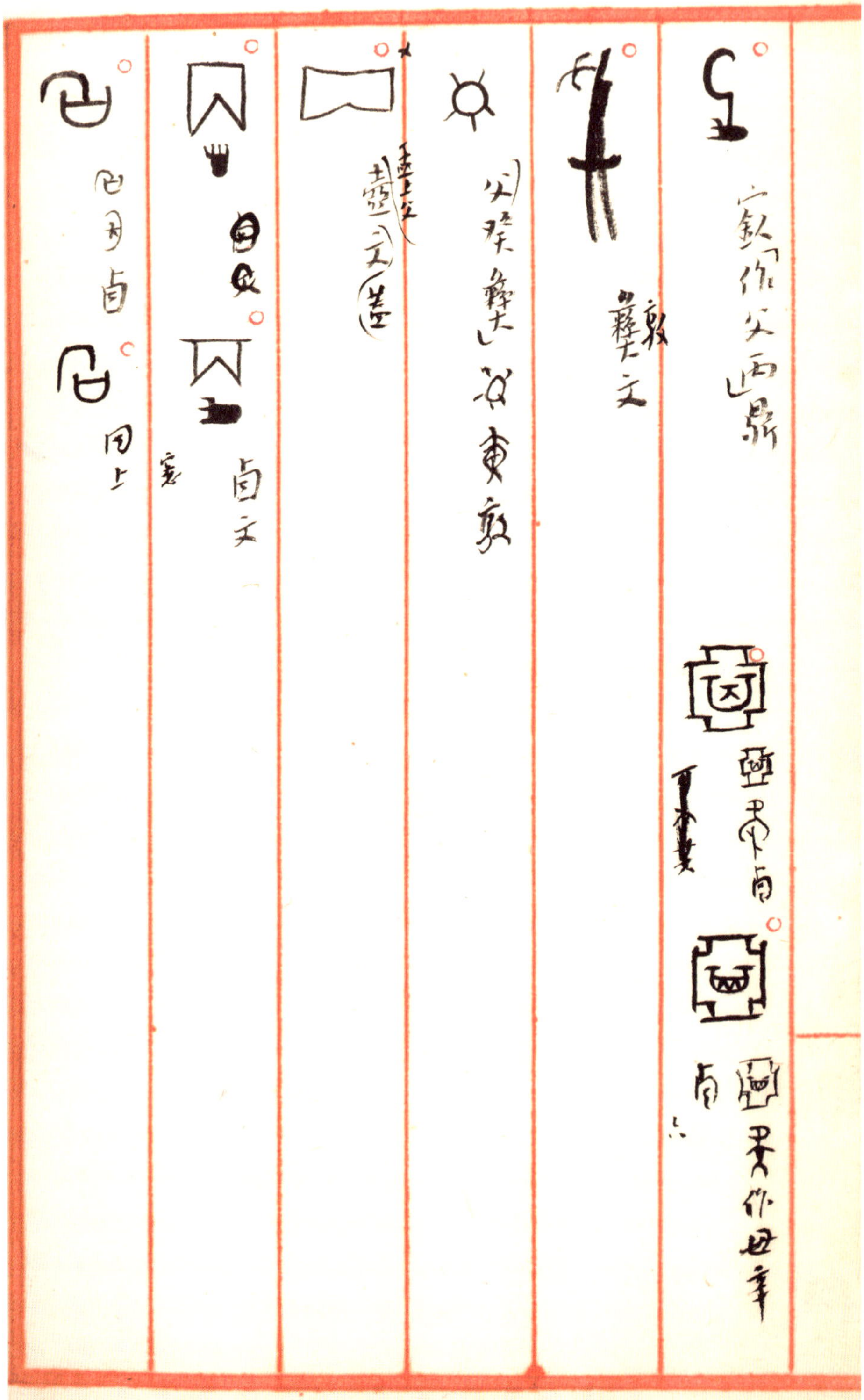
作父丙鼎
彝文
父癸彝
壺文
卣文
同上

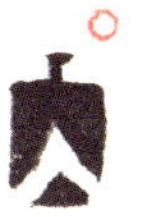
父己卣

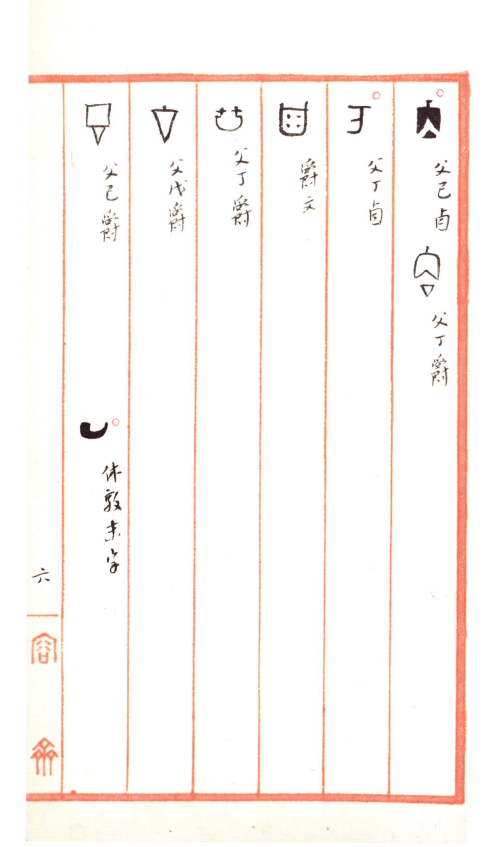
父丁爵

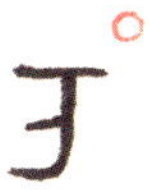
父丁卣

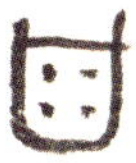
爵文

父丁爵

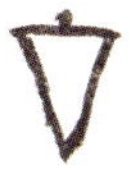
父戊爵

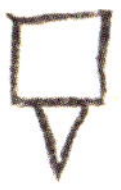
父己爵

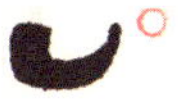
休敦未字

[illegible]爵

[illegible]爵

目父癸爵

亞父辛爵

[illegible]尊

父辛尊

父丁鼎

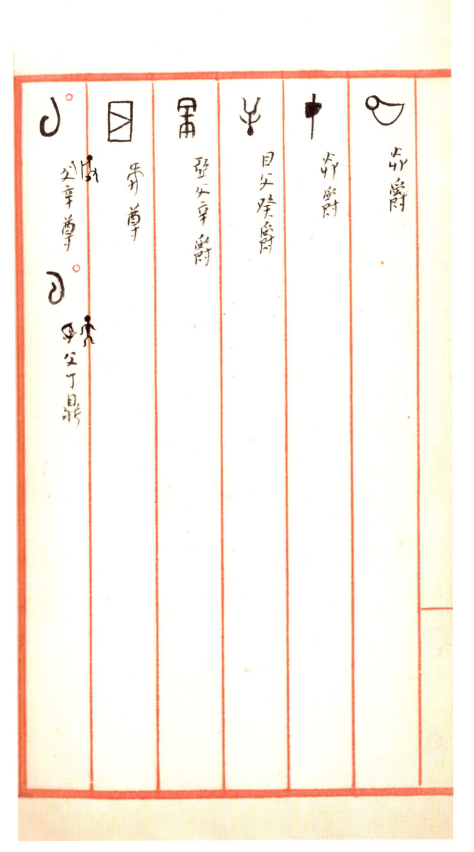

亞□作祖丁尊

子□卣

□彝

□卣

祖己父辛卣

乙亥方鼎　陳介祺釋作舉　徐同柏釋作

炳云□古文丙　丙象□形　火之象

爵未

□祖丁鑑

父辛爵

父乙卣

彝文

鼎文

敦文

丁□卣

父□魚

鬲文

趙鼎

單□卣

單□卣

□□禾戈

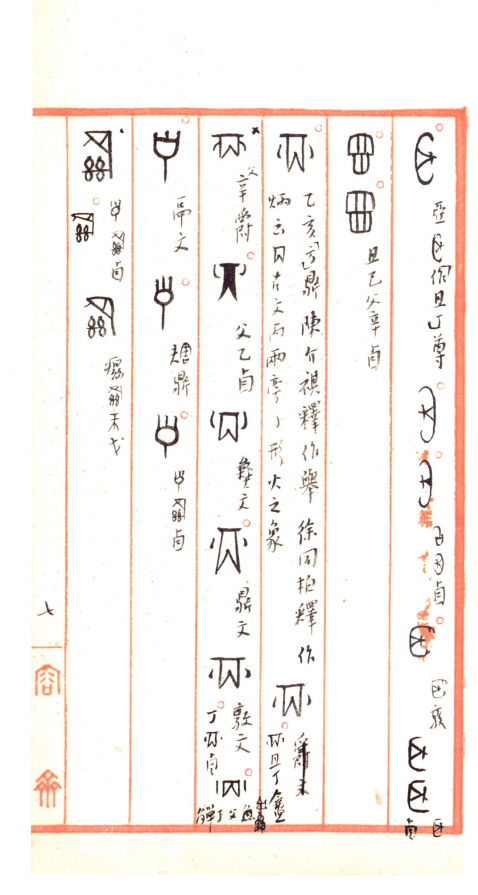

七

父乙卣

父乙卣

父丁卣

爵文

父丁卣

卣

父甲觶

入附

父丙觶

冄夫觶

且庚爵

父戊爵

父戊爵

父辛爵

爵文

爵文

且己爵

且戊觶

爵文　父乙尊

尊文

觚文

父己卣

父丁爵

父癸爵

冃戊父爵　舊釋爲舉　吳大澂曰書顧命上宗奉同瑁太保受同授宗人同鄭康成曰一人奉同一人奉瑁同酒杯虞翻以爲古同字似同非也舊即古冃字誤釋同耳

丁冃爵

丁冃盤

且丁觶

冃丙爵

彭女甗

員爵

知宧敦

朕敦

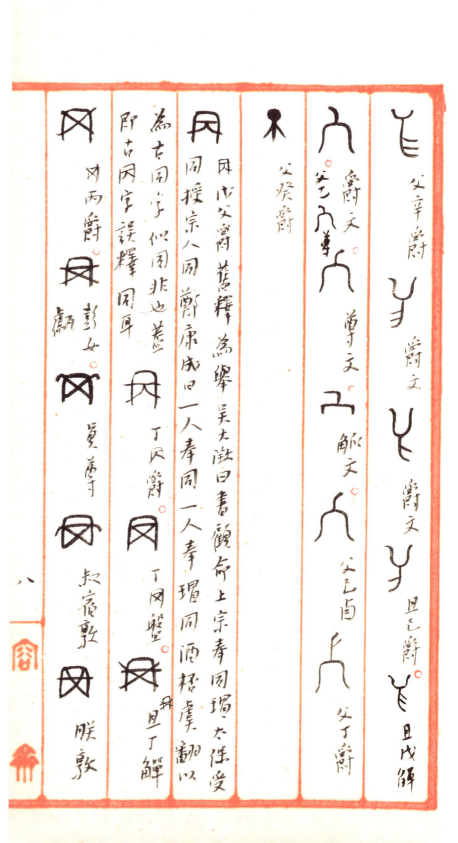

八

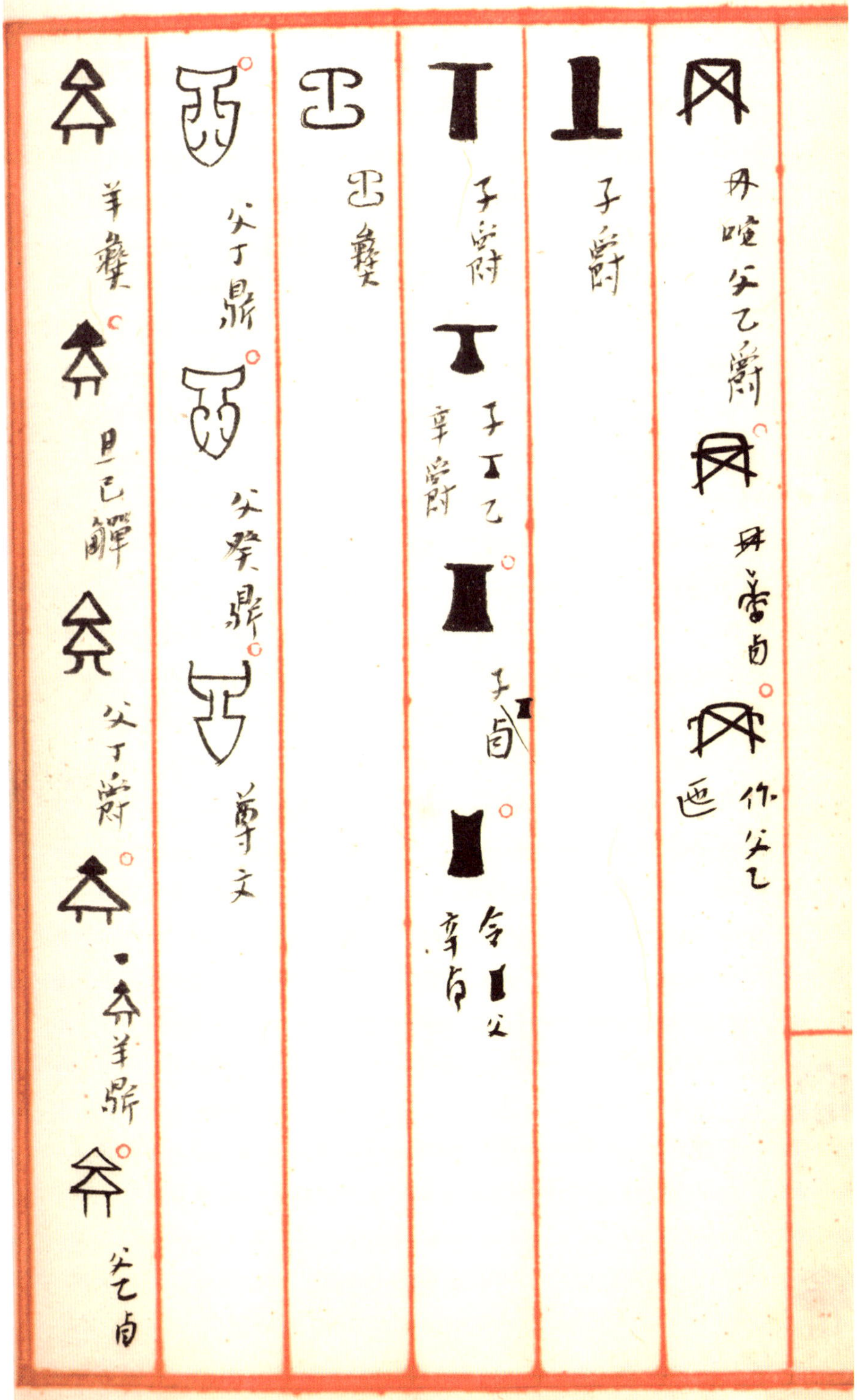
丹嗁父乙爵
丹畬卣
作父乙匜
子爵
子爵
子丁乙
辛爵
子卣
令父
辛卣
亞彝
父丁鼎
父癸鼎
尊文
羊彝
旦己觶
父丁爵
羊鼎
父乙卣

彝文

父己觶

彝文

父庚爵 徝

中

父辛彝

中

父甲爵

車

車 父丁觶

車

父丁豆

父癸彝敦

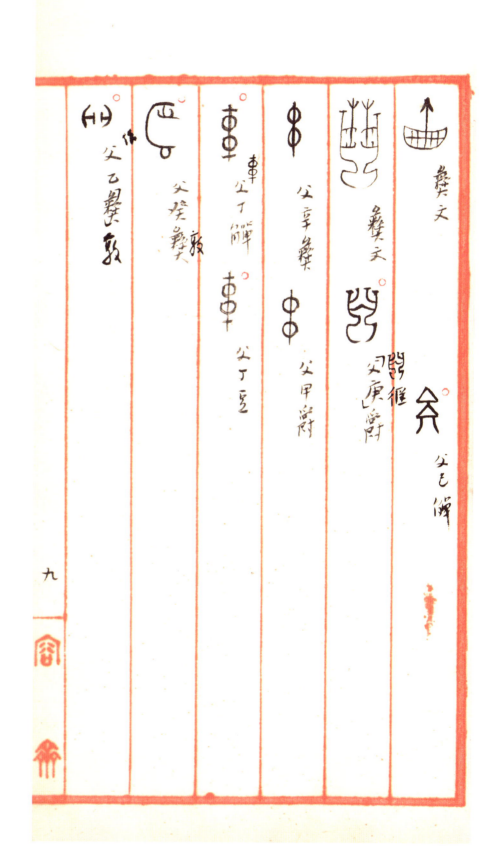

作 父乙彝敦

且丁父癸鼎　吳大澂說古帝字如花之有蔕果之所從出也

父丁敦

父甲盉

父甲敦

父乙尊

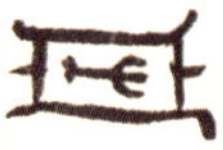
同上
父乙尊

父卣

亞父乙卣
尊

亞父丁爵

卣文羅振玉釋爰爲瑗之本字說文解字瑗注大孔璧人君上除陛以相引从爫象臣手在前又象君手在後一者象瑗倒視之形瑗以引君上除陛故許君於爰援均訓引

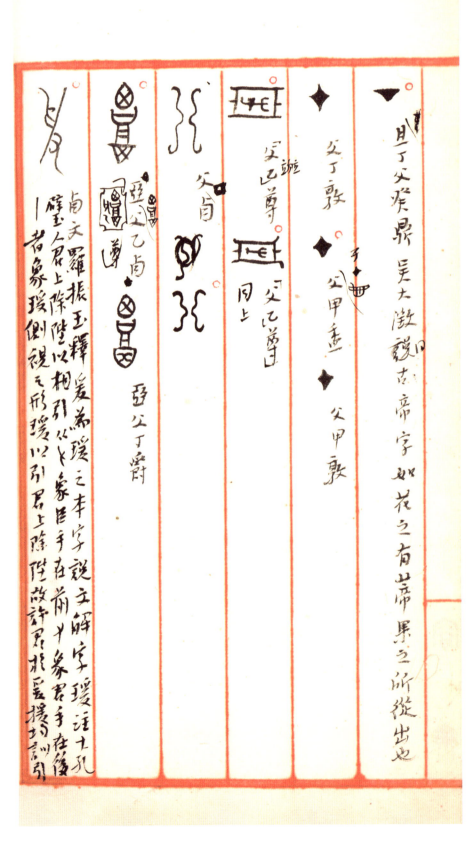

且乙爵

盉

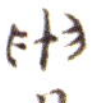鼎

父癸爵

爵文

父丁斝

車

父丁觶

且辛父庚鼎

疑从字

十

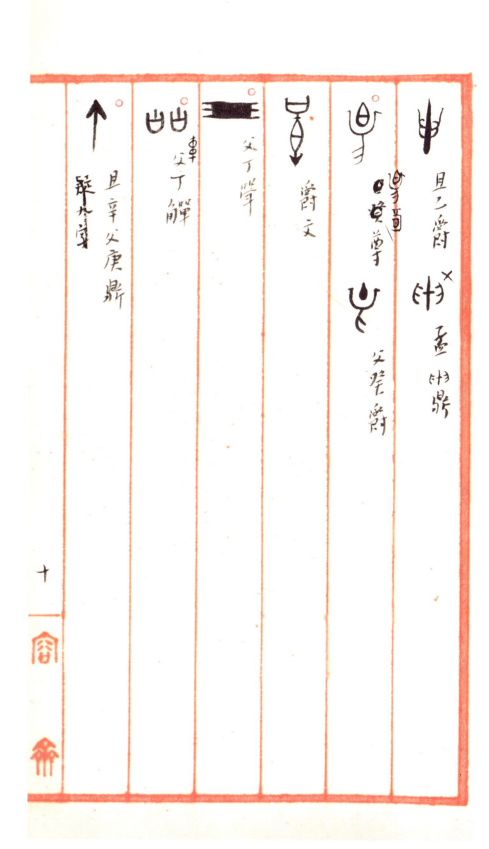

入正

趙鼎

癸彝

癸作父己鼎　羅振玉曰顧命鄭注戣瞿蓋今三鋒矛今癸字上正象三鋒下象著地之柄與鄭說合癸爲戣之本字後

中鼎

婦鼎

觶　作妣己　人加女耳

癸父乙卣

父乙鼎

父己彝　方濬益曰象二人在壺下相向之形與此爲一字

父丁鼎

父己鼎

校正說文部首次第之誤

尊文

丨

亞父辛匜

射盤

射盤

射盤

射盤

子且辛尊

亞父丁盉

十一

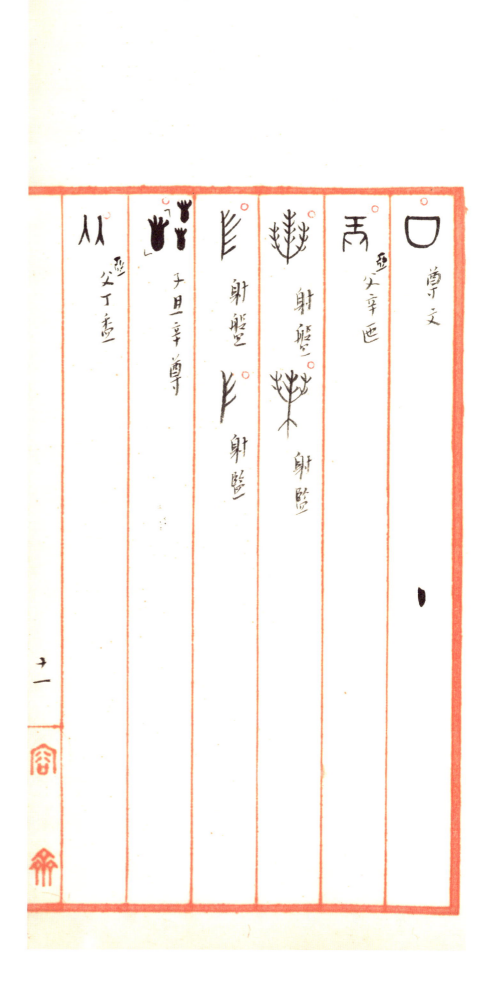

子◆冊父甲壺

与卣

觚文

子父觚

宰椃角疑兆鼓鼙之類
古器象形字也

女歸帚卣

父辛敦

戲尊

觶文

父丁觶

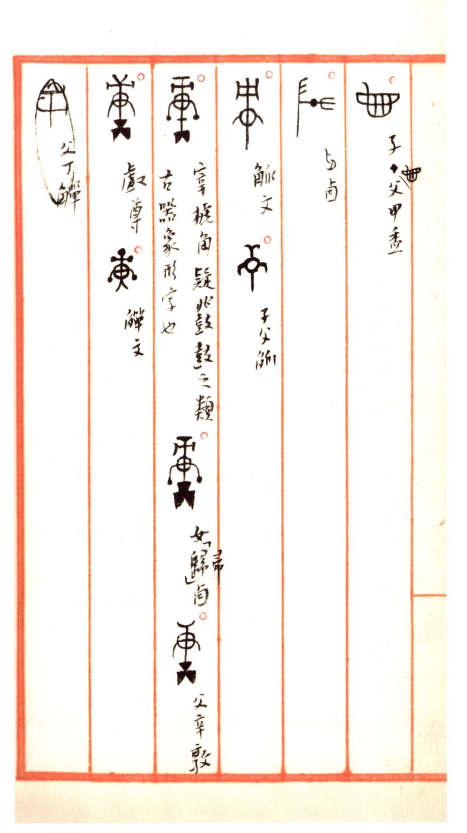

爵文

父乙卣

父戊人卣

父丁斝

子孫豐

爵文

疑蠆之象形即萬字

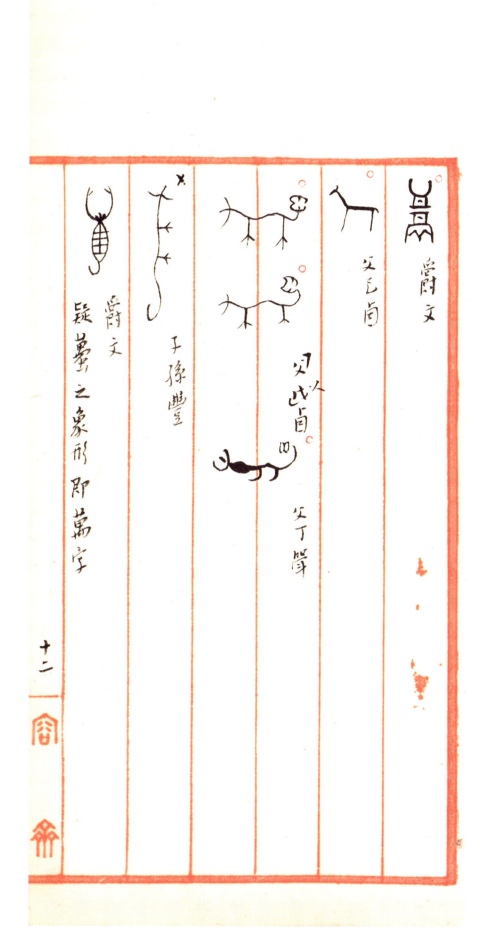

入隹

入雔

爵文

父癸爵

壺

父丁壺

父辛觶　孫詒讓云似雔字

父癸爵

趡罍

爵文

角文　疑象蟬形　羅振玉以爲象鼉形

車

父丁觶　鄭介丞曰古鳳字作象其翼之華美此則象其全形　且與古文朋相類疑即鳳字

是一字

子爵

父丁豆

卣

父辛尊

替君簠

亞尊

觚文

十三

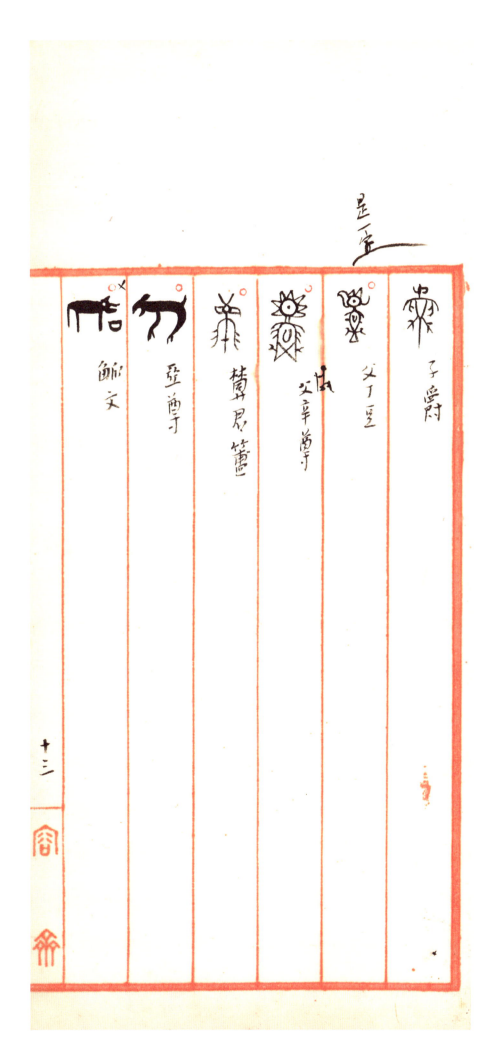

爵文

子觶

鼎文　僞器

子尊

月卣

子辛卣

父辛鼎

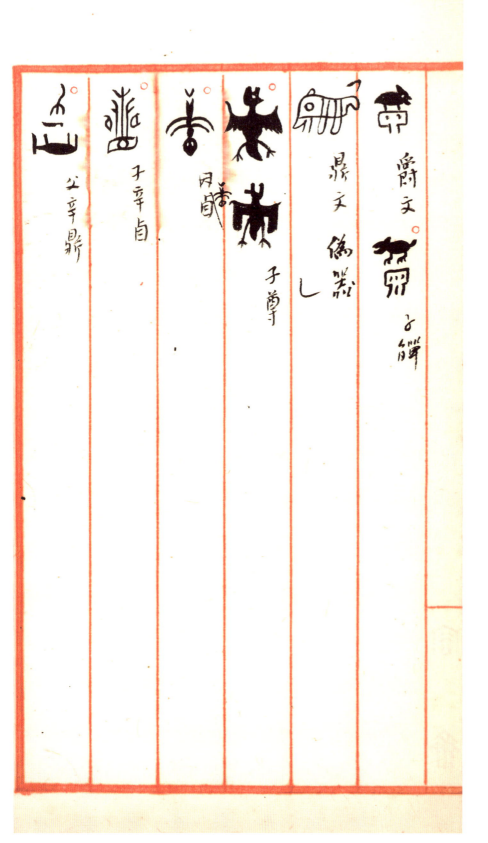

爵文

乙觚

象羊形

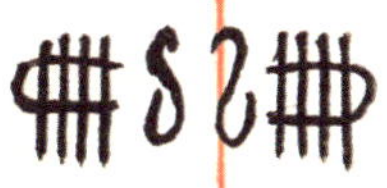

父癸鼎

十四

父辛鼎

且甲鼎

父癸尊

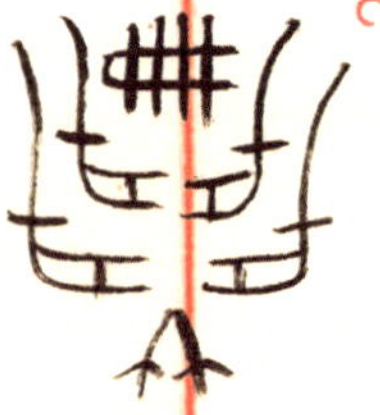

父丁觶

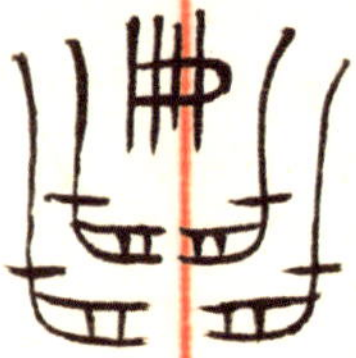

丹酉

爵文

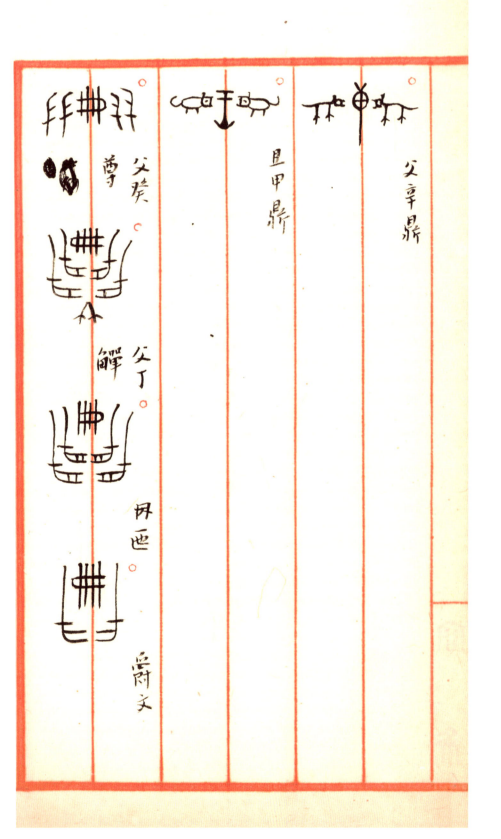

亞父己鼎甗

龔妊甗

且癸爵

敦文

戈文

戈文

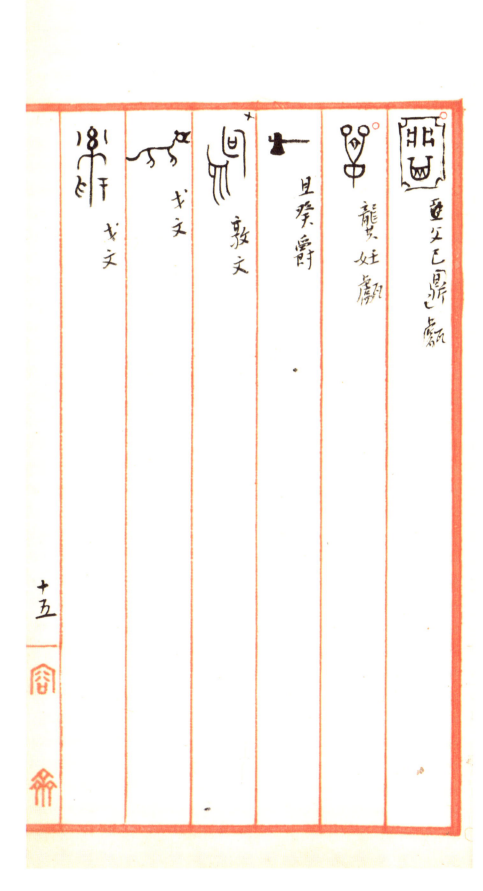

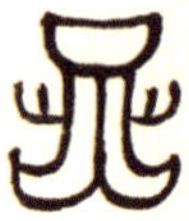

父己爵

[illegible]父辛觶

辛巳彝

太保彝

宸鼎卣

婦女觚

女帚卣

同上

尊文

傳尊末一字

父辛盤

父戊爵

爵文

父癸爵

爵文

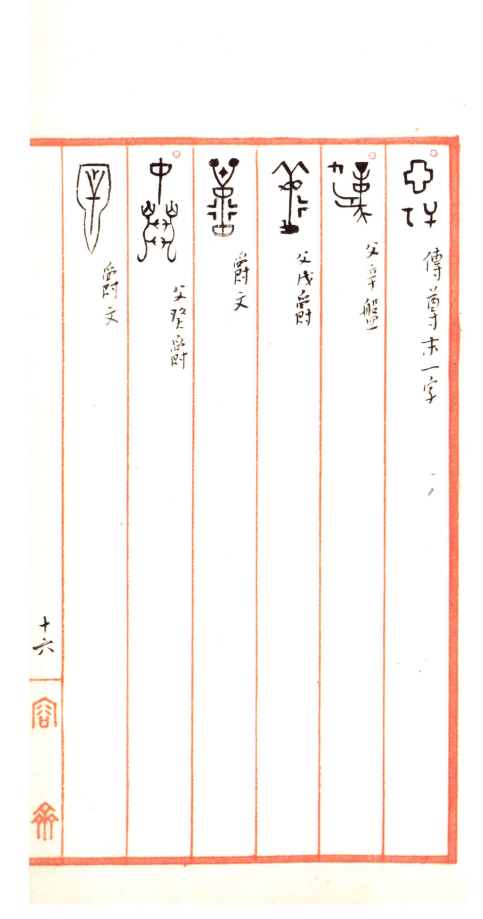

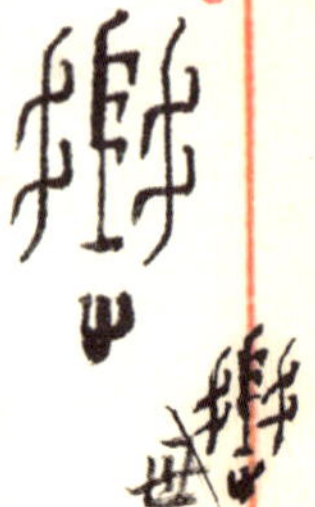

西卣

父乙鼎

同上
者止

乙卣

重附十三

父癸爵

父戊爵

父戊觶

父辛爵

立戈句兵

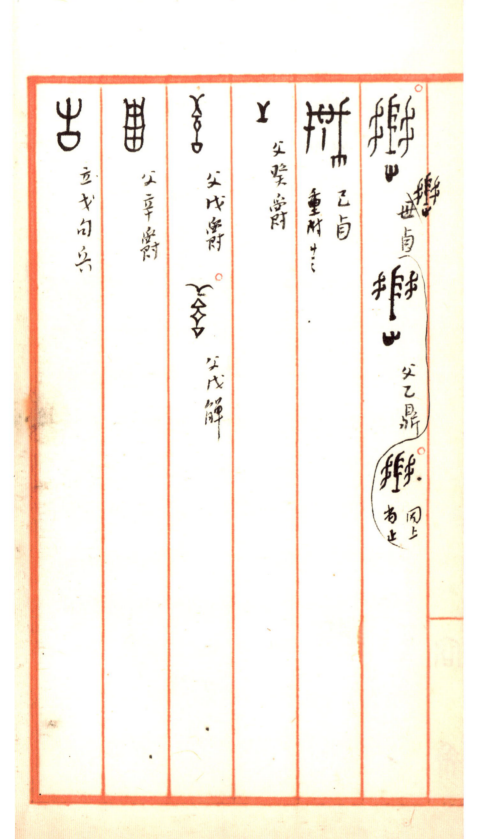

父丙爵　攈二十六

爵文陽識

罕文

子乇爵　罕

父乙爵

亞爵

亞父癸殷

十七

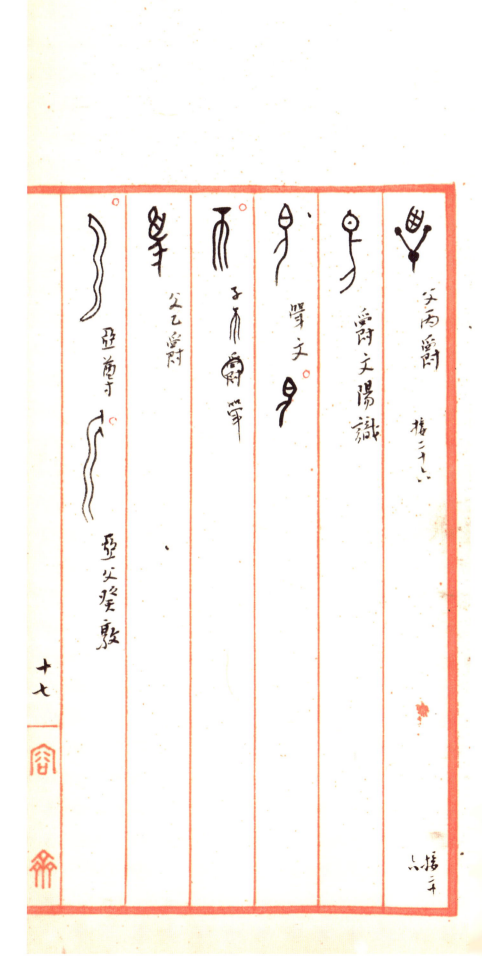

父乙觶

父已尊陳介祺說
雙總角形

亞矍
甲爵

子甲父乙爵

桒父庚尊

格伯敦

周棶生敦

周𡗄壺

周豁簋

周寏匜

齊鎛

仲[illegible]鼎　重二十五

者汈鐘

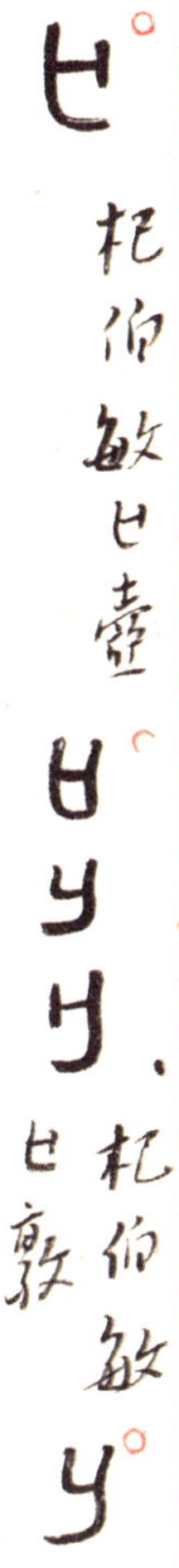

杞伯敏匕壺

杞伯敏匕敦

[illegible]匕筍父甗

叔向敦　孫詒讓釋禹

丁正

[illegible]敦

[illegible]敦

十八

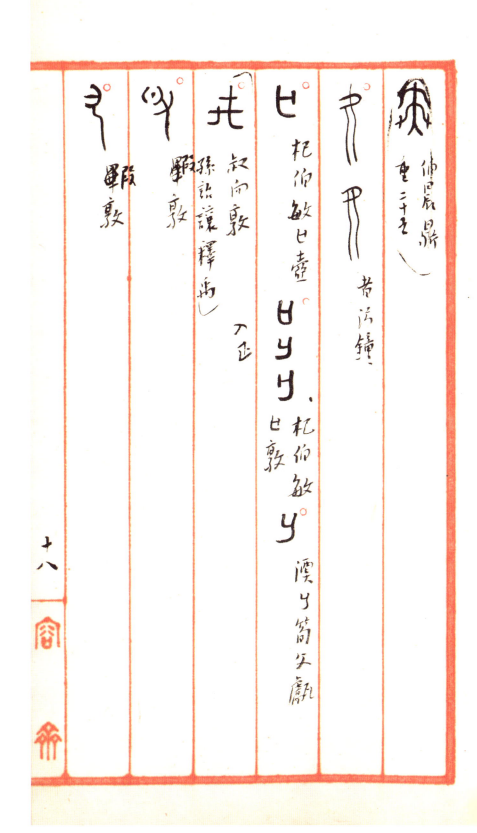

□父乙敦

□敦

伯侯父盤

□□□尊
傳卣

田□旁尊

魯伯愈父作姬□鬲

魯伯愈父簠

邿遣鼎

追叔彝

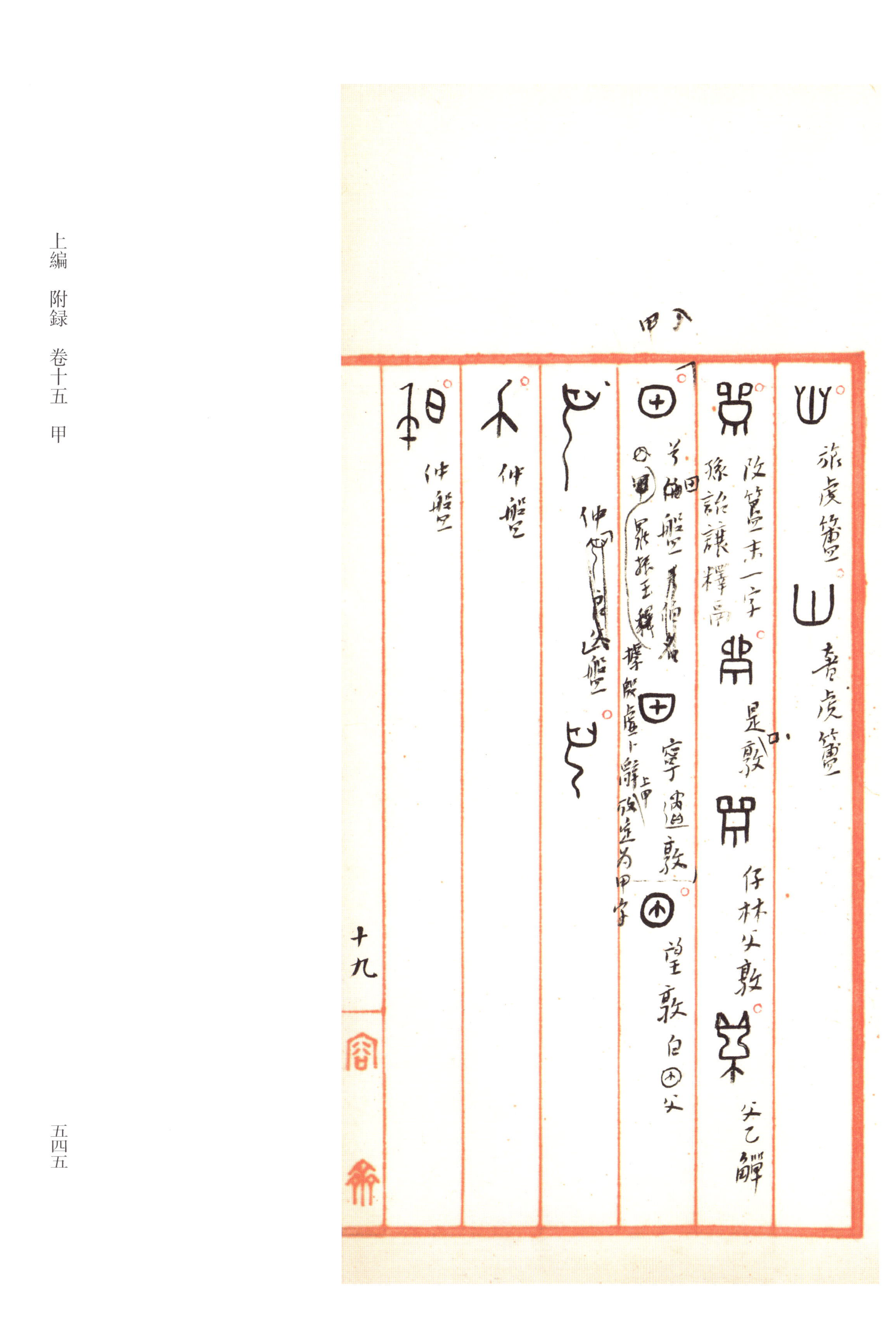

甲

旅虎簠　耆虎簠

攺簋末一字　孫詒讓釋禹　是𣪘　仔林父𣪘　父乙觶

兮伯盤　羅振玉釋　揚伯名　寧𣪘　撲盤盧卜辭攺定爲甲字　望𣪘　白父

仲盤

仲盤

仲盤

十九

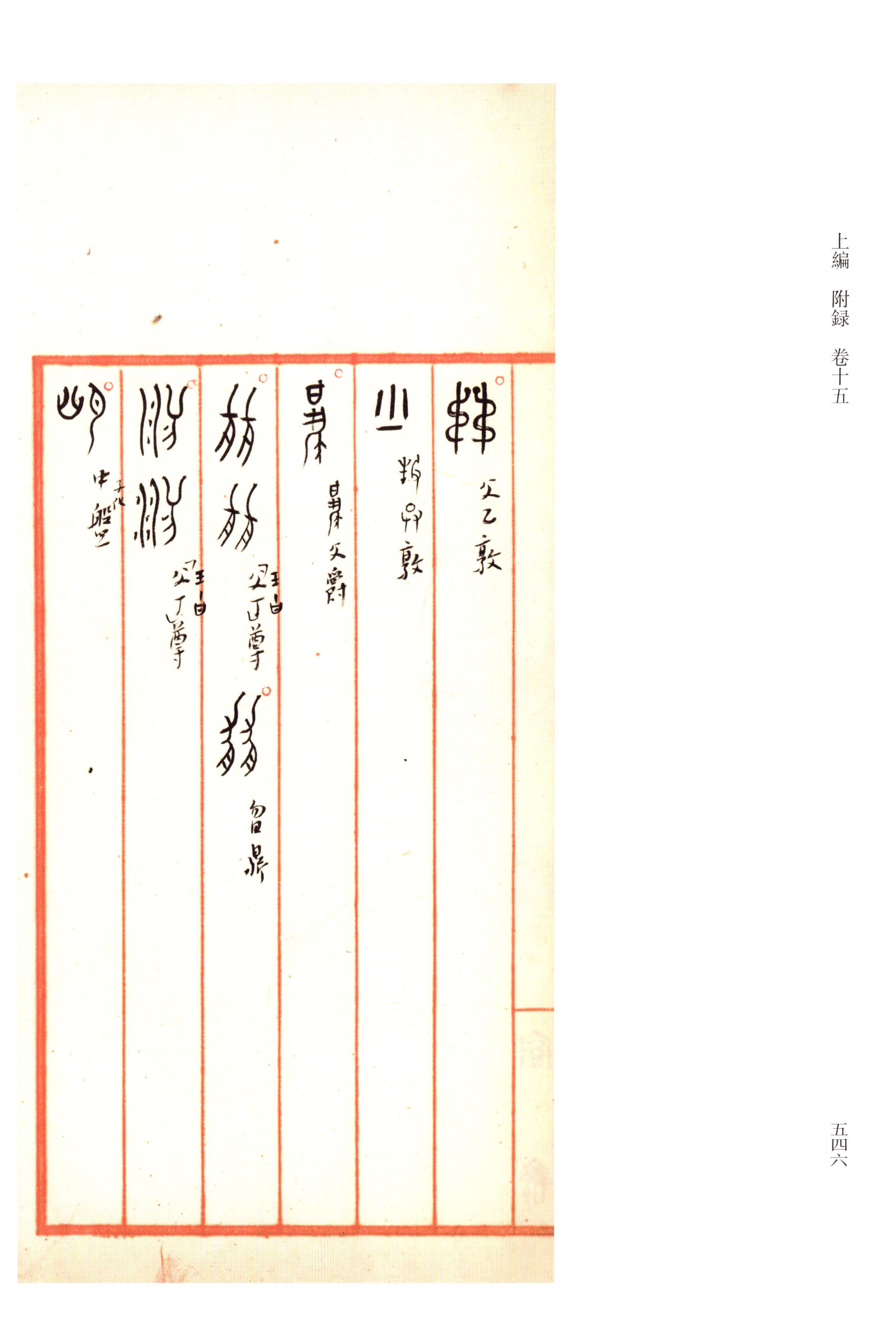

父乙敦

[illegible]彝敦

[illegible]父爵

王白父丁尊

曾鼎

王白父丁尊

中子化盤

乙亥鼎　王賣在□餗

□伯敦　克來先王

龠盉文

邾公牼鐘　□吝為之可世之器其萑宮哉
舊釋聽

公伐郘鼎
世為周冄

公伐郘鐘

師寰敦
入林字

二十

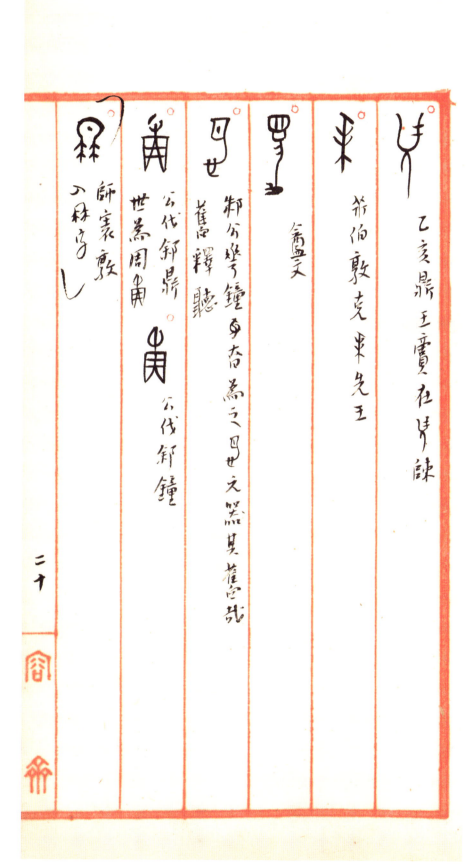

寰盤人名

白者君盤

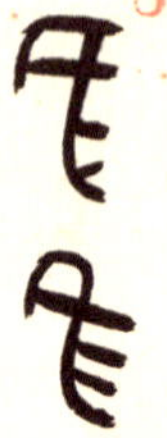
番君鬲

孫寶君鉼

交君子叕簠

番君簠

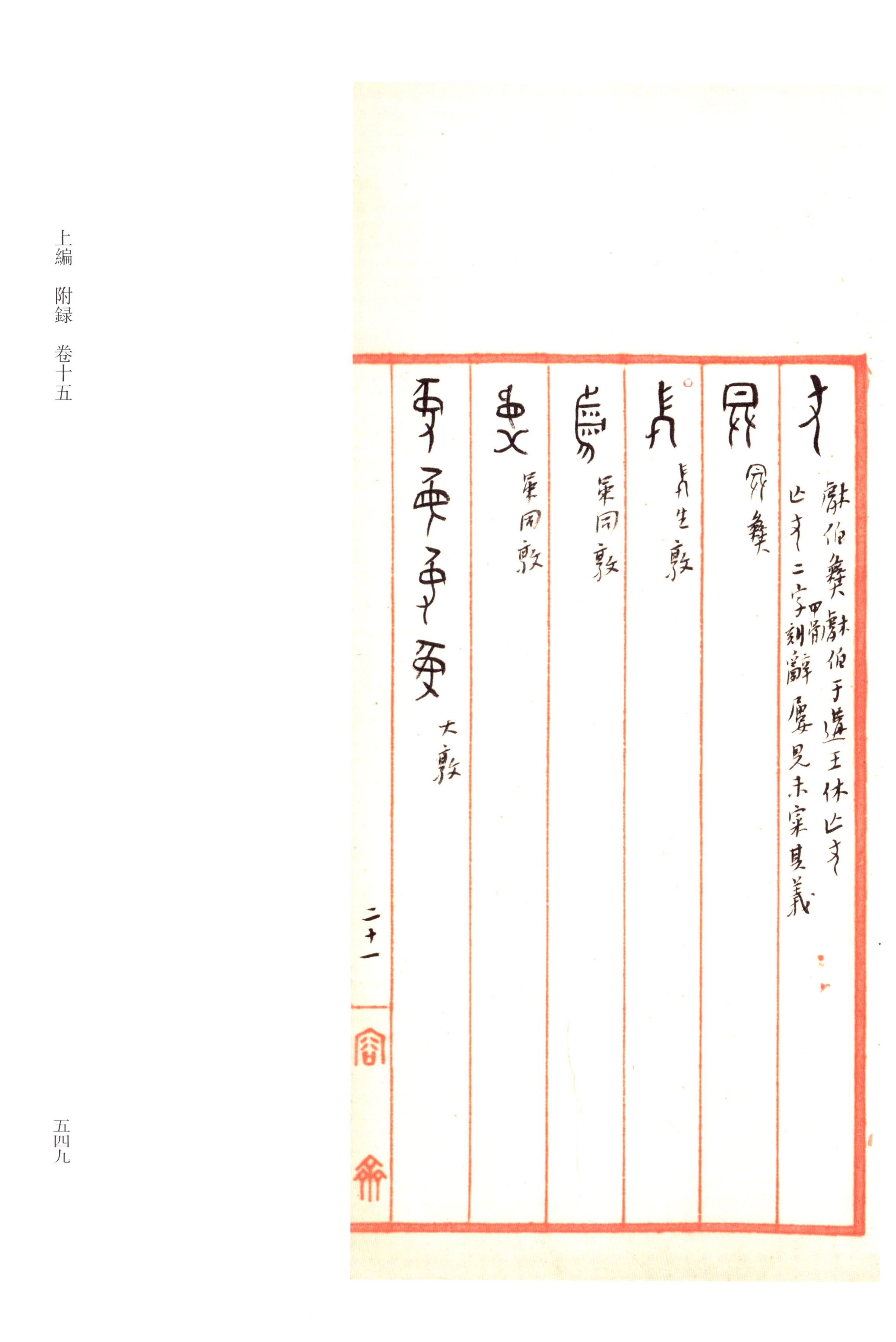

尤　獻伯彝　獻伯于遘王休亡尤

亡尤二字甲骨刻辭屢見未審其義

[illegible]　[illegible]彝

[illegible]　[illegible]生敦

[illegible]　宋同敦

[illegible]　宋同敦

[illegible] [illegible] [illegible] [illegible]　大敦

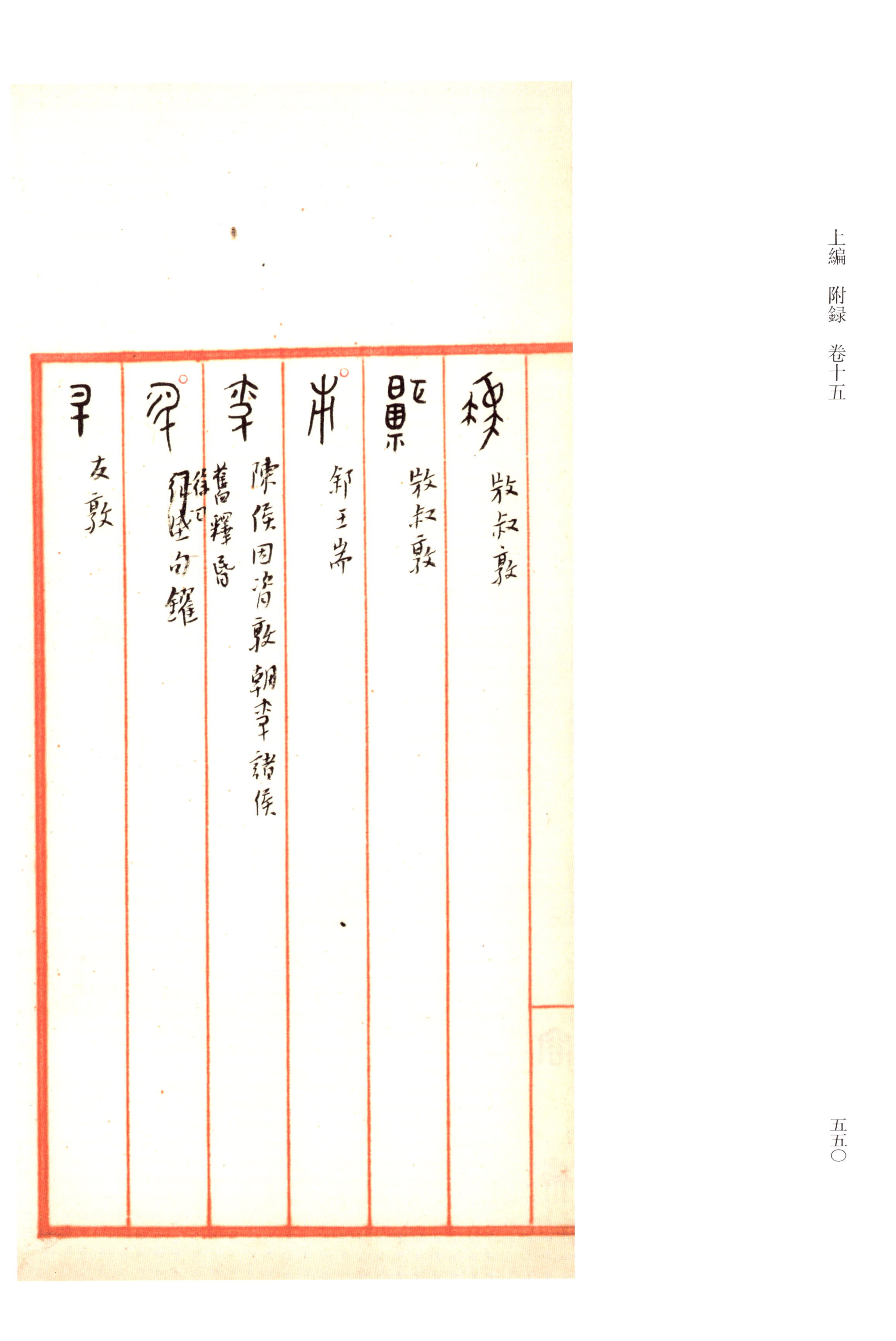

敳叔敦

敳叔敦

邾王耑

陳侯因𬃗敦朝𦎫諸侯

舊釋昏

徐口

徐墜句鑃

友敦

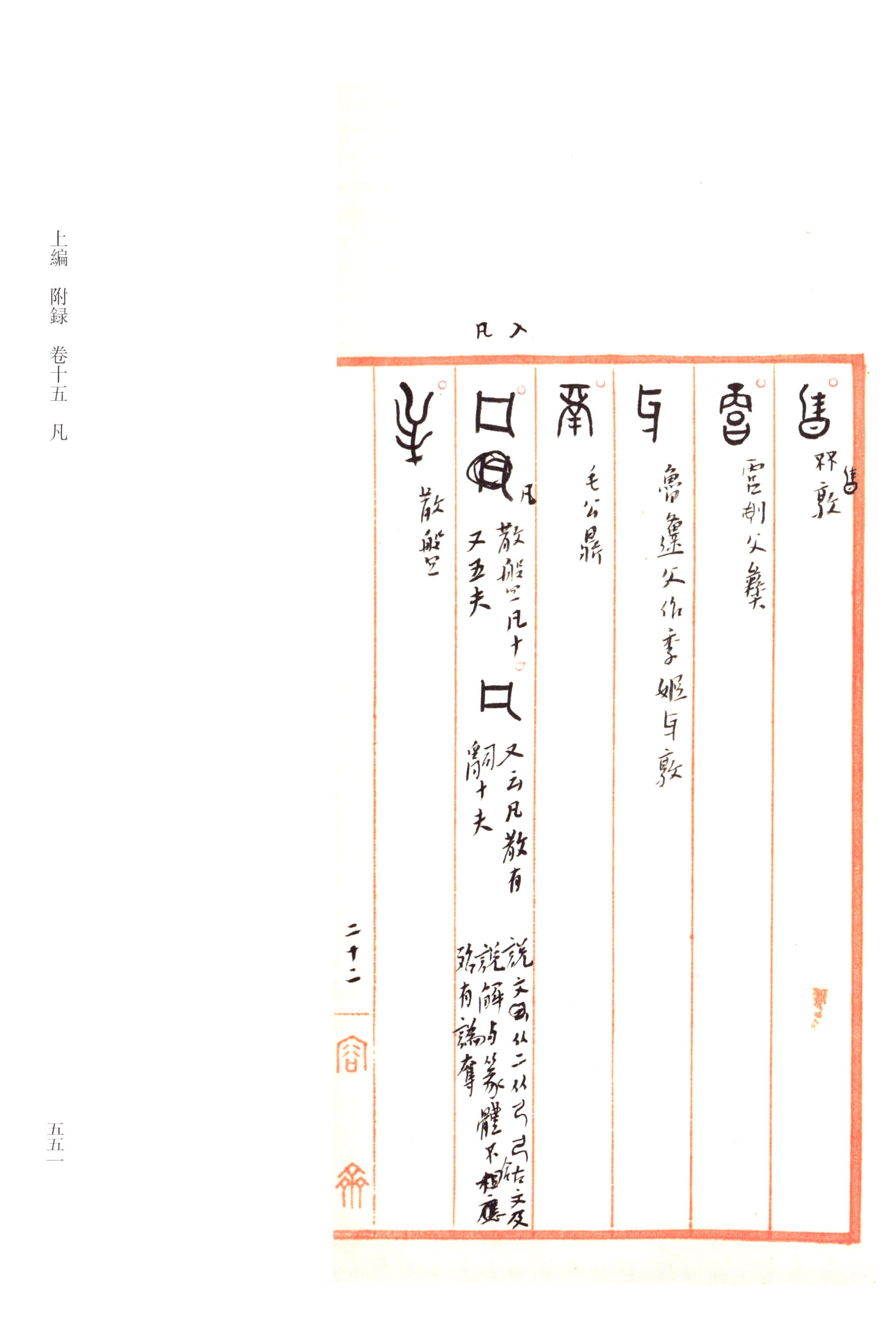

入凡

[illegible] [illegible]敦 [illegible]

[illegible] 霝剌父彝

[illegible] 魯遵父作季姬[illegible]敦

[illegible] 毛公鼎

[illegible] [illegible] 凡 散盤 凡十又五夫

[illegible] 又云凡散有𤔲十夫

說文凡从二从乃乃古文及 說解與篆體不相應 殆有譌奪

[illegible] 散盤

二十二

散盤

周寰鼎

周寰敦

乙亥鼎　吴大澂疑古橐字象矢器在橐形礼樂記倒載干戈包之以虎皮名之曰建橐即此字又象二矛倒垂形

上官鼎

上官鼎

師寰敦

旦敦、

𩫖伯㪤敦

𩫖伯㪤敦

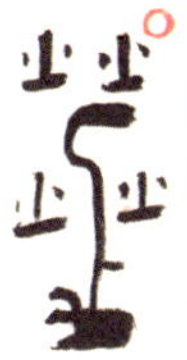

子𤇾觶

子𤇾觶

歸父盤

取盧匜

孫詒讓釋䰛

二十二

公嗇夫[illegible]女壺

陳猷釜

陳猷釜令命左關

父辛鼎

上官登

[illegible]叔匜

　伯[illegible]鼎

　齊侯盤人名

　湯作其[illegible]鼎

　[illegible]王人甗

　匡白

　楚子簠人名

二十四

卯敦

瞿文陽識

瞿文陽識

隰爾禾戈

庇陽戈
右軍禾

司寇二矛
上軍禾

卅三年戈

卅三年戈

㠯寧戈

平陽戈

陳戈

古兵器文右甲之造

鉼金文

戈文

二十五

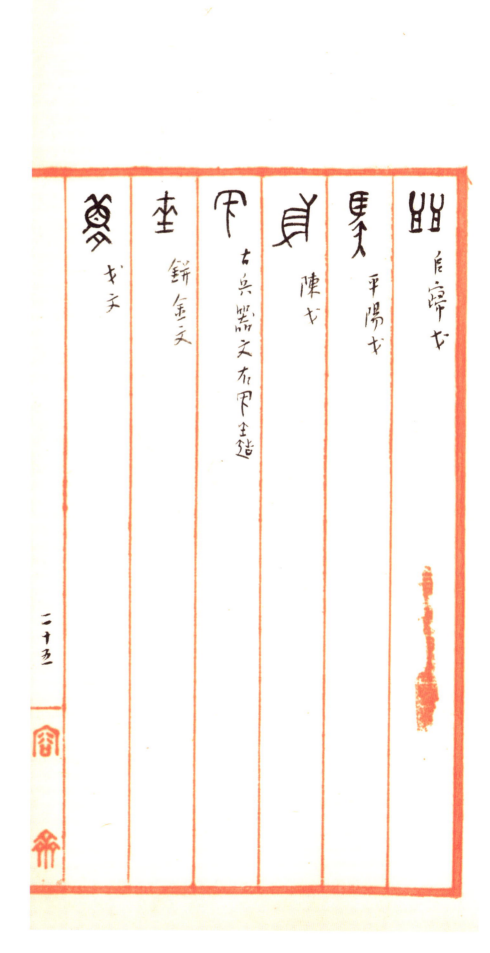

爵文　入畢

舊釋干

伯孝胡簋

邵作父丁彝

且子彝

魯侯角

徐同柏釋褓

接附王

[illegible] 卣文

[illegible] 宁日鼎

[illegible] [illegible]戈尊

[illegible] [illegible]婦壺

[illegible] 觚文

[illegible] 輔侯 [illegible]鼎非[illegible]戈觥胄

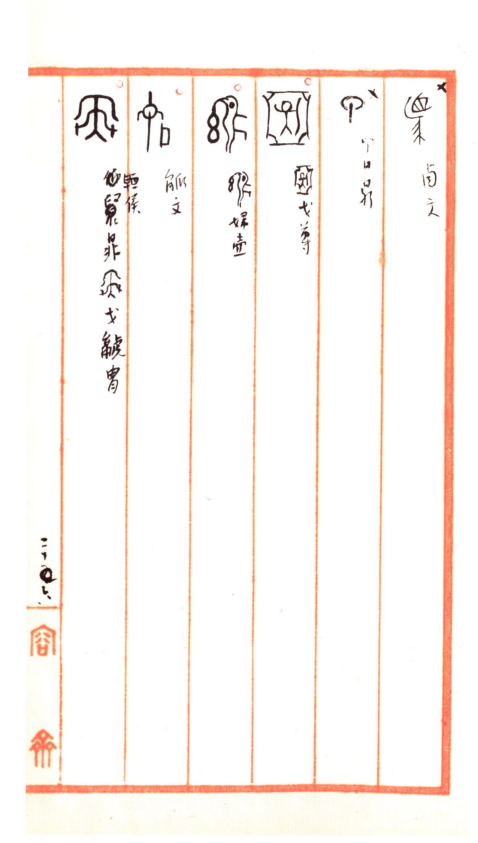

二十四六

校十又

卣文

卣文

卣文

卣蓋文
舊釋日

卣蓋文

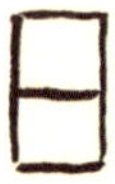

又卣蓋文

又卣蓋文

父癸卣
象刀俎形

無[illegible]卣

[illegible][illegible]卣

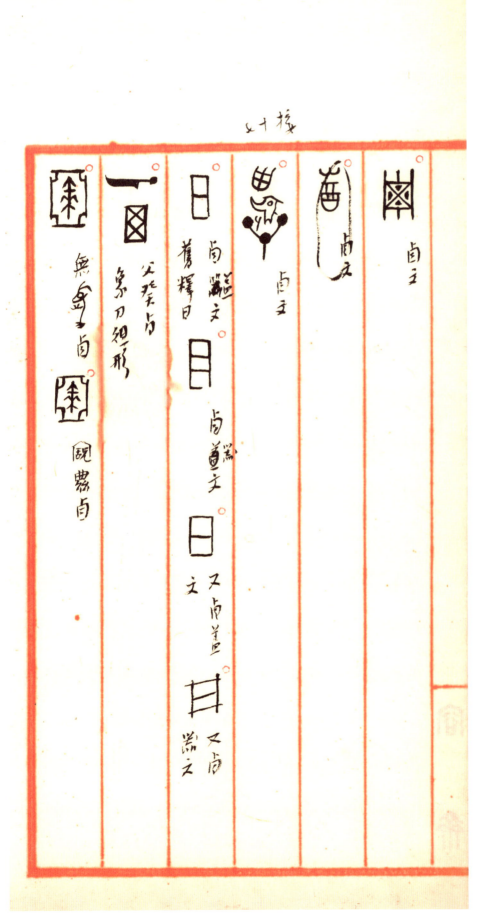

[illegible]卣

剌卣

乙手觚

遽仲觶

父辛觶

魚父丁觶

[illegible]父丁罍

父乙觶

尊文

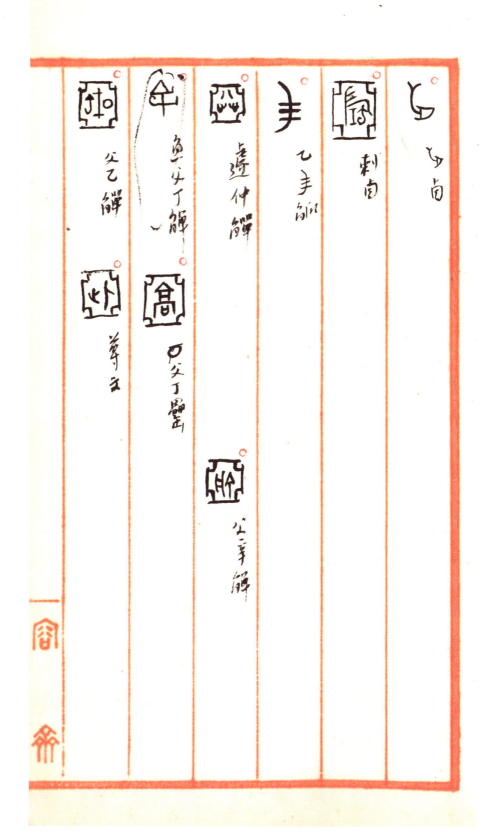

曾侯戈伯鼎

宜敦所錫　小臣宜畫中戈九

女宰尊

陈行戈

附九

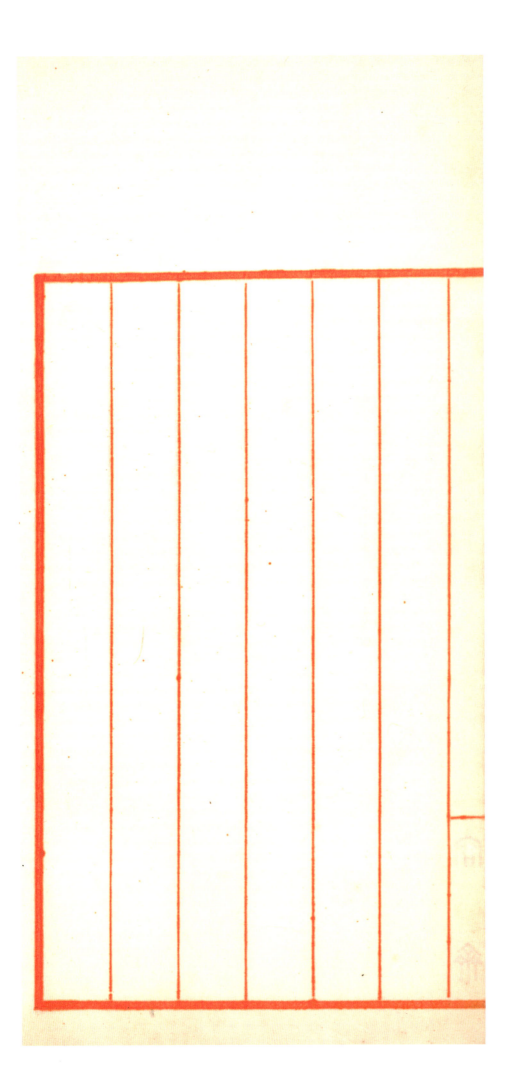

10　25　26

金文編卷一

東莞容庚輯

蓋　蓋　汧鼎　蓋　薔川鼎彝　蓋　張氏鼎彝　蓋　薔大夫鼎彝　蓋　薔川鼎第一　蓋　薔川鼎第廿二

薔　薔　薔川鼎第廿二　薔　臨薔鼎　薔　薔川大子盧

三　三　衞少主鐘　趙日出鐘　三　文史鏄　三　驕鑊　博古

菅　菅　衞少主鼎鐘　菅　菅邑宗鈁

移卷九菅

25　1　20　6　7　11

藍
藍　藍田鼎

元
元　元延乘輿鼎
元　龍淵宮鼎
元　新莽一斤十二兩權
元　長安下領宮鋌
元　元康鐙

蒲
蒲　永始三年乘輿鼎

禄
禄　承安宮鼎
禄　王氏鏡

上
上　熹平六年鍾
上　常樂衛士飯幘
上　上林量
上　上林鼎
上　新郪虎符
上　尚方鏡

王
王　熹平六年鍾
王　王旱畢少郎蔡調
王　新郪虎符
王　王氏鏡

董
董洗

下
長安下領宮鐙
下
中尚方帳構銅
下
新莽量
下
大騩權
下
廿六年詔權量三

神
長安下領宮鐙
神
成山宮渠斗鈄
神
角王巨虛鏡

元
臨虞宮鐙
元
萬歲宮鐙
元
綏和鴈足鐙
元
杜陵東園鐙
元
壽成鼎
元
元延鈁

士
常樂衛士飯幘
士
新郪虎符

皇
常樂衛士飯幘
皇
陽陵虎符
皇
大騩權
皇
兩詔大權二

28 葆
葆 王旱畢少郎葆調
葆 泰山鏡

又9 禁
禁 永始三年乘輿鼎
禁 竟寧雁足鐙
禁 之始鈁

16 中
中 竟寧雁足鐙
中 中尚方鐘
中 南中宮鋗

7 福
福 建昭三年雁足鐙
福 壽成鼎
福 白玉臣壺鏡

13 琅
琅 上林量

22 蕭
蕭 西鄉鈁

禮

禮　之好鈁

荊

荊　之好鈁

帝

帝　新莽量

帝

甲兵虎符

帝

大騩權

帝

廿六年詔權量二

祖

祖　新莽量

天

天　新莽量

天

大騩權

天

廿六年詔版二

天

廿六年詔權 四

天

騶氏鏡

班

班　新莽量

蓋 安成家鼎 蓋 杜鼎 蓋 陶陵鼎 蓋 長安鼎 蓋 陽泉使者舍薰廬

蘭 蘭 蘭宮鐙 蘭 新莽承水槃

苦 苦 苦宮燭定

薰 薰 陽泉使者舍薰廬

元 新莽承水槃 元 句邑權 元 元年詔版一

下 兩詔大權二 下 廿六年詔版二 下 騶氏鏡

14　27　29　四

英

英　吾作鏡長宜未央

史作英

蒙

蒙　王氏鏡

蒙　張氏鏡

草

草　經典借爲艸

泰山鏡

玉

玉　泰山鏡

王　作佳鏡

玉泉

葆

葆　泰山鏡

金文編卷二

東莞容庚撰集

趙　趙　趙曹鐙

趙　信都戈　官行鐙

趙　趙常　樂鈁

趙　五鳳　鐙斗

衞　衞　衞少主日鼎

衞　衞少　主鐘

衞　常樂衞　士飯幘

少　少　衞少主鼎

少　衞少　主鐘

少　常樂衞　士飯幘

少　成山宮　渠鐙

少　荀少　夫鼎

少　廢丘　鼎

半　半　鼎

半　筑陽　宗鋗

半　南陵　鍾

半　廢丘　鼎

半　安成　家鼎

半　菑川太子　壺

36 延 延 元延乘輿鼎 延 臨虞宮鐙 延 萬歲宮鐙 延 元延鈁 延 壽成鼎 延 元延銷

26 造 造 永始二年乘輿鼎 造 綏和雁足鐙 永始三年乘輿鼎 造 元延乘輿鼎 造 長安下領宮鐙 造 臨虞宮鐙

33 律 律 新莽一斤十二兩權 律 新莽量 律 新莽承水槃

34 建 建 新莽一斤十二兩權 建 信都食官行鐙 建 長安下領宮鐙 建 文虖鐙 建 建昭行鐙

83 正 正 新莽一斤十二兩權 正 新莽量 正 陽泉使者舍熏爐 正 新莽承水槃

94 是 是 劉是洗 是 子戭陽鐘

16

吉

吉 蜀郡嚴氏洗

吉 美陽高泉宮鼎

吉 大吉羊壺

吉 大吉羊洗

17

嚴

嚴 蜀郡嚴氏洗

27

連

連 隆慮宗連釘

連 筍陽宗錠

21

歲

歲 萬歲宮鐙

歲 新莽量

歲 光和七年洗

造

造 萬歲宮鐙

造 常樂衛士飯幘

造 成山宮渠斗

造 建昭三年雁足鐙

造 慮俿銅尺

造 上林量

15

和

和 綏和雁足鐙

和 光和七年洗

足

足　綏和雁足鐙

足　竟寧雁足鐙

建

建　常樂衛士飯幘

建　建昭三年雁足鐙

建　慮俿銅尺

建　南陵鐘

建　建新莽量

建　壽成鼎

尚

尚　中尚方帳構銅

尚　中尚方鐘

尚　尚方銅器

櫱

櫱　成山宮渠斗

行

行　建昭行鐙

行　池陽宮鐙

行　新郪虎符

行　尚浴府行鐙

後

後　建昭三年雁足鐙

後　二年酒鎗

後　大駿樓

後　兩詔橢量二

後　王氏鏡

1
小　小　筑陽宗錠

4
分　分　筑陽宗錠
分　大官造鞍　[illegible]

3
十四　接前
八　八　虛[illegible]銅尺
八　南陵鍾
八
八　元延　[illegible]

84
御　御　南陵鍾

造　南陵鍾
造　元始　鈁
造　長楊鼎　十字
造
造　[illegible]　鼎
造　上林　鼎
造　綏和鋗

29
德　德　新嘉量
德　大騩　[illegible]
德　兩詔　橢量
德　元年　詔版　九
德　美陽　[illegible]

14 命
命　新莽量
命　吾作镜

19 歬
歬从刀　新莽量
前　桂宫鐙

25 遵
遵　新莽量

8 犛
犛　犛車宮鼎

11 名
名　犛車宮鼎
名　美陽高泉宮鼎
名　杜鼎

13 君
君　弔中君鍴
君　吾作镜
君　張氏镜

6　22　28

公　公 紹和鏡　公 張氏鏡

造　元延鋗　造 二年酒鋗　造 十六白甓　造 陽泉使者舍薰鑪　造 光和七年洗

造　大官造[illegible]　造 桂宮鐙

得　得 二年酒鋗　得 騶氏鏡　得 熹平三年鏡

建　新莽承小槃

遠　遠 大騩[illegible]　遠 兩詔精量　遠 元年詔版　遠 元年詔版

嗣
嗣　大騩權
嗣　元年詔版九

此
此　大騩權
此　兩詔橢量二
此　兩詔橢量三

吾
吾　吾作鏡

少
少　吾作鏡
少　桂宮鐙

復
復　王氏鏡
復　騶氏鏡
復　張氏鏡

告
告　騶氏鏡

後

騶氏鏡

後

泰山鏡

正

嘉平三年鏡

延

嘉平三年鏡

步

步

步高宮鏡

金文編卷三

東莞容庚譔集

14

譙　譙　譙鼎

13

共　長楊鼎

共　汧鼎

共　頻鼎

共　藍田鼎

共　上林量

共　長楊鼎

十字

1

十　十　趙□鐘　苐十三鼎

十　菑川鼎

十　慮俿銅尺

十　杜鼎

十　陶陵鼎

十　驕□　博局

6

卌　卌　衛少主鍾　藍田鼎

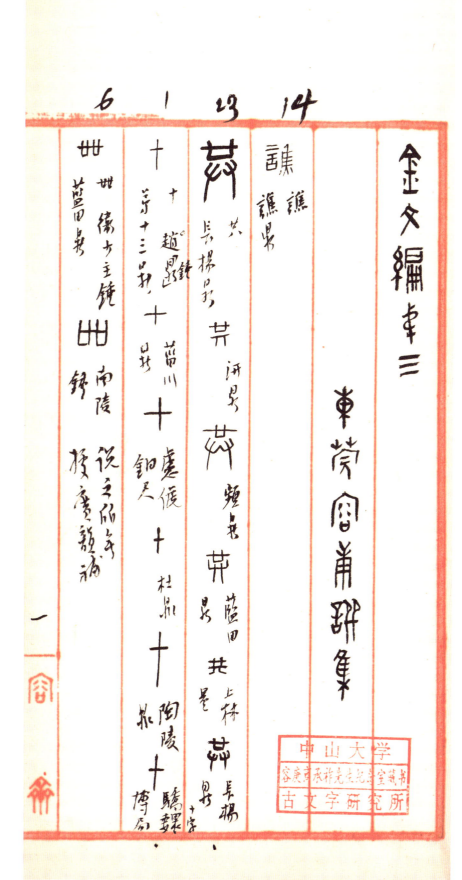

卌　南陵鍾　說文所無　楊廣韻補

16 護
護 永始二年乘輿鼎
護 元延乘輿鼎
護 元康鐙
護 綏和鴈足鐙
護 竟寧鴈足鐙

25 博
博 永始二年乘輿鼎
博 綏和鴈足鐙
建昭三年鴈足鐙

33 臣
臣 永始三年乘輿鼎
臣 臣 臣 臣 同上

28 右
右 永始二年乘輿鼎
右 永始三年乘輿鼎
右 元延乘輿鼎
右 元康鐙
右 臨虞宮鐙

21 丞
丞 永始二年乘輿鼎
丞 元康鐙
丞 綏和鴈足鐙
丞 竟寧鴈足鐙
丞 元始鈁

7

世

世 承安宮鼎

世 承安宮鐙

世 吾作鏡

世 騶氏鏡

11

計

計 熹平六年鍾

26

爲

爲 熹平六年鍾

爲 綏和雁足鐙

爲 竟寧雁足鐙

爲 建昭三年雁足鐙

爲 壽成鼎

20

奉

奉 熹平六年鍾

32 4

廿

廿 平都主家鍾

廿 菑川鼎 第廿二

廿 [illegible][illegible]大 騶鏡

29

友

友 元康鐙

31　28　12　丈　17　36

史
史　昭虞宮鐙
史　新嵗宮鐙
史　成山宮渠鉼
史　長安鼎

右
右　新嵗宮鐙
右　成山宮渠鉼
右　甲午陽陵竟符
右　郭氏鏡

調
調　王昌畢少郎葆調

丈
丈　中尚方帳構銅

竟
竟　竟寧雁足鐙
竟　王氏鏡　朱鳥鏡
竟　張氏鏡
竟　三羊鏡
竟　尚方鏡

寺
寺　竟寧雁足鐙
寺　永光鐙

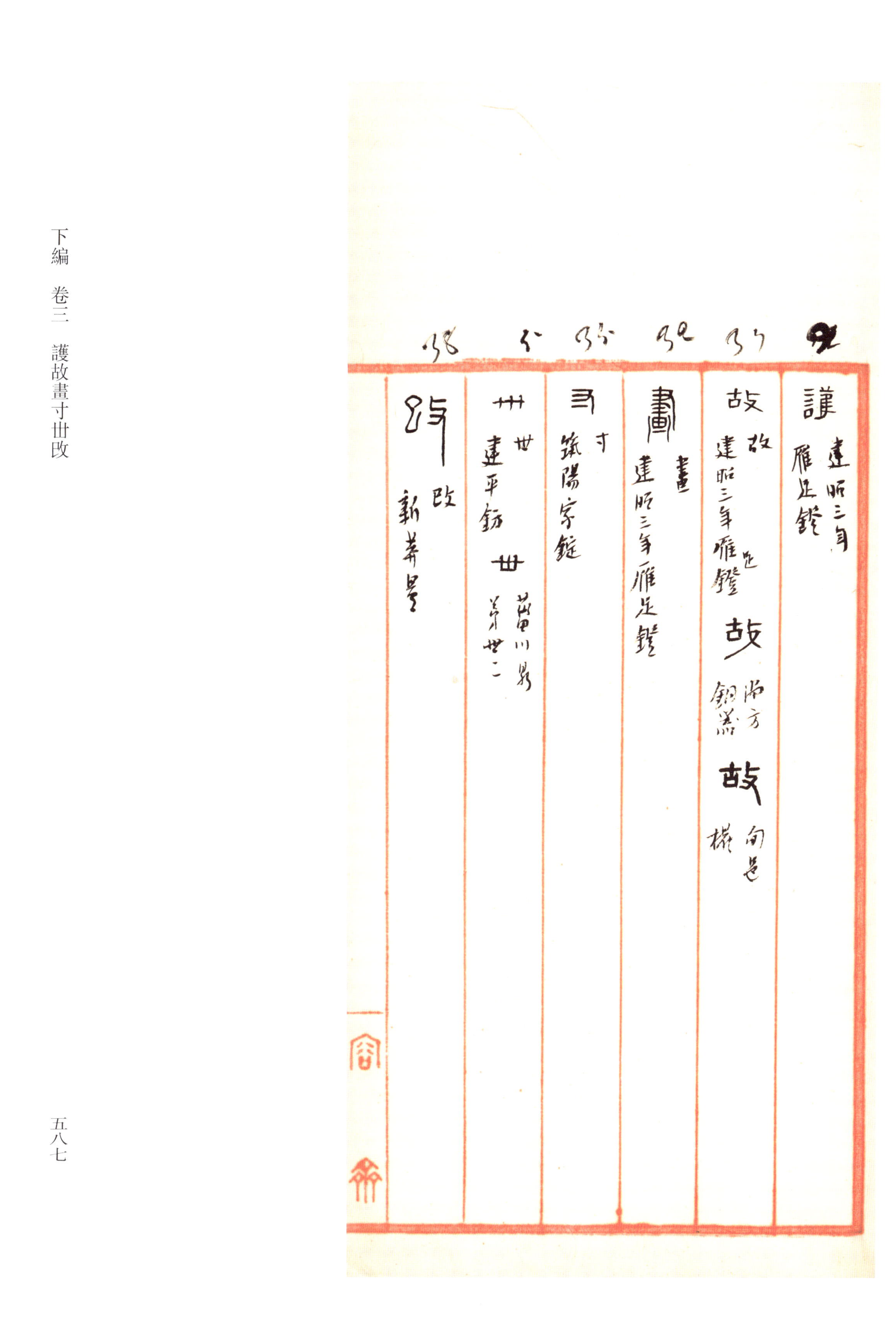

謹　建昭三年雁足鐙

故　故　建昭三年雁足鐙

故　南方銅器

故　句邑權

畫　畫　建昭三年雁足鐙

寸　寸　筑陽家鐙

丗　丗　建平鈁

丗　萬川鼎 弟丗二

改　改　新莽量

30

度

度　新莽量

度　元年詔版

32

共

共　[illegible]鼎

共　杜鼎

共　同上

共　陶陵鼎

共　安陵鼎

共　平陽甗

千

千　日入八千壺

10

信

信　陽信家銗鏤

18

章

章　二年酒鋗

章　黃羊鐙

39

貞

貞　二年酒鋗

九張接

丞
陽泉使者舍薰鑪
丞 大騩權
丞 廿六年詔權量
丞 廿六年詔版
丞 廿六年詔權

譱
善 陽泉使者舍薰鑪

用
用 大吉羊洗
用 新郪虎符

兵
兵 陽陵虎符 甲兵之符

諸
諸 大騩權
諸 廿六年詔版

爲
大騩權
爲 廿六年詔權量
爲 廿六年詔版
爲 兩詔大權
爲 廿六年詔版

27 34 2 24 25

爲

兩詔橢量　爲　泰山鏡

鞅

鞅　大良造鞅方量

興

興　新郪虎符

新郪虎符　五十合文

殹

殹　新郪虎符

孰

孰　騶氏鏡

9 詳 白玉蟾鏡 白玉蟾碑 不詳作祥

40 䀁 兆首下 京兆學據

17 譚

16 詔

269

金文編卷三

東莞容庚撰集

雔 雔 雔鼎 雔 雔鼎

百 百 雔鼎 百 衛𣪘 主鍾 百 杜鼎 百 上林鼎

省 省 永始二年乘輿鼎 省 元延乘輿鼎 省 新汾宮鼎 省 元康鐙 省 昭臺宮鐙

省 萬歲宮鐙 省 綏和雁足鐙 省 竟寧雁足鐙 省 建昭三年竟寧雁足鐙 省 元始鈁 省 元延鈁

一

放

放　元延乘輿鼎

翔

翔　熹平六年鍾

制

制　新莽卌一斤十二兩權

制　新莽承水槃

制　大騩權

制　元年詔版

利

利　蜀郡嚴氏洗

利　日利壺

利　王氏鏡

解

解　臨虞宮鐙

解　萬歲宮鐙

者

者　綏和雁足鐙

者　竟寧雁足鐙

者　同上

者　建昭三年雁足鐙

者　壽成鼎

28　1　22　26　24　8

鴈　雁　綏和雁足鐙　鴈　竟寧雁足鐙　鴈　建昭三年雁足鐙

相　相　綏和雁足鐙　相　建昭三年雁足鐙　相　大騶　栘　相　廿六年詔權三　相　廿六年詔版二

䑳　䑳入般　元康雁足鐙

受　受　竟寧雁足鐙　受　上林量　受　新嘉量　受　安陵鼎　受　建平三年鐙　延年益壽　作受

初　初　慮俿銅尺　初　新嘉量　初　尚浴府行鐙

雒　雒　雒陽武庫鍾　雒　陽泉使者舍薰鑪　雒　雒陽　勺

集　集　新莽量

衡　衡　新莽量

衡　新莽承水槃

美　美　美陽高泉宮鼎

美　美陽鼎

美　美陽權

省　壽成鼎

省　長安鼎

者　雲陽鼎

者　陽泉使者舍熏爐

者　句邑權

者　廿六年詔版

者　元年詔版

者　桂宮鐙

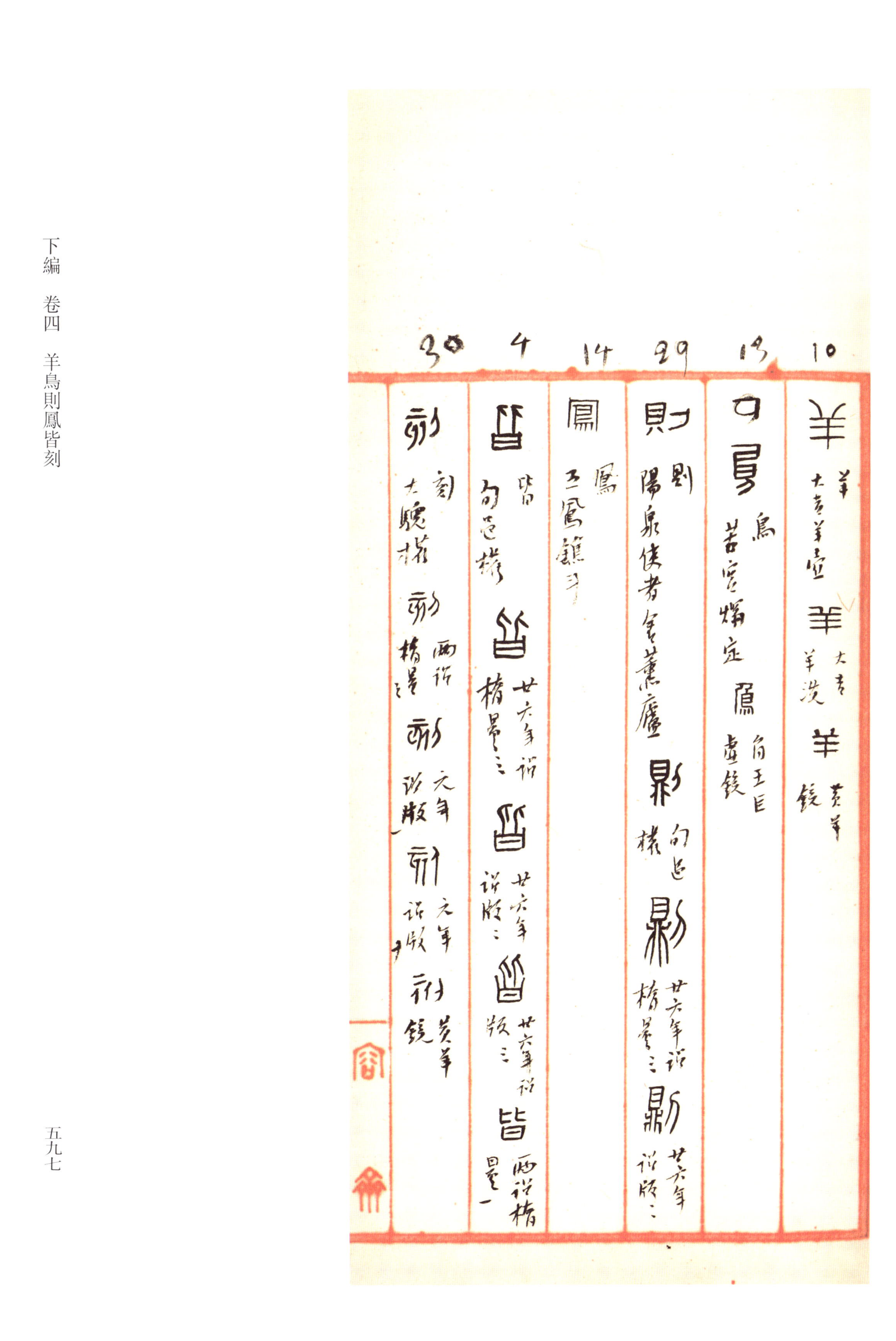

10
羊
大吉羊壺
大吉羊洗
黃羊鐙

13
烏
苦宮鐙錠
自王巨盧鐙

29
則
陽泉使者舍熏廬
句邑權
廿六年詔權量三
廿六年詔版二

14
鳳
五鳳鐎斗

4
皆
句邑權
廿六年詔權量三
廿六年詔版二
廿六年詔版三
兩詔權量一

30
刻
大騩權
兩詔權量二
元年詔版一
元年詔版十
黃羊鐙

21　15　16

焉　焉　大騩權

焉　兩詔橢量

焉　兩詔橢量二

說文烏省

於　於　大騩權

於　兩詔橢量二

於　元年詔版二

爰　爰　大良造鞅方量

相　廿六年詔版三　塞

相　顯長相思鏡

相　常樂未央鏡

則　廿六年詔權　匋三

則　廿六年詔橢量　匋四

23 叡
叡 新郪虎符

25 胡
胡 王氏鏡

24 㐱
㐱 王氏鏡

17 自
自 新氏鏡

20 敫
敫 尚方鏡

32 角
角 角王巨虚鏡

18　[illegible]　28　17

玄

玄　角王巨虛鏡

受

角王巨虛鏡

前

前備蒍嵩　新莽量省寸重文

畢

金文編卷五

東莞容庚撰

弟 弟 弟十三日形 弟 毛詩周南正義楊士勛穀梁隱公疏引說文有弟字从竹弟聲蓋所弟之或體故附

弟 甲戌洗 弟 苗川鼎弟廿二 弟 趙明鐘 弟 永始二年乘輿鼎 弟 承安宮鼎 弟 衛少主鐘

弟 平都主家鐘 弟 曲成家錠 弟 隆慮家連釘 弟 南陵鐘 弟 安成家鼎 弟 陶陵鼎

主 主 衛少主鼎鐘 主 永始二年乘輿鼎 主 元始鈁 主 十六年鍪 主 尚王臣鏡

一

17　46　8　50　92

今　今 類昇　今 建昭三年雁足鐙　今 向匜 楷

乘　乘 永始三年乘輿鼎　乘 永始三年乘輿鼎　乘 南陵鍾

工　工 永始二年乘輿鼎 臨虞宮鐙　工 萬歲宮鐙

佐　左 从人 徐鉉曰今俗別作佐 永始二年乘輿鼎　佐 成山宮渠斗　佐 池陽宮鐙　佐 建昭三年雁足鐙　佐 元始鈁

嗇　嗇 永始二年乘輿鼎　嗇 永始三年乘輿鼎 竟寧雁足鐙　嗇 元延乘輿鼎　嗇 元康鐙　嗇 陽泉使者舍薰鑪

彭　彭 永始三年乘輿鼎

19　16　38　18　30　40

豐
豐　元延乘輿鼎

平
平　壺平六年鐘
平　平都主家鐘
平　元康鐙
平　建昭三年雁足鐙
平　南陵鐘
平　平陽子家鈁

侯
侯　土軍侯燭豆
侯　史侯家染桮
侯　扶侯鐘
侯　上[illegible]
侯　廿六年詔橢量三

豆
豆　土軍侯燭豆

食
食　信都食官行鐙
食　杜宣鼎
食　王氏鏡
食　張氏鏡
食　泰山鏡

高
高　長安下領宮鐙
高　臨虞宮鐙
高　步高宮鐙

10　13　2　17　20　29

㲻
㲻　長安下領宮鐙
㲻　成山宮渠斗

虞
虞　臨虞宮鐙
虞　池陽宮鐙

内
内　綏和鴈足鐙
内　成山宮渠斗
内　陽泉使者舍熏爐
内　桂宮鐙

等
等　成山宮渠斗

寧
寧　竟寧鴈足鐙

甘
甘　池陽宮鐙
甘　永安宮鐙

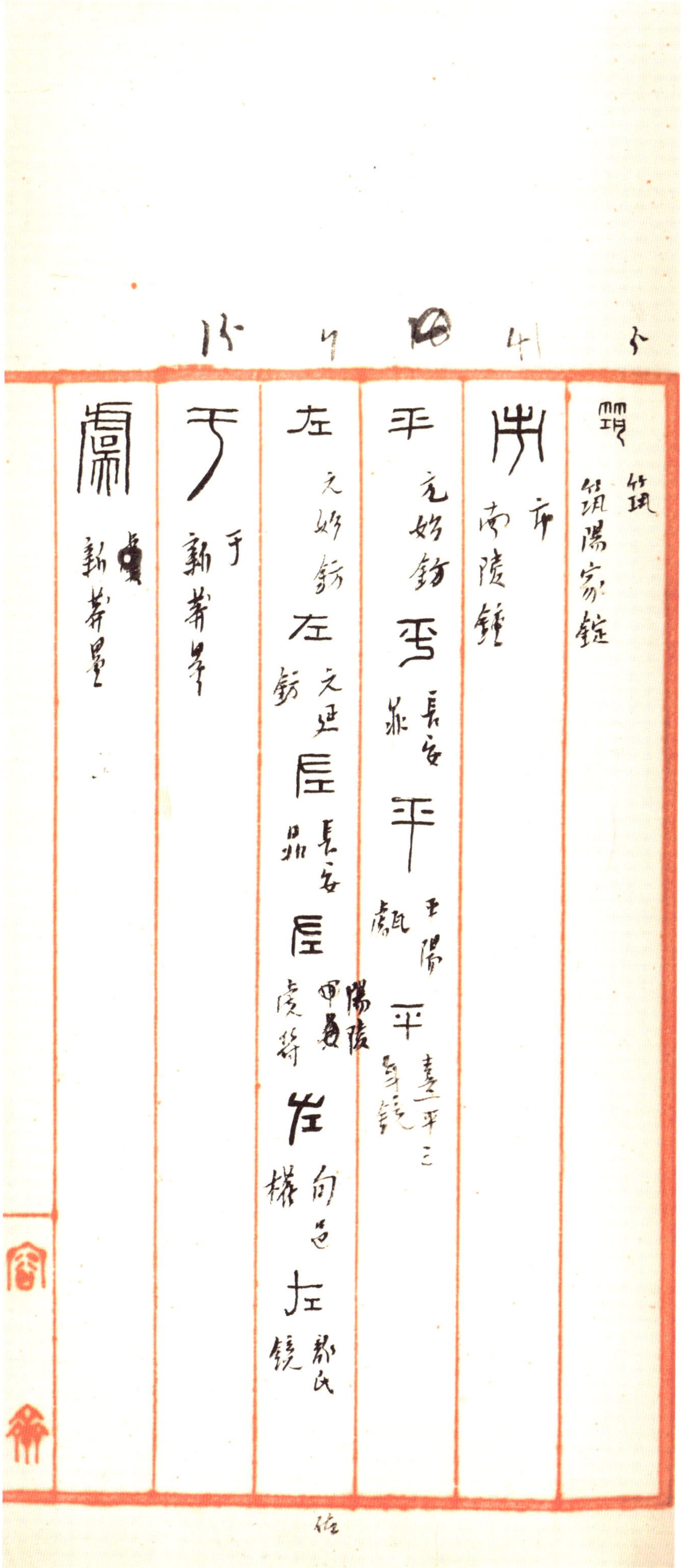

筑　筑陽家鋌

市　南陵鍾

平　元始鈁

平　長安鼎

平　上陽鼎

平　壽平三鏡

左　元始鈁

左　元延鈁

左　長安鼎

左　陽陵虎符

左　向邑

左　鄒氏鏡

于　新莽量

虞　新莽量

號 新莽量
大騩權
廿六年詔權量二

即 新莽量

亯 新莽量

笥 箭方夫鼎

弟 杜鼎
上林鼎
壽成鼎
黃山鐙
元延鈁

曰 杜鼎

會 會 新郪虎符

合 合 上林鼎

合 陶陵鼎

餐 餐 仁粲仁食 雲陽鼎

華 華 安陵鼎

巨 巨 巨 孔鍾

入 入 呂[illegible]入八千壹

佐 二年 酒銷

23　39　43　33　42　9

盧

盧　熏盧

蔡子□為鑪

盧

莒川大子盧

舍

舍　陽泉使者舍熏盧

良

良　五鳳鐎斗

倉

倉　陽口倉鼎

倉

角王巨虛鏡　倉龍白虎

央

央　長年未央鈁

央

尚浴府　昭明鏡

符

符　陽陵虎符

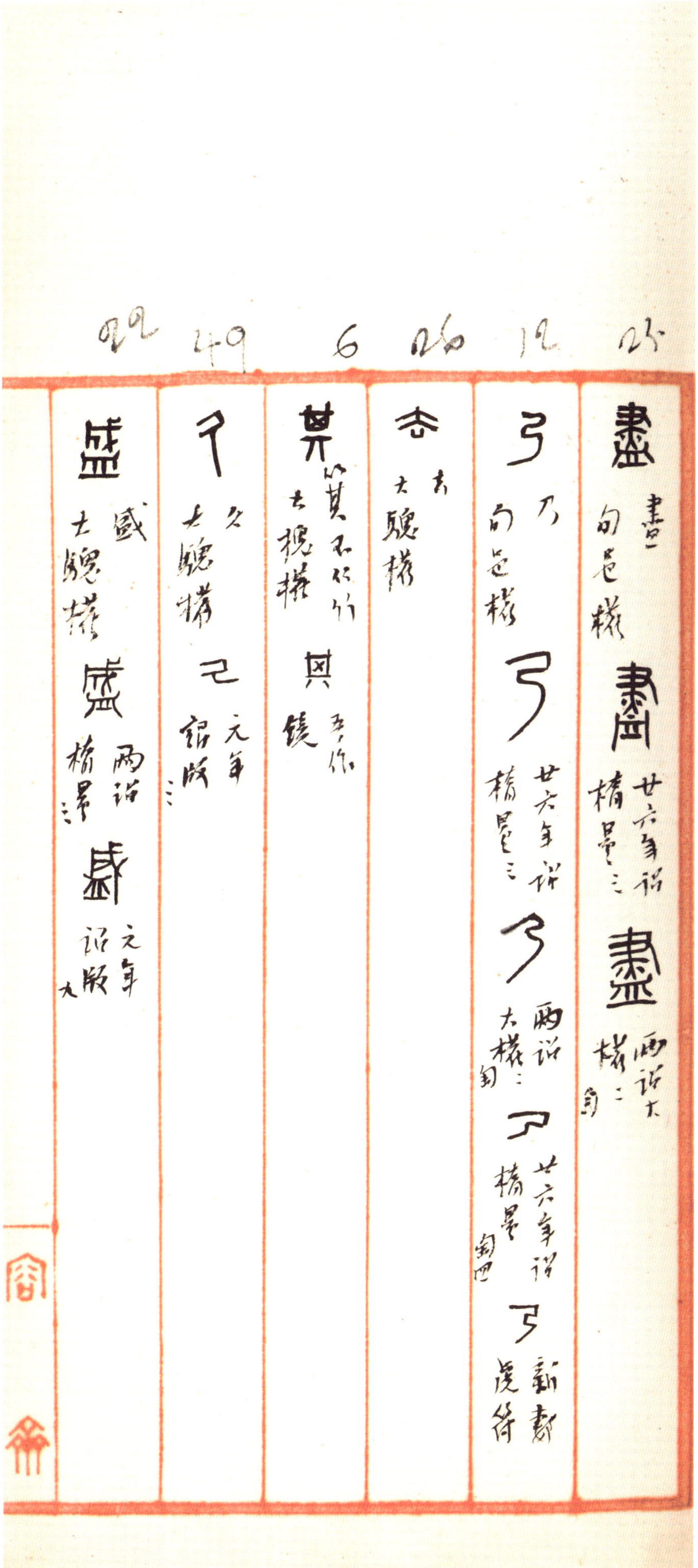
25 12 26 6 49 22
盡
匋邑楼
廿六年詔 權量三
兩詔大 楼二 匋
乃
匋邑楼
廿六年詔 權量三
兩詔 大楼二 匋
廿六年詔 權量
新郪 虎符
去
大騩權
箕
以其不从竹
大騩權
其作
鏡
久
大騩權
元年 詔版三
盛
大騩權
兩詔 權量三
元年 詔版 大

又一　14　4　47

侯　廿六年詔版二

來　來　大良造鞅方量

管　管　漢人从竹之字多變作从艸　漢碑有誤也　北海相景君銘管
筦　管　武梁祠畫象題字作管可證也
樓艸部

央　央　常樂未央鏡
央　鏡　三羊
央　身鏡　嘉平三
央　盧鏡　尚王巨

兮　兮　壽如金石鏡
兮　吾作鏡
兮　鏡　王氏
兮　鏡　騶氏
兮　鏡　張氏

節　節　騶氏鏡
節　鏡　張氏

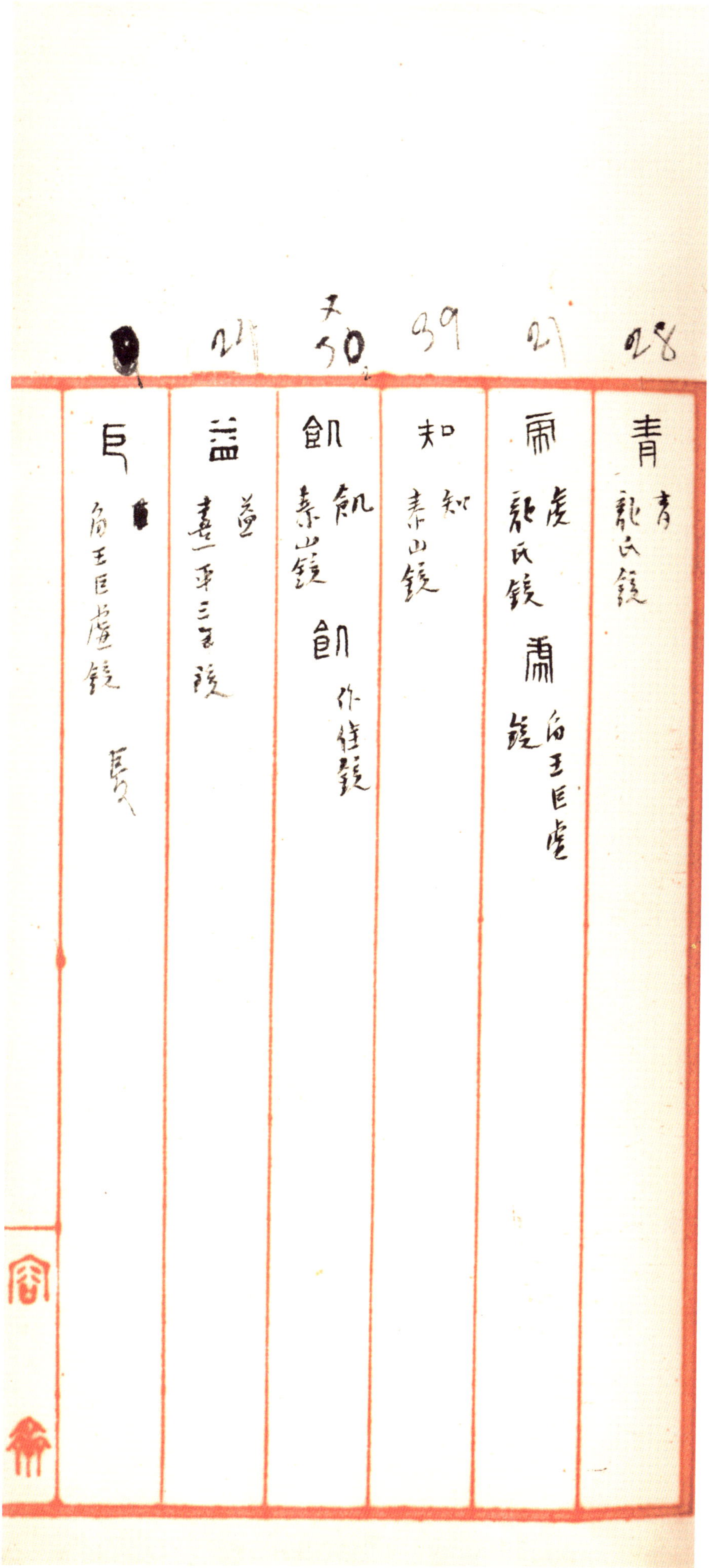
青 龍氏鏡
虎 龍氏鏡
角王巨虛
知 泰山鏡
飢 泰山鏡
作佳鏡
角王巨虛鏡

43

主

主　為王臣虚錢

京

京　京兆營樓

賓

40

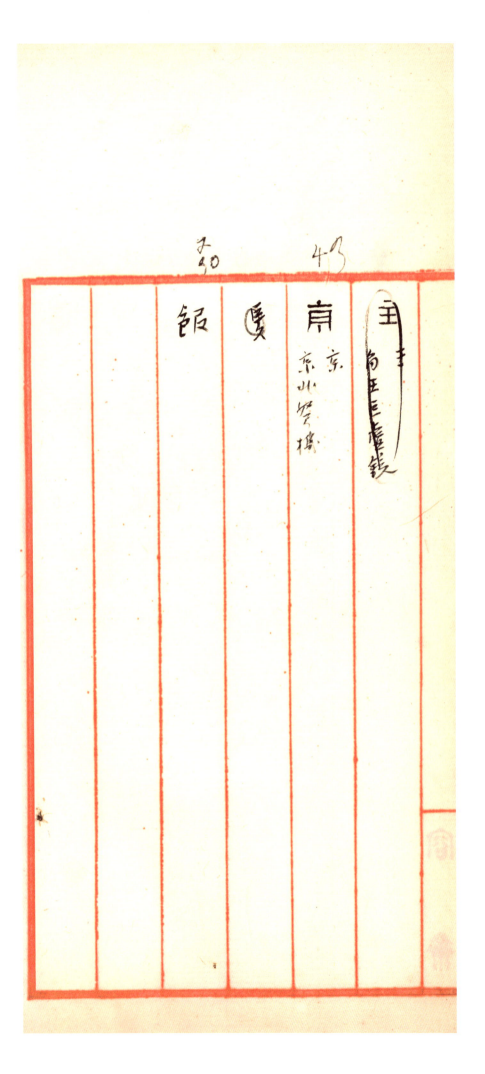

館

金文編弟六

東莞容庚編集

29 贅

贅 贅鼎

2 楊

楊 長楊鼎

楊 長楊鼎

十字

13 林

林 永始二年乘輿鼎

林 上林量

上林鼎

27 槤

槤 嘉平六年鐘

一

容庚

國

國 嘉平六年鍾

國 新莽一斤十二兩權

國 常樂衛士飯幘

國 新莽量

國 新莽承水槃

邑

邑 惠平衛少主鍾

邑 池陽宮鐙

邑 萑邑家鋗

邑 句邑權

都

都 平都主家鍾

樂

樂 樂仲洗

樂 常樂衛士飯幘

樂 雒陽武庫鍾

樂 趙常樂鈁

樂 常樂未央鏡

郡

郡 蜀郡嚴氏洗

郡 孝文廟甗鍑

枚

枚 信都食官行鐙

枚 元延鋗

21 22 33 6 1 24

賢
賢 賢 文康鐙
賢 臨虞宮鐙
賢 萊歲宮鈁
賢 陽泉使者舍熏盧

賀
賀 賀 綏和雁足鐙
賀 王氏鏡

郎
郎 郎 王昌羊墨少郎崔錭

構
構 構 中尚方帳構銅

杜
杜 杜 成山宮渠鐙
杜 杜陵東園鐘
杜 杜陽鼎
杜 杜鼎

賞
賞 賞 成山宮渠鐙
賞 竟寧雁足鐙

18

南

南　成山宮渠鈄

南

南陵鍾

南

南中君鋗

棗

棗　棗泉鋗

25

賜

賜　建昭三年雁足鐙

34

邪

邪　上林量

17

師

師　上林量

師

雷師扶侯鍾

12

東

東　杜陵東園鍾

35 鄉
鄉
西鄉鈁

26 賈
賈
賈氏宗鈁

16 帀
帀
新莽量

11 梁
梁
新莽量

19 15 稽
稽
新莽量

7 極
極
大衛無極昇

騶氏
[illegible]鏡

張氏
鏡

3　28　4　9　8　15

櫟

櫟　櫟昜

貴

貴　富貴壺

貴

三年　鏡

本

本　絕和鈁

棓

棓　安侯家洋棓

槃

槃　新莽承水槃

槃

南陵府　燭槃

之

之　中水府

之

大驍　橫

之

廿六年詔　權量

之

廿六年　詔版

之

元年　詔版　大

52　●　14　27

鄴

鄴 新鄴虎符

樂

李作 鏡

樂

張氏 鏡

泉

三羊 鏡

無

雔 騶氏鏡

無

張氏 鏡

國

赤小山鏡

買

買 壹平三自鏡

子18

隆

接十四

18　45　35

金文編卷十

東莞容庚撰集

容 容 楚鼎
容 長楊鼎
容 第十三斤
容 趙氏鐘 衛士主鐘
容 菑川鼎
容 南陵鐘

容 春成宮鼎
容 安成家鼎
容 陶陵鼎
容 新莽承水槃

兩 兩 楚鼎
兩 第十三斤
兩 趙氏鐘
兩 永始二年乘輿鼎
兩 曲成家錠
兩 池陽宮鐙

鼎 鼎 長楊鼎
鼎 菑川鼎第卅二
鼎 張氏鼎
鼎 永始三年乘輿鼎
鼎 承安宮鼎
鼎 長楊鼎 十字

一

24

家

衛少主日敀鐘

平都主家鐘

曲成家鋌

隆慮家連釘

建昭三年雁足鐙

同上

22

季

文延乘輿日敀

永始二年乘輿鼎

永始三年乘輿鼎

萬歲宮鐙

嘉平六年鍾

新莽一斤十二兩權

蜀郡嚴氏洗

信都食官行鐙

長安下領宮鐙

元康鐙

常樂衛士飯幘

38

守

永始二年乘輿鼎

永始三年乘輿鼎

萬歲宮鐙

竟寧雁足鐙

元始鈁

陽泉使者舍薰鑪

21

穅　不似禾

永始二年乘輿鼎

元康鐙

25
彝
彝　文延秉興呂行
彝　文好紡
彝　大騩權
彝　兩詔大權二

36
寶
寶　臨虞宮鐙　文延秉興呂行

30
定
定　龍淵宮鼎
定　新莽量

10
朔
朔　龍淵宮鼎
朔　新莽一斤十二兩權
朔
朔　建昭三年雁足鐙
朔　上林鼎
朔　新莽承水槃

49
宮
宮　龍淵宮鼎
宮　承安宮鼎
宮　長安下領宮鐙
宮　萬歲宮鐙
宮　建昭三年雁足鐙

31
安
安　承安宮鼎
安　長安下領宮鐙
安　南陵鍾
安　安成家鼎
安　元延鈁
安　五鳳熊斗

28　9　1　33　5

宣　臨虞宮鐙　承安宮鼎

熹　熹平六年鐘

月　新莽一斤十二兩權
信都食官行鐙
常樂衛士飯幘
宜月　小器
慮俿銅尺

日　新莽一斤十二兩權
慮俿銅尺
日利壺
光和七年洗
新莽承水槃

富　蜀郡嚴氏洗
富貴壺
三羊鏡
熹平三年鏡
角王巨虛鏡

昌　蜀郡嚴氏洗
杜陵東園鐘
安昌車轄
昌作二日　春秋元命苞代殷為姬昌注兩日重見言明象

39

宜

宜　蜀郡嚴氏洗

宜

宜月　小器

宜

杜鼎

宜

光和七年洗

宜

長宜子孫鏡

2

時

時　元康鐙

時

騎氏鏡

14

夕

夕　承安宮行

季

昭虞宮鐙

季

成山宮渠斗

季

建昭三年雁足鐙

季

慮俿銅尺

季

南陵鍾一

季

元始鈁

47

常

常　昭虞宮鐙

常

常樂未衛士飯幘

常

趙常樂鈁

常

常樂未央鏡

40

寬

寬　萬歲宮鐙

7　11　3　48　146

幘
幘 常樂衛士飯幘

帳
帳 中尚方帳構銅

昭
昭 建昭行鐙
昭 建昭三年 雁足鐙

霸
霸 竟寧雁足鐙

家
筑陽 家鋌
家 賈氏 家鈁
家 平陽子 家鈁
家 安成 家鼎
家 陽信家 銗鏤
家 綏和 鋗

𩏑
𩏑 朝陽鍾

26　19　41　6　12

糟

糟　太官鍾

私

私　中私府鍾

月

東陵鍾

月　上林鼎

月　元延鈁

月　建和七年洗

月　新莽承水槃

宗

宗　杜陵東園鍾

宗　元延鈁

普

普　元延鈁

有

有　新莽量

有　陽泉使者舍熏爐

44

同

同　新莽量

34

實

實　新莽量

秊

秊　新莽量

秊　元延銷

秊　陽泉使者舍薰鑪

秊　建始鐎斗

秊　光和七年洗

兩

兩　元延銷

兩　櫟鼎

兩　犛車宮鼎

兩　美陽高泉宮鼎

兩　上林鼎

兩　陶陵鼎

兩　壽成鼎

4

晉

晉　櫟鼎

鼎 溫成鼎 以室

鼎 犛車宮鼎

鼎 安成家鼎

鼎 杜鼎

鼎 上林鼎

鼎 陶陵鼎

室 壽成室鼎

鼎 長安鼎

鼎 美陽鼎

鼎 □□鼎

宮 寶蘭宮鐙

宮 步高宮鐙

家 菑川大子盧

家 王氏鏡

完 完 完字銅器

13　45　24

季　新莽承水槃 ｜ 長年未央鈎 ｜ 大騩權 ｜ 同上 ｜ 廿六年詔橢量三 ｜ 兩詔大騩權二

安　安邑權 ｜ 廿六年詔橢量三 ｜ 廿六年詔版二 ｜ 廿六年詔版二

明　旬邑權 ｜ 廿六年詔橢量三 ｜ 廿六年詔版二 ｜ 廿六年詔權一 ｜ 八斤權　商人 ｜ 吾作鏡

疾　大騩權 ｜ 元年詔版一

有　大騩權 ｜ 兩詔橢量一 ｜ 兩詔橢量二 ｜ 吾作鏡 ｜ 尚方鏡

稱　大騩權 ｜ 兩詔橢量一 ｜ 元年詔版一

20　15　16

季　元年詔版

積　積　大官造鼎不易

宜　宜壽　金石镜　以　宜　尚王臣虞镜

明　尚王臣虞镜

多　王氏镜　多　騶氏镜　多　張氏镜

虜　王氏镜　虜　騶氏镜　虜　張氏镜

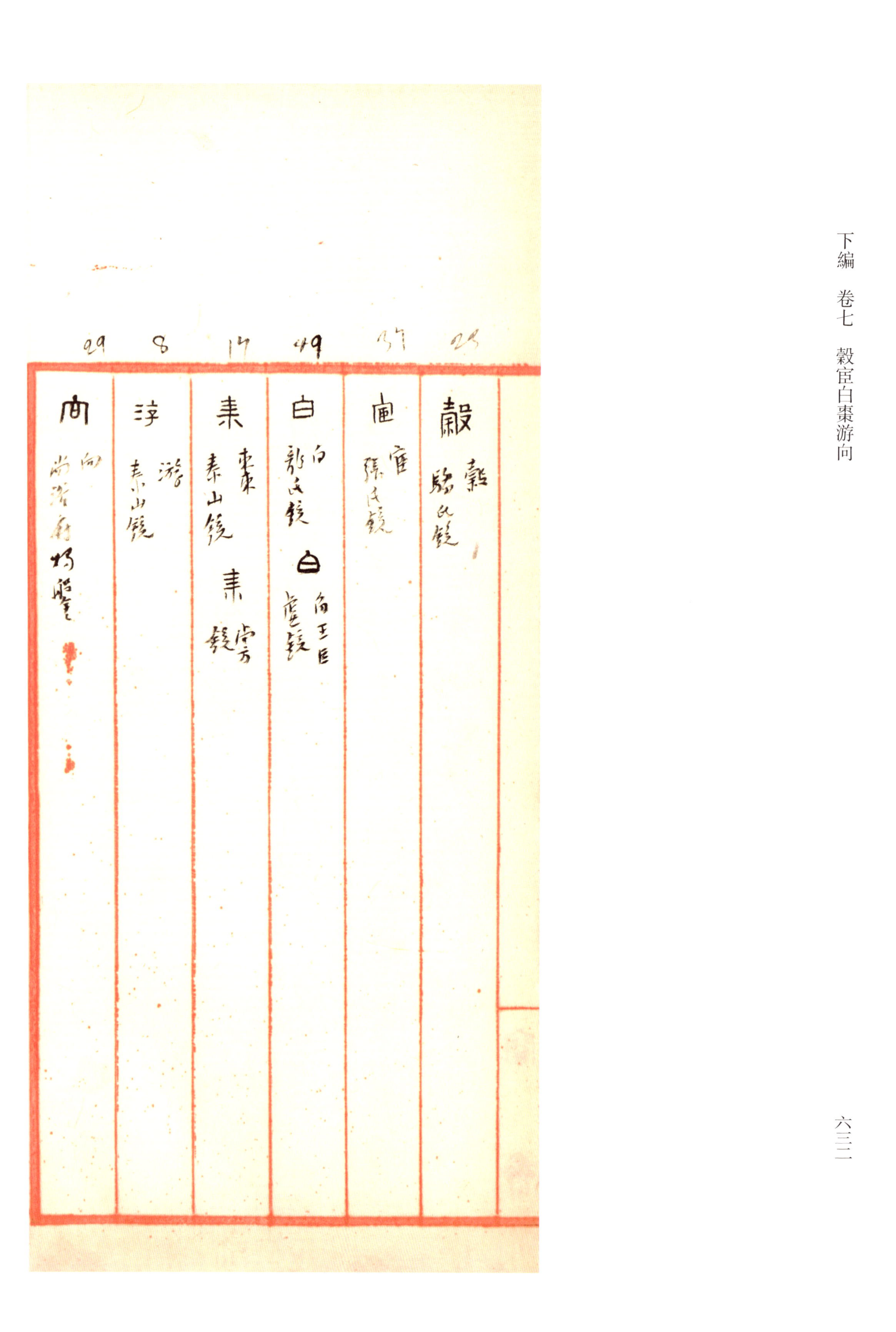

23 穀 騶氏鏡

37 宧 張氏鏡

49 白 郭氏鏡
白 白王巨 虛鏡

17 棗 泰山鏡
棗 尚方鏡

8 游 泰山鏡

29 向 尚浴府銅鑒

金文編弟八

東莞容庚撰集

20

重

重 贊鼎

弟十三日鼎

洹日鼎

菑川鼎弟一

趙㚤鼎 衛少主鍾

張氏鼎

信陽宗鍾

重 永始二年乘輿鼎

平都主家鍾

西鍾

長安下領宮鐙

萬歲宮鐙

成山宮渠斗 南陵鍾

又17

并

并 菑川鼎弟廿二

張氏鼎

永始二年乘輿鼎

菑川鼎弟一

陶陵鼎

壽成鼎

17

考

考 永始三年乘輿鼎

永始二年乘輿鼎

元康鐙

建昭三年雁足鐙

一

供　供　元延乘輿鼎

供　元延鋗

佐　佐　永始二年乘輿鼎　又左

褭　褭　永始二年乘輿鼎

褭　長安鼎

仲　仲　樂仲洗

傳　傳　蜀郡嚴氏洗

傳　陽泉使者舍薰盧

傳　袁傳鏡

傳　勝氏鏡

作　作　元康鐙

作　王昇單少郎薛調

作　元和七年洗

作　吾作鏡

作　王氏鏡

作　某羊鏡

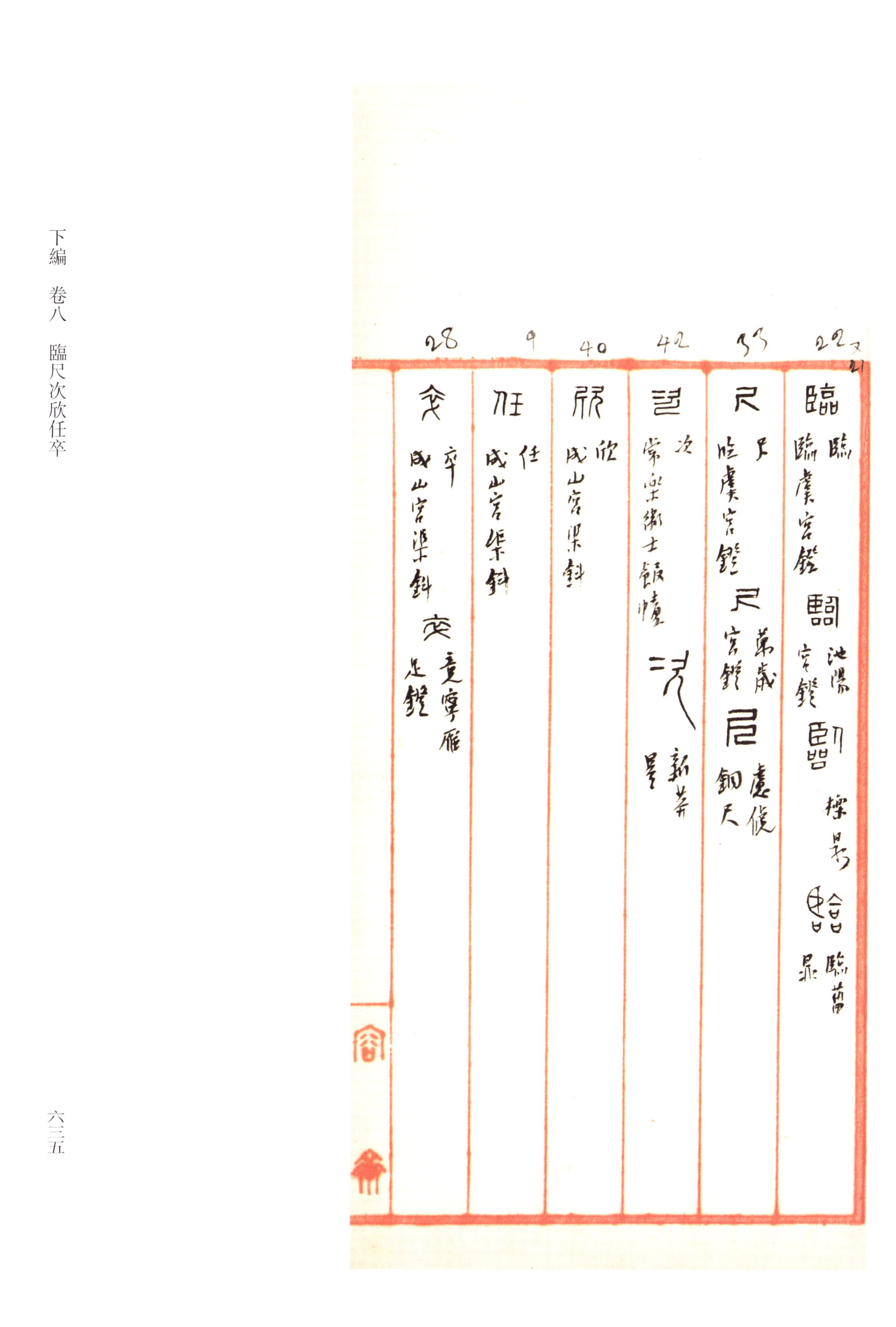

22 21

臨

臨虞宮鐙

池陽宮鐙

櫟陽

臨菑鼎

33

尺

臨虞宮鐙

萬歲宮鐙

慮俿銅尺

42

次

常樂衛士飯幘

新莽量

40

欣

成山宮渠斗

9

任

成山宮渠斗

28

卒

成山宮渠斗

竟寧雁足鐙

30

壽 壽 鉤文
壽 新莽量
壽 壽成鼎
壽 壽如意 石鏡

35

般 般 文康鏡
般 陽泉使者 舍熏鑪

重 上林量
重 文始鈁
重 溼成鼎
重 安成家鼎
重 杜鼎
重 陶陵鼎

37

方 方 中尚方鍾
方
方 尚方銅器
方 尚方鏡

眾 文始鈁

16

真
真 真 新莽量
真 壽成鼎
真 真定鋗

21 量 量 新莽量 量 大騩權 量 廿六年詔橢量三

1 人 人 新莽量 人 新郪虎符 人 騶氏鏡

11 傳 傳 新莽量

10 億 億 新莽量

18 又17 丘 丘 廄丘鼎

23 衣 衣 𨚕庫容鼎

重　陶陵鼎　重　壽成鼎　重　平陽甗　重　天延鐙　重　十六年鑒

孝　孝　長安鼎　孝　[illegible]廟甗鍑

衷　衷　衷壺

儋　儋　二年酒鈁

從　從　十六年鑒

使　使　陽泉使者舍熏鑪　使　大騶鑣

34 屬
屬 陽泉使者舍薰盧

38 兑
兑 陽泉使者舍薰盧

7 付
付 陽泉使者舍薰盧

并
并 旬邑權
并 廿六年詔楕量三
并 廿六年詔版二

41 歎
歎 大騩權
歎 廿六年詔楕量三
歎 廿六年詔版二

24 襲
襲（龍衣） 大騩權
襲 兩詔楕量
襲 兩詔楕量二
襲 兩詔楕量三

19 7/18

眾

眾 大良造鞅方量

26

被

被 新郪虎符

4

佳

佳 壽光金石鏡

36

服

服 王氏鏡

服 騶氏鏡

2

保

保 騶氏鏡

保 作佳鏡

39

親

親 騶氏鏡

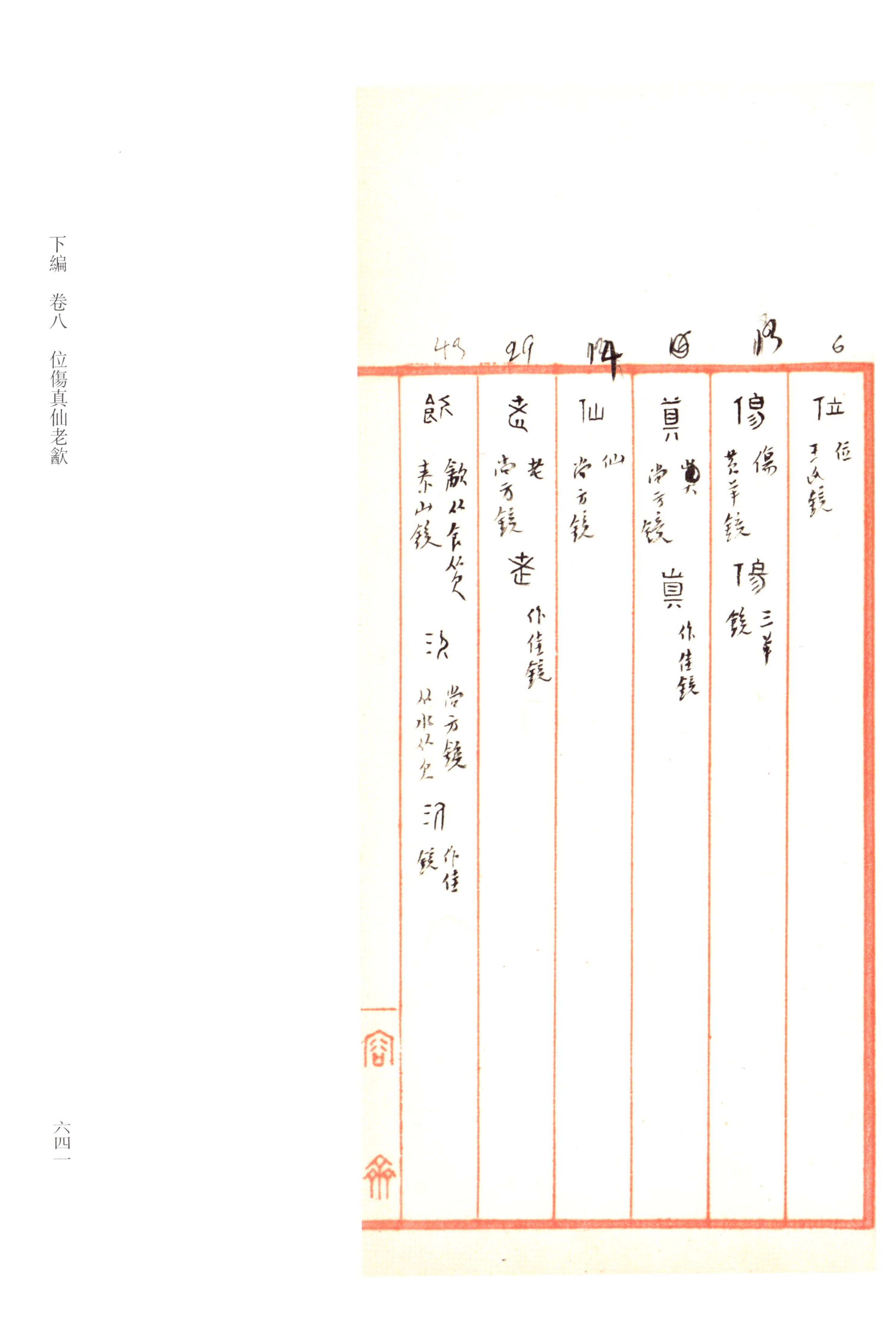

6

位

位 王氏鏡

傷

傷 黄羊鏡

傷 三羊鏡

真

真 尚方鏡

真 作佳鏡

仙

仙 尚方鏡

29

老

老 尚方鏡

老 作佳鏡

43

歆

歆 从欠从食 泰山鏡

从水从欠 尚方鏡

作佳鏡

臥 泰山文

又18

虘

虘 商王臣虘鐘

又21

臥

臥、當塗府鍋銘。

15

俿

21 14 7 5

金文編卷九

東莞容庚輯

長　長楊鼎
長　長安下領宮鐙
長　元康鐙
長　中尚方帳構銅
長　南陵鐘
長　元延鈁

廚　汧夕鼎
廚　建昭三年鴈足鐙
廚　櫟鼎
廚　陶陵鼎
廚　元延鈁

令　永始二年乘輿鼎
令　永始三年乘輿鼎
令　元延乘輿鼎
令　元康鐙
令　昭臺宮鐙

領　長安下領宮鐙

12　14　10　6　20

府

府 元庫鐙

府 上林量

府 府鼎

府 壽成鼎

令

令 萬歲宮鐙

令 綏和鴈足鐙

令 竟寧鴈足鐙

令 元始鈁

令 元延鈁

令 壽成鼎

令 二年酒鈁

廣

廣 中尚方帳構銅

廣 二年酒鈁

廣 嘉平二年鐙

山

山 成山宮渠斗

山

山 盩厔鼎

山 黃山鐙

司

司 成山宮渠斗

石

石 一石鐘

石 南陵鐘

石 二年酒鈁

石 新莽承水槃

石 壽光鼎 石二斗之

15

庫

庫 雒陽武庫鍾

長

長 新莽量

長

長楊鼎 十字

長

永安宮鐙

長

二年湯鈁

長

長□未央鈁

11

崇

崇 新莽量

18

廢

廢 廢丘鼎

17

庢

庢 盩庢鼎

19

廟

廟

廟 長安鼎

廟

孝文廟甗鍑

5　13　9　4　三 棱 卷　22

文　文　孝王廟甗　文　鏡　黃羊

盧　盧　傳爲鑪　陽泉使者舍薰盧

旬　旬　旬邑權

䁐　䁐　大騩權　䁐　廿六年詔　權量三　䁐　廿六年　詔版二　䁐　廿六年　詔版三　䁐　十六　斤權

度　度　大騩權　度　旬邑　權　度　廿六年詔　權量三　度　兩詔　大權二

而　而　大騩權　而　兩詔　權量一　而　右王臣虡　鏡

卿 大良造鞅方量

顯 顯長相思鏡

長 顯長相思鏡

長 常樂未生鏡

長 長宜子孫鏡

長 壽如金石鏡

長 吾作鏡

長 騶氏鏡

顯 王氏鏡

令 三羊鏡

金文編卷十

東莞容庚譔集

夫　夫　永始三年乘輿鼎

夫　元延乘輿鼎

夫　元康鴈足鐙

夫　綏和鴈足鐙

市　竟寧鴈足鐙

立　立　永始二年乘輿鼎

立　永始三年乘輿鼎

立　向邑權

立　兩詔大權

立　十六斤權

光　光　永始三年乘輿鼎

光　建昭三年鴈足鐙

光　元和七年洗

光　建平二年鐙

尉　尉　龍淵宮鼎

尉　臨虞宮鐙

尉　萬歲宮鐙

尉　成山宮渠斗

駿
信都食官行鐙
上林量
上林鼎

盧
隆慮家連釘
慮俿銅尺

馬
萬歲宮鐙
成山宮渠斗

竝
綏和雁足鐙
五鳳鐎斗

憲
建昭行鐙

大
南陵鐘
建昭三年雁足鐙
新嘉量
大吉羊壺
蜀川大子盧
大騶穄

23　7　21　12　20

夫
節夫
夫上林
夫
二年
酒鋗
夫=
大夫合文
大良造鞅方量

鼇
鼇
鼇座鼎

麋
麋
陶陵鼎

壺
壺
平陽子家壺

燭
燭
苦宮燭定

吳
吳
三鳳鐎斗

4 2 16 8 6

驕
驕　驕嬛博古

騩
騩　大騩權

黔
黔　大騩權
黔　廿六年詔版二
黔　兩詔橢量一

大
大　大騩權
大　十六斤權
大　王氏鐙

狀
狀　旬邑權
狀　廿六年詔橢量三
狀　廿六年詔版二
狀　兩詔大權二
狀　兩詔大權一

濼
濼　大騩權
濼　廿六年詔橢量三
濼　廿六年詔版二
濼　兩詔大權二
濼　廿六年詔橢量一

22 9 28 49 5 19

壹
壹 兩詔斤權
壹
廿六年詔 橢量三

燔
燔 新郪虎符

思
思 顯長相思鏡

忎
忘 常樂未央鏡

騶
騶 騶氏鏡

夷
夷 王氏鏡

30 息

息 王氏鏡

14 戚

戚 騶氏鏡

10 熹

熹 熹平三年鏡

熹

熹平六年鍾

17 赤

赤 角王巨虛鏡

15 煽

27 皋

皋 王皋 畢少郎葆調

曹全碑 郭安王皋作睾

金文編卷十一

東莞容庚撰集

汧

汧 汧鼎

汧 陶陵鼎

川

川 菑川鼎第一

川 菑川大子盧

頍

頍 頍鼎

頍 同上

涑

涑 永始三年乘輿鼎

涑 永始二年乘輿鼎

涑 元延三年乘輿鼎

一

19

永

永始三年乘輿鼎

永始二年乘輿鼎

新莽量

長安鼎

永光鐙

26

龍

龍淵宮鼎

新莽量

龍氏鏡

23

露

承安宮鼎

池陽宮鐙

10

澤

中尚方帳構銅

文10

渠

成山宮渠斗

河

成山宮渠鋗

泉

橐泉鋗

南陵鍾

美陽高泉宮鼎

陽泉使者舍熏鑪

尚方鏡

漢

竟寧鴈足鐙

熹平二年鐙

沱

池陽宮鐙

瀲

池陽宮鐙

水

南陵鍾

新莽承水槃

11

沈

沈　新莽量

5

濕

濕　濕成鼎

224

雲

雲　雲陽鼎

云　安陵鼎

235

漁

漁从魚　孝文廟甗鐙

酒

酒　二年酒鋗

13

湅

湅　史侯家染桮

17 治

治 尚方銅器

治 郭氏鏡

24 雷

雷 陽虫雷師鏡 非偶

20 冬

冬 大官造難方[illegible]

15 滅

滅 王氏鏡

21 雨

雨 騶氏鏡

雨 張氏鏡

211 渴

溻 泰山鏡

渴 作佳鏡

9 浮

浮 泰山鏡

8 海

海 尚方鏡

⑱ 泉

作佳鏡

12 浴

浴 桂宫鐙

浴 尚浴府燭鐙

4 温

温 尚浴二府燭鐙

金文編卷十二

東莞容庚編集

31　26　20　14

武

武　趙明鐘

武　元延乘輿鼎

武　臨虞宮鐙

武　萬歲宮鐙

武　竟寧雁足鐙

張

張　張氏家鼎

張　張氏鏡

氏

氏　張氏鼎

氏　蜀郡嚴氏洗

氏　董氏家鈁

氏　王氏鏡

氏　騶氏鏡

氏　龍氏鏡

始

始　永始二年乘輿鼎

始　永始三年乘輿鼎

始　新莽百十二兩權

始　信都食官行鐙

始　杜陵東園鐘

10

掾

掾 永始二年乘輿鼎

掾 永始三年乘輿鼎

掾 文延年乘輿鼎

掾 臨虞宮鐙

掾 萬歲宮鐙

27

掾

掾 綏和雁足鐙

掾 竟寧雁足鐙

掾 壽成鼎

24

彊

彊 元延乘輿鼎

11

承

承 承安宮鼎

承 承安宮鐙

承 新莽承水盤

4

西

西 西鍾

西 西鄉鈁

西 西昌鼎

西 二年酒鋗

西 嘉平三年鐙

30

孫

孫 蜀郡嚴氏洗

孫 宜子孫器

孫 新莽量

孫 長宜子孫鏡

3　8　10　2　24

曲 曲成家鐙

義 文康鐙

揚 綏和鴈足鐙

始 崇樂衛台元始 士館憤毋鈁

始 新莽 量

始 新莽承 水槃

始 大騩 權

始 兩詔 橢量一

扶 成山宮渠斗

扶 扶侯鍾

至 建昭三年鴈足鐙

至 安成家鼎

至 壽成鼎

掾
元始鈁
掾
陽泉使者舍薰鑪

23
直
新莽量

18
民
新莽量
民
王氏鏡

9
據
新莽量

15
好
好時鼎
好
壽如金石鏡
好
尚方鏡

28
弘
永光鋗

25 1 21 19 16 17

甗
孝文廟甗鍑
平陽甗

孔
巨孔鐘

不
句邑權
廿六年詔權量三
尚方鏡
泰山鏡

也
大騩權
兩詔權量三
元年詔版一
元年詔版三

如
大騩權
兩詔權量三
元年詔版一
壽如金石鏡

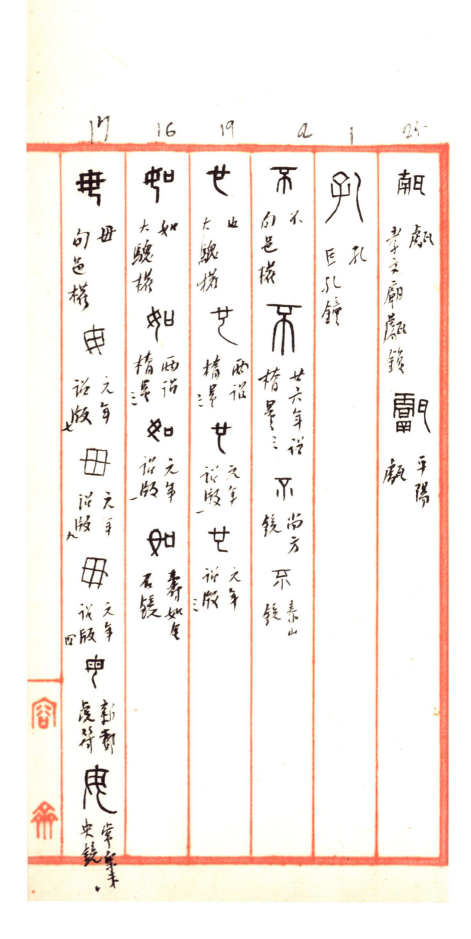

毋
句邑權
元年詔版七
元年詔版八
元年詔版四
新郪虎符
常宜年未央鏡

始　兩詔楕量二
始　大年詔版

聘　聘　大良造鞅方量

孫　壽如金石鏡
孫　熹平三年孫鏡

毋　王氏鏡
毋　黄羊鏡

母　毋　張氏鏡
母　龍氏鏡

開　開　開封鏡

6　29

弩

弩

京北弩樓

闐

金文編卷十三

東莞容庚撰集

田　田　藍田鼎

蜀　蜀　蜀郡嚴氏洗
蜀　二年酒鈁
蜀　嘉二年三年鐙

土　土　土軍侯燭豆
土　新莽量

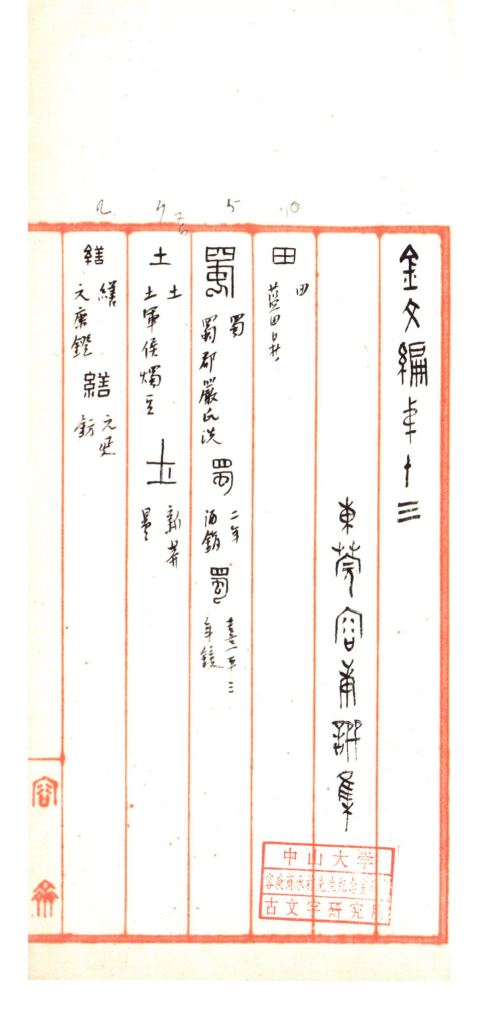

鐥　鐥　元康鐙
鐥　元延鈁

12
當
當　文庫錠

3
綏
綏　綏和鴈足鐙

8
地
地　常樂衛士飯幘

9 又8
封
封　雒陽武庫鍾
封
開封　鐙

13
黄
黄　新莽量
黄
黄山　鋗
黄
黄羊　鐙

又8
在
在　新莽量
在
光和七　年洗
在
甲兵陽陵　虎符
在
郝氏　鐙

當

當　新莽量

時

時　好時鼎

勝

勝　陽泉使者舍熏鑪

綰

綰　向邑榰

綰　卅六年詔版二

綰　兩詔大權二

綰　八斤權一

綰　卅六年詔權二

功

功　大騩權

功　兩詔橢量一

功　兩詔橢量二

功　兩詔橢量三

功　張氏鐙

凡

凡　新郪虎符

4　雖　雖　新郪虎符

6　風　風　騶氏鏡　風　張氏鏡　二　接十四

14　力　力　王氏鏡　力　張氏鏡

26　39　26 斤斷

金文編卷十四

東莞容庚撰集

斤
賁鼎
莆子十三日鼎
洀日鼎
苗川鼎弟二
南陵鍾
趙罕匕
張氏鼎
類鼎

六
賁鼎
莆子十三日鼎
苗川鼎弟廿二
類鼎
曲成家鍾
信都食官行鐙
隆慮家連釘

斗
賁鼎
長揚鼎
莆子十三日鼎
苗洀日鼎
類鼎
永始二年乘輿鼎

升
永始三年乘輿鼎
衛少主鍾
平都主家鍾
元始鈁
元延鈁
苗川鼎弟卅二

一

一　二入 第　2　27

升 升 贊鼎
升 趙[illegible]鍾
升 類鼎
升 信都食官行鐙
升 常樂衛士飯幘
升 上林量

銅 信都食官行鐙
銅 長安下領宮鐙
銅 臨虞宮鐙
銅 萬歲宮鐙
銅 成山宮渠斗 文匜銘
銅 筑陽家錠

銅 銅 洹日彝
銅 張氏鼎
銅 永始二年乘輿鼎
銅 永始三年乘輿鼎
銅 平都主家鐘
銅 曲成家錠

八 八 洹日彝
八 菑川鼎
八 張氏鼎
八 類鼎
八 永始三年乘輿鼎
八 常樂衛士飯幘

二 二 洹日彝
二 趙[illegible]鍾
二 杜鼎
入十二

金 金 菑川日彝第一
金 菑川鼎 第卅二
金 好時鼎
金 萬金壺
金 壽光金 石錠

37

四

四 蕭川且升 第一

四 張氏 升

四 臨虞宮鐙 美陽

四 南陵鍾

四 廣平鼎

三 黃山鐙

四 驕𪈨博局

38

五

五 衞少主且升

五 蕭田鼎

五 承安宮鼎

五 平都主家鍾

五 慮傂銅斗

五 南陵鍾

天 15

銖

銖 不从金 鍾且升十二朱

40

七

七 蕭田且升 第五十七

十 平都主家鍾 第七

十 驕𪈨博局

七 元和七年洗

29

興

興 永始三年乘輿鼎

興 永始二年乘輿鼎

興 元延四年乘輿鼎

興 南陵鍾

興 尚浴府燭盤

16

鈞

鈞 西鍾

鈞 大官鍾

60　48　41　4

斤 永始二年乘輿鼎
斤 永始二年乘輿鼎
斤 龍淵宮鼎
斤 衛少主鍾
斤 長安下領宮錠
斤 臨虞宮鐙
成山宮渠斗

斤 萬歲宮鐙
斤 池陽宮鐙
斤 上林量
斤 元始鈁
斤 溫成鼎
斤 廢丘鼎
斤 [illegible]

鍾 通鍾
鍾 平都主家鍾
鍾 一石鍾
鍾 南陵鍾
鍾 扶侯鍾

九 西鍾
九 元始鈁
九 [illegible]
九 上林鼎
九 長安鼎
九 十六年鐙
九 建始鐎斗

癸 新莽一斤十二兩權
癸 新莽承水槃

酉 新莽一斤十二兩權
酉 新莽承水槃
酉 大吉造 鍊方爐
酉 千氏鏡

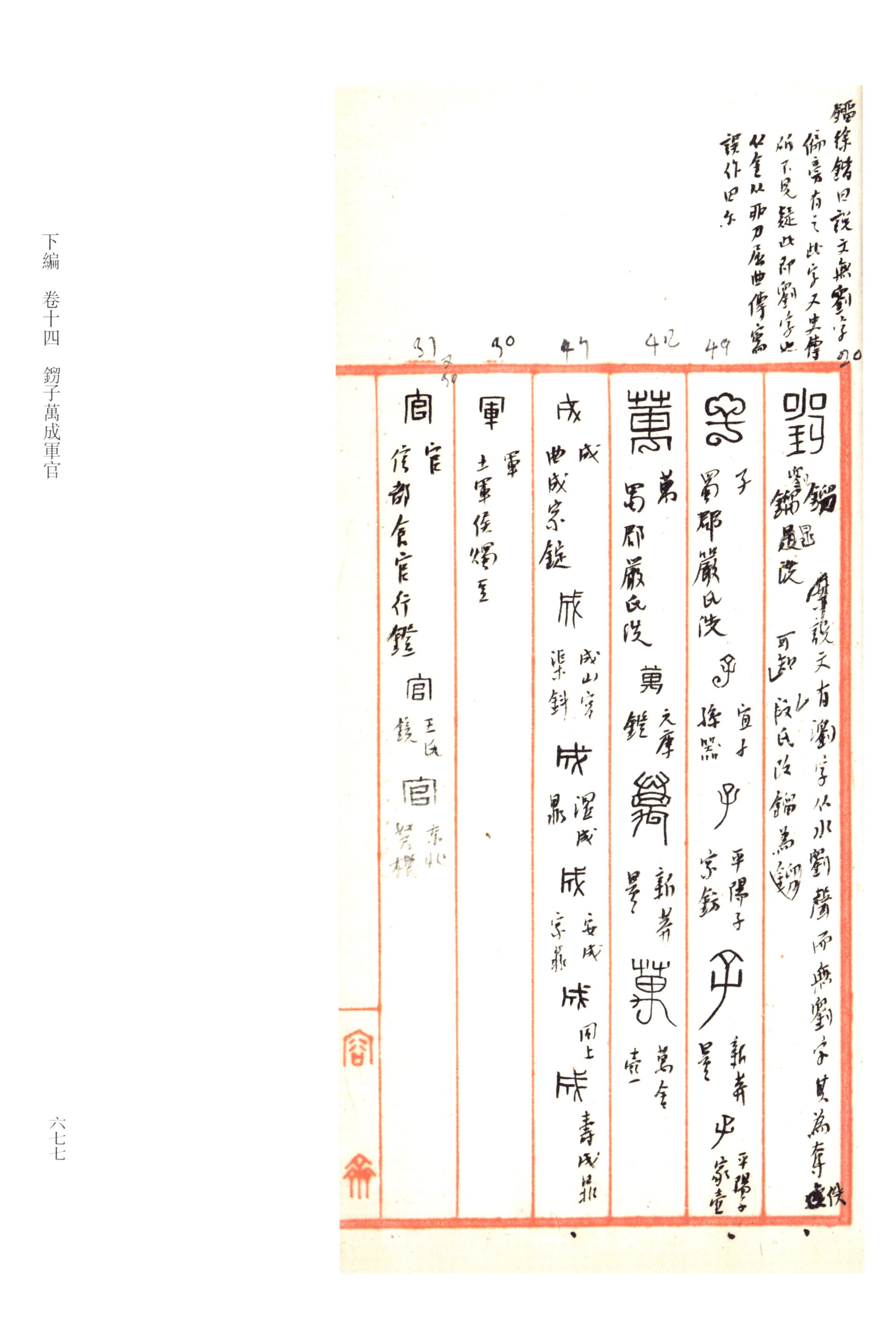

鎦徐鍇曰說文無劉字偏旁有之此字又史傳所不見疑此即劉字也从金从丣刀屈曲傳寫誤作田尔 20

49　42　47　30　31 又30

鎦
鎦鍚盤洗
說文有瀏字从水劉聲而無劉字其為奪佚可知也 段氏改鎦為鐂

子
蜀郡嚴氏洗
宜子孫器
平陽子宗鈁
新莽量
平陽子宗壺

萬
蜀郡嚴氏洗
萬 元康鐙
新莽量
萬金壺

成
曲成家鐙
成山宮渠斗
渭成鼎
安成家鼎
同上
壽成鼎

軍
上軍候燭豆

官
信都食官行鐙
王氏鏡
東北宮[illegible]

19

鐙

鐙　信都食官行鐙

鐙　長安下領宮鐙

鐙　臨虞宮鐙

鐙　萬歲宮鐙

鐙　綏和鴈足鐙

15

鏑

鏑　長安下領宮鐙

入第六

隆

隆　隆慮家連釘

4

釘

釘　隆慮家連釘

又35

新

新　常樂衛士飯幘

新　新莽量

新　新郪虎符

46

戊

戊　常樂衛士飯幘

戊　新莽量

六

六 中尚方帳構銅

六 池陽宮鐙

六 慮傂尺銅

六 雒陽武庫鍾

六 元始鈁

六 元延鈁

陽

陽 成山宮渠斗

陽 池陽宮鐙

陽 同上

陽 建昭三年雁足鐙

陽 筑陽家錠

陽

鐙

鐙 竟寧雁足鐙

鐙 池陽宮鐙

鐙 承安宮鐙

尊

尊 竟寧雁足鐙

尊 壽成錠

輔

輔 建昭三年雁足鐙

輔 長安鼎

錠

錠 筑陽家錠

32　40　43

銅 慮俿銅尺
銅 南陵鍾
銅 渥成鼎
銅 安成家鼎
銅 陶陵鼎
銅 承安宮鐙

銅 孝文廟甗鍑

陽 朝陽鍾
陽 雒陽武庫鍾
陽 平陽子家鈁
陽 上林鼎
陽 雲陽鼎
陽 美陽鼎

甲 甲中私府鍾
甲 廢丘鼎
甲 光和七自洗
甲 陽陵甲兵虎符
甲 新郪虎符

寅 寅中私府鍾
寅 王氏鏡

陵 陵南陵鍾
陵 杜陵東園鍾
陵 陶陵鼎
陵 陽陵甲兵虎符

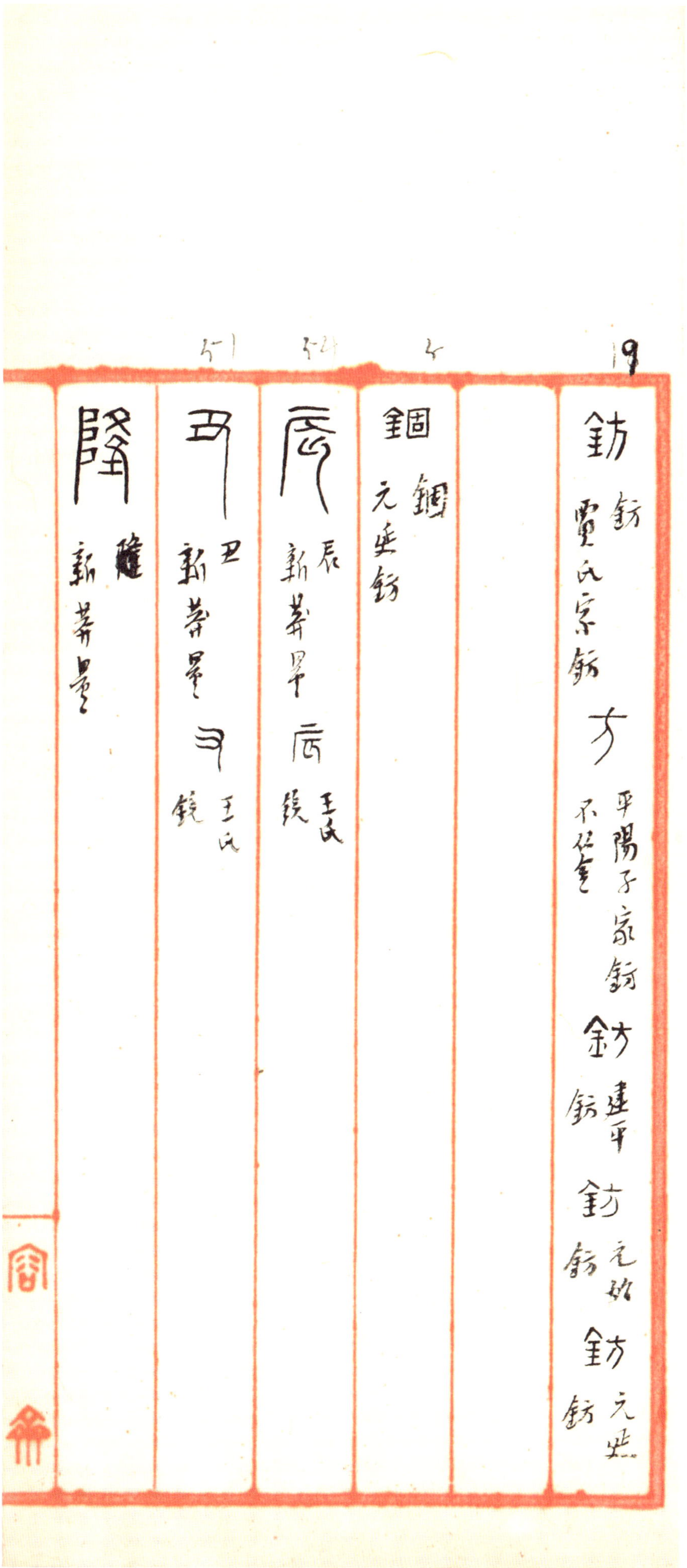

己 新莽量

巳 新莽量
巳 王氏鏡

五 十字長楊鼎
五 安成家鼎 杜鼎
五 美陽高泉宮鼎
五 陶陵鼎
五 十六年鍪
五 驕𤕤博局

六 筍少夫鼎
六 上林鼎
六 壽成鼎
六 十六年鍪
六 驕𤕤博局
六 大騩權

車 輅輦宮鼎

斤 中蒦川鼎 蕃世二
斤 杜鼎
斤 陶陵鼎
斤 元延鋗
斤 十六年鍪
斤 建始鐎斗

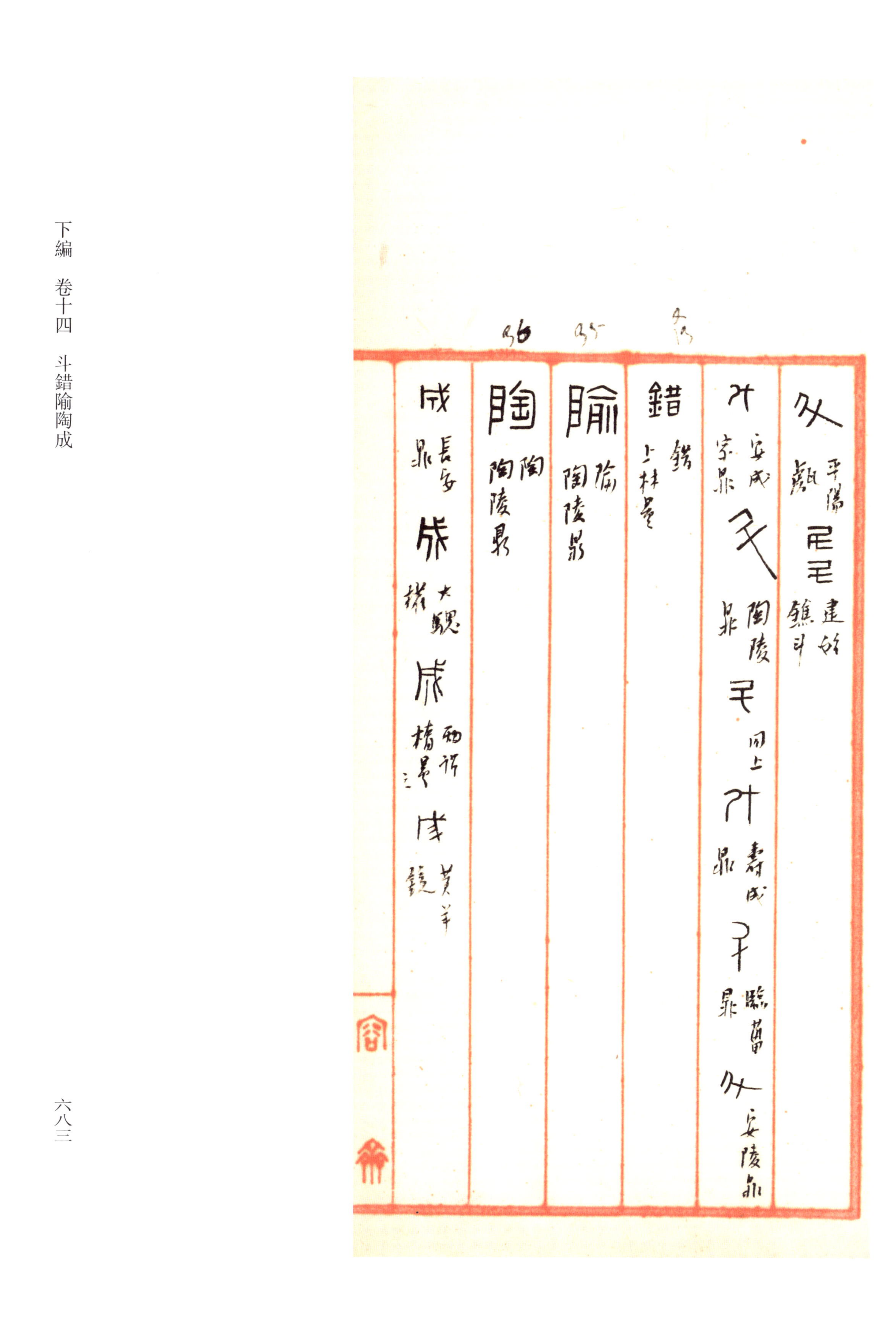

斗
平陽甗
建始鐎斗

安成家鼎
陶陵鼎
同上
壽成鼎
臨菑鼎
安陵鼎

錯
錯
上林量

隃
隃
陶陵鼎

陶
陶
陶陵鼎

成
長安鼎
大騩權
西鄉橋鼎三
黃羊鐙

升 壽成鼎
升 臨菑鼎
升 安陵鼎
升 平陽甗
升 新莽子水槩

陽 孝文廟甗鍑
陽 陽泉使者舍熏爐
陽 陽口倉鼎
陽 雒陽勺
陽 陽陵虎符

陽 向主臣盧鏡

鍑 鍑 孝文廟甗鍑

鏤 鏤 鏤 陽信家鈚鏤

鋗　鋗 元延鋗　鋗 崇泉鋗

鍪　鍪 十六斤鍪

子　菑川大子鑪　子 光和七年洗　長宜子孫鏡　壽如金石鏡　王氏鏡

乙　乙 陽泉使者舍薰鑪　乙 大吉造斲 方量

未　未 陽泉使者舍薰鑪　長年未央鉤　常樂未央鏡　王氏鏡

鐎　鐎 建始鐎斗

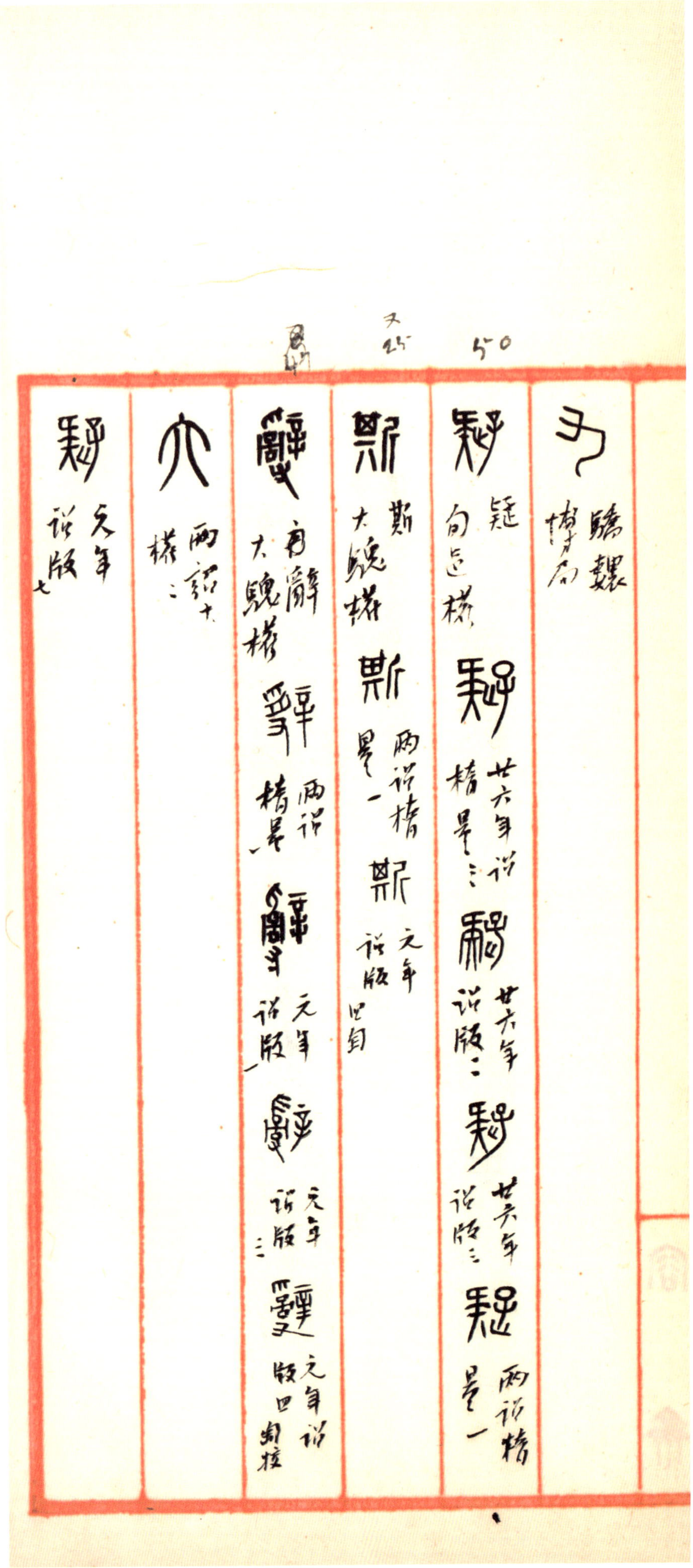

56

尊

尊　大官造鞍方尊

㠯

吕　新郪虎符

以　鏡　泰山

14

鉦

24

且

旦　壽如金石鏡

6

鏡

鏡　騶氏鏡

竟

王氏竟　竟字重文　不似竟

鏡

鏡　劉氏

三

三　張王氏竟

五 騎氏鏡

64
亥 王氏鏡

59
卯 王氏鏡

57
午 王氏鏡
午 嘉禾三年鏡

59
申 王氏鏡
申 泰山鏡

65
戌 王氏鏡

又29　45　87

尻　尻 新遂氏鏡

丙　丙 嘉平三年鏡

陰　陰 角王巨虛鏡

未　角王巨虛鏡（未）

未　尚浴府燭鐙

劉　劉氏鏡

金　尚浴府燭鐙

21
鉐

22
鏖

23
㪷

14又13
盧
鑪不从金
熏盧二字重文

61
酒
酒
二年酒銷

7　8

金文編附録

東莞容庚研究

護　永始三年乘輿鼎

永始三年乘輿鼎　掾臣昇　舊釋開

永始三年乘輿鼎

永始二年乘輿鼎　主守右丞臣閤　舊釋閼

永始三年乘輿鼎　令臣禁　禁

沺　龍沺宮外
舊釋淵

𡈼　蜀郡嚴氏洨傳子孫宜𡈼萬年
疑是主人二字合文

譚　譚說文所無　春秋莊十年譚子奔莒　詩碩人譚公
緩和雁足鐙　譚長安鼎　維私儐爲齊鄭

飯　館說文所無或釋飯
常樂衛士飯幘

巨久　宜月小器
巨久二字合文

皐　王皐畢少郎葆調
皋

畢

王昇畢少郎葆調

畢少二字合文

涑

中尚方帳構銅

似是涑字

斜

斜說文所無字

成山宮渠斜

六書溯源斜作鐎字說文鐎溫器也

鉦

鉦說文所無字

候騎鉦

俿

俿說文所無字

虘俿銅尺

太玄經止車罴其俿注輸也

甶

天終鎗

六　新莽量重文記號

丵　安陽鼎　疑華字

鏖　平陽甗　說文所無　漢書霍去病傳合短兵鏖皋蘭下

鍗　信陽家鍗鏤　說文所無　漢書義縱傳投鍗購告言姦

𨥤　綏和鋗

閔　十六年戟　說文所無

⿰火俞　說文所無　菑川太子壺

⿰婁里　驕⿱里婁　博局

宙　光和七年洗

邑　光和七年洗

詔　說之解字新修字義有之　大騩權

詔　廿六年詔權量之

詔　廿六年詔版之

詔　廿六年詔版之　寔

爾雅釋詁　詔導也勴也　廣韻上命

邑　劉邑洗

筆畫檢字表

説　明：

1. 本檢字表按筆畫數由少到多排序；筆畫數相同者按起筆“一丨丿丶乛”的順序排序；起筆相同者按第二筆排序，以此類推。

2. 字後數字爲所在頁碼；同一字在多頁出現的，所有頁碼均列於該字下。天頭墨筆增補字頭視爲當頁字頭。

3. 所録字形悉依手稿隸定字形，唯常見異寫構件使用通行字形。

4. 爲便讀者查找，部分不常見異體字的相應通行字亦收入本檢字表，以圓括號括注以示區别，如第 20 頁“㪿”收入本檢字表十畫下，其通行字形“（折）”收入本檢字表七畫下。

5. 正文中某字頭下的部分或全部字形以墨筆改釋爲另一字，或標明移某字、入某字的，所改、移、入字頭亦收入本檢字表，以尖括號括注以示區别。如第 20 頁“蒠”的部分字形括出並標注“移悤”，故“蒠”與“〈悤〉”均收入本檢字表。

6. 附録与正文對應隸定字形筆畫略有不同時，儘量統一字形，以便查找。

四畫

五畫

六畫

七畫

九畫

十一畫

十二畫

十五畫

十六畫

十七畫

十八畫

十九畫

字	頁
	686
饉	143
[illegible]	142
	429
觶	119
邍	48
譚	591
	692
譙	583
譌	65
識	63
譎	66
[illegible]	93
	94
[illegible]	76
廬	646
癠	115
[illegible]	266
龐	246
	247
鏖	690
	694
龏	71
齍	137
旛	183
	448
[illegible]	138
	427
（瀕）	655
寶	200
	201
	202
〈竈〉	261
寴	200
繴	320
[illegible]	36
	391
䜌	65
〈䜌〉	341

二十畫

字	頁
騶	653
蘭	570
[illegible]	96
	411
[illegible]	127
醴	373
酆	174
獻	256
〈獻〉	312
	313
甗	312
	313
	665
[illegible]	73
斆	96
[illegible]	102
鐎	685
鐘	340
	341
	676
鐙	678
	679
饎	143
饋	143
〈饋〉	394
臚	115
護	584
	587
	691
競	67
譱	589
灌	272
寶	623
鬻	191
	449
	450
龔	282
饗	143
纁	319
繼	318

二十一畫

字	頁
驅	254
鷄	110
	418
蠡	250
	472
霸	184
	185
	626
露	656
闢	285
躋	53
[illegible]	123
	423
儥	215
儼	213
鐸	339
醫	604
[illegible]	281
[illegible]	67
[illegible]	255
	652
屬	639
瓕	314

二十二畫

字	頁
驕	652
聽	287
糴	309
[illegible]	110
[illegible]	96
	410
[illegible]	655
鑄	337
	338
鑼	341
	499
龢	54
孌	301
襲	639
饔	142
[illegible]	206
	456
[illegible]	325

二十三畫

字	頁
顯	236
	237
	647
鑐	145
〈鑐〉	159
[illegible]	178
	442
[illegible]	62
鑢	339
[illegible]	341
[illegible]	143
	430
讋	381
[illegible]	138
	427

二十四畫

字	頁
[illegible]	39
靃	109
[illegible]	325
鑮	340
鑪	690
〈鑪〉	338
[illegible]	138
[illegible]	96
	411

二十五畫

字	頁
[illegible]	38
鼉	326
蠻	325
瀛	281
	658
[illegible]	647
纘	318

二十六畫

字	頁
[illegible]	347
[illegible]	73
[illegible]	75

二十七畫

字	頁
籲	121
鑾	341

二十八畫

字	頁
[illegible]	109

二十九畫

字	頁
鬱	141
爨	138
	429
鬮	286
	485
钁	57
	341
	499

三十畫

字	頁
厵	276